La historia de la ciencia

Nota sobre las fechas

Detrás de algunas de las fechas más antiguas que figuran en el libro se ha escrito "a. C.", que quiere decir "antes de Cristo". Los años se cuentan hacia atrás antes de la fecha de nacimiento de Cristo. Si junto a una fecha se ha escrito "Aprox." o "h." (de "hacia"), quiere decir que la fecha es aproximada y no exacta, porque nadie sabe con total seguridad en qué año se produjo el hecho del que estemos tratando. Si se ha escrito "d." quiere decir que la fecha se refiere a una década y no a un año.

Links de Internet

En la red hay muchísimas páginas que contienen información sobre científicos famosos y descubrimientos científicos importantes. Algunas tienen juegos interactivos y tests que te permitirán poner a prueba tus conocimientos. En el sitio web de Usborne Quicklinks hay enlaces a sitios geniales donde podrás aprender muchas cosas sobre cientos de científicos y descubrimientos científicos fascinantes, ver fotos y animaciones, buscar todo tipo de datos científicos y aprender a realizar tus propios experimentos científicos.

Los enlaces a estas páginas web están en el sitio Quicklinks de Usborne. Visita **www.usborne-quicklinks.com** y busca en la lista el título del libro. Cuando navegues por Internet, procura seguir las normas de seguridad de la página Quicklinks. Si bien los sitios web que figuran en los Quicklinks se revisan y actualizan periódicamente, Usborne no aceptará responsabilidad alguna por el contenido de sitios web ajenos al suyo. Recomendamos que se supervise a los niños mientras navegan por Internet.

La historia de la ciencia

Anna Claybourne

Ilustraciones: Adam Larkum

Diseño: Steve Wood

Redacción: Jane Chisholm

Asesoría científica: Dra. Patricia Fara, Universidad de Cambridge

Diseño de portada: Steve Wood y Stephen Moncrieff

Material adicional: Alex Frith y Dra. Lisa Jane Gillespie

Traducción: Cristina Fernández Martínez

Redacción en español: Isabel Sánchez Gallego y Carla Brown

Sumario

El planeta Tierra

Los descubrimientos que nos han ayudado a entender el planeta Tierra, nuestro humilde hogar.

La Tierra y el espacio

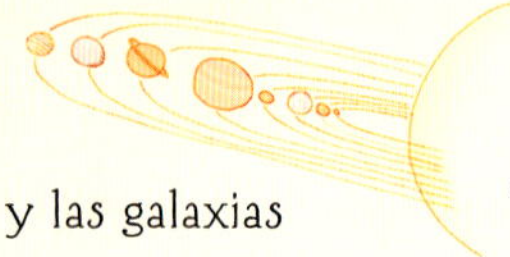

Más allá de la Tierra, en la infinidad del espacio, descubrimos estrellas, planetas, galaxias, agujeros negros y mucho más.

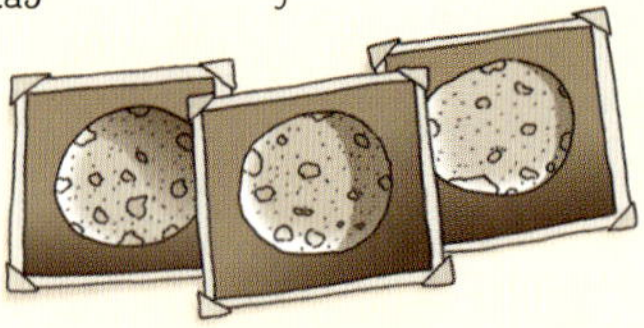

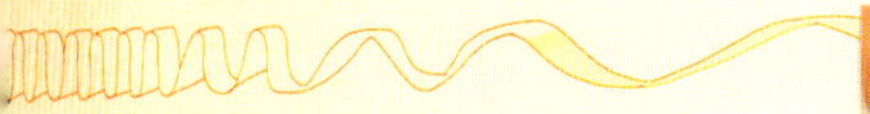

La física

Esta ciencia se ocupa de la materia y la energía, y da respuesta a cuestiones como qué origina el calor, por qué flotan los objetos o a qué velocidad viaja la luz.

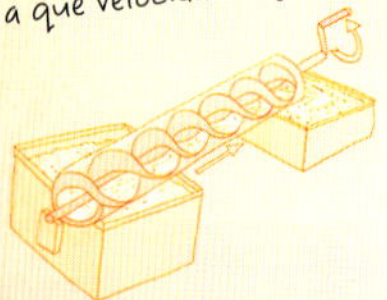

La química

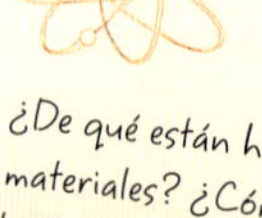

¿De qué están hechos los distintos materiales? ¿Cómo reaccionan los productos químicos cuando se combinan?

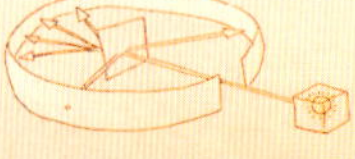

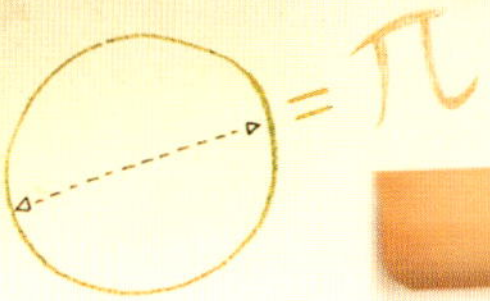

Los números

Adéntrate en el misterioso mundo de los descubrimientos y problemas matemáticos.

Los seres vivos

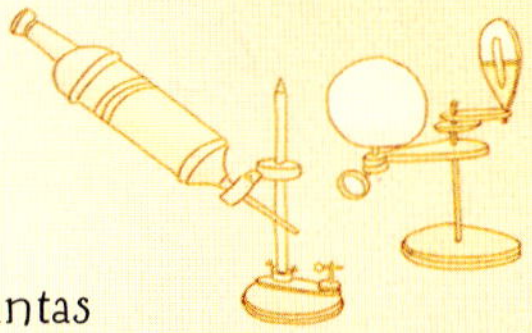

Nuestro planeta es el único donde sabemos que hay vida. Lee sobre alguno de los fascinantes descubrimientos sobre los seres vivos que habitan la Tierra.

El cuerpo humano

La ciencia nos ayuda a conocer cómo funciona nuestro cuerpo, qué nos hace enfermar y cómo podemos curarnos.

Hallazgos prehistóricos

Averigua lo que los científicos han descubierto gracias a los hallazgos de hace muchísimo tiempo.

¿Crees que los científicos lo saben todo? Pues no. Todavía quedan muchas cosas que no logran comprender.

Toda esta información te resultará muy útil.

¿Qué es la ciencia?

La palabra "ciencia" significa "saber". Los científicos se dedican a adquirir conocimientos y a descubrir cómo funciona todo. Su labor es muy extensa y variada: desde excavar fósiles hasta descubrir estrellas, aprender cómo se comunican los animales, medir la distancia entre la Tierra y la Luna o averiguar cómo funciona nuestro cerebro.

Sed de conocimiento

¿Has desmontado alguna vez un aparato sólo para saber qué mecanismo lleva dentro? El ser humano tiene una tendencia natural a descubrir cosas e intentar entender su funcionamiento. Con el paso del tiempo la ciencia ha pasado a ser una parte importante de nuestras vidas. Nuestra sed de conocimiento es insaciable.

Estos grandes científicos y pensadores tenían sus propias teorías sobre lo que es la ciencia.

Los experimentos

La ciencia requiere muchos experimentos: pruebas que nos ayudan a descubrir cosas. Para comprobar que los resultados obtenidos son correctos, los experimentos deben diseñarse meticulosamente y repetirse varias veces, y los resultados deben anotarse.

Experimentando, los hombres primitivos hallaron cosas útiles.

¿Para qué nos sirve?

La ciencia es tremendamente útil. Por ejemplo, descubrir la causa de una enfermedad nos ayuda a crear inventos nuevos, como las vacunas o los medicamentos.

Pero la ciencia no siempre ha de tener utilidad. Muchos científicos buscan la obtención de conocimientos en sí, aunque no sirvan para nada y no se sepa a qué pueden conducir.

La historia de la ciencia

Este libro ilustra muchos de los grandes acontecimientos de la historia de la ciencia. A continuación recogemos algunos momentos en los que la ciencia fue la protagonista.

Hace 6.000 años

Las antiguas civilizaciones comienzan a recoger por escrito sus descubrimientos.

500 a 1200

Bagdad, la actual capital de Irak, es la capital científica del mundo.

S. XVIII

La Ilustración marca una época de enorme actividad científica en Europa.

Hoy día

Los científicos investigan en universidades o para empresas privadas.

¿Qué es un científico?

Hoy día, la palabra "científico" describe a quien realiza experimentos para adquirir conocimientos sobre el mundo que nos rodea. Este vocablo empezó a usarse en 1833, cuando el escritor científico inglés William Whewell la empleó para describir a una persona que estudia la naturaleza.

Con anterioridad a esta fecha, las personas que se dedicaban al estudio de la ciencia eran "filósofos naturales", naturalistas, químicos u otro nombre que describiera lo que estudiaban. En la actualidad hay cientos de clases diferentes de científicos y ramas de la ciencia.

William Whewell

¿Tienes madera de científico?

Siempre que experimentas con algo y averiguas cómo funciona, en cierto modo te estás dedicando a la ciencia. Si te pasas el día desmontando aparatos o te fascinan cosas como el fuego, el espacio, las arañas o las máquinas, podrías llegar a ser un eminente científico.

Los descubrimientos científicos más importantes se recompensan con el Premio Nobel.

En la antigüedad, mucha gente vivía del cultivo en llanuras fértiles y, por eso, el mundo debía parecerles un disco plano rodeado de montañas y mares.

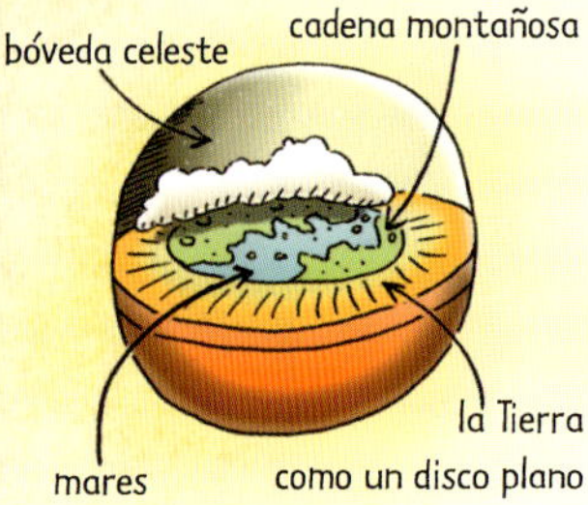

¡La tierra es redonda!

Como seguro que ya sabes, vivimos en una esfera gigante. Nadie se cae de ella porque la fuerza de la gravedad del planeta nos atrae hacia él cuando estamos en su superficie. Sin embargo, hace muchos años, la mayoría de la gente pensaba que la Tierra era plana.

La teoría de que la Tierra es plana

En muchas civilizaciones antiguas, como la sumeria o la egipcia, se creía que la Tierra era un enorme disco plano. Los antiguos chinos creían que tenía forma cuadrada. Todos pensaban que el cielo debía de ser una bóveda gigantesca donde estaban las estrellas, el Sol y la Luna. Nadie sabía dónde estaba el "fin del mundo", porque en aquellos tiempos no se recorrían grandes distancias.

Cómo midió la Tierra Erastótenes

Erastótenes no tenía una cinta métrica gigante, así que ¿cómo consiguió medir la Tierra?

Sabía que en Egipto, en el actual Asuán, había un día al año en que el Sol estaba en posición vertical porque, si clavaba un palo en el suelo, no proyectaba sombra.

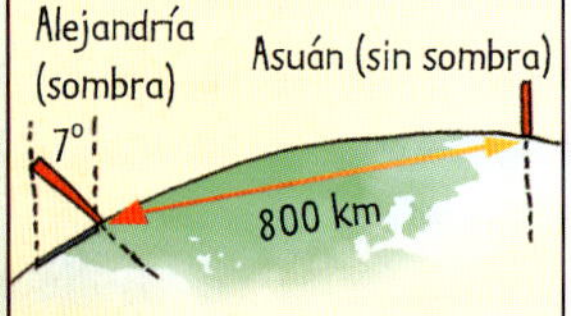

En Alejandría, a unos 800 Km al norte, sí había sombras. Al medirlas, Erastótenes obtuvo datos suficientes para medir la curvatura de la Tierra entre las dos ciudades.

A partir de este segmento, calculó el tamaño total de la Tierra..

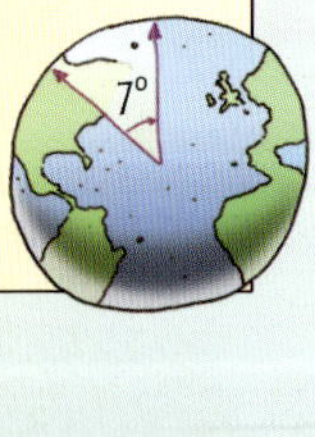

¿Y si es redonda?

Hace unos 2.400 años, los antiguos griegos empezaron a cuestionar esa teoría. El gran pensador Aristóteles, por ejemplo, observó varios fenómenos que le hicieron pensar que la Tierra era en realidad una bola que flotaba en el espacio.

Otro filósofo griego, Erastótenes, también pensaba que la Tierra era redonda y decidió medirla. Los resultados que obtuvo fueron muy parecidos a los actuales, que indican que la Tierra tiene una circunferencia de unos 40.000 Km.

Ideas y argumentos

En la época medieval, casi todo el mundo pensaba que la Tierra era esférica, pero algunas personas no estaban de acuerdo. Los cristianos no querían creer que era redonda, porque la Biblia hablaba de "cuatro confines". Otras personas pensaban que, si la Tierra era redonda, nos podríamos caer de ella. Se preguntaban si era posible que hubiera personas al otro lado del planeta y se imaginaban cómo serían.

Evidentemente, como la Tierra es tan grande nadie la había explorado por completo para saber de una vez por todas qué forma tenía. Pero esto no tardaría en cambiar.

Algunos escritores se imaginaban que la gente que vivía en el lado opuesto del mundo serían seres extraños e inusuales.

Los terraplanistas

Quienes creen que la Tierra es plana se llaman "terraplanistas". Pese a estar demostrado que la Tierra era esférica, el escritor inglés Samuel Rowbotham inició el movimiento terraplanista en 1849 para defender esta creencia obsoleta.

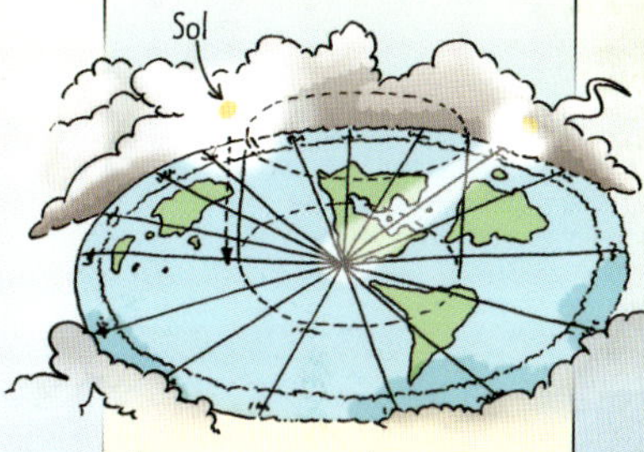

Este mapa terraplanista de 1931 muestra un disco plano con el Polo Norte en el centro y los continentes repartidos a su alrededor.

La vuelta al mundo

Durante el siglo XV, los europeos se dedicaron a explorar el mundo. Uno de ellos, Cristóbal Colón, emprendió un viaje a través del océano Atlántico en 1492. Esperaba rodear el mundo en dirección oeste hasta llegar a China, pero no lo logró porque se topó con América.

Al poco, en 1519, el descubridor portugués Fernando de Magallanes encabezó una expedición que consiguió dar la vuelta al mundo. Otros exploradores fueron recorriendo distintas partes del planeta y pronto hubo mapas más realistas de la Tierra.

Las primeras imágenes

Aunque cuando se inició la carrera espacial en la década de 1950 ya se sabía que la Tierra era esférica, fue de todas formas asombroso ver las primeras fotografías del globo terráqueo, tomadas desde el espacio exterior. El astronauta ruso Aleksei Leonov describió de este modo la vista de la Tierra desde el espacio:

La edad de la Tierra

Cómo hacer rocas

Los científicos creen que las rocas se forman de tres maneras.

Las rocas sedimentarias son cieno acumulado y endurecido, normalmente en el lecho marino.

La rocas ígneas son la roca líquida que sale del interior de la Tierra cuando se enfría y endurece.

La roca metamórfica se forma cuando otras rocas sufren presiones o se calientan bajo la superficie.

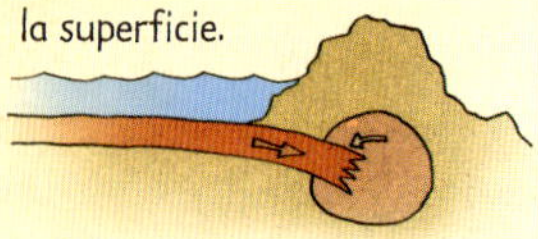

En comparación con los seres humanos, aunque empecemos a contar desde nuestros inicios, el planeta Tierra es muy, pero que muy antiguo. ¿Cuántos años tiene exactamente? La respuesta está en las rocas.

Fósiles marinos y estratos rocosos

Hace unos 1.000 años, el pensador chino Shen Kuo fue de los primeros en sugerir cómo se formaban las rocas. Observó que en muchas se veían diferentes franjas y que contenían formas que parecían animales (lo que ahora llamamos fósiles). Shen Kuo se dio cuenta de que las rocas podrían formarse a medida que capas de arena y barro se asentaban en el lecho marino.

Según Steno, la roca se forma en capas planas o estratos y la más antigua siempre es la que queda debajo.

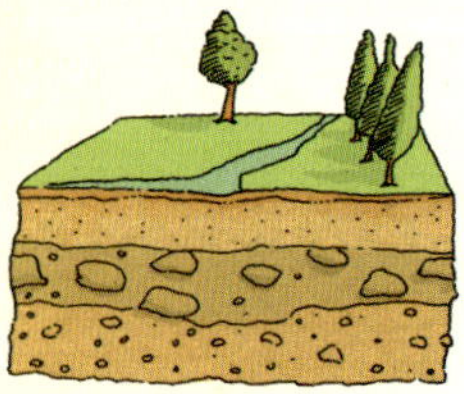

Después, puede cambiar de forma o posición, pero siempre empieza por capas planas.

Dientes de tiburón de piedra

En el siglo XVII, el científico holandés Niels Stensen, conocido como Steno, propuso la misma teoría. A veces aparecían fósiles que se llamaban "lenguas de piedra" que parecían grandes dientes de tiburón. Unos decían que habían caído del cielo y otros que crecían en las rocas.

Steno estaba convencido de que eran dientes de tiburón auténticos. Aseguraba que habían caído en el fondo del mar y se habían ido cubriendo con capas de barro. Al endurecerse, el barro se había convertido en roca y de algún modo esa roca había subido a la superficie.

Más vieja que Matusalén

Si las rocas realmente se formaban así, el proceso duraría mucho tiempo, posiblemente millones de años.

Sin embargo, en el siglo XVII, la mayoría de los europeos se guiaban por las creencias religiosas para calcular la edad de la Tierra. Según la Biblia, la Tierra sólo podía tener unos 6.000 años.

A medida que se fueron realizando más estudios, fue quedando claro que la Tierra era mucho más antigua.

Un nuevo descubrimiento

La Tierra parecía ser mucho más antigua de lo que nadie había pensado, pero aun así los científicos no se ponían de acuerdo sobre la edad exacta. Entonces, el físico francés Henri Becquerel descubrió la radioactividad (ver página 46) en 1856. Al poco, a principios del siglo XX, Ernest Rutherford y Bertram Boltwood inventaron la datación radiométrica (una forma de calcular la edad de las rocas mediante la radioactividad). Algunas rocas contienen minerales radioactivos que despiden energía con el paso del tiempo, lo que cambia los elementos químicos de la roca de una manera que se puede medir.

En la década de 1950, los científicos acordaron gracias a este método que la Tierra tiene unos 4.550 millones de años.

Los científicos usan una máquina que se llama espectrómetro de masas para poder calcular con exactitud qué elementos químicos forman las rocas y la edad que tienen.

¿Qué edad tiene?

En los siglos XVIII y XIX, los geólogos escoceses James Hutton y Charles Lyell expusieron su teoría de que las rocas se erosionan y forman sin cesar en un ciclo larguísimo.

Hacia 1800, el geólogo inglés William Smith vio que en capas de roca distintas había fósiles diferentes. Esto sugería que la fauna había ido cambiando a lo largo de millones de años.

Durante el siglo XIX, muchos científicos calcularon la edad de la Tierra. Según el tiempo que creían que las rocas habían tardado en formarse, dieron edades que iban de millones de años a miles de millones.

Parece ser que la Tierra es aún más antigua. Hoy día se cree que tiene 4.550 millones de años.

Fernando de Magallanes encabezó la primera expedición que dio la vuelta al mundo en barco.

Un rompecabezas

Si observas un mapamundi, te habrás percatado de que algunos continentes parecen encajar entre sí, como las piezas de un rompecabezas gigante. Lo parece porque hace millones de años estaban unidos.

Sólo se tuvo una idea aproximada de la forma de los continentes desde el siglo XVI, cuando los exploradores comenzaron a navegar por el mundo y a recoger mediciones.

¿Qué encaja con qué?

La gente se empezó a fijar en estas "piezas del puzle" hace unos 400 años. En el siglo XVI, exploradores como Fernando de Magallanes comenzaron a navegar por todo el mundo y se trazaron los primeros mapas medianamente precisos. Mostraban que algunas costas, especialmente las de África y las de América del Sur, tenían formas muy similares. En 1596, el cartógrafo belga Abraham Ortelius se dio cuenta de que parecían encajar.

Abraham Ortelius vio que las dos costas del océano Atlántico parecían encajar como si en algún momento hubieran estado unidas y se hubiesen separado.

El mundo de Wegener

En 1911, Alfred Wegener, explorador y experto meteorólogo alemán, se dio cuenta de otra misteriosa coincidencia. Además de la curiosidad de las costas, se habían encontrado los mismos fósiles en el este de América del Sur y en el África occidental, lo que sugería que en algún momento habían estado unidas. Las cadenas montañosas y los depósitos de carbón también coincidían.

La teoría de Wegener era que los continentes se habían ido separando poco a poco en un proceso que se conoce como "deriva continental", y que habían formado en algún momento una única masa de tierra que llamó "Pangea".

El mesosaurio, un reptil acuático de hace 225 millones de años, fue uno de los animales cuyos fósiles se encontraron a ambos lados del Atlántico.

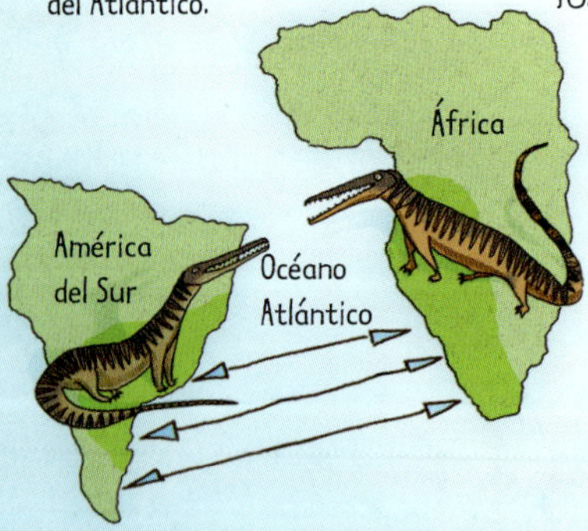

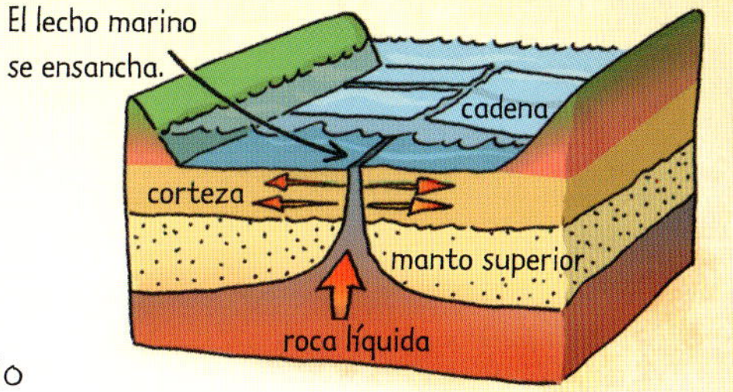

Así sale la roca fundida por los volcanes submarinos. Cuando ésta se enfría y solidifica, la cordillera se ensancha y se va formando lecho marino nuevo.

¿Cómo pasó?

Al principio, las ideas de Wegener no se tomaron en serio porque costaba imaginar que los continentes se hubieran apartado tanto, pero en la década de 1950 se hicieron otros descubrimientos que confirmaron su teoría.

En primer lugar, el geólogo estadounidense Maurice Ewing descubrió un enorme sistema de cordilleras montañosas volcánicas que se extendían bajo los océanos de todo el mundo. Otro científico estadounidense, Harry Hess, descubrió que las rocas del lecho marino eran mucho más recientes que las de tierra firme.

Hess se dio cuenta de que, a medida que la roca líquida salía de las montañas submarinas, iba formando un lecho marino nuevo que, al expandirse, desplazaba los continentes. Con el paso de millones de años, éstos se habían movido por todo el planeta.

Zonas con pliegues

Cuando los continentes se mueven, a veces uno empuja a otro haciendo que la corteza terrestre se arrugue y se doble hacia arriba, lo que forma las montañas.

La India, por ejemplo, chocó contra el resto de Asia hace unos 60 millones de años. Al hacerlo, empujó la tierra y formó la cadena montañosa más alta del mundo: el Himalaya. Los continentes siguen moviéndose y el Himalaya crece unos 5 mm al año.

Las placas de Pangea

Si se estaba creando un lecho marino nuevo, ¿por qué no se hacía más grande la Tierra? Hess y otros científicos observaron que, en otras partes, el lecho marino desaparecía al caer en grandes fosas oceánicas donde una parte de la corteza terrestre se deslizaba bajo otra. Las enormes secciones de la corteza en movimiento se llamaron placas tectónicas.

Mediante el estudio de las placas tectónicas, las rocas, los fósiles y la orografía de todo el mundo, los científicos han conseguido recomponer la forma inicial de Pangea y descubrir cómo se fueron separando los distintos continentes con el tiempo.

Hace 225 millones de años

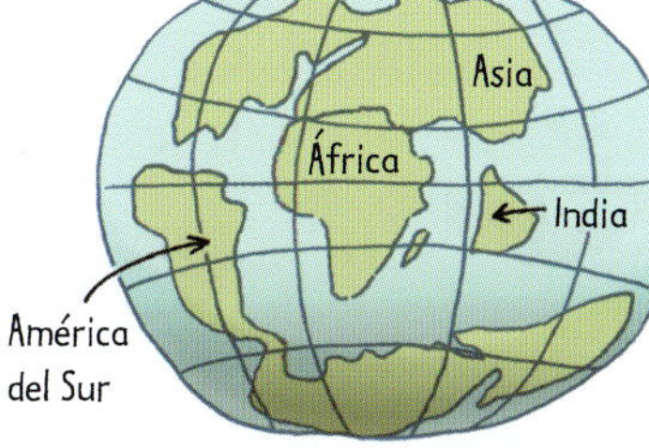

Hace 65 millones de años

Hoy en día

Del frío al calor

Desde que se formó la Tierra, la temperatura del planeta ha cambiado muchas veces. Ha habido glaciaciones en las que hacía un frío tremendo y épocas muchísimo más cálidas. Las primeras pistas sobre estos cambios se encontraron en montañas heladas.

1760 Un río de hielo

Una mina en las montañas de Grindelwald (Suiza) tuvo que cerrar en 1760 al inundarla un río de hielo que pasaba sobre ella. Los científicos empezaron a estudiar los glaciares: una acumulación de hielo formado en las montañas que discurre como un río.

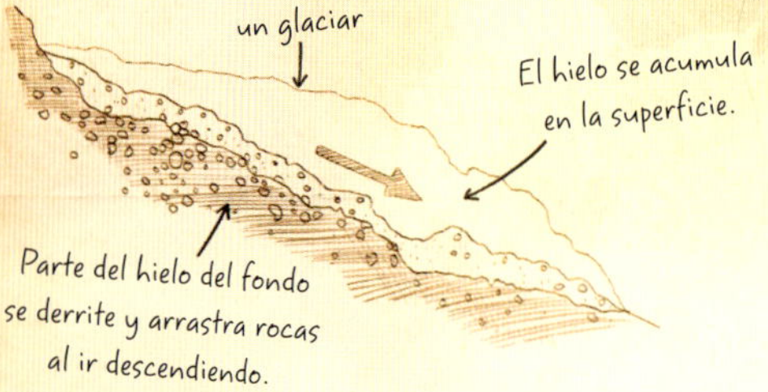

1840 Pruebas irrefutables

Louis Agassiz estudió formaciones rocosas en Suiza y el Reino Unido. Observó que habían quedado erosionadas por los glaciares que habían cubierto los dos países durante una época que llamó "era glacial".

1896 La Tierra se calienta

¿Qué hizo que la Tierra volviera a calentarse? En 1896, el químico suizo Svante Arrhenius descubrió que el dióxido de carbono (CO_2) atrapa el calor. Según su teoría, cuando el CO_2 se acumula en la atmósfera, la Tierra se calienta.

1920

El astrónomo serbio Milutin Milankovitch dio otra explicación a los cambios de temperatura de nuestro planeta. Observó que la órbita de la Tierra alrededor del Sol se modificaba a intervalos regulares de forma que, cuando la órbita estaba más cercana al Sol, hacía más calor en la Tierra.

La historia del calor

Los científicos sabían que la Tierra había pasado épocas de frío intenso y otras mucho más cálidas, pero no se sabía por qué. Los siguientes descubrimientos ayudaron a entenderlo.

1957

El italiano Cesare Emiliani recogió fósiles de criaturas marinas primitivas. Los elementos químicos que las formaban mostraban cuál era la temperatura de la Tierra cuando vivieron.

1973

El británico Nick Shackleton estudió muestras sacadas de glaciares y del fondo de los océanos. Gracias a los cambios que mostraban, observó que las épocas más frías de la Tierra, o eras glaciares, coincidían con los ciclos de Milankovitch.

Shackleton hizo pruebas a las burbujas de aire que habían quedado atrapadas en el hielo para medir los niveles de dióxido de carbono del pasado.

1991

Los geólogos estadounidenses James Kennett y Lowell Stott examinaron semillas de plantas antiguas que recogieron del fondo del océano Antártico. Descubrieron que hace 55 millones de años hacía tanto calor en la Tierra que muchos seres vivos murieron.

1996 ¿Inundaciones?

En todo el mundo se explican historias sobre una enorme inundación que ocurrió hace muchos años. Los geólogos estadounidenses William Ryan y Walter Pitman obtuvieron pruebas de que tal inundación se había producido en el Mar Negro.

Los fósiles mostraron que había estado repleto de peces de agua dulce, pero hace unos 7.500 años creció muchísimo en poco tiempo y se llenó de animales marinos. Los estudios sugieren que un periodo cálido derritió los glaciares y elevó el nivel de los mares, lo que provocó inundaciones de agua salada.

Hoy día ¡Es culpa nuestra!

Arrhenius tenía razón al decir que los gases invernadero calientan la Tierra, pero él creía que eso era positivo. En la actualidad, los científicos de todo el mundo coinciden en asegurar que la Tierra se está calentando demasiado rápido y que esto podría perjudicar a muchas especies, incluido el ser humano.

El dióxido de carbono y otros gases invernadero provienen de centrales térmicas, coches, aviones e incluso de las vacas.

Los árboles, que absorben el dióxido de carbono, se talan constantemente para que el ganado tenga espacio para pacer, para construir carreteras, centrales térmicas, etc.

Hace unos 6.000 años, las casas de Banpo, en China, se construían alineadas con la constelación Yingshi (o de Pegaso), seguramente para que les trajera suerte.

Las estrellas y las galaxias

El estudio de las estrellas fue una de las primeras ciencias. Los antiguos las seguían y les ponían nombre. ¿Cómo se descubrió qué son en realidad?

Dibujos y formas

Los primeros sabios se dieron cuenta de que, aunque las estrellas parecían moverse, siempre formaban el mismo dibujo. Algunas se agrupan y forman siluetas conocidas, como por ejemplo una cruz, que hoy en día llamamos constelaciones. En algunas civilizaciones primitivas se creía que las constelaciones eran seres divinos o signos de buena suerte.

Las estrellas también servían para orientarse. La estrella Polar, por ejemplo, siempre indica donde está el Norte. Los antiguos egipcios la utilizaron para decidir la posición de las pirámides.

Trazando líneas

Las estrellas de una constelación parece que están cerca, pero en realidad no es así. Algunas están mucho más lejos de la Tierra que otras, pero al verlas desde nuestro planeta parecen estar alineadas y formar dibujos. Vemos estos dibujos porque, cuando miramos puntos sueltos, automáticamente nuestro cerebro intenta unirlos y busca formas conocidas.

Un nombre para cada estrella

Hacia el año 1400 a. C., durante la civilización mesopotámica, en la zona que hoy ocupa Irak, se creó una lista de datos sobre astronomía llamada Mul.Apin. La lista se hizo en unas tablas de arcilla e incluía 66 nombres de estrellas y constelaciones.

Los antiguos griegos y los astrónomos árabes que vivieron en Bagdad hace unos 1.000 años también dieron nombre a muchas estrellas. La mayor parte de los nombres que utilizamos en la actualidad provienen de esos nombres árabes y griegos.

La mayoría de las estrellas de la constelación de Orión (El Cazador) tienen nombres árabes.

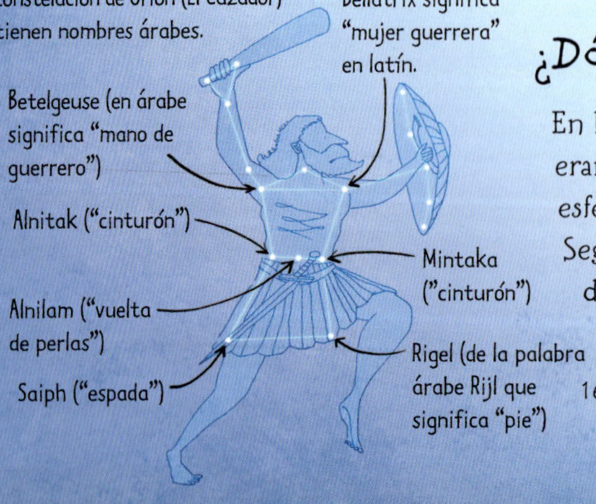

¿Dónde están las estrellas?

En la antigüedad, se pensaba que las estrellas eran luces que estaban fijas en una bóveda o esfera gigante que giraba alrededor de la Tierra. Según ellos, las estrellas estaban bastante cerca de nuestro planeta.

61 Cygni es una "estrella doble" formada por dos estrellas muy juntas.

Estrellas lejanas

Demócrito, un pensador de la antigua Grecia, tenía otra teoría. Decía que las estrellas eran soles parecidos al nuestro pero muy alejados y dispersos. También pensaba que la banda de luz que se veía en el cielo por la noche (que es nuestra galaxia, la Vía Láctea) estaba formada por estrellas muy lejanas.

Friedrich Bessel

61 Cygni fue la primera estrella cuya distancia a la Tierra se calculó. Friedrich Bassel afirmó que estaba a 11 años luz, es decir, que la luz tardaría 11 años en llegar a ella.

¿Qué son en realidad?

Más de 2.000 años después, la ciencia dio la razón a Demócrito: todas las estrellas eran bolas de gas situadas a diferentes distancias.

Primero, en 1832, el astrónomo alemán Friedrich Bessel calculó la distancia hasta la estrella 61 Cygni con un método llamado paralaje estelar. Después, utilizando los telescopios más sofisticados, los astrónomos empezaron a estudiar las estrellas más de cerca que nunca. Descubrieron que tenían colores y formas diferentes, y que la distancia entre cada una de ellas y la Tierra era también distinta.

Al estudiar la luz solar, se descubrió que el Astro Rey está formado por gases en combustión. Y como las estrellas emitían el mismo tipo de luz, debían de estar formadas por el mismo tipo de gases en combustión. Cuando las fueron comparando, averiguaron de qué gases se componían y su temperatura. A principios del siglo XX, los astrónomos documentaron muchos miles de estrellas y las clasificaron según su temperatura.

El paralaje estelar

El paralaje es la diferencia de posición aparente de las cosas cuando nos movemos. Según orbitamos en torno al Sol, vemos las estrellas desde ángulos diferentes, como si se moviesen. Con esto podemos calcular a qué distancia están.

Esta estrella parecerá que se mueve más que otras que están más alejadas.

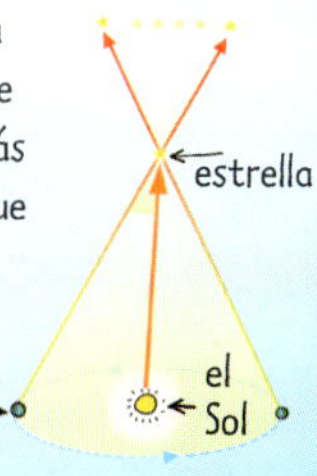

Los movimientos de paralaje son ínfimos. Sólo se ven con telescopio.

Un sinfín de galaxias

Una galaxia es un grupo enorme de estrellas. Mientras estudiaban nuestra propia galaxia, la Vía Láctea, los científicos observaron formas extrañas que parecían ser otras galaxias. Alrededor de 1923, ayudándose de un nuevo telescopio, el astrónomo estadounidense Edwin Hubble probó que existían otras muchas galaxias además de la nuestra.

La Vía Láctea es como un enorme disco giratorio lleno de estrellas. Por eso de noche se puede ver una banda de luz, que es la parte de la galaxia donde hay más estrellas.

La Vía Láctea vista desde fuera

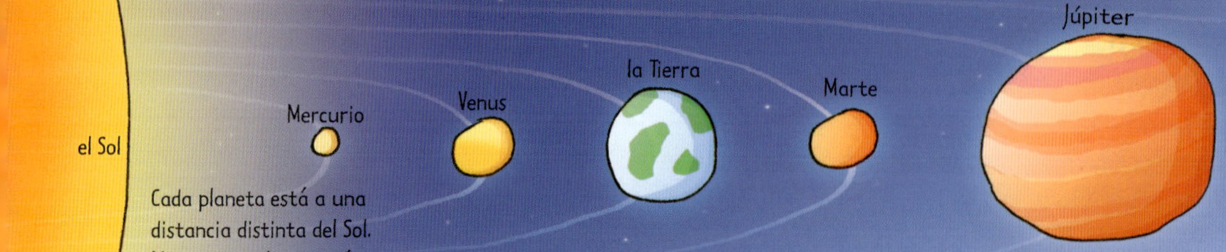

Cada planeta está a una distancia distinta del Sol. Mercurio es el que está más cerca.

El sistema solar

El Sol es sólo una de las muchísimas estrellas que hay en el universo. En torno a él orbitan varios planetas, asteroides y otros cuerpos. El conjunto de todos estos elementos se llama Sistema Solar.

El descubrimiento de los planetas

Desde la antigüedad se supo que, aunque la mayoría de las estrellas parecían tener una configuración fija, algunas parecían moverse por el firmamento. Los griegos nombraron a estos objetos en movimiento planetas, o "vagabundos". Hoy día se sabe que no son estrellas, sino bolas de roca y gas que orbitan (giran) alrededor del Sol.

Astronomía antigua

Los sumerios, que vivieron en el actual Irak, fueron pioneros de la astronomía.

Los sumerios ya se dedicaban a estudiar el cielo nocturno hace 5.500 años. En esta tablilla sumeria de unos 4.500 años de antigüedad se ve un detalle del Sol rodeado de planetas.

Los cinco planetas

Los primeros astrónomos conocían cinco planetas (sin contar la Tierra): Mercurio, Venus, Marte, Júpiter y Saturno. Son los que se ven a simple vista, sin un telescopio. En aquellos tiempos, la gente creía que orbitaban alrededor de la Tierra y no del Sol. Había quien creía que eran dioses que viajaban por los cielos. De hecho, todos los planetas que conocemos, excepto la Tierra, tienen nombres de dioses mitológicos.

Los nuevos planetas

Cuando se inventó el telescopio a principios del siglo XVII, se empezaron a ver más objetos en el espacio. En 1781, el astrónomo británico William Herschel descubrió lo que él creía que era una estrella nueva, pero que acabó siendo un planeta que se llamó Urano. La órbita de Urano indicaba que había otro planeta cercano y que su gravedad le afectaba. Después de mucho buscar, en 1846 se descubrió Neptuno.

William Herschel

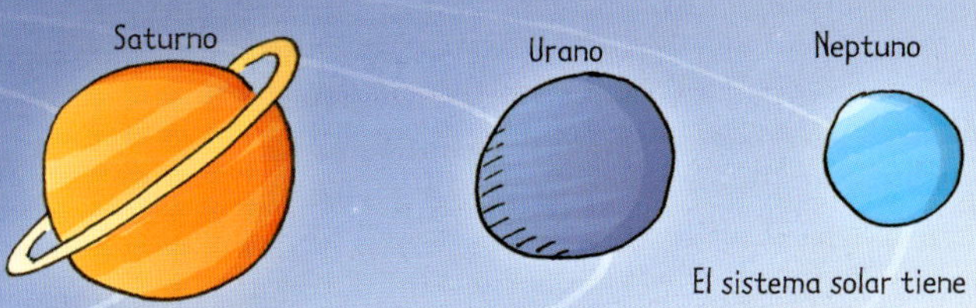

El sistema solar tiene un diámetro de unos 13.000 millones de Km.

Hubo muchas propuestas para el nombre del nuevo planeta. Venetia Burney, una niña británica de 11 años, sugirió llamarlo "Plutón". Le gustaba la mitología y escogió el nombre del dios romano del averno para aquel planeta oscuro y helado.

¿No había nueve?

En 1930, un astrónomo estadounidense llamado Clyde Tombaugh estaba buscando nuevos planetas en el sistema solar y encontró uno diminuto que se llamó Plutón.

Alrededor del año 2000, se encontraron más objetos pequeños que parecían planetas y los científicos empezaron a plantearse qué hacía que un planeta se considerase como tal. En 2006, acordaron que los cuerpos pequeños como Plutón no eran planetas de verdad, sino "planetas enanos". Así pues, hoy día se conocen ocho planetas, incluida la Tierra, en el sistema solar.

¿Hay vida en otros planetas?

William Herschel, el científico que descubrió Urano, creía que en los planetas y el Sol también había seres vivos. A principios del siglo XX, algunos astrónomos creyeron ver canales en Marte. Sin embargo, las sondas espaciales han visitado los planetas y hasta ahora no han encontrado señales de vida convincentes.

La sonda *Sojourner* exploró parte de la superficie de Marte en 1997.

Lunas y anillos

En 1610, gracias al recién inventado telescopio, el astrónomo italiano Galileo descubrió que Júpiter tenía cuatro lunas. También vio que Saturno tenía una especie de "orejas", que resultaron ser anillos de polvo y hielo.

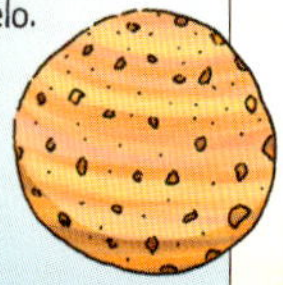

Io, una de las lunas de Júpiter

Al pasar los siglos, los astrónomos han descubierto que Júpiter, Urano y Neptuno también tienen anillos y que la mayoría de los planetas tienen lunas. Saturno tiene al menos 60 y Júpiter más de 63.

¿Seguro que estamos solos?

A mediados de la década de 1990, se descubrió que algunas estrellas, más allá de nuestro sistema solar, también tienen planetas que orbitan a su alrededor. Desde entonces, se han encontrado cientos de estos planetas "extrasolares". Algunos son parecidos a la Tierra e incluso podrían tener las condiciones adecuadas para albergar vida.

¡La Tierra se mueve!

Hubo un tiempo en que se creía que la Tierra era el centro del universo y el Sol, los planetas y las estrellas giraban a su alrededor. Esta teoría era errónea, pero se tardó muchos años en demostrarlo.

El camino del Sol

El Sol parece que se mueve por el cielo todos los días y por eso se creía que daba vueltas a la Tierra. El filósofo griego Aristarco ya sugirió que la Tierra y el resto de los planetas giraban alrededor del Sol. Pero en el siglo II, cuando otro filósofo, Ptolomeo, aseguró que la Tierra no se movía, casi todo el mundo le creyó.

El modelo de Ptolomeo

Ptolomeo decía que la Tierra era una esfera y que el Sol y los planetas trazaban círculos perfectos a su alrededor. Más allá estaban las estrellas, que también orbitaban la Tierra.

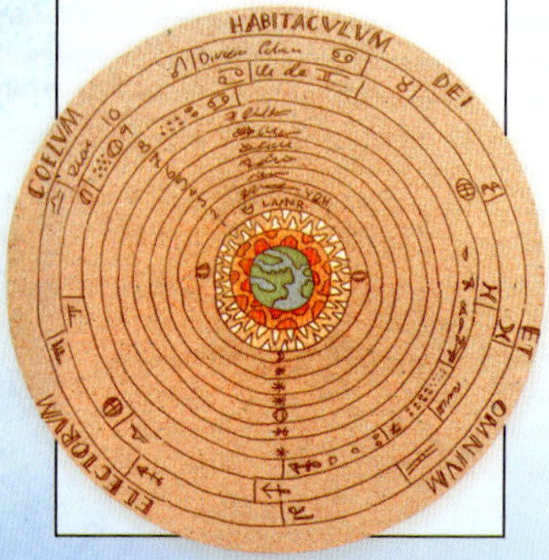

Marcha atrás

Un hecho seguía confundiendo a los astrónomos y era que, cuando los planetas se movían por el cielo, parecía que cambiaban de sentido y se desplazaban hacia atrás durante un tiempo. Ptolomeo afirmaba que se debía a que sus movimientos eran complejos.

A principios del siglo XVI, el astrónomo polaco Nicolás Copérnico volvió a estudiar este movimiento hacia atrás. Se dio cuenta de que sólo tenía lógica si la Tierra y los otros planetas giraban en torno al Sol. Cuando la Tierra pasaba cerca de un planeta más lento, nos daba la sensación de que éste iba hacia atrás.

En 1543, el mismo año en que murió, Copérnico publicó un libro en el que aseguraba que la Tierra y los otros planetas orbitaban en torno al Sol.

Como ves, el sistema de Copérnico colocaba el Sol en el centro y todos los planetas, incluida la Tierra, orbitaban alrededor de él. Esta idea se conoce como "heliocentrismo", del griego "helios", que significa "sol" y "kentros", que significa "centro".

¿Tenía razón Copérnico?

A algunos líderes religiosos no les gustó el trabajo de Copérnico. Según la doctrina cristiana, el espacio era una creación perfecta que no podía cambiar y la Tierra ocupaba el lugar central.

En 1572, cuando el astrónomo danés Tycho Brahe vio una nueva estrella, se armó gran revuelo porque se demostró que el firmamento sí podía cambiar. Más adelante, el ayudante de Brahe, Johannes Kepler, probó que los planetas seguían órbitas ovaladas en torno al Sol. Poco a poco, los astrónomos fueron viendo que el modelo heliocentrista de Copérnico era el correcto.

El telescopio de Galileo

Hacia 1609, la invención del primer telescopio revolucionó el estudio del espacio. Se había diseñado para observar los campos de batalla, pero el astrónomo italiano Galileo Galilei construyó su propio modelo para estudiar el cielo. Galileo observó que Júpiter tenía cuatro lunas y presentó una prueba irrefutable de que no todos los objetos del espacio giraban alrededor de la Tierra.

La verdad a juicio

Al igual que Copérnico y Kepler, Galileo observó que las trayectorias que describían los planetas en el cielo sólo se explicaban si daban vueltas al Sol. Sin embargo, algunos representantes de la iglesia católica de Roma dijeron que esta idea era una herejía (algo que estaba prohibido creer). En 1633, tras haber escrito un libro en el que apoyaba las ideas de Copérnico, Galileo tuvo que ir a juicio, donde se le obligó a decir que estaba equivocado y que la Tierra no se movía.

Al salir, se cuenta que Galileo dijo entre dientes: "Y sin embargo, se mueve".

Tenía razón. Las pruebas científicas no tardaron en aceptarse y la iglesia católica tuvo que cambiar su versión.

La constelación de Casiopea

La estrella que vio Tycho era una supernova (una vieja estrella que había explotado). Brilló durante unos meses y luego desapareció.

Bosquejos del cielo

Galileo dibujó lo que veía con su telescopio. Por ejemplo, las lunas de Júpiter...

detalles de la Luna...

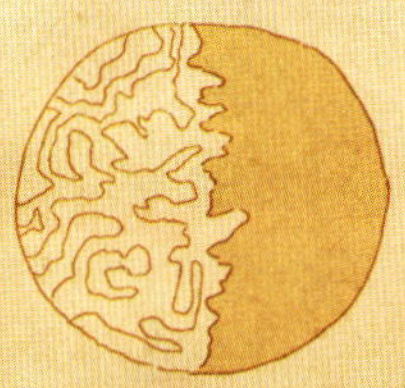

...y los anillos de Saturno, que Galileo llamaba "orejas".

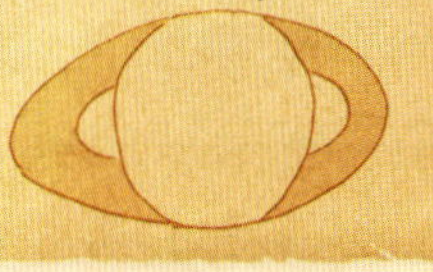

El universo es tan grande que es casi inconcebible, y contiene infinidad de estrellas y planetas.

La historia del universo

La palabra "universo" engloba todo lo que conocemos: nuestro mundo, los planetas y estrellas, el espacio y el tiempo. Pero, ¿cuál es el origen del universo?

Las estrellas del cielo

Siempre se han visto multitud de estrellas en el cielo nocturno, pero desde que se inventó el telescopio se ven muchísimas más. Según fueron mejorando los telescopios, los astrónomos pudieron ver lugares del universo cada vez más lejanos. De hecho, no se sabe dónde termina. Los científicos todavía no saben si el universo es infinito, o si tiene forma, tamaño, principio y fin, aunque hay distintas teorías al respecto.

La observación del pasado

La luz tarda en viajar por el espacio. En un año, recorre unos 9,5 billones de kilómetros (o un año luz). Cuando vemos una galaxia que está a unos 3 millones de años luz, lo que vemos en realidad es la luz que salió de esa galaxia hace 3 millones de años. Así pues, es como si viésemos el pasado. Mediante el estudio de objetos muy lejanos se pueden observar hechos de la historia del universo.

Ésta es la galaxia Triangulum, que está situada a 3 millones de años luz de la Tierra.

En expansión

En la década de 1920, el astrónomo Edwin Hubble descubrió que había otras galaxias además de la nuestra (ver página 17) y empezó a estudiarlas. Hacia el año 1929, se dio cuenta de que el resto de galaxias que veía se alejaban de nosotros, y de que cuanto más lejos estaban, más rápido se movían.

Esto significa que todas las partes del universo estuvieron en algún momento mucho más cerca que en la actualidad. En 1931, el científico belga Georges Lemaître aseguró que toda la materia del universo se había originado a partir de una bola sólida, un "átomo primigenio" desde el que se había expandido.

Edwin Hubble hizo sus descubrimientos con un telescopio de nuevo diseño en el observatorio Mount Wilson de California, EE. UU.

Lemaître imaginó ese "átomo primigenio" como una bola más grande que el Sol, aunque en la actualidad se cree que el universo nació de un punto único.

El Big Bang

Otros científicos empezaron a trabajar con las ideas de Lemaître y se dedicaron a pensar cómo fue posible que el "átomo primigenio" explotara y creara todas las estrellas, los planetas y las galaxias que conocemos hoy. El astrónomo británico Fred Hoyle nunca fue partidario de esta teoría. De hecho, en 1950 dijo que era absurda y para burlarse de ella la llamó Big Bang ("gran explosión").

En la década de 1960, sin embargo, se detectó una onda de radio de baja frecuencia en el espacio. Esto encajaba con la idea del Big Bang, puesto que una explosión de esas características habría creado exactamente este tipo de energía. Entonces, la mayoría de astrónomos empezó a aceptar que esta teoría, que hoy se conoce por el mote de Big Bang, era la que mejor explicaba el origen del universo. Si fue así como sucedió, se calcula que el universo tiene unos 13.700 millones de años.

Los agujeros negros

Un agujero negro es un objeto que contiene mucha materia en un volumen ínfimo. Por eso, su gravedad es muy fuerte y absorbe todo lo que se le acerca, hasta la luz, de modo que son oscuros, pero los detectamos por su gravedad, que atrae el polvo estelar y las estrellas cercanas.

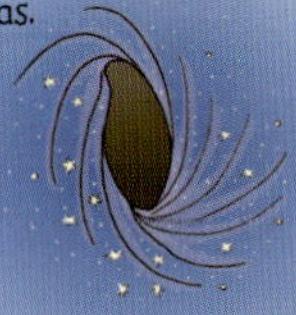

El primero en describirlos fue el astrónomo inglés John Mitchell en 1783, aunque no se los empezó a llamar así hasta el año 1967.

Los misterios del universo

Quedan muchas preguntas sin contestar, como por ejemplo qué había antes del universo, qué hay fuera de él o cuándo terminará. Algunos científicos opinan que el universo volverá a encogerse hasta desaparecer y otros que seguirá expandiéndose.

Otras teorías apuntan a que, en lugar de comenzar con el Big Bang, el universo está en un proceso constante de expansión y contracción. Y hay quien afirma incluso que podría haber un "multiverso", es decir, varios universos distintos conectados por medio de agujeros negros.

Y la historia continúa

La verdad es que, como nos es imposible observar nuestro universo desde fuera, es muy difícil averiguar la verdad. Los científicos todavía discuten sobre estos misterios y formulan nuevas teorías constantemente.

Algunos científicos están convencidos de que el universo no tiene forma esférica, sino que se parece más a un anillo o a un tubo.

Universo en forma de anillo

La Luna

Los seres humanos siempre hemos sentido una especial fascinación por la Luna. Nos hemos inventado historias sobre ella, la hemos estudiado con telescopios y hasta hemos llegado a visitarla.

Hace 3.000 años — Las culturas antiguas

Los antiguos griegos creían que la diosa Selene encendía la Luna con su brillante corona. Se servían del astro para medir el tiempo. Un mes era el número de días que tardaba la luna llena en aparecer y desaparecer.

Hace 2.000 años — Mitos de la Luna

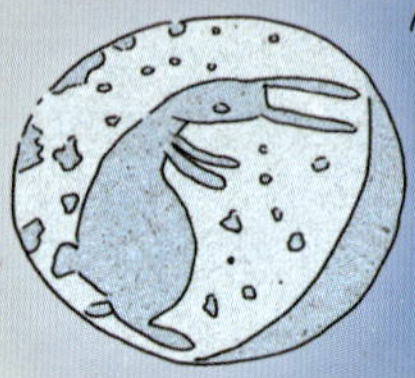

Algunas culturas asiáticas veían un conejo en la superficie de la Luna e inventaron historias sobre este animal.

Aprox. 445 a. C. — Roca y luz

Aunque casi todo el mundo pensaba que la Luna emitía su propia luz, el filósofo griego Anaxágoras sugirió que se trataba simplemente de una roca que reflejaba la luz del Sol.

Aprox. 330 a. C. ...y 1687 — Las mareas

Aristóteles sabía que la Luna y los cambios en el nivel del mar estaban relacionados. Muchos años más tarde, Isaac Newton aplicó su teoría de la gravedad a las mareas y se dio cuenta de que estaban causadas por la fuerza que ejerce la gravedad de la Luna sobre la Tierra.

Aprox. 145 a. C. — Una idea brillante

Hiparco de Nicea (en la actual Turquía) empleó las matemáticas y los ángulos para averiguar a qué distancia estaba la Luna de la Tierra. Según sus cálculos, se encontraba a 403.623 km, una cifra que se aproxima mucho a la que manejan los científicos actuales.

Aprox. 1065 Las fases de la Luna

El pensador chino Shen Kuo se dio cuenta de que la Luna era una esfera y explicó por qué parece tener formas diferentes, o fases. Según gira alrededor de la Tierra, la parte de la Luna que queda iluminada por el Sol cambia.

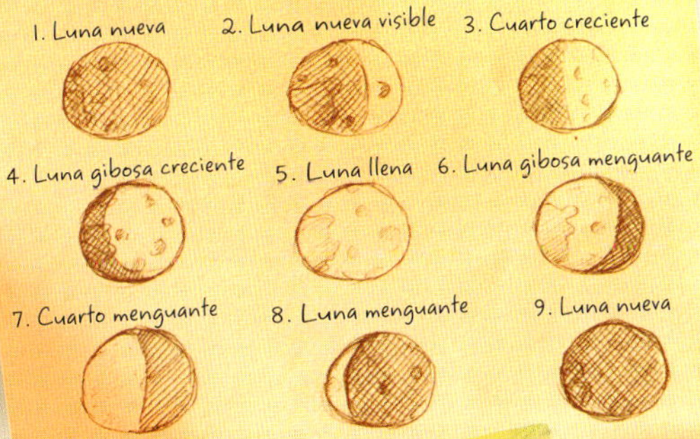

1610 Galileo el genio

Alrededor de 1610, Galileo aprovechó una invención militar, el telescopio, para crear un instrumento con el que observar el cielo (ver páginas 16-19). Vio que las manchas de la superficie de la Luna eran valles y que las zonas más pálidas eran montañas. También descubrió que, aunque la Luna da vueltas alrededor de la Tierra, siempre vemos la misma cara.

Siglos XVII y XVIII Veo, veo...

Algunos de los primeros astrónomos emplearon telescopios para estudiar la Luna. Llamaron a las montañas "terrae", que significa "tierra" en latín. Los valles parecían grandes lagos, así que les llamaron "maria", es decir, mares.

En realidad, no hay agua en la Luna. Los científicos modernos piensan que los maria son lava endurecida de volcanes prehistóricos, ahora extintos.

1959 La cara oscura

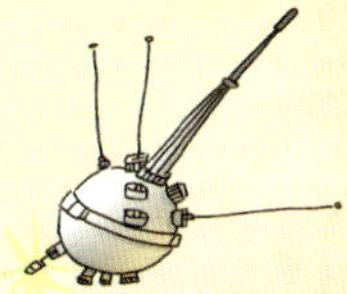

En 1959, las sondas soviéticas Luna viajaron al espacio. Algunas alunizaron y otras se colocaron en órbita. Al volver, trajeron fotos de la cara oscura de la Luna.

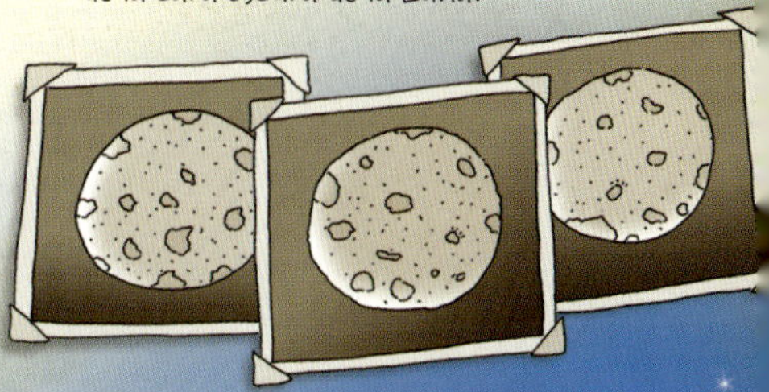

1969 Las visitas a la Luna

En 1969, después de haber soñado mucho con ello, la misión estadounidense Apollo 11 consiguió alunizar. Neil Armstrong fue el primer astronauta que pisó la Luna y este momento histórico se retransmitió por televisión en la Tierra. Durante la década de 1970 hubo más visitas a la Luna y en la actualidad son varios los países que planean enviar nuevas misiones lunares durante este siglo.

Neil Armstrong fue el primer astronauta que caminó por la Luna.

Dicen que Arquímedes se emocionó tanto con su descubrimiento que saltó del baño y corrió a anunciarlo desnudo por la calle.

¡Eureka!

En el siglo III a. C., el inventor griego Arquímedes fue a darse un baño, y al meterse en la bañera vio que el agua se desbordaba. Emocionado, gritó "¡Eureka!" ("¡Lo he encontrado!"). Pero, ¿qué había hallado exactamente?

La densidad

La densidad de una sustancia es la cantidad de materia que tiene en relación a su tamaño. Por ejemplo, un centímetro cúbico de oro pesa 19,3 gramos. Contiene más materia, y por tanto tiene más densidad que un centímetro cúbico de plata, que pesa 10,5 gramos.

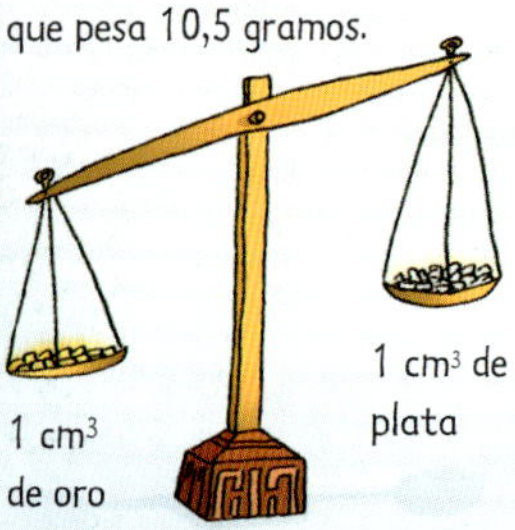

Aunque ocupan lo mismo, el oro pesa más porque es más denso. Es decir, tiene más materia en el mismo espacio.

Un baño de ideas geniales

Según dice la leyenda, el rey Herón II de Siracusa había pedido a Arquímedes que le ayudara. Herón había encargado a un orfebre una corona de oro. Cuando la recibió, Herón sospechó que el orfebre le había engañado y había mezclado el oro con plata, que era más barata, y se había quedado con el resto del oro.

Para saber si estaba en lo cierto, Arquímedes necesitaba saber la densidad de la corona. La plata es menos densa que el oro, así que si sabía la densidad de la corona, podría averiguar si se había utilizado plata. Para medir la densidad de un objeto, hay que conocer su peso y su volumen. Medir el peso era fácil, pero averiguar el volumen de la corona era muy complicado.

Entonces, Arquímedes se metió en la bañera llena y parte del agua se desbordó. De pronto, se dio cuenta de que podía medir el volumen de un objeto sumergiéndolo y midiendo la cantidad de agua que desplazaba. Así pudo calcular la densidad de la corona y acusar al orfebre de tramposo.

Posiblemente la corona de Herón imitaba hojas de laurel, así que era muy difícil calcular su volumen.

¿De verdad pasó esto?

Esta anécdota es muy famosa, pero no sabemos si es cierta. El primero que la describió fue el escritor romano Vitruvio, que vivió unos 200 años más tarde. Por lo tanto, podría ser inventada. Lo que sí que es verdad es que Arquímedes hizo otros descubrimientos importantes relacionados con el agua y la densidad.

¿Por qué flotan las cosas?

Arquímedes observó que, cuando un objeto se sumerge en agua, parte de ella se desplaza. También se dio cuenta de que, para saber si un objeto flota o no, hay que medir su densidad y la cantidad de agua que desplaza. Los objetos flotan porque el agua los empuja hacia arriba con una fuerza igual al peso del agua que queda desplazada. Los objetos poco densos pesan menos que el agua y, por lo tanto, flotan.

Arquímedes hizo este descubrimiento y lo dejó explicado en su libro *De los cuerpos flotantes.*

Si un objeto consigue desplazar una cantidad de agua que pese tanto como él, flota.

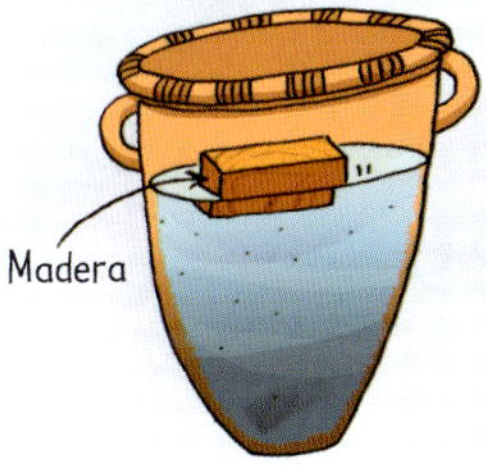

Un trozo de madera es menos denso que el agua. Al ser ligero con relación a su tamaño, desplaza con facilidad su propio peso en el agua.

Si un objeto no consigue desplazar una cantidad de agua que pese tanto como él, se hunde.

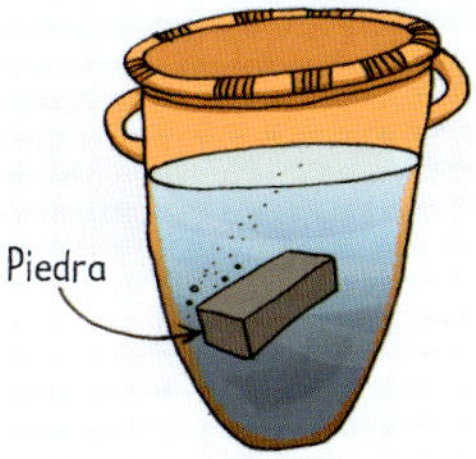

Un trozo de piedra es mucho más denso que el agua. No consigue desplazar una cantidad de agua suficiente como para compensar su propio peso, y se hunde.

Más descubrimientos

Arquímedes fue uno de los grandes pensadores de todos los tiempos y descubrió e inventó multitud de cosas. Inventó una espiral capaz de transportar agua, construyó un planetario rudimentario con una especie de maqueta del firmamento y descubrió cómo funciona la palanca.

Arquímedes diseñó un barco enorme para el rey Herón II, el Siracusa. Los barcos flotan porque su forma (un casco curvado lleno de aire) le da una densidad total muy reducida.

Momentos geniales

Muchos científicos aseguran haber tenido momentos de genialidad. Las grandes ideas y descubrimientos suelen llegar de repente, cuando se ven de un modo distinto. En 2003, se estudió el cerebro de una serie de personas mientras intentaban resolver un problema y se observó que una parte se activaba cuando se daba con la solución.

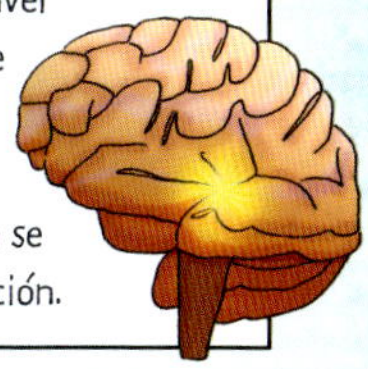

La espiral de Arquímedes

Al dar vueltas a la espiral, la rosca se eleva y transporta el agua.

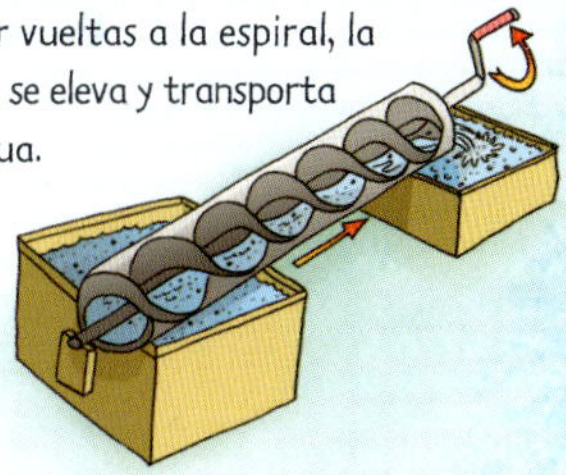

Arquímedes demostró que, cuanto más larga es una palanca, más peso puede levantar.

La manzana de Newton

Esta anécdota es muy famosa. Un día de 1666, Isaac Newton estaba sentado bajo un manzano cuando de repente le cayó una fruta. De repente, se dio cuenta de por qué había caído. Había descubierto la gravedad. Bueno, no fue exactamente así...

Una mente brillante

Newton estudió muchas ciencias como la física, las matemáticas, la óptica (el estudio de la luz) y la astronomía, y en especial los trabajos de Copérnico y Galileo (ver página 20). Newton tenía una mente privilegiada y era capaz resolver todo tipo de problemas gracias a su propia manera de interpretarlos.

Además de estudiar todas estas materias, fue miembro del Parlamento británico y Master of the Mint, o sea, el encargado de acuñar las nuevas monedas inglesas.

En casa de vacaciones

Isaac Newton estudiaba matemáticas, física y astronomía en la Universidad de Cambridge. En 1665, la universidad tuvo que cerrar a causa de un brote de peste, una enfermedad mortal, así que Newton regresó a su casa, en Lincolnshire, y se dedicó a resolver problemas matemáticos.

Newton dijo haber visto cómo caía una manzana en el jardín, lo que le hizo pensar en la gravedad. Evidentemente, no había sido el primero en notar la fuerza de la gravedad, puesto que todos sabían que las cosas caían al suelo. Sin embargo, Newton quería saber cómo funcionaba y hasta qué distancia de la Tierra funcionaba. ¿Podía llegar a la Luna o más lejos?

La gravedad, los planetas y las órbitas

Newton desarrolló una nueva teoría sobre la gravedad. Sugirió que la gravedad no se limitaba solamente a la fuerza de atracción de la Tierra, afirmando que todos los objetos se atraíann entre sí. Cuanto más grande es el objeto, mayor es su fuerza gravitatoria.

Éste es el motivo de que la Luna gire en torno a la Tierra y de que la Tierra gire a su vez alrededor del Sol. Su movimiento debería hacer que salieran despedidas hacia el espacio, pero la fuerza de la gravedad las sujeta y hace que sigan en órbita.

Newton observó que la gravedad hacía que unos objetos orbitaran en torno a otros en el espacio.

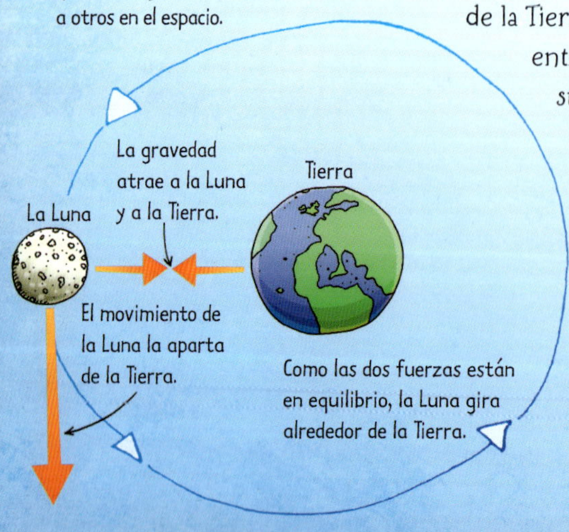

Los *Principios* de Newton

Un libro de ideas

Más tarde, Newton volvió a trabajar en Cambridge. Con el paso de los años, desarrolló multitud de nuevas ideas. El astrónomo Edmond Halley le pidió que las recogiera en un libro y se ofreció a pagar su publicación. El resultado fue el libro *Philosophiae Naturalis Principia Mathematica*, que vio la luz en 1687. Este libro es uno de los más importantes de la historia de la ciencia.

¡Menudo genio!

Newton tenía fama de ser maleducado y de tener mal genio y un carácter difícil. Como siempre andaba concentrado en sus estudios, prestaba bien poca atención a los demás. También era frecuente que mantuviera discusiones acaloradas con colegas de profesión como Robert Hooke (ver página 60).

Las tres leyes del movimiento

Además de los importantes descubrimientos matemáticos de Newton y de sus ideas sobre la gravedad, en el libro se exponían tres leyes del movimiento:

1. A menos que una fuerza lo impida, un objeto estático o en movimiento lo seguirá estando indefinidamente.

Si empujas coches de juguete, verás que obedecen las leyes del movimiento de Newton.

2. Cuanto mayor es el tamaño de un objeto, más fuerza hay que aplicar para moverlo o pararlo.

3. Para cada acción hay una reacción igual y opuesta. Si empujamos un objeto, sentimos la fuerza que ejerce en sentido contrario.

Cambios radicales

El trabajo de Newton tuvo una importancia enorme porque hasta entonces nadie había entendido ni la gravedad ni el efecto que tienen las fuerzas en los objetos.

En el siglo XX, Einstein y otros científicos se dieron cuenta de que las teorías de Newton no siempre se podían aplicar (ver página 36). Aun así, hoy día todavía se utilizan sus leyes para predecir el movimiento y el comportamiento de los objetos.

Los científicos espaciales usan las leyes de Newton a la hora de planear la ruta de los cohetes por el espacio.

Los rayos son una chispa eléctrica producida por la electricidad estática que se acumula en las nubes de tormenta. Algunos pueblos primitivos creían que eran una señal de que los dioses estaban furiosos.

¿Estática o corriente?

Cuando un objeto recoge una carga eléctrica, se dice que tiene electricidad estática (inmóvil). Si ésta se acumula, puede saltar una chispa que transmite electricidad a otro objeto. Esto es lo que produce las chispas y los latigazos que a veces dan los pasamanos.

Si la electricidad fluye por un cable o una sustancia, la llamamos corriente eléctrica.

La electricidad

La electricidad ha transformado por completo nuestras vidas. Cuesta imaginar no tener televisión, ordenador, luz eléctrica, móviles o e-mail. La electricidad siempre ha existido en la naturaleza, pero tardamos siglos en aprender a utilizarla.

Ámbar electrificado

Si frotamos un peine de plástico en una prenda de lana, le daremos una pequeña carga de electricidad estática con la que se pueden atraer trocitos de papel. Los antiguos griegos ya conocían este efecto. Tales de Mileto, que vivió hacia el año 600 a. C., ya describía cómo al frotar un trozo de ámbar en el pelaje de un gato podía atraer objetos pequeños y soltar chispas.

En el siglo XVI, se volvió a estudiar este fenómeno. William Gilbert, médico de la reina Isabel I de Inglaterra, descubrió que sucedía lo mismo con otras sustancias como el azabache (un tipo de piedra) y el vidrio. En el año 1600, Gilbert empleó el término "electricus", derivado de la palabra griega "elektron" que significa ámbar, para describir el fenómeno.

¡Vaya con la botella!

A principios del siglo XVIII, se crearon distintas invenciones para producir cargas eléctricas, pero no se lograba ni guardar ni controlar la electricidad. En 1745, Pieter van Musschenbroek inventó la llamada "botella de Leyden", en la que se podía almacenar una carga eléctrica.

En 1746, el físico Jean Antoine Nollet demostró el funcionamiento del invento al rey Luis XV de Francia. Liberó la electricidad de la botella en una cadena de guardias reales que se daban la mano y todos sintieron la descarga.

La temeraria hazaña de Franklin

En 1752, el famoso escritor e inventor estadounidense Benjamin Franklin llevó a cabo un experimento para demostrar que los rayos eran electricidad. Hizo volar una cometa durante una tormenta con una llave atada en el extremo del hilo. La electricidad de las nubes recorrió el hilo mojado y llegó a la llave. Franklin observó que se podía conseguir que saltaran chispas de la llave.

Ni se te ocurra probar algo así. El experimento de la cometa es peligrosísimo y varias personas han muerto intentando repetirlo. Sin embargo, gracias a él Franklin consiguió estudiar cómo fluye la electricidad por objetos que son conductores.

Franklin inventó el pararrayos para proteger los edificios del poder destructivo de los rayos.

En caso de que caiga un rayo, una tira de metal desvía la carga eléctrica y la conduce hasta el suelo.

Ancas de rana saltarinas

En 1780, el biólogo italiano Luigi Galvani descubrió que, si aplicaba una carga eléctrica al anca de una rana muerta, se movía. Sin embargo, un día observó que se había movido sin aplicarle carga alguna. Sólo la había tocado con un cuchillo.

Galvani pensó que las ancas debían de tener su propia carga eléctrica, pero su colega Alessandro Volta no estaba de acuerdo. Él pensaba que la electricidad había fluido porque dos metales distintos (el cuchillo y la bandeja metálica) habían entrado en contacto a través del músculo húmedo de la rana.

Patas eléctricas

Quizás todavía te preguntes por qué la electricidad hizo moverse las ancas de rana.

De hecho, como descubriría Galvani, los seres vivos hacemos uso de la electricidad. El cerebro y los nervios se sirven de señales eléctricas para enviar mensajes por el cuerpo. Así pues, cuando la electricidad fluía por el músculo del anca de la rana, enviaba al músculo la señal de que debía moverse a pesar de estar muerta.

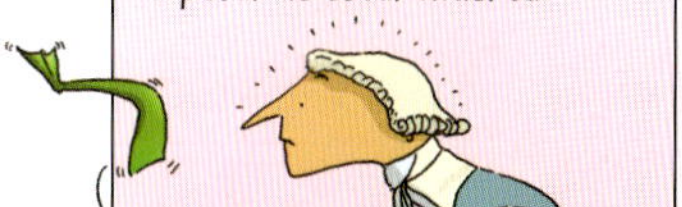

La primera pila

Volta hizo experimentos con dos metales para generar electricidad. En el año 1800, apiló una serie de discos de zinc, de plata y trozos de cartón empapados de agua salada. Cuando conectó la parte de arriba y la de abajo de la pila con un alambre, notó que la electricidad fluía por ella. Se trataba de la primera "pila voltaica". En una batería, se produce una reacción química entre dos metales y un líquido, lo que crea un flujo de electricidad.

Prototipo de la pila voltaica

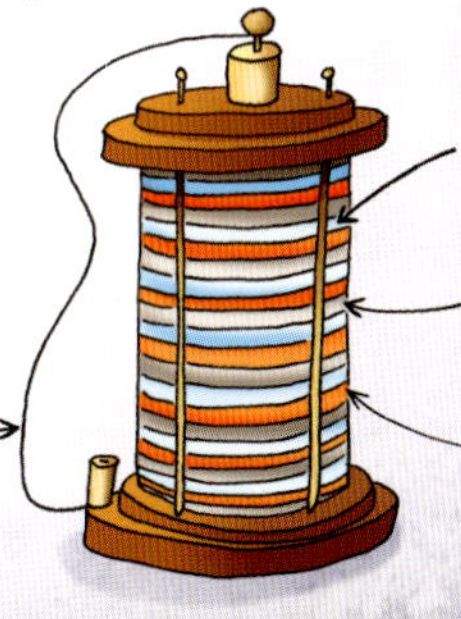

El calor

Todos sabemos qué se siente cuando hace calor. Pero, ¿sabes qué es en realidad? Hasta los grandes pensadores de la historia necesitaron siglos para resolver el gran enigma del calor.

Los primeros termómetros

Desde hacía mucho tiempo se sabía que el aire, el agua y otras sustancias se expanden al calentarse. Alrededor del año 1600, los inventores utilizaron este conocimiento para crear los primeros termómetros o termoscopios, que eran muy sencillos. Se utilizaba el aire que se expandía para hacer que el nivel del agua se moviera hacia arriba o hacia abajo, lo que indicaba los cambios de la temperatura.

El primer termómetro de verdad, con una escala, fue el que diseñó el médico italiano Santorio Santorio hacia el año 1612. En 1641, Fernando II, Gran Duque de Toscana, creó un termómetro con un tubo de cristal hermético que contenía alcohol. En 1664, el científico inglés Robert Hooke utilizó el punto de congelación del agua para marcar el punto de partida de la escala del termómetro.

En el año 1700, Daniel Fahrenheit inventó el termómetro de mercurio y una escala de temperatura a la que dio nombre. El astrónomo sueco Anders Celsius creó la escala Celsius, que cuenta con 100 grados entre el punto de ebullición y el punto de congelación.

¿Qué es el calor?

Aun así, nadie sabía qué era el calor. Mucha gente pensaba que lo producía un fluido invisible que se llamó "calórico". Se creía que esta sustancia misteriosa pasaba de las cosas calientes a las más frías. Esto explicaba por qué los objetos calientes hacen que aumente la temperatura de las cosas frías que tienen a su alrededor.

Los pensadores e inventores Galileo y Santorio crearon termoscopios como éste alrededor del año 1610.

El termoscopio del Gran Duque de Toscana en 1641 fue el primero que usó un líquido que se expandía, en lugar de aire, en un tubo hermético.

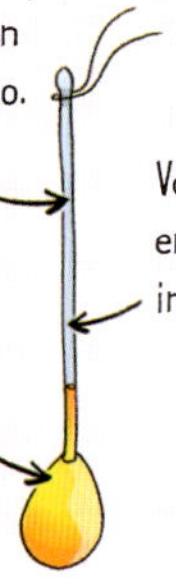

En 1724, el ingeniero alemán Daniel Fahrenheit creó el primer termómetro de mercurio, un metal líquido. También inventó una escala de temperatura: la escala Fahrenheit (F).

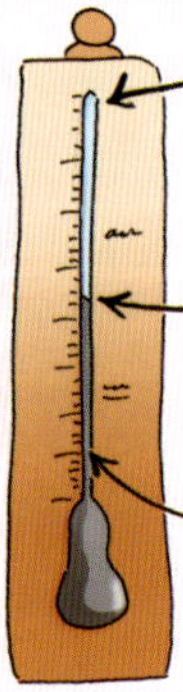

La temperatura en un día que hace mucho calor es de unos 30-40 °C (Celsius) o 86-104 °F.

¡El calor es energía!

La teoría del calórico presentaba varias lagunas. En 1798, el inventor estadounidense Benjamin Thompson contó que, cuando taladraba un agujero en un cañón de metal, se ponía tan caliente que podía hervir agua. Antes del experimento, el taladro, el cañón y el agua estaban fríos. Thompson observó que el calor no "fluía", sino que se creaba por la fricción, es decir, del roce del taladro contra el metal.

Ya en la década de 1840, el físico inglés James Prescott Joule dio la razón a Thompson y demostró que una pala que giraba en agua la calentaba, y que cuando la electricidad recorría un alambre, éste se calentaba.

El calor, aseguraba Joule, era simplemente una forma de energía, como el movimiento, la electricidad o el sonido. Una forma de energía se podía transformar en otra, aunque la cantidad de energía siempre se mantenía constante. Por ejemplo:

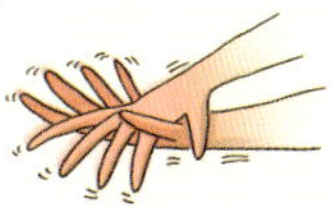

La fricción o rozamiento convierte la energía del movimiento en calor.

Cuando se quema madera o carbón, la energía química que hay almacenada en el combustible se convierte en calor.

Moléculas en movimiento

Entonces, ¿qué ocurre cuando las sustancias se calientan? La teoría cinética pronto sustituiría la idea del "calórico". En 1734, Daniel Bernoulli dijo que la presión de los gases se producía porque sus partículas se movían sin parar y chocaban contra las paredes del recipiente. Se sabía que el calor provocaba la expansión de los gases, incrementando así su presión, así que también tenía que hacer que las moléculas se movieran más rápido y chocaran con más fuerza. En la década de 1860, el científico escocés James Clerk Maxwell realizó experimentos que demostraron que la teoría cinética tenía sentido. De hecho, la seguimos utilizando en la actualidad.

Thomson utilizó este experimento para demostrar que la fricción podía hacer que el agua hirviera.

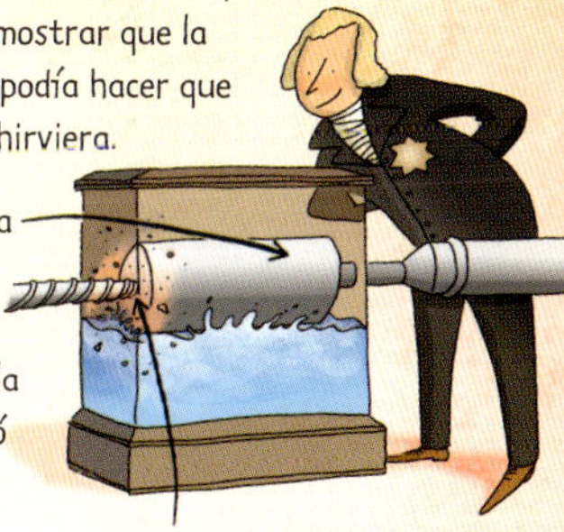

Cortó una sección de un cañón y la sumergió en un tanque de agua.

Cuando taladró el metal, el agua se fue calentando hasta hervir.

La teoría cinética

Según esta teoría, según una sustancia se calienta, el movimiento de sus moléculas se acelera. Esto explica por qué las sustancias pasan de estado sólido a líquido y de líquido a gaseoso. Al acelerarse las moléculas, se rompen con mayor facilidad.

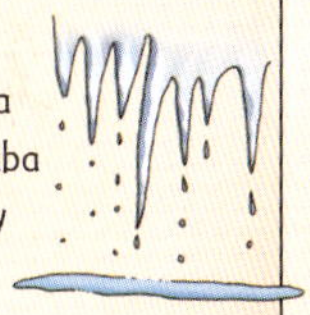

Cuando una sustancia sólida se calienta, acaba por derretirse y pasa a estado líquido.

Cuando un líquido se calienta, sus moléculas se evaporan y pasa a estado gaseoso.

El calor fluye entre las sustancias que se tocan porque sus moléculas chocan entre sí.

Cuando se calienta un cazo de agua, las moléculas del cazo transfieren su energía a las moléculas del agua.

El electromagnetismo

Hace muchos años, unos marineros que estaban en medio de una gran tormenta advirtieron que, cuando caía un rayo cerca, las agujas de la brújula giraban como atraídas por un imán. De hecho, la electricidad (que es lo que forma los rayos) y el magnetismo están muy relacionados.

¿Qué es el electromagnetismo?

La electricidad y el magnetismo los produce una cosa llamada carga. Las partículas diminutas que forman los átomos pueden tener una carga positiva (+) o negativa (-). Las partículas positivas y las negativas se atraen.

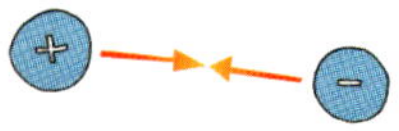

¿Qué es lo que produce esta atracción y cómo se ejerce sin que las partículas se toquen? Todavía no se sabe con seguridad. De hecho, hay muchos misterios sobre el universo que aún están por desvelar (ver página 88).

El nexo de unión

A principios del siglo XIX, se descubrió la electricidad corriente (que fluye). Muchos pensadores se habían preguntado si tenía relación con los imanes, pero no era fácil demostrarlo. En 1820, el físico danés Hans Christian Ørsted descubrió que si colocaba una brújula cerca de un cable por donde pasaba electricidad, la aguja se movía. Así pues, cuando se producía una corriente eléctrica, existía una fuerza magnética.

Los campos de Faraday

La noticia del descubrimiento de Ørsted se extendió rápido y se realizaron más experimentos con electricidad e imanes.

En 1821, el físico inglés Michael Faraday consiguió que una aguja diera la vuelta a un imán pasando una corriente eléctrica por él. Diez años después, en 1831, descubrió que el mismo proceso funcionaba en sentido inverso y podía crear una corriente eléctrica moviendo un imán por una bobina de metal.

Faraday sugirió que tanto la electricidad como los imanes tenían "campos", es decir, unas zonas de fuerza que se extendían más allá del cable eléctrico o el imán. Estos campos se influían: un campo eléctrico en movimiento creaba un campo magnético y viceversa.

Este dibujo muestra los distintos tipos de energía que hay en el espectro electromagnético. Se diferencian por las distintas longitudes de onda: cuanto más corta es la longitud de una onda, más energía transporta.

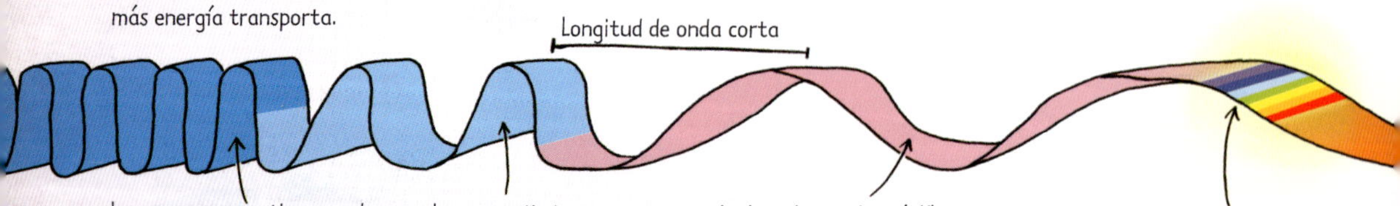

Los rayos gamma tienen ondas electromagnéticas muy cortas (más cortas que un átomo) y son nocivos para los seres vivos.

Los rayos X tienen una longitud de onda corta. Pueden atravesar algunos materiales, pero no todos.

La luz ultravioleta (UV) tiene una longitud de onda corta. No la vemos, pero la luz UV del Sol puede dañarnos la piel.

La luz que vemos también está formada de radiación electromagnética. Los distintos colores se producen por las distintas longitudes de onda.

James Clerk Maxwell no es muy conocido hoy en día, pero muchos científicos opinan que sus descubrimientos fueron tan importantes como los de Newton o Einstein.

Las matemáticas de Maxwell

Tras la muerte de Faraday en 1867, el matemático escocés James Clerk Maxwell comenzó a estudiar los campos eléctricos y magnéticos. Descubrió principios matemáticos sobre cómo se comportaban y se influenciaban. De hecho, descubrió que estaban tan estrechamente relacionados, que uno no podía existir sin el otro y formaban una única fuerza. La palabra "electromagnética" se empezó a utilizar para describir este tipo de energía.

Las ondas electromagnéticas

En la década de 1860, Faraday se había planteado si las "vibraciones" de los campos eléctrico y magnético podían expandirse por el espacio. Maxwell descubrió que sí era posible. La energía electromagnética podía viajar en forma de vibraciones u ondas que alteraban el campo electromagnético, al igual que una ola que se mueve por el mar altera el agua.

Maxwell llamó a este fenómeno radiación electromagnética. Cuando calculó a qué velocidad se movía, descubrió que lo hacía a la velocidad de la luz. Observó que la luz es un tipo de onda electromagnética y que debía de haber otras.

Viajes espaciales

Las ondas electromagnéticas se desplazan por el aire y pueden atravesar materiales como la madera o el cristal. También pueden viajar por el vacío, donde no hay nada por donde moverse. Por eso, la radio se utiliza para comunicarse con los astronautas en el espacio, y los radiotelescopios son capaces de detectar la radiación electromagnética que emiten objetos distantes en el espacio.

El espectro electromagnético

Maxwell murió en 1879, cuando sólo tenía 48 años. Poco después, otros científicos descubrieron nuevos tipos de radiación electromagnética, con ondas de diferentes longitudes, como las ondas de radio y los rayos X. El abanico completo de radiación electromagnética se conoce como el espectro electromagnético.

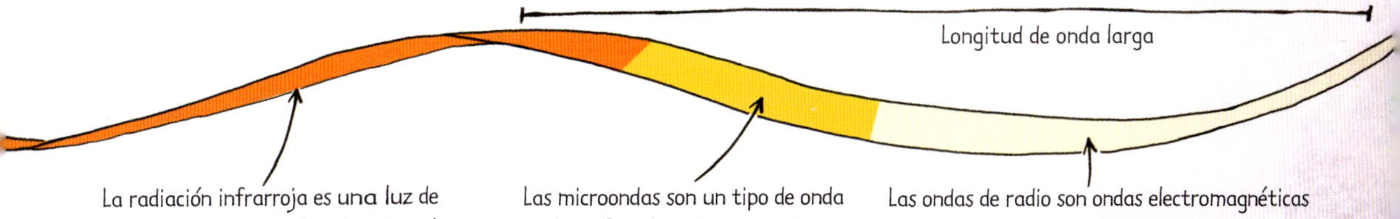

La radiación infrarroja es una luz de onda larga. La emiten los objetos calientes y la sentimos como calor. No la podemos ver, pero hay cámaras que la registran.

Las microondas son un tipo de onda de radio. Por el nombre pueden parecer pequeñas, pero son ondas electromagnéticas bastante largas.

Las ondas de radio son ondas electromagnéticas muy largas. Cada una puede llegar a medir varios kilómetros. Las utilizamos para emitir señales y mensajes a grandes distancias.

Einstein en 1951, con 72 años

En los últimos años de su vida, cuando era muy famoso, el aspecto de Einstein era desaliñado y siempre iba despeinado. La imagen típica del "científico chiflado" está inspirada en él.

Einstein

El genio alemán Albert Einstein es uno de los científicos más conocidos y menos comprendidos de la historia. Su mente privilegiada encontró nuevos modos de interpretar el universo, aunque son bastante difíciles de entender.

La luz y el electromagnetismo

Einstein hablaba de la luz y su velocidad, pero podría haber hablado de cualquier otra onda electromagnética (ver página 35). La luz es un tipo de energía electromagnética, como las ondas de radio, los rayos gamma o los rayos X. Todas las ondas electromagnéticas viajan a una misma velocidad constante, que Einstein llamó "c".

La juventud del genio

Einstein es también famoso porque no iba demasiado bien en el colegio. Pero para un chico de su edad en la década de 1880, mostraba un gran interés en la ciencia. Su padre y su tío eran electricistas, y le fascinaba la electricidad. Cuando su padre le regaló una brújula, también se entusiasmó. Se preguntaba, por ejemplo, por qué la aguja apuntaba al Norte.

A los 23 años de edad, Einstein empezó a trabajar en una oficina de patentes (donde se registran los inventos) de Berna, en Suiza. Era un trabajo modesto, pero le dejaba tiempo para pensar sobre las cuestiones científicas que le intrigaban: importantes preguntas sobre la naturaleza del electromagnetismo, el tiempo, el espacio, la energía y la materia (lo que forma las cosas). Su objetivo era descubrir una serie de principios que relacionaran todos estos elementos entre sí.

La velocidad de la luz

En 1687, Isaac Newton había establecido sus leyes del movimiento (ver página 29) sobre la base de que el tiempo fluía de forma constante y el espacio estaba fijo. El tiempo y el espacio no se doblaban, estiraban o cambiaban.

Einstein no estaba de acuerdo. Otros científicos habían demostrado que la velocidad de la luz no cambiaba, aunque proviniese de una fuente en movimiento. Einstein decidió que la velocidad de la luz era constante y le dio el nombre "c". Según sus cálculos, esto significaba que el tiempo, el espacio y la materia no eran constantes, sino que todos eran "relativos" con respecto al resto.

Einstein se preguntaba qué ocurriría si pudiéramos montarnos en una onda de luz y viajar a esa velocidad. Pensó que, por deprisa que fuéramos, nunca nos parecería que la luz estaba quieta.

Un ejemplo de *La teoría especial de la relatividad* utiliza a dos hermanos gemelos. Uno se queda en la Tierra y el otro viaja por el espacio casi a la velocidad de la luz. Cuando vuelven a verse, el gemelo astronauta es más joven que el otro porque el tiempo ha transcurrido más despacio para él.

La relatividad

Einstein expuso sus ideas al mundo en varios artículos publicados en 1905. Entre ellos se encontraba *La teoría especial de la relatividad*, que decía que no existía un lugar, punto o tiempo fijos en el universo. Sólo podíamos medir las cosas con relación a otras y las cosas cambiaban dependiendo de la relación que tenían entre sí. Por ejemplo, Einstein aseguraba que si un objeto se movía muy deprisa con relación a otro, el tiempo pasaría a distinta velocidad para cada uno de los dos objetos.

Esta teoría parecía ridícula y la gente se rió de él porque no había hecho ningún experimento que la probara. Sin embargo, cuando otros científicos los hicieron, vieron que tenía razón.

¡Pues no lo entiendo!

No te preocupes. Las ideas de Einstein son difíciles de entender hasta para otros científicos. Esto es porque sus teorías no tienen que ver con la vida cotidiana. De hecho, aunque Einstein probó que Newton estaba equivocado, las leyes de Newton siguen teniendo más lógica para la mayoría de mediciones corrientes. Las teorías de Einstein son importantes, pero sólo en situaciones extremas.

$E=mc^2$

Einstein también observó que la energía y la materia eran diferentes expresiones de lo mismo, y que se intercambiaban. Su famosa ecuación $E=mc^2$ trata sobre eso. Quiere decir que la energía (E) en la materia es igual a la cantidad de materia (m) multiplicada por la velocidad de la luz (c) al cuadrado (al cuadrado quiere decir multiplicada por sí misma).

Esto quiere decir que incluso una cantidad diminuta de materia puede convertirse en una cantidad enorme de energía si sus átomos se separan. Este descubrimiento condujo a la creación de la bomba atómica, cosa que no gustó nada a Einstein (ver página 49).

El problema de la gravedad

En 1916, Einstein publicó una nueva teoría, la *Relatividad general*, para intentar explicar la gravedad. Pensaba en el espacio y en el tiempo como un único concepto: el espacio-tiempo. Decía que los objetos pesados como los planetas hacían que el espacio-tiempo se curvara y que los otros objetos cayeran hacia ellos. Hoy, ésta es una de las distintas teorías que explican la gravedad.

Te puedes imaginar la teoría de Einstein sobre la gravedad si piensas que el espacio-tiempo es una superficie gigante y elástica con planetas en ella. Los planetas hacen hoyos en la superficie, en los que caen otros objetos.

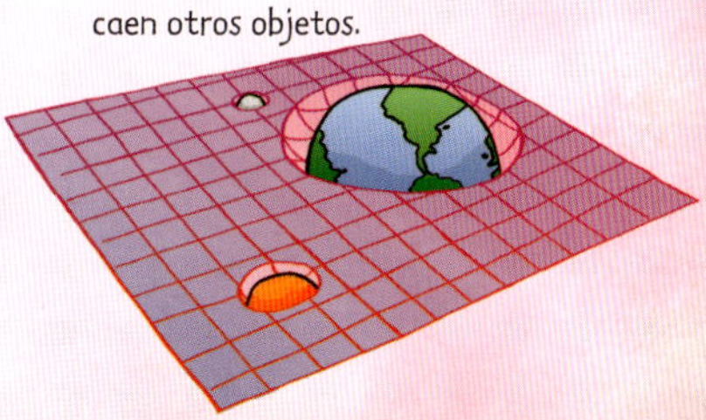

¿Qué es la luz?

Aunque la luz siempre ha formado parte de nuestro entorno, durante años fue un misterio qué es, cómo se desplaza y por qué se comporta así.

Hace 2.500 años Ideas griegas

Los filósofos griegos tenían muchas teorías sobre la luz. Empédocles creía que la diosa Afrodita colocaba llamas dentro de los ojos de las personas, lo que les permitía ver.

Otro filósofo, Ptolomeo, creía que los rayos de luz salían de los ojos y alumbraban todo lo que se ponía en su camino.

Euclides, un experto en geometría, estudió la perspectiva y fue la primera persona que sugirió que luz se movía en línea recta.

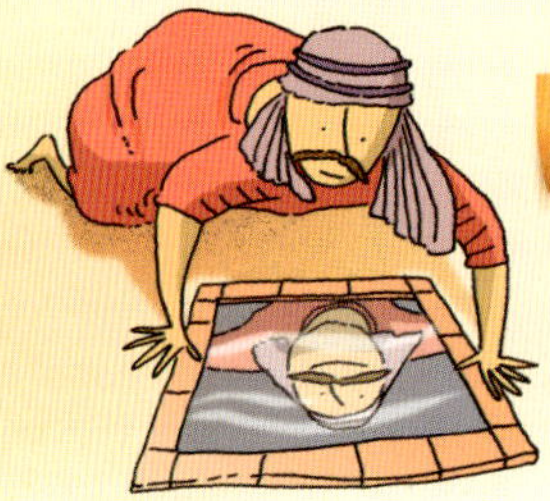

Aprox. 1000 Alhazén

El gran erudito árabe Ibn al-Haytham, también conocido como Alhazén, investigó el comportamiento de la luz. Sugirió que los objetos reflejaban la luz (desde una fuente como el Sol) en rayos, y que cuando estos rayos entraban en los ojos nos permitían ver. Imaginaba que cada rayo era una corriente de partículas diminutas de luz que se movían a gran velocidad.

1675 Separando la luz

Entre otros descubrimientos, Isaac Newton (ver página 28) realizó muchos experimentos con luz. El más famoso consistía en hacer que un rayo de luz atravesara un prisma. La luz se dividía en siete colores diferentes: rojo, naranja, amarillo, verde, azul, añil y violeta. La luz blanca está compuesta por todos estos colores.

Otro científico inglés, Robert Hooke, pensaba que la luz se movía en ondas. Pero Newton no creía en esta teoría porque las ondas se mueven alrededor de los objetos (como las islas en el mar) y la luz no. Según su teoría, con la que estaba de acuerdo Alhazén, la luz se componía de trozos diminutos de materia.

1690 Ondas por doquier

Al físico holandés Christiaan Huygens se le ocurrió otra idea. Desarrolló una nueva teoría de ondas muy detallada y aplicada a la luz. Según ella, la luz se movía en ondas que describían líneas rectas y las distintas ondas de luz que se desplazaban en diferentes direcciones o caminos interferían entre sí.

Aprox. 1800 Haces brillantes

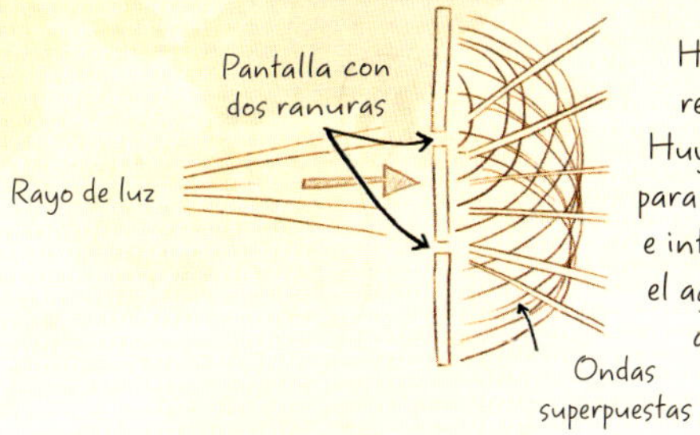

Hacia el año 1800, el pensador británico Thomas Young realizó una serie de experimentos basados en la teoría de Huygens. En uno de ellos, hizo dos ranuras en una pantalla para crear dos rayos de luz. Al atravesar la pantalla se abrían e interferían entre sí, como si fueran dos ondas diferentes en el agua de un estanque, y formaban un dibujo. Así se probó que la luz se comportaba igual que las ondas de agua.

d. 1840 - d. 1880 El trabajo compartido es más llevadero.

Durante el siglo XIX, muchos científicos se dedicaron a investigar la luz. En 1847, Michael Faraday se dio cuenta de que los campos magnéticos tenían efecto sobre la luz. En 1888, el científico alemán Heinrich Hertz estudio las ondas de radio y las comparó con la luz. Estos experimentos y muchos otros demostraron que la luz visible forma parte de lo que los científicos denominaron espectro electromagnético: una gama de ondas de energía de distintas longitudes (ver página 34).

1905 Einstein y los fotones

Aunque la teoría de las ondas explicaba la mayoría de comportamientos de la luz, había algunas cuestiones que los científicos no lograban comprender. En 1905, Albert Einstein resolvió alguna de estas cuestiones al sugerir que la luz tenía tanto propiedades de ondas como de partículas. Unas veces se comporta como una onda y otras parece estar hecha de partículas diminutas de materia. Estas ondas-partículas se llaman fotones y son como "paquetitos" de energía. Sin embargo, aún no se sabe exactamente cómo funciona la luz.

1926 La velocidad de la luz

Muchos científicos, como Galileo en 1638 y el danés Ole Rømer en 1676, intentaron medir la velocidad de la luz. Había quien pensaba que se movía tan deprisa que nunca lo sabríamos. Hubo que esperar hasta los siglos XIX y XX, cuando los relojes empezaron a ser lo bastante precisos. Dos físicos franceses, Hippolyte Fizeau (en 1849) y Michel Foucault (en 1862), obtuvieron mediciones precisas, pero la respuesta definitiva no se obtuvo hasta la década de 1920.

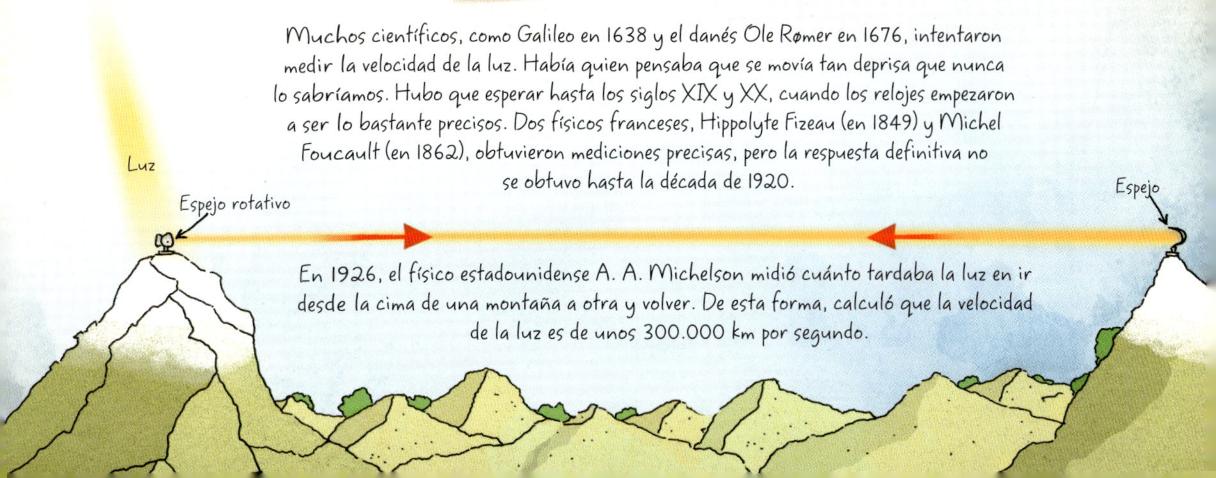

En 1926, el físico estadounidense A. A. Michelson midió cuánto tardaba la luz en ir desde la cima de una montaña a otra y volver. De esta forma, calculó que la velocidad de la luz es de unos 300.000 km por segundo.

De la alquimia a la química

La química es la ciencia que estudia cómo se comportan, se unen y se separan las sustancias. Nos ayuda a crear nuevas sustancias que utilizamos a diario, como las medicinas, los detergentes o el champú. Pero, ¿sabías que la química moderna se deriva del mundo místico de códigos secretos y hechizos que se conocía como alquimia?

La piedra filosofal

Los alquimistas dedicaron muchos años a buscar una sustancia mágica llamada la piedra filosofal. Creían que convertía metales como el plomo en oro con sólo tocarlos. Mucha gente también creía que la piedra filosofal era la fuente de la eterna juventud o la inmortalidad. Sin embargo, a pesar de todos los esfuerzos, nunca se descubrió.

¿Qué es la alquimia?

Los seres humanos llevan recurriendo a técnicas como calentar rocas para extraer metales útiles desde hace más de 5.000 años.

Pero hace tanto tiempo no se sabía cómo funcionaban este tipo de cosas. Se pensaba que si un metal precioso como el oro se podía extraer de unas piedras, se podría extraer de cualquier cosa. Estas ideas dieron pie a la práctica de la alquimia. Los alquimistas experimentaban con todo tipo de sustancias para intentar obtener sustancias valiosas.

Muchos alquimistas querían obtener oro de metales "base" más baratos.

Otros deseaban crear una medicina mágica llamada "el elixir de la vida" para curar todas las enfermedades.

Al igual que los antiguos griegos, la mayoría de los alquimistas creía que todo estaba formado por cuatro elementos básicos: tierra, aire, fuego y agua.

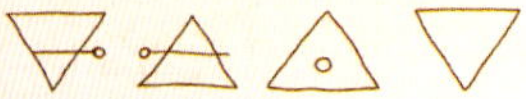

Tierra Aire Fuego Agua

Los alquimistas utilizaban un código de símbolos para representar los cuatro elementos y otras sustancias.

La alquimia era como la química, pero menos científica. En vez de estudiar los hechos, muchos alquimistas pensaban que conjuros mágicos, símbolos secretos o la posición de las estrellas les ayudarían. Además, muchos eran un fraude porque creaban oro o medicamentos falsos para venderlos. Sin embargo, con el tiempo, algunos experimentos de los alquimistas dieron pie a invenciones útiles como la tinta, la porcelana o medicinas que sí funcionaban. Esta parte sin magia de la alquimia pasó a llamarse "química".

Hoy sabemos que gran parte de la alquimia sólo eran bobadas, pero hubo alquimistas muy inteligentes. El físico Isaac Newton, por ejemplo, era un entusiasta de la alquimia.

Para mezclar, calentar y procesar los productos químicos, los alquimistas inventaron muchos instrumentos que siguen utilizándose en los laboratorios actuales.

La alquimia árabe

La palabra alquimia proviene de *al-kimiya*, que significa "transmutación" o "cambio" en árabe.

Los alquimistas árabes fueron de los primeros en realizar experimentos de forma organizada y anotar los resultados. Uno de los más famosos alquimistas fue Abu Musa Jabir ibn Hayyan, también conocido como "Geber". Vivió hacia el año 800 y aprendió fabricar muchos productos químicos útiles como el ácido clorídrico. También mejoró la fabricación del acero y el vidrio. Entre sus citas se incluye: "El primer elemento esencial de la química es que debe llevarse a la práctica y experimentar".

Boyle, el químico escéptico

Uno de los químicos más famosos fue el irlandés Robert Boyle. Descubrió varios gases y observó que debía haber muchos elementos diferentes. En 1661, escribió un libro, *El químico escéptico*, en el que exponía que los aspectos místicos y mágicos de la alquimia eran una solemne tontería. Al igual que Geber, Boyle aseguró que los químicos debían probar sus teorías mediante experimentos, y usar un sistema claro y simple para nombrar los elementos químicos.

Los orígenes de la química moderna

Un siglo más tarde, el químico francés Antoine Lavoisier siguió estas ideas y cambió la metodología, lo que marcó el inicio de la química moderna. Al conjunto de estos cambios se les suele denominar "la revolución química".

La revolución de Lavoisier

Lavoisier estableció métodos nuevos para hacer experimentos químicos y tomar mediciones.

Descubrió elementos y sustancias químicas e hizo una lista (ver pág. 45).

Realizó experimentos para averiguar qué pasaba cuando se quemaba algo.

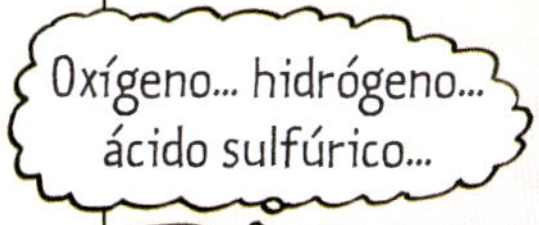

Creó un sistema para nombrar los productos químicos que aún se utiliza hoy en día.

Declaró que las reacciones químicas pueden cambiar las sustancias, pero no crear o destruir materia.

Lavoisier incluso ayudó a inventar el sistema métrico de medición.

Los recipientes métricos siguen usándose hoy en los laboratorios químicos.

El descubrimiento de los gases

Hace años se pensaba que el aire era una sustancia pura y simple, uno de los cuatro elementos básicos. Sin embargo, el aire no es puro: es una mezcla de gases. Además, existen muchos otros gases. El problema era que, como los gases son invisibles, costaba mucho descubrirlos y estudiarlos.

La caza de gases

Alrededor de 1730, el inventor y experimentador inglés Stephen Hales creó un instrumento para atrapar gases que hoy se conoce como cubeta neumática. Trabajar con gases, hacer pruebas con ellos y descubrir otros nuevos se hizo mucho más fácil.

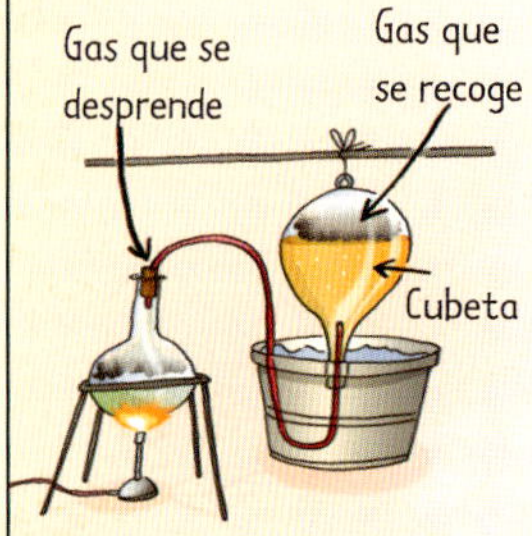

En una cubeta neumática, el gas atraviesa el líquido y queda atrapado en la parte superior de una jarra de cristal invertida.

¿Qué es un gas?

En la década de 1640, el alquimista Jan Baptist van Helmont vio que, cuando quemaba carbón, gran parte de él se convertía en una sustancia invisible que llamó "vapor silvestre" (un gas que se mezclaba con el aire). Observó que las minas de carbón, las uvas que fermentan y los seres vivos emitían gases parecidos.

También advirtió que la mayoría de los gases son invisibles y que no se pueden guardar en un recipiente abierto. De hecho, inventó la palabra "gas", derivada de la palabra griega "caos", puesto que los gases no tienen una forma fija.

Apretones y empujones

En 1662, el irlandés Robert Boyle intentó comprimir el gas para que ocupara menos espacio. Descubrió que al doblar la presión de una masa de aire, ésta se comprimía a la mitad de su tamaño. Esta norma se aplica a todo gas y se conoce como Ley de Boyle.

En 1734, Daniel Bernoulli, un matemático suizo, dijo que los gases ejercen presión hacia fuera porque sus partículas se mueven constantemente y chocan con las paredes del recipiente donde están. Boyle y Bernoulli empezaban a entender cómo funcionan los gases, pero todavía no habían descubierto muchos de los gases que existen. Todo esto cambiaría radicalmente.

Robert Boyle utilizó un tubo en forma de J como éste para realizar experimentos con aire comprimido.

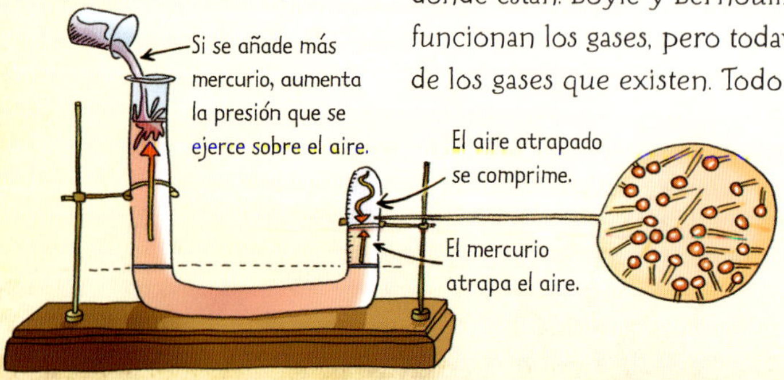

Las partículas de gas se mueven en todas direcciones, chocan contra las paredes del recipiente y ejercen presión hacia el exterior, pero como la presión del mercurio es mayor, el volumen del gas se reduce.

Cuando Black calentó la piedra caliza, vio que se desprendía un gas y que lo que quedaba era cal.

Aire fijo

El químico escocés Joseph Black también se dedicó al estudio de los gases. Alrededor de 1753, intentó calentar carbonato cálcico (piedra caliza); al hacerlo, vio que se desprendía un gas y quedaba una sustancia llamada cal. El gas y la cal podían combinarse de nuevo y volver a formar piedra caliza.

Black llamó al gas "aire fijo" porque se podía "fijar" a una sustancia sólida. También probó a dejar un poco de cal al aire libre y observó que volvía a convertirse en piedra caliza. De esto dedujo que el aire natural debía contener algún tipo de "aire fijo", que hoy día llamamos dióxido de carbono. En la actualidad sabemos que el aire cuenta con un 0,5% de dióxido de carbono.

Cuando mezcló la cal con el gas, observó que se unían de nuevo y volvían a formar piedra caliza.

Bebidas gaseadas

Durante sus experimentos con los gases, Joseph Priestley vio que podía disolver dióxido de carbono en agua. Esto le daba burbujas y un sabor ácido. La invención de Priestley, la soda, pronto se puso a la venta como bebida, y para que supiera mejor, se le añadían otras cosas.

Más ligero que el aire

Los alquimistas llevaban años sabiendo que, cuando se disuelve un metal en un ácido, se suele formar una sustancia invisible que se quema con facilidad. En 1766, el químico inglés Henry Cavendish recogió y estudió este gas. Además de darse cuenta de que era muy inflamable (se quemaba con facilidad), vio que era 14 veces más ligero que el aire. Había descubierto el hidrógeno.

El oxígeno

El clérigo y químico inglés Joseph Priestley descubrió muchos gases, entre los que destacó el oxígeno, que consiguió producir en 1774 al calentar óxido de mercurio, que está formado de oxígeno y mercurio. El gran químico francés Antoine Lavoisier (ver página 41) fue quien dio al oxígeno, al hidrógeno y a muchos otros gases sus nombres modernos.

Desde ese momento, se han descubierto muchos más gases que tienen cientos de usos en el mundo moderno.

El gas natural, compuesto sobre todo de metano (el gas que despiden las vacas en sus ventosidades) es un combustible muy común.

El helio se utiliza para inflar globos.

Existen coches que funcionan con hidrógeno.

Los antiguos griegos llamaron a Demócrito "el filósofo de la risa". Según lo que se cuentan de él, todo le parecía muy gracioso.

Los átomos y los elementos

Desde la antigua Grecia, nos hemos preguntado de qué están formadas las cosas. ¿Por qué existen tantos materiales? ¿Qué veríamos si pudiéramos observar la materia de cerca?

El átomo, según los griegos

Los antiguos griegos decían que, aunque las cosas parecieran diferentes, todo estaba formado por lo mismo. Es decir, que todo era agua o aire, pero de distintas formas. Otros griegos aseguraban que sólo había cuatro elementos o tipos de cosas: tierra, aire, fuego y agua.

Dos pensadores que vivieron hacia el año 400 a. C., Demócrito y su maestro, Leucipo, tenían otra teoría. Según ellos, toda la materia estaba formada por partículas diminutas o átomos. Había muchos tipos de átomos, dispuestos de formas diferentes para formar materiales distintos. Sin embargo, durante siglos nadie les hizo caso y se continuó creyendo en los cuatro elementos básicos.

¿Son muy pequeños?

Los átomos son diminutos. Tanto, que es difícil imaginar cuántos hay. Cada página de este libro tiene como un millón de átomos de grosor. Una gota de lluvia contiene unos 50.000 billones.

Los átomos del aire

Tuvieron que transcurrir casi 2.000 años antes de que Robert Boyle, en la década de 1950, realizara experimentos para comprimir el aire. Si se podía comprimir, aseguraba, el aire tenía que estar formado por partículas diminutas separadas y con espacios vacíos entre sí. Otras cosas como el agua y los metales tenían que contener más porque era más difícil comprimirlos.

Boyle también estaba convencido de que Aristóteles se equivocaba con respecto a los cuatro elementos. Él pensaba que existían muchos "cuerpos simples", es decir, sustancias básicas que no se podían dividir en partes más sencillas.

Cuando Boyle intentó comprimir el aire, sentía cómo subía y bajaba, igual que si fuera un muelle.

El químico francés Antoine Lavoisier desempeñó un gran papel en la búsqueda de los elementos. Publicó una lista con 33 de ellos en 1789.

En busca de lo básico

Los alquimistas y los químicos se empeñaron en dar con los distintos tipos de "cuerpos simples" (lo que ahora se llaman elementos químicos). Utilizaron reacciones químicas para averiguar qué sustancias no se podían dividir más. Encontraron toda clase de elementos como el oro, el mercurio o el oxígeno y se dieron cuenta de que se podían combinar para obtener materiales complejos, que se conocen como compuestos.

Dalton lo resume todo

Fue el maestro británico John Dalton el que puso todas estas ideas en orden. En 1803, perfeccionó su "teoría atómica". Al igual que Demócrito y Leucipo, afirmó que cada elemento estaba formado por su propio tipo único de átomo.

Dalton dijo que cada tipo diferente de átomo tenía una masa (o cantidad de materia) distinta.

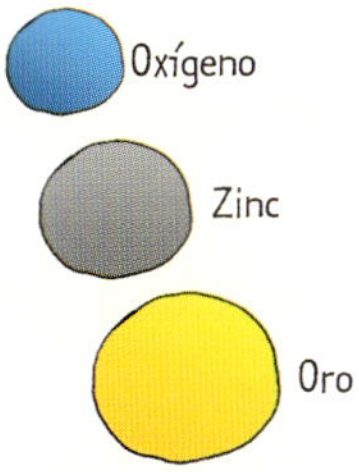

Los átomos se podían unir a otros átomos para formar moléculas. De este modo, los elementos pasaban a formar compuestos. El oxígeno y el hidrógeno son elementos.

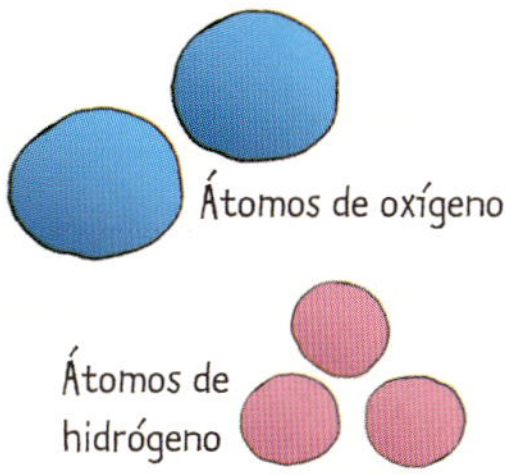

El agua es un compuesto. Las moléculas de agua están formadas por dos átomos de hidrógeno y un átomo de oxígeno.

Aunque estaba en lo cierto, Dalton nunca vio los átomos. Lo calculó todo a partir de los pesos y las proporciones de los elementos de los diferentes compuestos. Hoy día se pueden ver los átomos con potentes microscopios de electrones. Hasta la fecha se han identificado más de 100 elementos.

¿Qué hay dentro?

Nadie supo qué había dentro de los átomos hasta 1909, cuando el científico neozelandés Ernest Rutherford realizó este experimento:

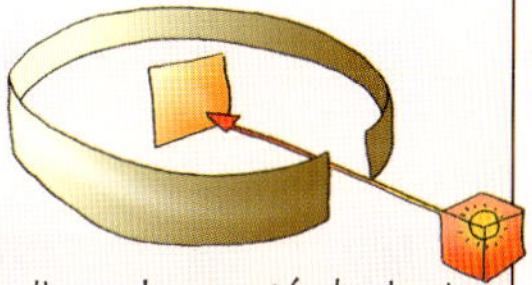

Se disparaban partículas hacia una hoja de papel de oro.

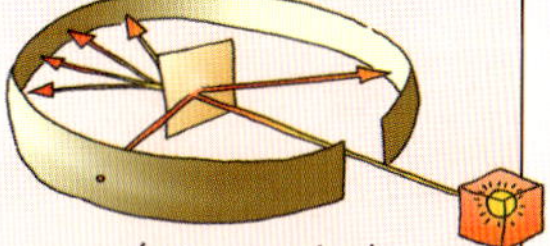

La mayoría traspasaba la hoja, pero algunas rebotaban.

Se vio que los átomos debían tener un centro sólido, o núcleo, rodeado en gran parte de espacio vacío. Muchas partículas lograba atravesarlo, pero algunas chocaban con el núcleo.

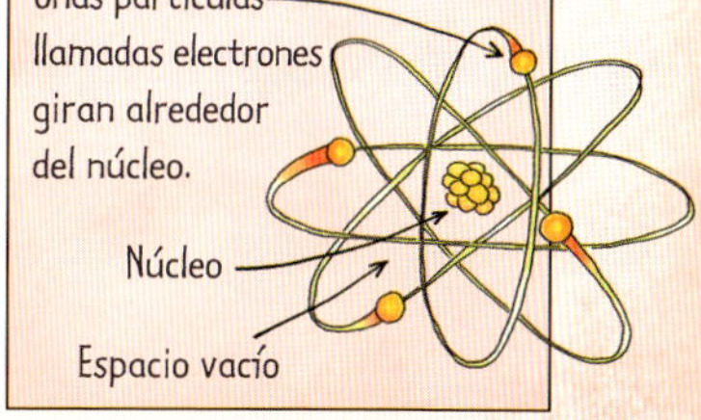

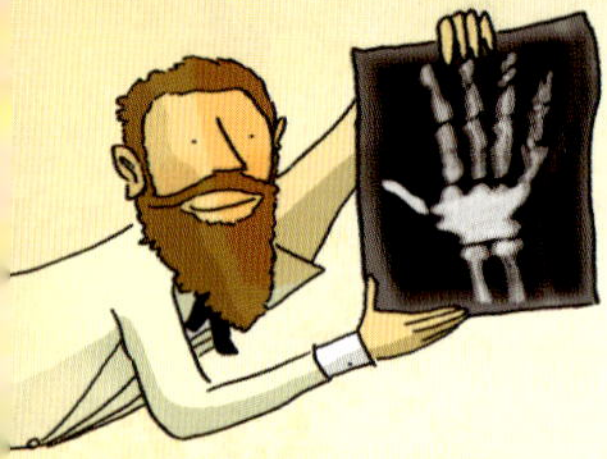

Roentgen tomó esta radiografía de la mano de su esposa.

La radioactividad

Los rayos X son una onda electromagnética muy potete. Las primeras radiografías se hacían con dosis muy fuertes y había quien enfermaba.

Algunos científicos han pagado sus descubrimientos con su propia vida. Uno de los casos más famosos fue el de Marie Curie, que dedicó años al estudio de los materiales radioactivos antes de que se descubriera lo peligrosos que son.

¿Cómo funciona la radioactividad?

Los elementos radioactivos como el uranio emiten energía de los núcleos de sus átomos. Con el tiempo, los núcleos se descomponen y producen una energía que se llama radiación. Según el elemento del que se trate, la radiación puede adquirir la forma de ondas que llamamos rayos gamma, o la de unas partículas diminutas llamadas partículas alfa y beta.

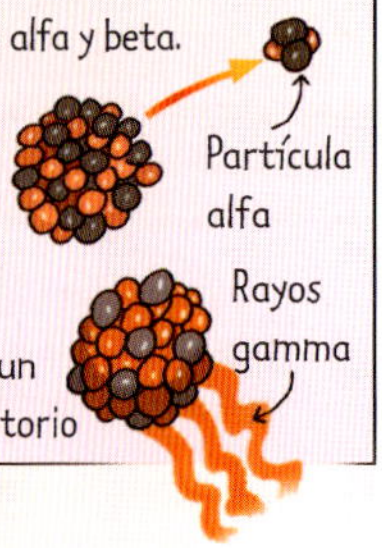

Unos rayos misteriosos

En 1895, Wilhelm Roentgen, un catedrático de química alemán, detectó unos rayos extraños que salían de un tubo de rayos catódicos (un tubo de vacío con una corriente eléctrica que lo recorre). Los llamó rayos X. Podían atravesar sustancias blandas y dejar una imagen en una placa fotográfica. Esto era de gran ayuda para ver el interior del cuerpo humano, y los rayos X todavía se siguen utilizando hoy día.

Unos cristales muy curiosos

Otros científicos quedaron también fascinados por los rayos X y probaron a hacer todo tipo de pruebas con ellos. En 1896, el físico francés Henri Becquerel montó un experimento para ver si los materiales fluorescentes (que brillan) emitían rayos X además de luz. Utilizó sulfato de uranil y potasio (unos cristales fluorescentes que brillan tras haber estado expuestos al sol).

Becquerel se dio cuenta de que los cristales no necesitaban ninguna energía adicional (como la electricidad o la luz del sol) para emitir energía. Conseguían formar una imagen en una placa fotográfica incluso en un cuarto oscuro. En vista de los resultados, dedujo que esta forma extraña de energía procedía de los mismos cristales. Lo que acababa de descubrir era la radioactividad, pero hubo que esperar a que otros dos científicos, Marie y Pierre Curie, llegaran a comprender el descubrimiento.

Becquerel envolvió una placa fotográfica en papel negro para evitar que la luz penetrara y puso los cristales encima del papel.

La luz del sol hacía que los cristales brillaran y se formó una imagen en la placa. Becquerel pensó que era porque los cristales emitían rayos X.

Pero cuando vio que esto ocurría incluso en una habitación oscura, donde los cristales no brillaban pero seguían formando una imagen fotográfica, se dio cuenta de que debían emitir otro tipo de energía.

El descubrimiento de la radioactividad

Marie y Pierre Curie, un matrimonio de científicos que trabajaba con Becquerel en la Universidad de París, se dedicó a finales de la década de 1890 al estudio de los curiosos cristales de su colega. Descubrieron que la energía misteriosa procedía de uno de los elementos que contenían: el uranio.

Al ir comprobando otras sustancias, fueron descubriendo otros elementos radioactivos. Fueron ellos quienes acuñaron el término "radioactividad" para designar este tipo de energía y se dedicaron a buscar modos de medir con exactitud el grado de radioactividad de los distintos elementos.

Los Curie utilizaron una cámara de ionización como ésta. Las sustancias radioactivas provocaban que la electricidad fluyera por el aire de la cámara y la fuerza de la corriente mostraba la cantidad de radiación.

Entre otras sustancias, los Curie hicieron pruebas con la pecblenda, el mineral del que se extrae el uranio.

Descubrieron que este material era mucho más radioactivo que el uranio por sí solo. Al analizarlo, observaron que contenía otros dos elementos radioactivos más: el polonio y el radio.

Pierre Curie murió en un accidente de circulación en 1906. Marie Curie pasó a ocupar su puesto de catedrático y siguió investigando. Tanto ella como otros especialistas se dieron cuenta de que la radioactividad disminuye con el tiempo. El tiempo que tarda un nivel de radiación en reducirse a la mitad recibe el nombre de "vida media".

Una familia de Nobel

En 1903, Pierre y Marie Curie y Henri Becquerel recibieron el Premio Nobel de Física por descubrir la radioactividad.

En 1911, Marie Curie recibió el Premio Nobel de Química por su trabajo sobre el radio y el polonio. Era la primera vez que una persona ganaba un segundo premio Nobel. La hija de los Curie, Irène Joliot-Curie, también ganó uno en 1935 por su trabajo sobre la radioactividad.

Medalla del Premio Nobel

Las ventajas y las desventajas

Desde su descubrimiento, se han hallado usos muy valiosos para la radioactividad, como calcular la antigüedad de las rocas (ver página 11). Sin embargo, también se ha descubierto que las ondas y las partículas radioactivas son dañinas y pueden causar enfermedades como el cáncer. Marie Curie murió en 1934 de una enfermedad llamada anemia aplástica que probablemente se debió a todos los elementos radiactivos que manejó en sus investigaciones.

El instrumental médico se esteriliza (limpia) aplicándole una radiación que elimina todos los gérmenes.

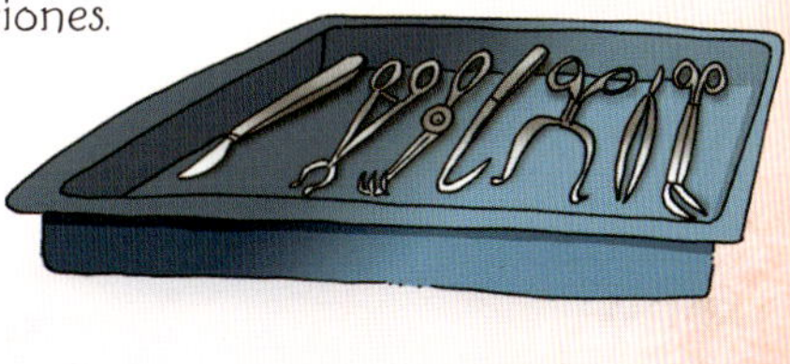

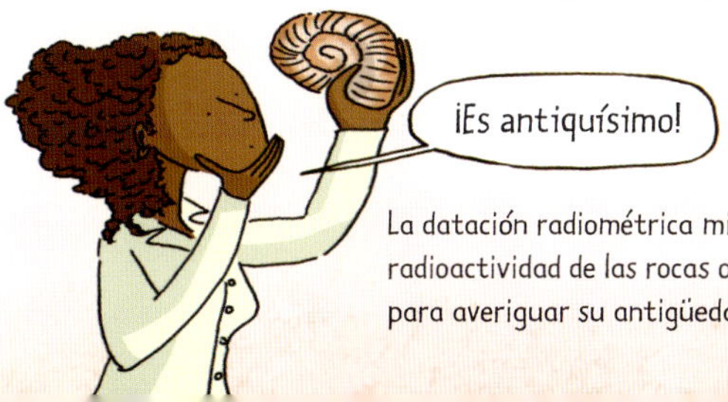

La datación radiométrica mide la radioactividad de las rocas o los fósiles para averiguar su antigüedad.

Estallidos y explosiones

Algunos productos químicos se queman y explotan con gran estruendo y produciendo mucho gas. Se trata de los explosivos, y se usan en los fuegos artificiales o en las armas.

Siglo IX El "polvo negro"

En el siglo IX, los alquimistas chinos intentaban crear una poción que diera la vida eterna. En su lugar, lo que consiguieron al mezclar salitre, azufre y carbón vegetal fue un polvo oscuro que se quemaba y explotaba. En los siglos siguientes, este "polvo negro", o pólvora, se utilizó para hacer bombas y munición para cañones y fusiles.

Siglo X Fuegos artificiales

Los fuegos artificiales se utilizaban en ceremonias chinas para rezar por la felicidad y ahuyentar a los espíritus malignos. Una mezcla de polvo negro y otros productos químicos se lanzaba al cielo para crear fantásticos espectáculos explosivos.

1627 Excavaciones y minería

El polvo negro se utilizó por vez primera en Europa en 1627 para volar rocas en las minas de plata de Eslovaquia.

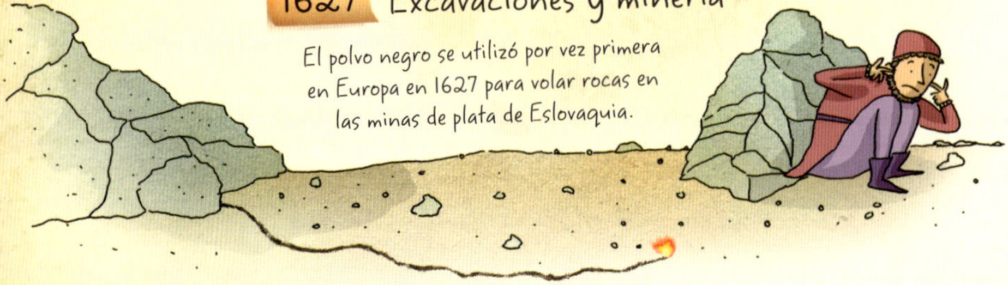

1807 Experimentos explosivos

En 1807, el químico inglés Sir Humphry Davy aisló un nuevo elemento al pasar una corriente eléctrica por sosa cáustica. Se trataba de sodio metálico puro, un elemento que se tenía que almacenar en aceite porque reacciona rápidamente con la humedad del ambiente y explota.

1846 La nitroglicerina

En 1846, el químico italiano Ascanio Sobero descubrió la nitroglicerina. Se trata de un líquido tremendamente explosivo y mucho más potente que la pólvora. Sin embargo, era tan inestable y provocaba tantos accidentes que acabó por prohibirse en la mayoría de los países durante la década de 1870.

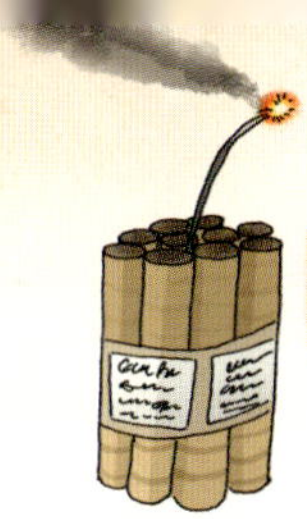

1866 y 1875

La dinamita y la gelignita

En 1866, el científico sueco Alfred Nobel combinó nitroglicerina con un material sólido estable para crear un explosivo más seguro, la dinamita, que se utilizó en la minería y en la construcción. En 1875, se creó una versión gelatinosa aún más potente: la gelignita.

d. 1930 Explosivos plásticos

En la década de 1930, unos científicos e ingenieros militares combinaron plásticos con materiales explosivos y obtuvieron explosivos blandos. Eran fáciles de moldear y transportar. Se suelen emplear para demoler edificios.

d. 1940 Bombas más potentes

Las armas atómicas se desarrollaron en EE. UU. durante la Segunda Guerra Mundial. Un grupo de científicos famosos entre los que estaban J. R. Oppenheimer, Enrico Fermi y Albert Einstein observaron que la división del núcleo de un átomo producía una explosión muy potente.

Una bomba atómica contiene material explosivo y material químico radioactivo. Cuando los explosivos se detonan, los productos químicos inician una reacción en cadena muy potente. Luego, al dividirse los núcleos atómicos, se produce una explosión radioactiva enorme y tremendamente destructiva.

La primera explosión atómica se llamó "Trinidad" y se llevó a cabo en el desierto de Nuevo México (EE UU) en julio de 1945.

d. 1980

Almohadas explosivas

Durante la década de 1980, los fabricantes de automóviles dieron un uso positivo a una explosión y crearon el airbag. En caso de colisión, un sensor detecta cualquier parón brusco y hace que reaccionen dos productos químicos que producen una gran cantidad de nitrógeno. El gas hincha la bolsa y ésta protege a los pasajeros del impacto.

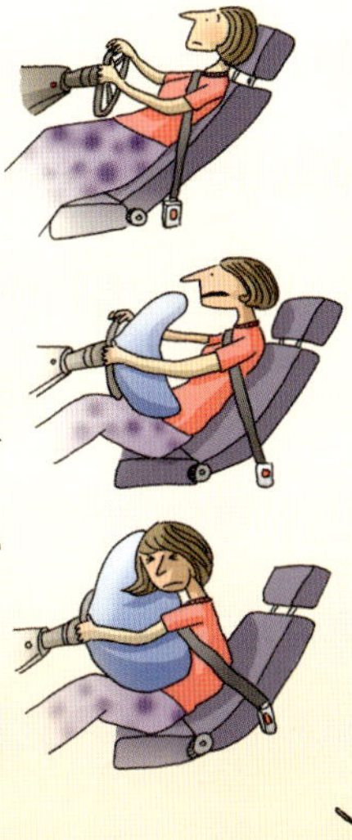

Siglo XX Tras la pista del explosivo

Los perros tienen un olfato muy fino y se les puede enseñar a detectar explosivos. También se puede entrenar a las abejas para que identifiquen el olor de los explosivos con el del azúcar. Luego, con programas informáticos se localiza el enjambre, lo que permite detectar bultos sospechosos.

El hueso de Ishango, con 20.000 años de antigüedad, se descubrió en África central en 1960.

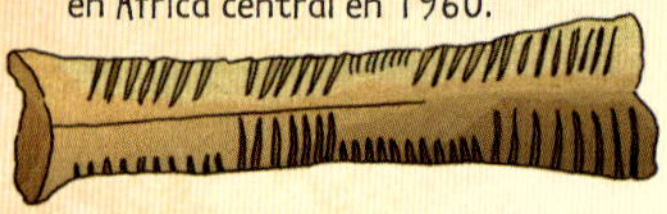

Seguramente, los huesos con marcas como éstas se usaban para contar los días y los meses.

La medición del tiempo

El tiempo es algo que no podemos parar ni controlar. No sabemos ni siquiera lo que es. Sin embargo, durante miles de años nos hemos dedicado a buscar maneras cada vez más precisas de medirlo.

Este reloj de sol egipcio proyecta una sombra sobre un palo donde se han marcado divisiones del tiempo. A medida que el Sol asciende, la sombra se va acortando.

El Sol y la Luna

Los signos más obvios del paso del tiempo son los ciclos naturales como la salida y la puesta del Sol y las fases de la Luna.

En la antigüedad se fijaron en estos ciclos para confeccionar los primeros calendarios. Ya hace unos 5.500 años, los egipcios tenían un calendario parecido al nuestro. Contaba con 12 meses de 30 días y los días estaban divididos en horas y minutos. Se añadían cinco días al final del último mes para que el año completo estuviera formado por 365 días.

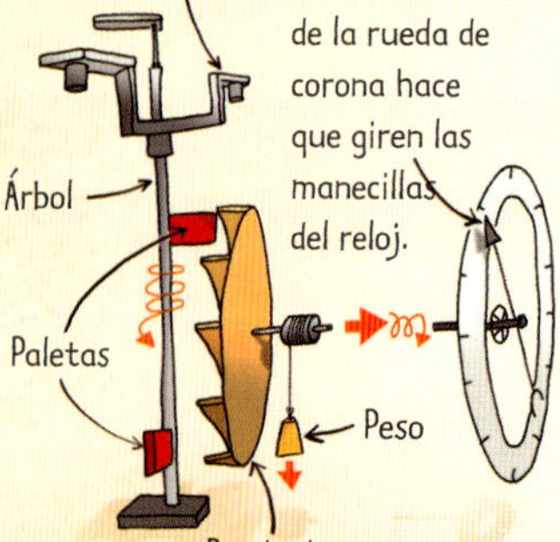

Los relojes medievales utilizaban un "escape de paleta y balancín" como el del dibujo. Un peso hace que la rueda gire. A medida que lo hace, unas paletas paran su movimiento, lo que crea el característico "tic-tac".

Los relojes de sol

Los sumerios, los egipcios y otras civilizaciones antiguas se servían de las sombras para calcular la hora. Colocaban un palo en una posición fija y éste proyectaba una sombra que se iba moviendo durante el día, a medida que el Sol se desplazaba por el cielo.

Las máquinas del tiempo

Los antiguos griegos, romanos y chinos ya construían relojes mecánicos primitivos hace unos 2.000 años. Utilizaban agua que caía por un agujero para mover las ruedas y el engranaje que hacía que sonaran unas campanitas o mostraran la hora en un cuadrante. En la Europa medieval se inventaron nuevos tipos de relojes que usaban pesos y muelles para mover las piezas. No obstante, no eran nada precisos.

Alrededor del año 1500, el herrero alemán Peter Henlein inventó los relojes mecánicos de muelle. Como no contaban con pesos, podían tener un tamaño muy reducido y así surgieron los primeros relojes de bolsillo.

Los columpios son un tipo de péndulo. Independientemente de que te muevas sólo un poco o llegues a subir muy alto, el columpio no cambia de ritmo (a menos que te empujes con los pies). ¡Haz la prueba!

El péndulo: el tiempo natural

En torno al año 1600, el gran pensador italiano Galileo (véase la página 21) estudió el funcionamiento de un peso suspendido de un hilo: el péndulo. Según él, si tiene una cierta longitud, un péndulo siempre tarda lo mismo en oscilar de un punto a otro. Observó que los péndulos eran útiles para medir el tiempo, porque tenían un ritmo natural, no un mecanismo artificial.

Galileo no construyó un reloj de péndulo, pero el astrónomo holandés Christiaan Huygens sí que lo hizo en 1656. Los relojes de péndulo eran los más precisos que se habían inventado hasta el momento.

Ya en 1889, este reloj alemán Reifler era tan preciso que sólo perdía una centésima de segundo al día.

El tiempo en el siglo XX

Los relojes de péndulo funcionaban bien, pero hay otros ritmos más reducidos y fiables en la naturaleza que se pueden emplear para crear relojes de una precisión pasmosa.

En la década de 1880, el científico francés Pierre Curie (ver página 46) y su hermano Jacques descubrieron que una corriente eléctrica hace que ciertos minerales, como el cuarzo, vibren con gran rapidez. Las vibraciones se pueden emplear para hacer funcionar un reloj. El primer reloj de cuarzo se construyó en 1927.

Luego, en la década de 1940, los científicos empezaron a utilizar vibraciones más rápidas (las vibraciones naturales de los átomos) para medir el tiempo. De hecho, los relojes atómicos son los más precisos que existen.

Segundos adicionales

La rotación de la Tierra está frenando, así que cada día es algo más largo que el anterior. Por eso, la duración oficial del segundo se va quedando corta. Para compensar, cada año o dos, el tiempo oficial y acordado internacionalmente debe ajustarse añadiendo un segundo adicional o "bisiesto".

Pero, ¿qué hora es?

Hoy día se usa el Tiempo Atómico Internacional (TAI), que está basado en un reloj atómico que usa como guía las vibraciones de un átomo de cesio. En 1967, se definió que un segundo es 9.192.631.770 vibraciones de cesio.

Los científicos suelen descubrir hechos al contar y medir cosas.

La historia de los números

Los números y las cuentas son cosas normales para la mayoría de nosotros. También son esenciales para la ciencia, porque como parte de ella se realizan multitud de mediciones, comparaciones y cálculos. Sin embargo, no siempre hemos utilizado los mismos números que hoy.

Sin números

Hay algunas lenguas actuales en las que no existen los números. El pueblo Pirahã, en América del Sur, no cuenta las cosas, puesto que su idioma no parece tener palabras para los números. En su lugar, se utiliza una palabra que significa "un poco" y otra que significa "mucho".

Llevando la cuenta

Los primeros indicios que demuestran que ya se contaba (unas muescas en palos, piedras o huesos) tienen más de 30.000 años de antigüedad. El sistema que se utilizaba era muy simple: una marca por cada elemento que se quería contar. Si se contaban 20 personas, se hacían 20 marcas. A veces, las marcas se agrupaban de cinco en cinco, como en el dibujo.

Contar con los dedos

Los dedos fueron las primeras herramientas que se utilizaron para contar. Hoy día se suele contar sobre la base de 10, utilizando múltiplos de 10 como 10, 100 o 1.000, seguramente porque tenemos 10 dedos. Los antiguos egipcios fueron los primeros en crear un sistema, hace 6.000 años.

El sistema numérico del antiguo Egipto

Los egipcios usaban símbolos diferentes para los números 1-9, 10, 100, 1.000 y demás.

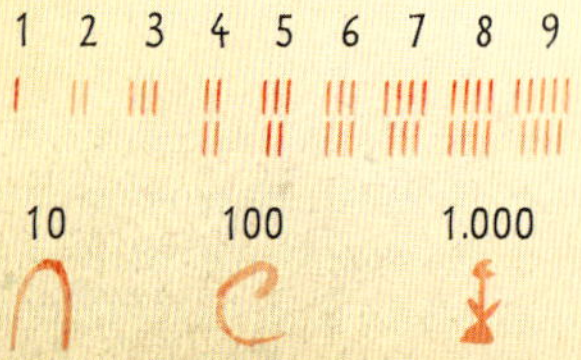

Para escribir los otros números, lo hacían combinando los símbolos de cada grupo.

De 60 en 60

Otros pueblos utilizaban sistemas diferentes. Unos 1.000 años después, los babilonios, que vivían en el actual Irak, usaban un sistema numérico cuya base era el 60. Es decir, en lugar de contar en grupos de 10, contaban en grupos de 60. Seguro que este sistema dejó de usarse porque era demasiado complicado.

Los antiguos griegos pensaron en la idea de un número "nada", pero no estaban seguros de que fuera un número propiamente dicho.

La aparición del cero

Los antiguos egipcios tenían diferentes símbolos para representar las unidades, decenas, centenas, etc. Pero no tenían ninguno para el 0 (cero). Así pues, si querían escribir el número 207, usaban estos símbolos:

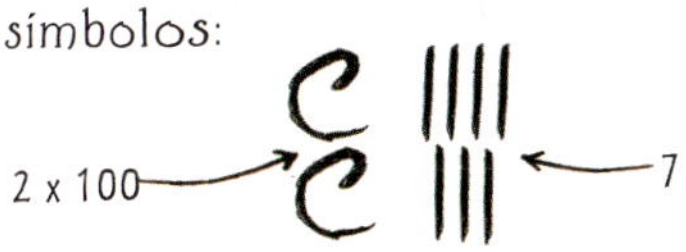

No había necesidad de un cero para mostrar que no había decenas. Los romanos utilizaban el mismo sistema. Representaban los números con letras y carecían de cero. Para escribir el número 207, ponían lo siguiente:

CCVII

2 x 100 — 5 — 2 x 1

De hecho, la mayoría de los sistemas antiguos no utilizaban el cero. Pero alrededor del año 400 a. C., los antiguos habitantes de la India empezaron a utilizar otro sistema. También utilizaba una base de 10, pero en lugar de símbolos, sólo empleaba números: 1, 2, 3, 4, 5, 6, 7, 8, 9 y 0. Para expresar cifras hasta el 9, simplemente se usaban los números. Para el diez, se volvía a emplear el 1 y se añadía un 0 a la derecha. En este sistema, la posición de los números muestra lo que expresan y el cero se utiliza para rellenar los espacios vacíos.

10: una decena — ninguna unidad

207: dos centenas — ninguna decena — siete unidades

Los números modernos

Como sabrás, el sistema numérico indio y sus símbolos, que hoy se conocen como "números arábigos", son los que se impusieron en todo el mundo. Nos permiten escribir números altos con facilidad, con sólo unos pocos símbolos.

De dos en dos

Se puede usar cualquier número como base. Podríamos contar en grupos de 5, de 14 o de 199, pero estamos acostumbrados a contar de 10 en 10. Los ordenadores usan un sistema numérico "binario", es decir, uno cuya base es el 2, como éste:

1 = 0001
2 = 0010
3 = 0011
4 = 0100

y así sucesivamente. Los ordenadores hacen cálculos así, con sólo dos símbolos (0 y 1), que se representan encendiendo o apagando una corriente eléctrica en el ordenador.

Si siguiéramos usando el sistema de los antiguos egipcios o los babilonios para escribir los números, los cuadernos de matemáticas serían enormes.

Los números primos

En la antigüedad, los sabios advirtieron que algunos números no se podían dividir por otros. Son los números primos y hoy en día siguen siendo un misterio para los matemáticos.

Los antiguos griegos observaron que algunos números se podían dividir en grupos, pero los números primos no. Por ejemplo, el 12 no es un número primo, pero el 13 sí.

12 piedras se pueden dividir en tres filas de cuatro o en dos filas de seis.

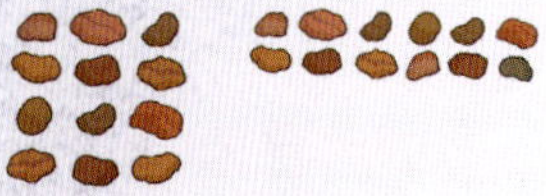

13 piedras sólo pueden colocarse en una línea compuesta de 13 piedras.

Los antiguos griegos

El pensador griego Pitágoras y sus discípulos mostraron un gran interés por las misteriosas propiedades de los números. Corría el año 400 a. C. cuando uno de aquellos discípulos, Filolao, dijo que algunos números eran compuestos, es decir, que estaban formados por otros números más pequeños, mientras que otros eran primos y no tenían esta propiedad.

Un matemático griego, Euclides, también se dedico a estudiar los números primos. Demostró que aunque los números sean altos, siguen encontrándose números primos, si bien es cierto que hay menos. Es decir, hay un número infinito de números primos. También descubrió que los que no son primos se pueden componer mediante diferentes combinaciones de números primos multiplicados entre sí.

Un tiempo después, alrededor del año 200 a. C., otro pensador griego, Eratóstenes, inventó una tabla para calcular números primos que se conoce como la "criba de Eratóstenes".

¿Qué son?

Un número primo es un número que sólo se puede dividir por sí mismo y por 1. Antes se pensaba que el 1 también era un número primo, pero como sólo se puede dividir por un número, el 1, hoy día no se considera un número primo. A continuación hemos recogido todos los números primos entre el 1 y el 100:

2	3	5	7	11	13	17
19	23	29	31	37	41	43
47	53	59	61	67	71	73
79	83	89	97			

Otra vez de moda

Tras los descubrimientos de los griegos, no se averiguó nada sobre los números primos durante siglos. Hubo que esperar a los siglos XVI y XVII para que volvieran a despertar interés. El abogado francés Pierre de Fermat estaba fascinado por ellos y creó varias teorías para descubrirlos. Sin embargo, algunos matemáticos se dieron cuenta de que sus teorías no eran del todo correctas. No parecía haber una fórmula totalmente fiable para hallar números primos.

Aunque Fermat no encontró un modo perfecto para predecir los números primos, averiguó muchas cosas sobre ellos. Un tipo de números primos, los números primos de Fermat, reciben este nombre en su honor.

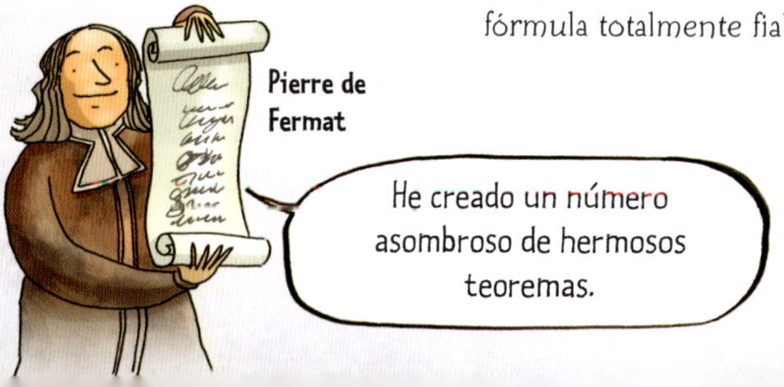

Pierre de Fermat

Haciendo cálculos

Con el paso del tiempo, muchos matemáticos se dedicaron a dividir números cada vez mayores para ver si eran primos. En el año 1600, el matemático Pietro Cataldi había hallado dos primos de seis cifras: 131.071 y 524.287. En 1876, el francés Édouard Lucas demostró que el número 170141183460469231731687303715884105727 era primo. Era el número primo más alto que se había descubierto mediante cálculos manuales.

Mejor con ordenador

En las décadas de 1940 y 1950, los ordenadores ya eran lo bastante sofisticados como para calcular nuevos números primos. Esto hizo que la tarea fuera mucho más rápida, aunque comprobar números muy altos sigue llevando una eternidad a los ordenadores. Hoy día se han encontrado números primos que tienen millones de dígitos. Son tan largos que para escribir uno necesitaríamos 50 libros como éste.

¿Para qué sirven?

Durante mucho tiempo, los números primos no tuvieron ninguna utilidad práctica. Se estudiaban con el fin de encontrar patrones que escondieran algún significado, aunque no se ha tenido éxito al respecto.

Los científicos informáticos han encontrado un uso importante para los números primos. Si utilizamos un número no primo muy grande, es muy difícil averiguar qué números primos multiplicados lo componen. Este dato se puede emplear para codificar información que se envía de un ordenador a otro. Sólo una máquina que conozca la combinación correcta de primos será capaz de descifrar el mensaje.

Édouard Lucas

Cigarras periódicas

Los números primos se encuentran también en la naturaleza. Las cigarras periódicas pasan la mayor parte de sus vidas en forma de larvas bajo tierra. Cada 13 o 17 años (según la especie) alcanzan la edad adulta y salen a aparearse y a poner huevos. Tanto el 13 como el 17 son números primos. Al tener un ciclo de vida que es un número primo, las cigarras evitan que las cacen depredadores con un ciclo vital más corto (de 2 o 3 años). Como no suelen encontrar muchos depredadores adultos, sus posibilidades de supervivencia aumentan.

Solemos utilizar códigos para enviar información secreta entre distintos ordenadores.

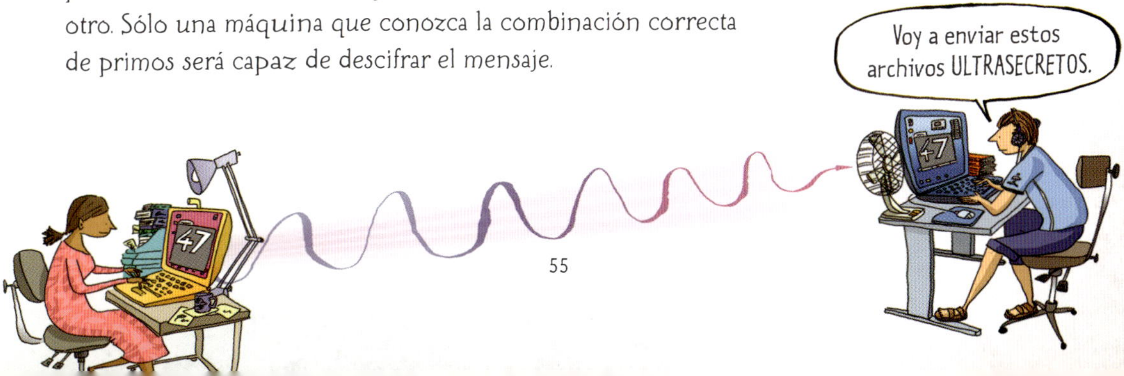

Curiosidades matemáticas

Desde que el ser humano comenzó a contar y a realizar cálculos, ha descubierto todo tipo de curiosidades numéricas, así como formas y patrones con propiedades aparentemente mágicas.

Aprox. 2.800 a. C.

Los cuadrados mágicos

Según una antigua leyenda china, una vez se desbordó el río Lo y los habitantes de la zona imploraron al dios del río que les salvara. Entonces, surgió del agua una tortuga con una extraña inscripción en el caparazón.

Las marcas que había en el caparazón eran una especie de cuadrado mágico, que podría escribirse de este modo:

4	9	2
3	5	7
8	1	6

Si se suma cualquier fila de tres números (horizontal, vertical o diagonal), siempre se obtiene el mismo resultado (en este caso, 15)

Los cuadrados mágicos aparecen en muchas culturas desde la antigüedad. Los matemáticos modernos han diseñado versiones más grandes y complejas.

Aprox. 2.800 a. C.

La historia de Pi

¿Qué número se obtiene si dividimos la circunferencia (el contorno) de un círculo por su diámetro (la línea que lo atraviesa por el centro)?

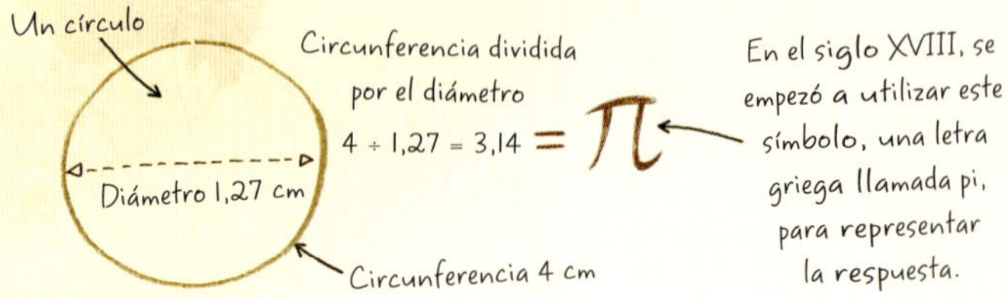

Pi es aproximadamente 3,14. El resultado es igual para todos los círculos, por grandes que sean.

Los antiguos egipcios y los sumerios ya conocían el número pi hace 4.000 años. Hacia el año 250 a. C., el pensador griego Arquímedes calculó que el valor de pi era 3,1419. En torno al año 490, un estudioso chino, Zu Chongzhi, obtuvo la cifra más precisa 3,14159265. Mediante el uso de ordenadores, hemos calculado el valor de Pi hasta alcanzar millones de decimales. Sin embargo no se ha calculado nunca con total exactitud puesto que los decimales de la división continúan hasta el infinito.

Aprox. 550 a. C.

El triángulo de Pitágoras

La vida del filósofo griego Pitágoras está rodeada de misterio. Vivió en el siglo VI a. C. y contó con un grupo de discípulos que transmitieron su sabiduría. Su descubrimiento más famoso es el teorema de Pitágoras, que trata de triángulos rectángulos.

El teorema dice que, en un triángulo rectángulo, la suma del cuadrado de los catetos (los lados más cortos) es igual al cuadrado de la hipotenusa (el lado más largo).

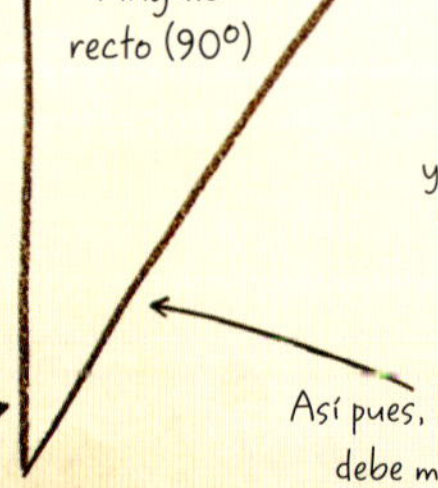

Para elevar al cuadrado un número, lo multiplicas por sí mismo. El cuadrado de 3 es 3 x 3 (9) y el cuadrado de 4 es 4 x 4 (16). Si sumas los dos, 9 + 16 = 25. 25 es 5 x 5, o 5 al cuadrado.

Aprox. 400 a. C.

El infinito

Ya algunos antiguos matemáticos indios escribieron sobre el infinito, una cantidad sin fin imposible de contar. Por grande que sea un número, siempre puede ser mayor. Así pues, los números son infinitos porque se puede contar sin fin.

Éste es el símbolo de infinito. El matemático inglés John Wallis fue el primero en utilizarlo en la década de 1650.

∞

Aprox. 300 a. C. El número áureo

¿Son unos rectángulos mejores que otros? Los griegos creían que era así. Descubrieron que, si un rectángulo era 1,61 veces más largo que ancho, tenía una calidad especial.

Algunos pensadores griegos como Euclides llamaron a esto la "razón media y extrema". Después pasó a llamarse la proporción áurea.

Si separamos un extremo del rectángulo hasta obtener un cuadrado...

el extremo sobrante tiene exactamente la misma forma que el primer rectángulo.

Los griegos creían que un rectángulo con esta proporción debía ser mágico y perfecto, así que lo solían utilizar en edificios. También fue muy popular en el Renacimiento (entre los años 1450 y 1700) y aún hoy día se observa en muchos edificios y cuadros.

1858 La cinta de Möbius

Sorprendentemente, dos matemáticos alemanes, August Ferdinand Möbius y Johann Benedict Listing, descubrieron la cinta de Möbius por separado en 1858. Observa lo que descubrieron creando tu propia cinta de Möbius. Es muy fácil.

1. Corta una tira estrecha de papel de unos 30 cm de longitud y 3 cm de ancho.

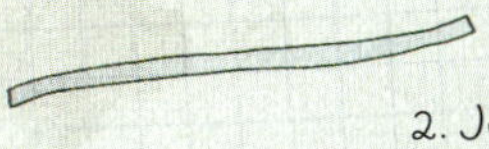

2. Junta los dos extremos de la cinta para formar un círculo y gira uno de los extremos de forma que la cinta quede retorcida. Ahora une los dos extremos.

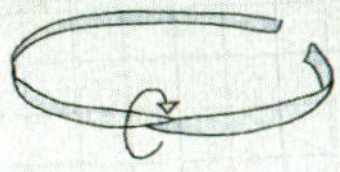

La cinta de Möbius tiene propiedades sorprendentes. Si trazas una línea continua a lo largo de ella, verás que la has hecho por ambos lados. En realidad, la cinta de Möbius sólo tiene una cara.

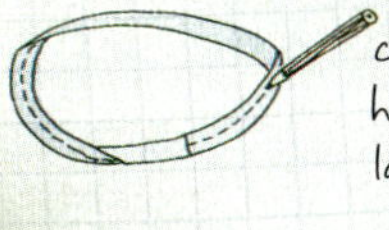

Ahora, recorta con cuidado por medio de la cinta para dividirla en dos. Verás que no se puede y que acabas con un círculo más grande. ¡Alucinante!

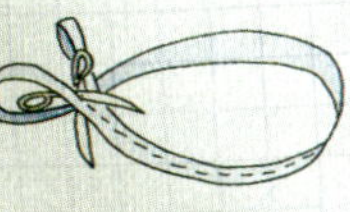

1202 Los números de Fibonacci

Hacia el año 1202, un matemático italiano conocido como Fibonacci descubrió una secuencia numérica para mostrar cómo podría incrementar la población de conejos si se les dejaba reproducirse libremente. La secuencia era la siguiente:

¿Ves cómo avanza la serie? En cada paso se suman los dos números anteriores para obtener el siguiente. De hecho, Fibonacci no fue el primero en descubrir este patrón. Los antiguos indios ya lo habían descubierto. Más adelante, los matemáticos descubrieron que estaba estrechamente relacionado con el número áureo y que se observaba con frecuencia en la naturaleza.

Si trazas un rectángulo cuyos lados midan dos números de Fibonacci consecutivos, obtendrás el número áureo. Una serie de estos rectángulos puede formar una espiral...

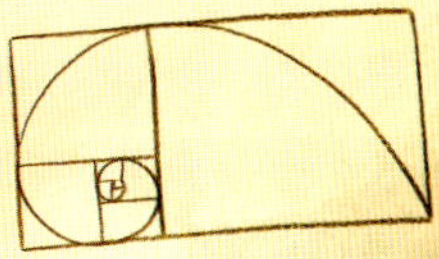

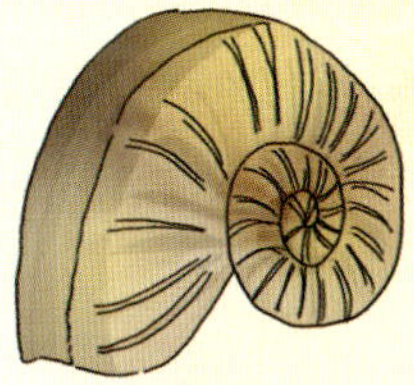

y en la naturaleza se encuentran espirales con esta misma forma, por ejemplo en las caracolas.

1920 Un googol

Como los números son infinitos, hay muchos que son enormes. Uno de ellos es el googol. Es un 1 seguido de 100 ceros. Un googol es tan grande que es mayor que la cantidad de átomos de todo el universo.

El concepto de googol se inventó en 1920, cuando el matemático estadounidense Edward Kasner preguntó a su sobrino de nueve años Milton Sirotta que pensara en un nombre para un número muy grande. Milton también se inventó el nombre para un número aún más grande, un googolplex: un 1 con un googol de ceros detrás.

Aristóteles hizo muchas listas de animales. Por ejemplo, describió y dio nombre a 116 especies de peces.

La clasificación

¿Cómo llamas a una mascota pequeña, peluda y que ronronea? Existen cientos de nombres para hacer referencia al gato doméstico. Sin embargo, los científicos de todo el mundo lo conocen por el mismo nombre en latín: *Felis catus.* Ordenar los seres vivos en grupos y darles nombres científicos se llama clasificación, y esta actividad se remonta a la antigüedad.

Aristóteles y Teofrasto

El escritor y pensador griego Aristóteles creó un sistema de clasificación primitivo hacia el año 330 a. C. Por ejemplo, dividió a los animales dependiendo de si tenían sangre o no, y de si caminaban sobre tierra firme, si volaban o si nadaban. Su discípulo, Teofrasto, escribió dos libros sobre las plantas y las dividió en grupos según el lugar donde se encontraban, su tamaño y su utilidad.

Un sistema nuevo

El trabajo de Aristóteles y Teofrasto estaba bien encaminado, pero sus categorías no siempre tenían lógica. Por ejemplo, las sardinas, las tortugas y las ballenas viven en el mar, pero respiran, se alimentan y se reproducen (tienen crías) de forma completamente distinta.

En los siglos XVI, XVII y XVIII, se empezaron a explorar más partes del mundo y los zoólogos y los botanistas descubrieron miles de especies de animales y plantas que antes se desconocían. Como las clasificaciones que se habían utilizado hasta entonces ya no servían, se buscaron nuevas formas de clasificar los seres vivos. El naturalista sueco Carl Linneo creó el sistema más extenso e importante, del que hoy en día se sigue utilizando una versión.

La vida de Linneo

La familia de Carl Linneo quería que fuera sacerdote, como su padre, pero le apasionaban tanto las plantas que le permitieron estudiar ciencias y medicina.

La familia era pobre, pero su entusiasmo impresionó a muchos de sus amigos ricos, que le pagaron los estudios. Linneo disfrutaba haciendo grandes listados de seres vivos y escribiendo todos los datos con precisión.

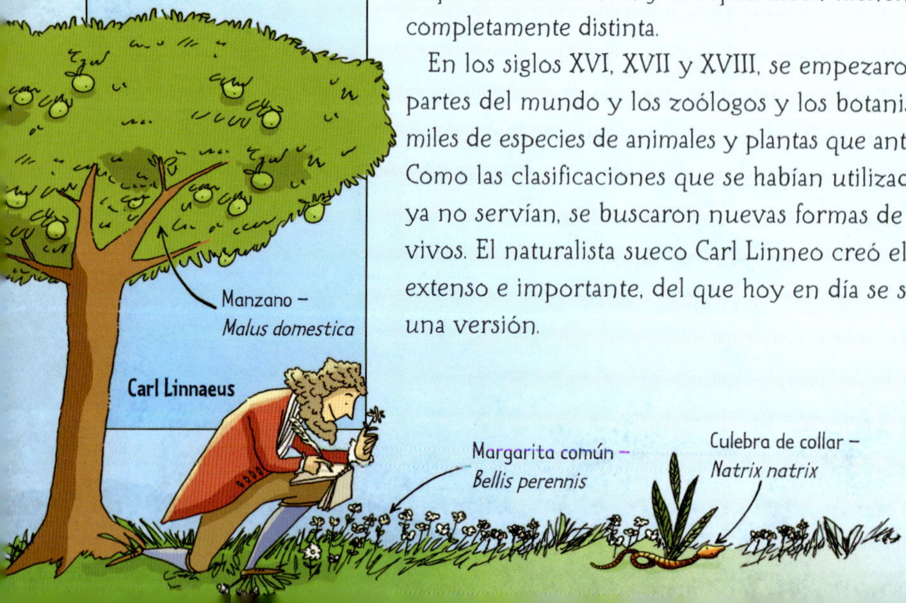

El "sistema de la naturaleza"

Cuando Linneo murió, su libro *Sistema Naturae* o *El sistema de la naturaleza* se había ampliado hasta contar con 3.000 páginas.

Carl Linneo nació en Suecia en 1707 y trabajó como médico y profesor de botánica (la ciencia que estudia las plantas). Estaba fascinado con las plantas y aunque él mismo descubrió multitud de especies, muchos exploradores le enviaban plantas y animales que recogían por todo el mundo.

Linneo trabajó en una nueva clasificación de los seres vivos. Su método dividía las plantas y los animales en grupos, para luego dividir cada grupo en subgrupos más pequeños, y así sucesivamente. En lugar de dividirlos según el lugar donde vivían o el uso que tenían para los seres humanos, Linneo observó sus formas y sus modos de vida y reproducción.

Recogió este sistema en su libro *El sistema de la naturaleza*. Se publicó por vez primera en 1735, pero se revisó muchas veces. En el año 1770, ya recogía más de 12.000 seres vivos.

Los niveles

Linneo utilizó cinco niveles principales en su sistema. Por ejemplo, el gato común se describía así:

Reino: *Animalia* (animales)
Clase: *Mammalia* (mamíferos)
Orden: *Carnivora* (carnívoros)
Género: *Felidae* (felinos)
Especie: *Felis catus*

Hoy día utilizamos un sistema más complejo con siete niveles. La clasificación de un gato común sería ésta:
Reino: *Animalia* (animales)
Tipo: *Chordata* (con médula espinal)
Clase: *Mammalia* (mamíferos)
Orden: *Carnivora* (carnívoros)
Género: *Felidae* (felinos)
Familia: *Felis* (pequeños felinos)
Especie: *Felis catus*

Nombres nuevos

Antes de Linneo, los seres vivos tenían nombres científicos, pero eran descripciones muy largas y complicadas en latín que podían ocupar varias líneas. Linneo inventó el sistema "binomial", mediante el cual cada criatura recibía un nombre sencillo en latín con dos partes.

La palabra "binomial" significa "dos nombres" en latín.

El primer nombre designa la familia.

El segundo nombre designa la especie.

Felis catus

Los nombres en latín siempre se escriben en cursiva y la primera parte siempre va en mayúscula.

Y después de Linneo...

Desde el siglo XVIII, se han descubierto millones de seres vivos y se han hecho múltiples cambios al sistema de Linneo. Aún así, muchos de los nombres de los grupos de plantas y animales siguen utilizándose hoy día, al igual que el método binomial.

El tiburón boquiancho sólo se descubrió en 1976. Se le dio el nombre científico *Megachasma pelagios.*

Antoine van Leeuwenhoek fue el primero en observar bacterias unicelulares en el sarro.

Sólo somos células

Todos los seres vivos están formados por unas unidades diminutas llamadas células, tan pequeñas que no se ven a simple vista. Pero entonces, ¿cómo se descubrieron?

Cuanto más cerca, mejor

En el siglo XVII, se produjeron grandes adelantos en muchos ámbitos de la ciencia gracias a la invención de los microscopios y los telescopios.

Durante siglos, se habían utilizado lentes curvadas para aumentar el tamaño de los objetos. Llegado el siglo XVII, gracias a la mejora en los métodos de fabricación de cristal, se crearon lentes mucho mejores y más potentes. También se aprendió a combinar dos o más lentes para obtener un aumento mayor.

Una lente es una pieza de cristal curvada. Consigue que los objetos parezcan más grandes desviando los rayos de luz que proceden de ellos.

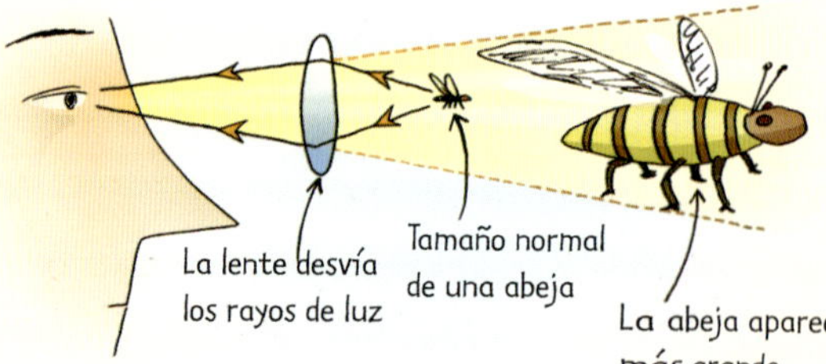

Los tipos de microscopio

Los primeros microscopios se inventaron a principios del siglo XVII. Había dos tipos: los compuestos y los simples.

Los microscopios compuestos tienen dos o más lentes en fila. El gran inventor y pensador italiano Galileo creó un modelo rudimentario en 1609. Robert Hooke utilizó uno compuesto que aumentaba los objetos 30 veces (hacía que se vieran 30 veces más grandes).

El microscopio de Hooke

El microscopio simple tenía sólo una lente. Van Leeuwenhoek fabricó sus propios microscopios simples, que eran muy potentes. Fundió cristal para formar lentes esféricas diminutas que lograban aumentar los objetos hasta 300 veces.

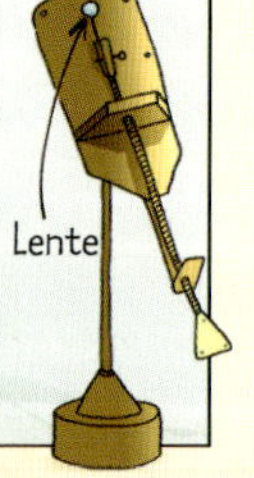

Un microscopio de van Leeuwenhoek

Las células de Hooke

Robert Hooke fue un gran experimentador inglés. En la década de 1660, mientras trabajaba en la Royal Society (la primera sociedad científica del mundo), usó un microscopio compuesto para estudiar objetos de la naturaleza. En 1665, publicó *Micrographia*, un libro con fascinantes dibujos de cosas diminutas entre las que había dibujos de musgo al microscopio, en los que se observaban claramente las células de la planta. A Hooke se le ocurrió el nombre "células", palabra que tiene el mismo origen que "celda", para describir los compartimentos que observó en un trozo de corcho.
Le recordaban a las celdas (habitaciones diminutas) donde viven los monjes.

En el dibujo de Hooke del corcho, las células de la planta parecen pequeñas habitaciones. El corcho se extrae de la corteza de un árbol, el alcornoque.

Bichitos diminutos

El trabajo de Hooke animó a muchos otros científicos a observar más de cerca los seres vivos. Uno de ellos fue Antonie van Leeuwenhoek, un comerciante de tejidos holandés. A van Leeuwenhoek se le daba muy bien fabricar lentes de microscopio, que empleaba para revisar los tejidos de cerca. Pero después de leer el libro *Micrographia* de Hooke, decidió dedicarse al estudio de la naturaleza.

Durante la década de 1670, van Leeuwenhoek descubrió cosas tan pequeñas como unas algas que vivían en el agua potable. También estudió el sarro y vio criaturas unicelulares que hoy día llamamos bacterias. En 1676 escribió a la Royal Society sobre estos "animáculos" o animales minúsculos. Los miembros de la famosa sociedad se quedaron tan maravillados que pensaron que van Leeuwenkoek estaba loco. Sin embargo, en 1680 vieron que tenía razón. El científico holandés describió también algunas células del cuerpo humano, como los glóbulos rojos o hematíes.

Van Leeuwenhoek hizo dibujos detallados de las criaturas microscópicas que descubrió.

La célula

Con el tiempo, se pudo observar las células cada vez más de cerca. Se descubrió que cada una tiene su propio cuartel general o núcleo, además de muchas otras partes. Aquí ves las partes principales de una célula animal.

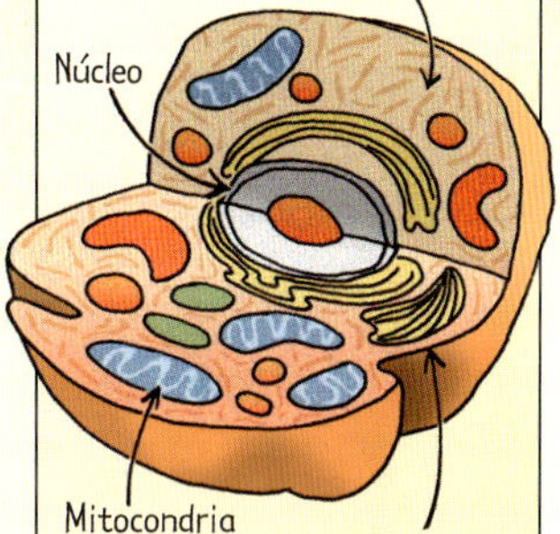

¿Para qué sirven las células?

Hooke y van Leeuwenhoek habían descubierto las células, pero seguían sin saber para qué servían. Según se fueron haciendo mejores microscopios, se consiguió estudiar las células más de cerca y se descubrió que el cuerpo de todos los seres vivos se compone de células. En la década de 1830, el experto en el estudio de las células Jan Purkyne descubrió muchos tipos distintos de células del cuerpo humano, y a partir de 1840 se apreciaron dentro de las células unas estructuras parecidas a cordones, que más adelante se llamarían cromosomas.

Hacia el año 1880 el científico alemán Walter Flemming estudió cómo una célula se dividía en dos para formar dos nuevas y se hacían copias de sus cromosomas en el proceso, al que llamó mitosis. Pero aún no se sabía para qué eran los cromosomas ni por qué las células sabían cuál era su misión. Averígualo en la página 66.

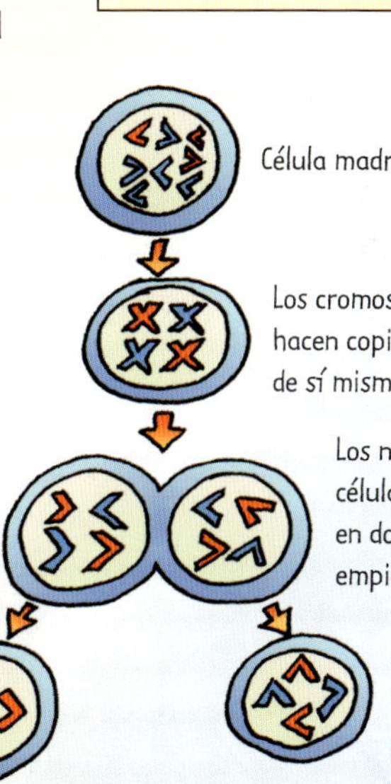

Durante la mitosis, una célula se divide en dos para formar dos células hijas. Gracias a este proceso, los seres vivos pueden formar células nuevas para crecer y regenerarse.

El crecimiento de las plantas

Si plantamos una semilla, crece una planta. Una bellota puede llegar a ser un enorme roble de muchas toneladas de peso. Sin embargo, al contrario que los animales, las plantas no comen. ¿De dónde sacan entonces el alimento que necesitan para crecer?

Comiendo tierra

El pensador griego Aristóteles se planteó cómo y qué comían las plantas. Sabía que las plantas no tenían estómago, así que pensó que tenían que usar la tierra como una especie de estómago y que utilizaban las raíces para absorber de ella todo el alimento y el agua que necesitaban.

La vida en la Tierra

La Tierra se ve verde desde el espacio por sus muchas plantas.

Sin las plantas, no existiría la vida en la Tierra. Con la fotosíntesis, las plantas transforman la energía solar en sustancias que se almacenan en la planta. Los animales toman esa energía cuando comen las plantas o al devorar a otros animales que las han comido. Las plantas nos mantienen vivos porque absorben el dióxido de carbono del aire y producen el oxígeno que todos los animales necesitan para respirar.

¿Se alimentan de tierra?

Hacia el año 1640, el investigador belga Jan Baptist van Helmont hizo un experimento para tratar de demostrar la teoría de Aristóteles (a la izquierda). Llenó una maceta grande con tierra y plantó en ella un pequeño sauce. Al cabo de cinco años, el árbol pesaba lo mismo que un hombre adulto, pero la tierra no había desaparecido. Estaba casi igual. Van Helmont dedujo que las plantas no "comían" tierra y llegó a la conclusión de que formaban sus hojas, ramas y tallos principalmente con agua.

Van Helmont tenía razón al pensar que las plantas necesitan agua. De hecho, el 50% de un árbol es agua. Pero, ¿de qué está hecho el resto?

Las plantas y el aire

Alrededor de 1720, el naturalista inglés Stephen Hales realizó muchos más experimentos. Cultivó plantas dentro de cámaras selladas y midió los niveles de aire y agua. Descubrió que las hojas de las plantas utilizaban los gases del aire y producían agua. También sugirió que las hojas absorbían luz, y tenía razón. ¿Qué es lo que hacen exactamente?

Otro experimentador inglés, Joseph Priestley, quiso saber cómo hacían las plantas para cambiar el aire que las rodea. En 1771 y 1772, hizo estos dos famosos experimentos:

Priestley colocó una vela encendida dentro de una campana de cristal sellada y la dejó arder hasta que se apagó sola.

Después, hizo lo mismo, pero esta vez puso una planta dentro. La vela no se apagaba.

Priestley también observó que un ratón vivía más tiempo dentro de una campana de cristal si dentro había también una planta.

Tanto la llama de la vela como el ratón necesitan oxígeno, así que Priestley dedujo que debía proceder de las plantas.

Por aquel entonces, el oxígeno y otros gases acababan de ser descubiertos por científicos como Priestley. En los años siguientes, descubrieron que las hojas de las plantas absorbían el gas dióxido de carbono y producían oxígeno.

Un nombre nuevo

En la década de 1800, se llamaba "asimilación" al proceso con el que las plantas producen alimento usando la luz. Pero llamaban igual a los cambios que se producían en el cuerpo de los animales. En 1893, el botanista Charles Reid Barnes, de EE. UU., se dijo que el proceso de las plantas debía tener su propio nombre y pensó dos opciones.

Ambas significan más o menos lo mismo en griego: construir con luz. Con el tiempo, "fotosíntesis" acabó por imponerse.

La clave está en la luz

En 1779, el botanista holandés Jan Ingenhousz comenzó a hacer experimentos con plantas con y sin luz. Observó que las plantas absorbían dióxido de carbono y producían oxígeno, pero sólo cuando recibían la luz del sol. Quedó claro que, para que este proceso funcionara, era necesaria la luz.

En 1845, el científico alemán Julius Robert von Mayer consiguió entender cómo encajaban todos estos elementos. Estudió la energía y cómo cambiaba de una forma a otra. Observó que las plantas debían extraer su energía de la luz del sol y utilizarla para producir las sustancias necesarias para crecer. Este proceso se conoce como fotosíntesis. Las hojas de las plantas absorben la luz solar, agua y dióxido de carbono, que reaccionan y producen agua, oxígeno y los nutrientes que necesita la planta.

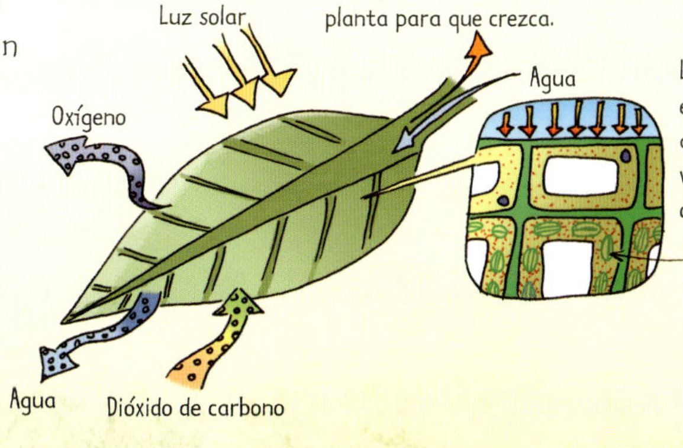

Las libélulas *Meganeura monyi* se extinguieron hace 300 millones de años. Eran como las libélulas actuales, pero tenían una envergadura de unos 70 cm.

La historia de la evolución

Hace 200 millones de años en la Tierra había dinosaurios, pterodáctilos y libélulas gigantes, y no había pájaros, serpientes ni seres humanos. Sabemos cómo era la vida hace tanto tiempo por los fósiles (ver página 80). Pero, ¿a qué se deben los cambios?

Pobres dinosaurios

Cuvier decía que muchos animales debían de haberse extinguido a causa de desastres naturales. Hoy se cree que esto es cierto en parte. Los dinosaurios desaparecieron posiblemente a causa de erupciones volcánicas o del impacto de un meteorito.

Hallazgos de fósiles

A principios del siglo XIX, el gran experto en fósiles francés Georges Cuvier estudió miles de restos de fósiles y descubrió que muchos animales del pasado se parecían a los modernos.

Así por ejemplo, los mamuts lanudos eran muy similares a los elefantes de la actualidad, aunque no eran iguales. Cuvier también observó que muchos animales prehistóricos habían desaparecido o se habían extinguido.

¿Más largo todavía?

Cuvier pensaba que, aunque algunas especies podían haberse extinguido, era imposible que se produjeran cambios. Otros naturalistas, por el contrario, se preguntaban si era posible que "evolucionaran" o cambiaran gradualmente con el tiempo.

Jean-Baptiste Lamarck, un colega de Cuvier, pensaba que los animales podían cambiar a lo largo de su vida y luego pasar estos cambios a sus crías. Un ejemplo famoso sugiere que a las jirafas se les fue alargando el cuello a fuerza de estirarlo para alcanzar ramas más altas.

Lamarck no estaba del todo en lo cierto. Hoy día se sabe que, si una planta o un animal cambia durante su vida, el cambio no se transmite a sus crías. Por ejemplo, si pierdes una pierda en un accidente, tus hijos tendrán dos piernas y no una. Sin embargo, Lamarck había dado un paso muy importante hacia la teoría de la evolución.

Lamarck decía que los cuellos de las jirafas se debieron de estirar para llegar a hojas más altas.

Lamarck pensaba que una jirafa con el cuello más largo que el resto habría tenido a su vez crías con cuellos largos. Creía que, con el paso del tiempo, esto habría hecho que los cuellos de las jirafas se fueran alargando más y más.

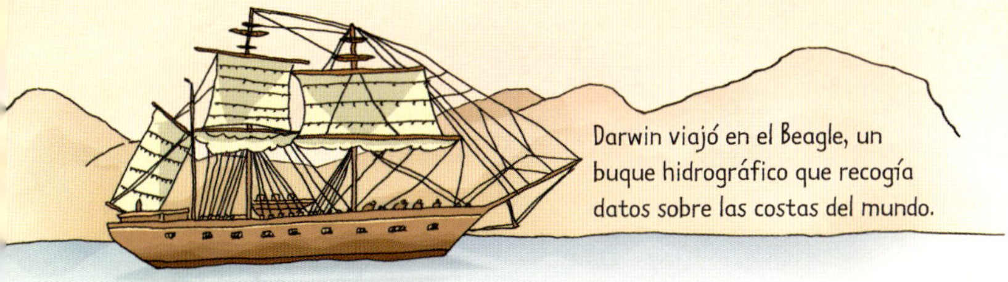

Darwin viajó en el Beagle, un buque hidrográfico que recogía datos sobre las costas del mundo.

Un viaje único en la vida

En 1831, un joven inglés, Charles Darwin, se embarcó en un viaje de cinco años como naturalista. Sólo tenía 22 años y no era científico, aunque le apasionaba la naturaleza. Durante la travesía, recogió multitud de fósiles y especímenes de seres vivos, además de tomar notas y dibujar mucho.

Tras su regreso, en 1836, Darwin estudió sus hallazgos y expuso una nueva teoría sobre la evolución. La llamó "selección natural" y según ella las especies podían cambiar con el tiempo por las pequeñas diferencias que existen entre los ejemplares de la misma especie. A la derecha vemos cómo se aplicaría la idea de Darwin a las jirafas.

1. Algunas jirafas tienen el cuello más largo que otras. Como su fuente de alimento crece en los árboles, las de cuello más largo pueden comer más.

2. Las jirafas mejor alimentadas suelen vivir más y tener más crías. Las forma de su cuello se transmite a las crías.

3. Con el paso de las generaciones, las jirafas con el cuello más largo, que son las mejor adaptadas, acaban por imponerse y la especie cambia.

Las grandes mentes piensan igual

Al principio, Darwin no dijo nada sobre su teoría. Sabía que molestaría a muchos cristianos, para los que todas las especies se habían creado en un estado perfecto justo después de la creación de la Tierra.

Pero en 1858, otro naturalista, Alfred Russel Wallace, escribió a Darwin con ideas iguales a las suyas. Darwin vio que había llegado el momento de dar a conocer su teoría. Un año más tarde, en 1859, publicó un libro llamado *El origen de las especies*, donde explicaba la selección natural.

Como se temía, provocó un gran revuelo. Muchos líderes eclesiásticos estaban furiosos. Pero otros, además de muchos científicos, apoyaron la teoría de Darwin. Desde entonces, la aparición de más fósiles, junto al descubrimiento de los genes y el ADN (ver página 66) han respaldado la teoría de la selección natural.

"Sólo sobreviven los más fuertes"

Darwin usaba la frase "Sólo sobreviven los más fuertes" para describir la selección natural. Pero no se refería al más sano ni al más forzudo, sino al más adecuado o apto. Las criaturas que mejor se adaptan a su entorno son las que tienen más posibilidades de sobrevivir, y son las que "selecciona" la naturaleza para que transmitan sus cualidades a la siguiente generación. Esto explica por qué los seres vivos están tan bien adaptados a sus hábitats.

Algunos cristianos se enfadaron cuando Darwin sugirió que los humanos podían haber evolucionado en lugar de ser una creación de Dios. Para reírse de él, lo dibujaban con cuerpo de mono.

Los genes y el ADN

Cuando una pareja de tigres tiene crías, los cachorros siempre son tigres. Esto que parece tan obvio hoy día, no se descubrió hasta el siglo XX.

En el año 1900, ya se sabía que los seres vivos estaban formados por células, pero se desconocía por qué saben formar nuestros cuerpos y cómo transmiten esta información de una generación a la siguiente.

¿Qué nos hace como somos?

Había que encontrar una respuesta que explicara por qué un naranjo es un naranjo y no un limonero, o diferencias como por qué algunos de nosotros tenemos el pelo rubio y otros lo tenemos moreno, o por qué unos tenemos los ojos azules y otros los tenemos marrones.

La respuesta la encontramos en los genes, que están dentro de las células de todos los seres vivos.

Selección artificial

Hasta hace poco no se sabía de los genes ni el ADN, pero desde antiguo se ha trabajado con ellos en el campo, donde siempre se han escogido las plantas y animales más útiles. Así, se usa el trigo con las espigas más cargadas para plantar porque se sabe que las plantas nuevas tendrán las mismas características. A esto se le llama cultivo selectivo.

Con el tiempo, este método ha hecho que las cosechas y los animales que se crían en granjas sean distintos de sus equivalentes silvestres.

Los guisantes de Mendel

En la década de 1850, el monje austriaco Gregor Mendel trabajaba como maestro en un monasterio. En su tiempo libre, estudiaba los guisantes que se cultivaban en el jardín del monasterio. Mendel quería saber cómo transmitían las plantas sus características en las semillas. Por ejemplo, rasgos como el color de las flores, la forma del guisante y la altura de la planta se transmitían a la siguiente generación, al igual que los seres humanos heredamos rasgos como la altura o el pelo rizado. Los guisantes, como los humanos, tienen dos progenitores. Cada semilla está formada por células de dos plantas. Mendel descubrió las normas que explican qué características se transmiten. Tenía que haber algún tipo de unidad o "factor" para cada rasgo y estos factores tenían que estar dentro de las células de las semillas.

Para uno de sus experimentos, Mendel cruzó una planta alta con una baja para obtener semillas.

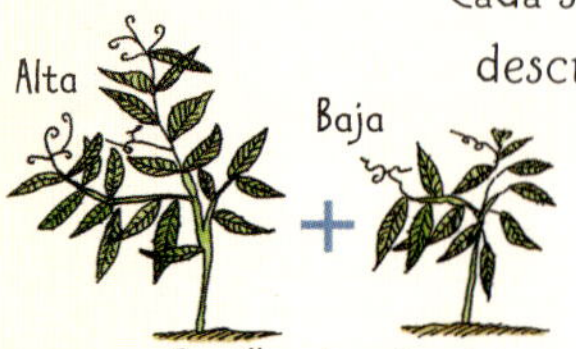

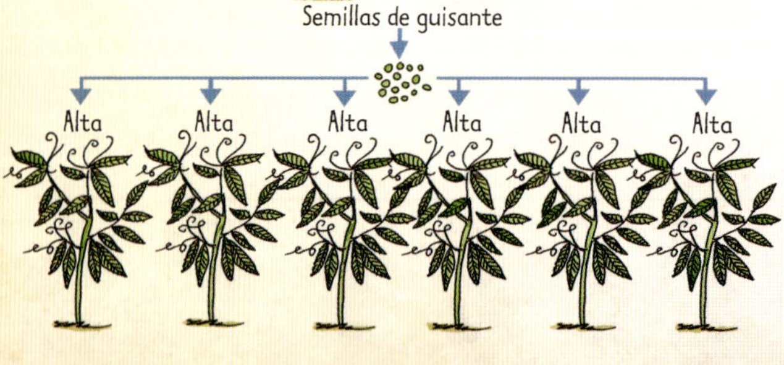

De todas las semillas salieron plantas altas. Mendel dedujo de esto que el "factor" de la altura elevada debía ser más fuerte que el de la altura reducida.

El estudio de las células

Gregor Mendel publicó sus hallazgos en 1866, aunque pasaron inadvertidos. Por su parte, otros científicos estudiaban más y más de cerca las células con microscopios. En el año 1880, habían visto cómo unas hebras diminutas llamadas cromosomas se copiaban dentro de las células. Al poco, el biólogo alemán Wilhelm Roux sugirió que los cromosomas contenían la información que se transmitía de padres a hijos.

A principios del siglo XX, tras la muerte de Mendel, su trabajo se volvió a descubrir. Los científicos se dieron cuenta de que los "factores" de los que había hablado (ahora llamados "genes") se encontraban en los cromosomas. Durante los siguientes 40 años, se hicieron muchos experimentos para tratar de averiguar de qué están hechos los genes. En 1944, el científico estadounidense Oswald Avery descubrió al fin que se trataba de una sustancia llamada ADN (ácido desoxirribonucleico).

El ADN

El ADN es una molécula, una estructura de átomos, que son las unidades que forman todas las sustancias. Parece una escala muy larga formada por moléculas más pequeñas unidas entre sí. Estas moléculas incluyen cuatro sustancias "base" llamadas adenina (A), citosina (C), guanina (G) y timina (T).

Un gen es un fragmento de ADN que tiene las bases dispuestas en una secuencia determinada. Este orden actúa como si fuera un código. Las células obedecen las instrucciones codificadas de los genes para crear las sustancias que necesita el cuerpo.

Los cromosomas son tiras muy largas de ADN que se encuentran en el núcleo o centro de control de una célula.

Watson y Crick

En la década de 1950, los científicos Francis Crick y James Watson estudiaron el ADN para intentar descubrir su forma y estructura exactas. Otra científica, Rosalind Franklin, había empleado un tipo de fotografía con rayos X y había descubierto que tenía forma de doble hélice, y que parecía una escala enroscada como una espiral. Con estos datos y modelos de moléculas tridimensionales, Watson y Crick consiguieron entender cómo funcionaba el ADN.

La estructura del ADN hace que sea fácil para los cromosomas hacer copias de sí mismos cuando una célula se divide. La escala de ADN se parte por la mitad y usa las sustancias que la rodean para construir dos tiras nuevas.

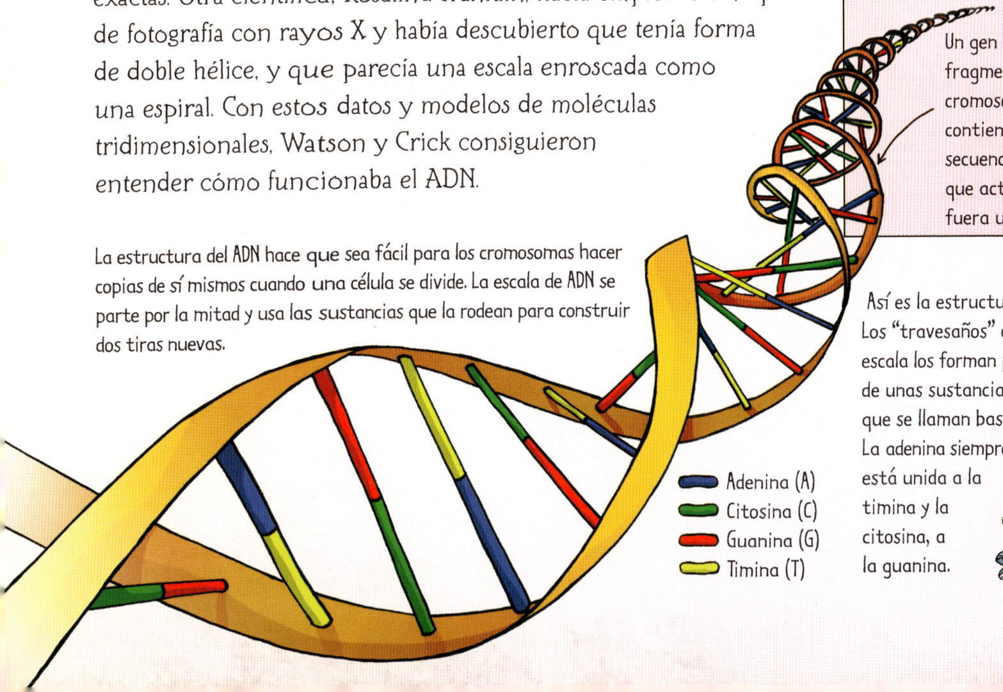

Así es la estructura del ADN. Los "travesaños" de la escala los forman pares de unas sustancias que se llaman bases. La adenina siempre está unida a la timina y la citosina, a la guanina.

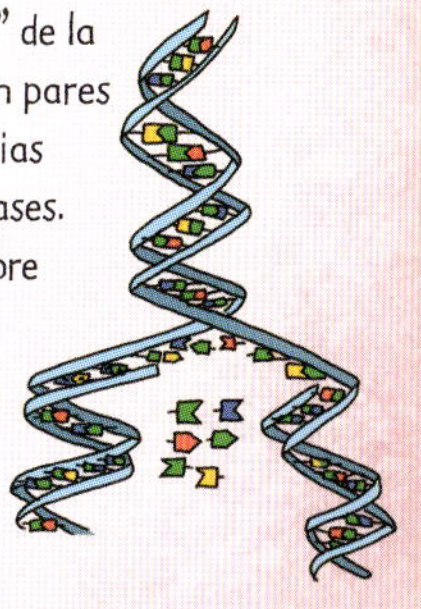

Animales asombrosos

Durante siglos se supo bien poco sobre cómo piensan, aprenden y se comunican los animales. Pero en el siglo XIX, el auge de la ciencia y la exploración abrieron las puertas a una nueva rama del conocimiento: la etología o el estudio del comportamiento animal.

Aprox. 350 a. C. Aristóteles

El filósofo griego Aristóteles fue uno de los primeros expertos en animales. Fue el primero en averiguar muchos datos sobre ellos.

Aprox. 1885 Las polillas olfateadoras

El naturalista francés Jean-Henri Fabre fue uno de los primeros etólogos. Estudió y experimentó con insectos y arañas a finales del siglo XIX.

Aprox. 1900 Los perros de Pavlov

En la década de 1890, el científico ruso Ivan Pavlov estaba estudiando la saliva de los perros. Les daba comida para que produjeran babas que él recogía. Advirtió que sabían cuándo les iba a dar de comer y que empezaban a babear con antelación.

Pavlov probó a hacer sonar una campanilla cuando iba a dar de comer a los perros. Descubrió que los perros babeaban cuando oían la campanilla, aunque no les diera de comer. Había descubierto que los animales son capaces de relacionar un signo y un acontecimiento.

d. 1930 Mamá ganso

Konrad Lorenz fue un etólogo austriaco famoso por su trabajo con polluelos de ganso. Cuando los gansitos rompían el cascarón, se aseguraba de que él fuera lo primero que veían y lo seguían a todos lados, pensando que era su madre.

Los polluelos registraban en su cerebro lo primero que veían y lo recordaban, porque normalmente era su madre. Sin embargo, Lorenz demostró que podía ser hasta una caja tirada por un hilo.

1960 ¡Qué listos!

La etóloga británica Jane Goodall pasó muchos años estudiando chimpancés salvajes. En 1960 vio cómo quitaban las hojas a una ramita, y luego la metían en un nido de termitas para atrapar unas cuantas y comérselas. Así obtuvo la prueba de que los chimpancés sabían fabricar sus propias herramientas.

Hasta entonces, no se sabía que los animales fabricaban herramientas. De hecho, se creía que era precisamente esta habilidad lo que diferenciaba a los seres humanos del resto de los animales. A raíz del descubrimiento, se tuvo que volver a pensar qué significa ser humano.

1960 Abejas bailarinas

Otro austriaco, Karl von Frisch, estudió las abejas en la década de 1960. Pensaba que los bailes que hacían dentro de la colmena servían para comunicar al resto de las abejas dónde estaban las flores más sabrosas. Una abeja baila para hacer saber a las demás cómo llegar al sitio con comida que ha descubierto.

Von Frisch no pudo demostrar su teoría, pero en el año 2003 un equipo de investigadores británicos colocó unos dispositivos de seguimiento a las abejas para ver adónde iban y descubrieron que von Frisch tenía razón.

d. 1960 El lenguaje animal

Los animales se comunican de muchas maneras, pero ¿qué lenguaje utilizan? Ni siquiera hoy en día resulta fácil responder a esta pregunta.

1967

En 1967 se descubrió que los monos verdes se avisan con sonidos distintos dependiendo del depredador que los ataca.

Al igual que hacen los humanos con las palabras, cada sonido significa algo distinto:

¡huh, huh! = águila
¡chat, chat! = serpiente
¡bark! = leopardo

Después de 1980

La experta en primates estadounidense Sue Savage-Rumbaugh lleva desde la década de 1980 enseñando a un bonobo (un tipo de chimpancé) llamado Kanzi palabras y frases que utilizamos los humanos y a comunicarse mediante un tablero con imágenes.

Después de extraerle los órganos, los egipcios embalsamaban el cuerpo y lo vendaban para hacer una momia.

Los órganos se enterraban por separado en canopes como éstos.

¿Qué tenemos dentro?

Hasta los seres más primitivos sabían que nuestros cuerpos están formados por sangre, huesos, tejidos elásticos y otras partes. Pero descubrir cómo funcionaba todo no fue tan fácil, sobre todo porque había que diseccionar a seres humanos para estudiar la anatomía (la ciencia que estudia el cuerpo).

La anatomía egipcia

En el antiguo Egipto, cuando morían personas ricas, sus cuerpos se abrían y se extraían sus órganos con mucho cuidado. Los egipcios tenían grandes conocimientos sobre el cuerpo humano y llevaban a cabo operaciones. Un libro de texto egipcio de unos 4.000 años de antigüedad describe el cerebro, el hígado, los riñones y la vejiga, y muestra el corazón unido a unos tubos (los vasos sanguíneos).

La disección

Diseccionar cuerpos humanos nunca ha sido fácil. La ley o la religión a menudo lo han prohibido.
Algunos médicos griegos, como Herófilo, diseccionaron cuerpos humanos, pero Aristóteles y Galeno usaron animales como perros y babuinos. En la época de Galeno, la disección humana estaba prohibida.

Más tarde, en algunos lugares de Europa se permitió a los médicos diseccionar a criminales ajusticiados. Pero, como cada vez había menos ejecuciones, se empezaron a robar cadáveres de las tumbas.

A principios del siglo XIX, Burke y Hare, dos famosos delincuentes, asesinaron a 17 personas en Escocia vender sus cuerpos.

Galeno y los griegos

Desde el año 4.000 a. C., los antiguos griegos como Aristóteles recurrieron a la disección para estudiar las partes del cuerpo. Aprendieron mucho sobre los huesos, los músculos y órganos como el corazón y los riñones. Pero más que nada diseccionaron cuerpos de monos, perros y cerdos, que no siempre se corresponden con los seres humanos.

Los griegos también pensaban que en un cuerpo sano los cuatro "humores" o fluidos (la sangre, la flema, la bilis negra y la bilis amarilla) estaban en equilibrio. Hoy en día se sabe que esto no es cierto.

Entre el año 150 y 200, el médico griego Galeno escribió muchos libros sobre anatomía. Se tradujeron al árabe en el siglo IX y se difundieron por toda Europa. Durante más de 1.000 años, el conocimiento sobre el cuerpo humano estuvo basado principalmente en los cuatro humores y en la anatomía animal.

Las sangrías fueron un remedio médico común durante muchos siglos. Estaba basado en la idea griega de que se podía tener demasiada sangre y era necesario eliminar parte de ella.

¿Estaba Galeno equivocado?

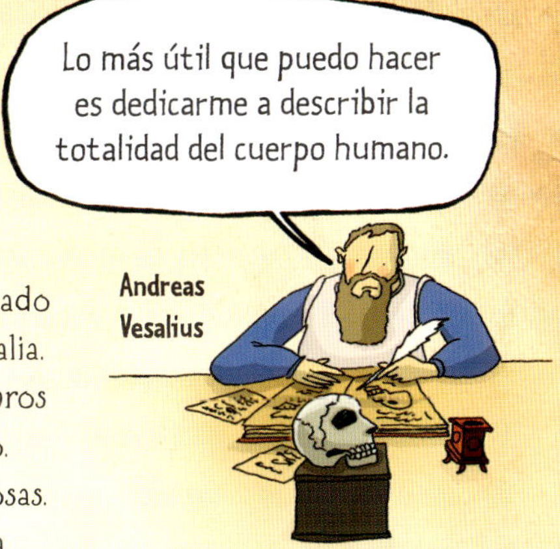

El libro de Vesalius *Sobre la estructura del cuerpo humano* causó gran revuelo, pero llegó a ser de los más vendidos, lo que le enorgulleció mucho.

Alrededor del año 1540, un profesor de anatomía belga llamado Andreas Vesalius trabajaba en la universidad de Padua, en Italia. En esa época, la mayoría de los estudiosos empleaban los libros de Galeno y daban por sentado que su contenido era cierto.

Sin embargo, Vesalius no estaba de acuerdo con algunas cosas. En Padua, los cadáveres de los delincuentes se enviaban a la universidad para que se diseccionaran, así que Vesalius tenía ocasión de estudiarlos. Descubrió que Galeno no había diseccionado nunca cuerpos humanos y que muchas de sus ideas eran erróneas.

Un libro de anatomía

Para corregir los errores, Vesalius pagó a artistas para que dibujaran ilustraciones detalladas de los cuerpos que había diseccionado. En 1543 publicó los dibujos en un libro, *De Humani Corporis Fabrica (Sobre la estructura del cuerpo humano)*. Aunque también contenía algún error, era la descripción más detallada de nuestro interior que se había visto jamás.

A algunas personas no les sentó nada bien que Vesalius se hubiera atrevido a contradecir al gran Galeno, pero su trabajo hizo que se empezara a estudiar el cuerpo humano con más detalle y atención, lo que con el tiempo dio pie a grandes descubrimientos.

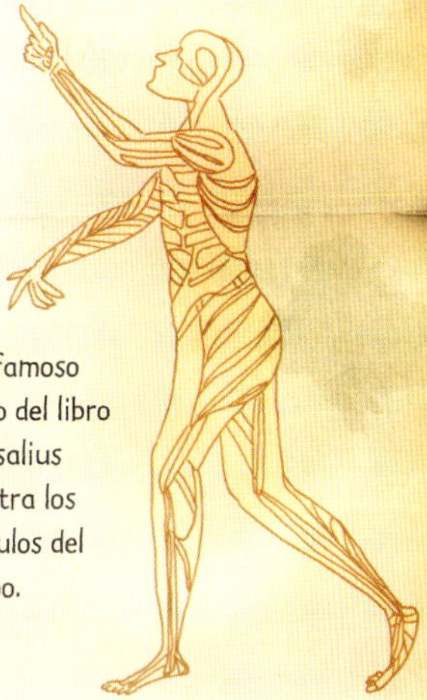

Este famoso dibujo del libro de Vesalius muestra los músculos del cuerpo.

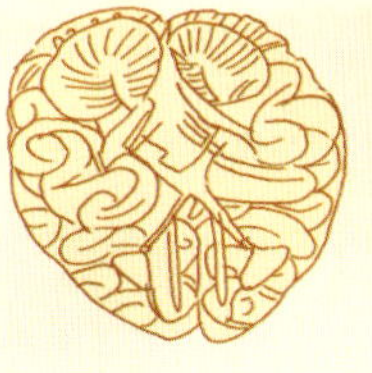

En este dibujo detallado de Vesalius se ven las distintas partes del cerebro humano.

Mucho por descubrir

A medida que los microscopios, la química y la biología fueron avanzando, los anatomistas averiguaron más cosas sobre la sangre, los huesos, los músculos y los órganos. Aun así, todavía siguen haciéndose grandes descubrimientos. El cuerpo humano es muy complicado y todavía queda mucho por saber sobre, por ejemplo, el funcionamiento de la célula y los genes.

Hoy en día, gracias a los potentes microscopios modernos, se realizan más descubrimientos que nunca.

Hoy sabemos que los estornudos y la tos propagan los gérmenes que contagian una enfermedad. Pero hace 200 años, nadie sabía cómo ocurría.

Gérmenes y enfermedades

Los gérmenes son criaturas diminutas que pueden causar enfermedades. Están por todas partes: en el agua, en el aire, en la tierra, en las casas y en nuestra piel. Pero como no se ven a simple vista, pasaron siglos antes de que nos diéramos cuenta de que son los causantes de muchas enfermedades.

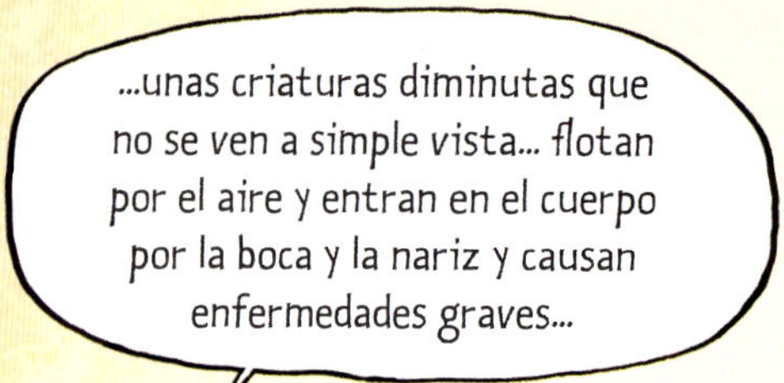

Hace 2.000 años, el escritor romano Marco Terencio Varrón adivinó qué hacían los gérmenes.

Ideas antiguas

Además del concepto griego de los cuatro "humores" del cuerpo humano y que si había más de la cuenta de alguno podíamos caer enfermos, también se creía que cuando un dios se enfadaba podía producir enfermedades a propósito. De hecho, esta idea prevaleció hasta hace pocos siglos.

Sin embargo, en la antigüedad ya se sospechaba que las enfermedades las causaban criaturas diminutas e invisibles.

Tipos de gérmenes

Hay muchos tipos de gérmenes.

Los protozoos son criaturas unicelulares diminutas.

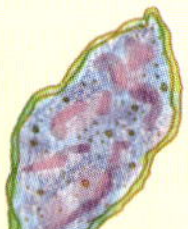

Protozoo de la malaria

Las bacterias también tienen una sola célula. Provocan muchas enfermedades e infecciones.

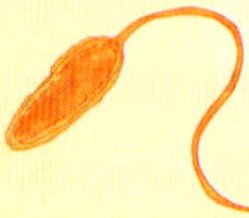

Bacteria del cólera

Los virus son gérmenes que para alimentarse y reproducirse deben invadir las células del cuerpo al que atacan.

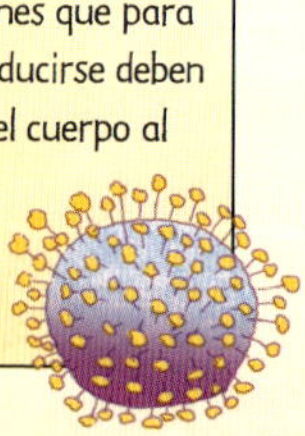

Virus de la gripe

¿De dónde salen los gérmenes?

En el siglo XVII se vieron los primeros microorganismos (criaturas diminutas) al microscopio, pero no se entendía de dónde salían ni cómo vivían.

Según una idea bastante extendida, que se conoce como "generación espontánea", las criaturas vivas podían aparecer por sí solas en el barro o en la comida que se está pudriendo.

En 1668, el médico italiano Francesco Redi hizo un experimento para comprobar la teoría de la generación espontánea. Demostró que los gusanos no salían de la carne. En realidad, son larvas (crías) que salen de los huevos de las moscas.

Redi metió carne en un matraz y dejó que se pudriera. Los gusanos no tardaron en aparecer en la carne.

Pero observó que, si tapaba el matraz para que no entraran las moscas, no salían gusanos.

El contagio de las enfermedades

Poco a poco, la gente empezó a ver que, igual que los gusanos, las enfermedades no salían de la nada. Estaban causadas por algo que se podía transmitir de una persona a otra, o que vivía en el agua o en la suciedad.

En 1847, el médico húngaro Ignaz Semmelweis observó que, cuando los médicos de su maternidad se lavaban las manos entre una paciente y otra, enfermaban muchas menos, pero nadie tuvo en cuenta su descubrimiento.

Unos años más tarde, en 1854, un médico inglés, John Snow, estudió cómo los casos de cólera, una enfermedad mortal, aumentaban alrededor de una sola fuente de Londres. Algo estaba extendiendo las enfermedades de un lugar a otro y el estudio de Snow demostró que era el agua.

Antes del estudio sobre el cólera de Snow, se creía que la causa eran nubes de "aire malo" que flotaban por el aire.

¿Siempre ellos?

No todas las enfermedades están causadas por gérmenes. Algunos cánceres, desórdenes genéticos como la fibrosis quística y muchas afecciones mentales tienen otro origen. Pero el descubrimiento de los gérmenes ha ayudado a prevenir y curar enfermedades letales como:

- La peste bubónica
- La tuberculosis
- La malaria
- El cólera
- El sarampión

La prueba de Pasteur

El científico francés Louis Pasteur estudió todo esto a fondo durante las décadas de 1850 y 1860. Utilizó microscopios y experimentos para demostrar que los gérmenes son los causantes de las enfermedades y que se encuentran en el aire, el agua y nuestros cuerpos.

Pasteur observó que los gérmenes hacían que se estropeara la leche y que, al calentarla, morían.

Descubrió los gérmenes que causan el carbunco y la rabia y los utilizó para crear vacunas (ver página 74).

Demostró que los gérmenes causaban enfermedades y que el uso de antisépticos protegía a los pacientes.

El trabajo de Pasteur provocó una revolución en medicina y en la vida cotidiana. Hoy día, muchos medicamentos están pensados para eliminar los gérmenes que provocan las enfermedades. Sabemos que mantener limpios los hospitales salva vidas y que si calentamos ("pasteurizamos") los alimentos matamos los gérmenes que puedan contener.

Hoy día casi toda la leche y el queso están pasteurizados.

Louis Pasteur

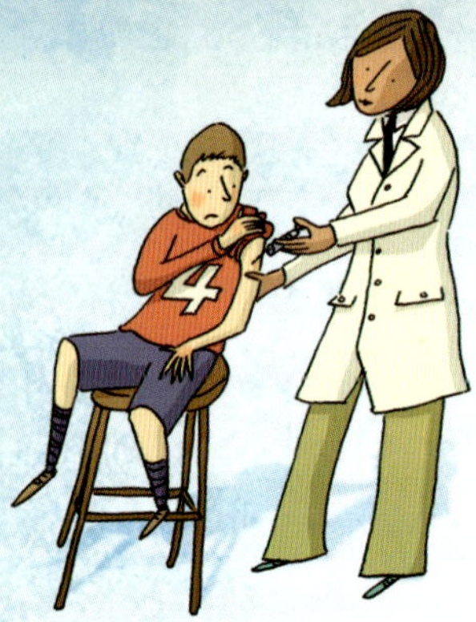

Las vacunas

Seguro que te han vacunado alguna vez. Las vacunas son inyecciones que te protegen de alguna enfermedad peligrosa. Pero, ¿sabes cómo funcionan y cómo se descubrieron?

Sanos y salvos

Desde la antigüedad, se sabía que algunas enfermedades sólo se contraen una vez. Si pasas la varicela, el sarampión o las paperas, es poco probable que repitas. Tu cuerpo pasa a ser "inmune" a esa enfermedad, lo que quiere decir que ha aprendido a luchar contra ella.

Lo mismo pasa con la viruela, una enfermedad que mató a millones de personas. En la antigua Grecia, quienes habían sobrevivido a la enfermedad cuidaban a los enfermos de viruela porque ya no podían contraerla.

Hace más de 2.000 años, en China e India, había gente que intentaba inmunizarse contra la viruela y se frotaban la piel con una costra o el pus de una persona con un caso leve de viruela. Si funcionaba, sufrían una forma leve de la enfermedad y luego quedaban protegidos para siempre de la viruela. Este proceso se llama inoculación.

La viruela

La viruela era una enfermedad muy peligrosa de origen viral que mató a más de un tercio de las personas que la sufrieron. Provocaba la aparición de unas heridas llenas de pus que salían por todo el cuerpo y la cara. Quienes sobrevivían, quedaban llenos de cicatrices.

La viruela se contagiaba por la tos o los estornudos, la saliva o la ropa o las sábanas que estuvieran contaminadas.

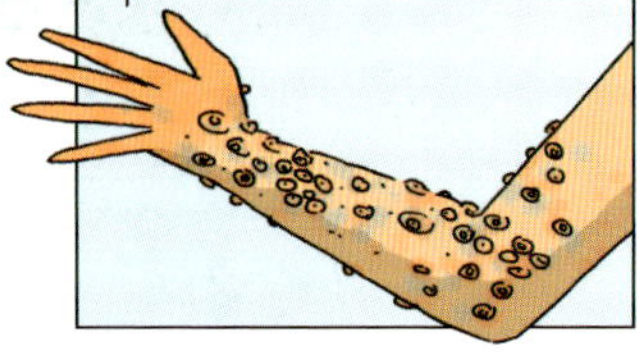

Lady Mary Wortley Montagu

Durante un viaje que hizo por Turquía en 1718, Lady Mary Wortley Montagu, una escritora inglesa, vio cómo en este país se realizaban inoculaciones de viruela. Esta era una práctica que se había extendido desde el Lejano Oriente. Al ver que funcionaba, Lady Montagu hizo que se inoculara a sus hijos y se encargó de llevar este conocimiento a Inglaterra. Con el tiempo, las inoculaciones de viruela empezaron a practicarse también por toda Europa y también en los Estados Unidos.

Lady Mary Wortley Montagu sabía lo peligrosa que era la viruela, porque la había sufrido de niña y tenía la cara picada. Además, su hermano había muerto víctima de la enfermedad.

El experimento de Jenner

Las lecheras tenían fama de tener una piel preciosa. Esto se debía a que la mayoría había sufrido la viruela vacuna, así que no habían contraído nunca la viruela.

El problema de la inoculación era que podía salir mal y provocar la versión mortal de la viruela. Además, contribuía a extender la enfermedad, lo que era peligroso.

Sin embargo, la viruela bovina era muy parecida a la viruela pero mucho menos grave. Quienes trabajaban con vacas sabían que los infectados por una vaca con viruela bovina no se contagiaban de viruela.

Durante el siglo XVIII, se intentó utilizar la viruela bovina para protegerse de la viruela, pero quien tuvo éxito fue Edward Jenner, un médico y naturalista inglés. En 1796, recogió pus de la piel de una lechera con viruela bovina y la frotó en el brazo de James Phipps, el hijo de su jardinero, que tenía ocho años.

¡Funciona!

La prueba de Jenner puso en peligro la vida de James Phipps. Por suerte, sobrevivió. Hoy no se permite realizar pruebas médicas peligrosas con niños.

James contrajo la viruela bovina, como se esperaba, y se recuperó. Luego, Jenner trató de infectarlo de viruela varias veces pero James era inmune y no enfermó. Jenner llamó a este nuevo método "vacunar", palabra derivada de *vacca*, que en latín significa vaca.

Jenner anunció su resultado y, aunque tardó en aceptarse, la vacuna contra la viruela pronto se extendió por todo el mundo. Se salvaron millones de vidas y en el año 1980, la viruela se había erradicado. Actualmente, los gérmenes de viruela sólo existen en unos pocos laboratorios científicos.

Las vacunas actuales

Después de Jenner, otros científicos crearon vacunas para otras muchas enfermedades con gérmenes muertos o debilitados que ya no eran capaces de provocar la versión grave de la dolencia. Hoy en día, casi todos estamos vacunados contra el sarampión, la polio, la tuberculosis y otras muchas enfermedades.

¿Qué significa?

Una "vacuna" o "inmunización" consiste en utilizar una forma debilitada o menos agresiva de una enfermedad para hacerte inmune a ella. Una "inoculación" consiste en utilizar un germen sin debilitar de la enfermedad contra la que se quiere prevenir, pero a veces los médicos usan la misma palabra para hablar de las vacunas.

Los antibióticos

Los antibióticos son medicamentos que acaban con las bacterias. Se utilizan para curar desde una irritación de garganta o una infección de pecho hasta enfermedades más graves como la meningitis. Como otros inventos, se descubrieron por casualidad.

La protección natural de la nariz

Durante la Primera Guerra Mundial (1914-1918), el biólogo británico Alexander Fleming trabajó como médico en hospitales militares. Observó que muchos soldados morían porque se les infectaban con bacterias las heridas del campo de batalla. Fleming era un experto en bacterias, así que después de la guerra comenzó a buscar nuevas sustancias químicas antibacterianas. En 1922, descubrió una sustancia en la mucosidad nasal (en los mocos) que mataba los gérmenes. La llamó lisozima. Aunque no era lo suficientemente potente para emplearse como medicamento, demostraba que los seres vivos contamos con sustancias capaces de acabar con los gérmenes.

El moho milagroso

Unos años más tarde, en 1928, Fleming se fue de vacaciones y dejó creciendo varios cultivos de bacterias llamadas estafilococos en el laboratorio. Cuando regresó, en muchos había moho, así que no servían. Sin embargo, Fleming vio que en uno de ellos había un anillo sin bacterias alrededor del moho.

¿Son malas las bacterias?

Las bacterias son seres unicelulares. No todas son perjudiciales para los humanos. Algunas viven en nuestro cuerpo y son beneficiosas porque, por ejemplo, nos ayudan a digerir la comida. Sin embargo, algunas pueden causar enfermedades graves o infecciones peligrosas si entran en contacto con heridas.

La bacteria *Escherichia coli* o *E. coli* puede ser inofensiva, pero algunos tipos causan intoxicaciones.

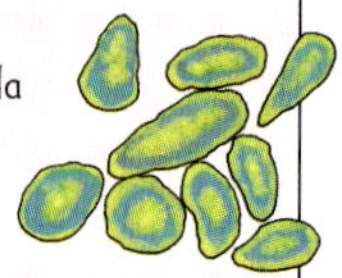

Bacteria de la tuberculosis

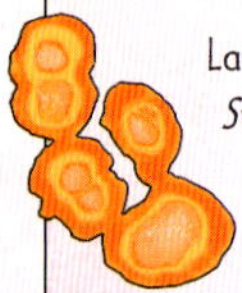

La bacteria *Staphylococcus aureus* causa granos, meningitis y neumonía

Los medicamentos que matan bacterias como éstas han salvado millones de vidas.

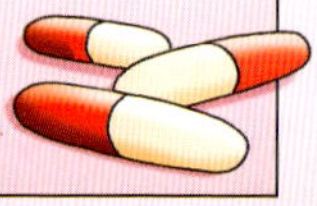

Cápsulas modernas con antibióticos

Fleming era conocido por lo desordenado que era y por no organizar su laboratorio.

El cultivo de Fleming estaba lleno de bacterias, pero no cerca del moho.

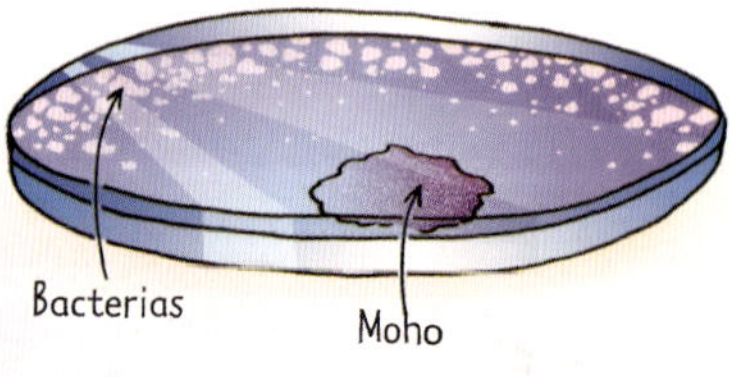

La penicilina

Fleming se dio cuenta de que había algo en el moho que destruía las bacterias. Después de estudiarlo, extrajo la sustancia en cuestión, que llamó penicilina. Al hacer pruebas, descubrió que acababa con varios tipos de bacterias nocivas. Tras varios años de experimentación, abandonó el estudio de la penicilina, pero dejó sus resultados para que otros científicos los emplearan.

La fabricación de un medicamento

En 1939, dos científicos de la Universidad de Oxford, Ernest Chain y Howard Florey, retomaron los estudios de Fleming. Como eran químicos, entendían las moléculas y los fármacos de forma distinta a Fleming, que era biólogo. Estudiaron la molécula de la penicilina y descubrieron una nueva forma de extraerla y de producirla en grandes cantidades para tratar infecciones y enfermedades.

Cuando el descubrimiento se hizo público, Fleming se hizo muy famoso, aunque en realidad el trabajo de Howard Florey y Ernest Chain había sido igual de importante. En 1945, se concedió el premio Nobel de Medicina a los tres: a Fleming, a Florey y a Chain.

Los antibióticos en acción

Mientras Florey y Chain trabajaban en la penicilina, estalló la Segunda Guerra Mundial (1939-1945). Al final de la guerra, en 1945, ya había medicamentos con penicilina, que sirvieron para salvar la vida de muchos de los soldados que habían sido heridos en combate.

Desde entonces, hemos descubierto muchos otros antibióticos que se han obtenido a partir de otros mohos y microbios. Hoy día hay cientos y sirven para tratar diferentes tipos de enfermedades.

Ernest Chain estudió la forma de la molécula de la penicilina.

La resistencia a los antibióticos

Por desgracia, los antibióticos no son perfectos y algunas bacterias sobreviven. Entonces, éstas se multiplican y dan una nueva generación que los antibióticos no eliminan. Esto se llama resistencia a los antibióticos y es una forma de evolución. Tomar todo el antibiótico que te recetan ayuda a eliminar todas las bacterias y a evitar que se hagan resistentes.

1. Con un antibiótico se mata las bacterias.

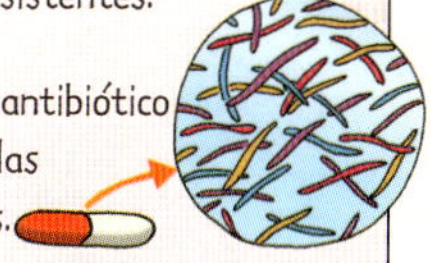

2. Algunas bacterias especialmente resistentes sobreviven.

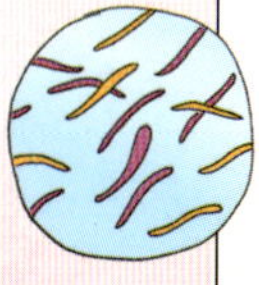

3. La siguiente generación es resistente al antibiótico.

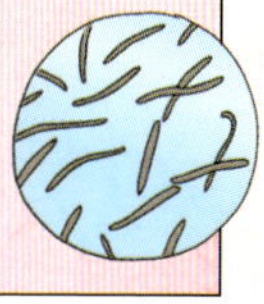

La penicilina se sigue utilizando para tratar, por ejemplo, la amigdalitis. Hoy día se fabrica de forma artificial y no se recoge del moho.

La medicina natural

Ya en la Prehistoria se masticaban hierbas para curar enfermedades. Desde entonces, se han hecho importantes descubrimientos sobre algunas plantas y otros seres vivos que nos ayudan a combatir las enfermedades. Hoy día seguimos encontrando nuevos remedios en la naturaleza.

Remedios populares que funcionan

El té es la infusión más popular del mundo. Es buena para el corazón y los dientes.

Comer ajo ayuda a bajar la tensión.

El gel del aloe vera ayuda a curar las heridas.

La miel suaviza las gargantas irritadas y calma la tos.

1025 Probando medicamentos

El estudioso persa Ibn Sina (también conocido como Avicena) escribió 14 libros donde se recogían listados de hierbas medicinales. También describió las normas para probar si un medicamento funcionaba, algo que no mucha gente hacía de forma científica en aquella época. Por ejemplo, para probar un medicamento, comprobaba que el enfermo no mejorara por alguna otra razón, y que la misma medicina funcionara en personas diferentes.

1779 Medicinas puras

El Dr. William Withering no pudo ayudar a uno de sus pacientes, que tenía hidropesía (una enfermedad del corazón). Sin embargo, el hombre se recuperó tras tomar unas hierbas que le había dado una gitana. Resultó que el ingrediente clave era una dedalera púrpura.

Withering también era un gran aficionado a la botánica, así que investigó todos los tipos de dedalera. No tardó en extraer una sustancia que llamó digital, y que ayuda a que los corazones enfermos latan a un ritmo más constante. Esta sustancia sigue utilizándose hoy en día.

De hecho, las dedaleras son muy venenosas, así que los médicos sólo utilizan la digital en dosis muy pequeñas.

1817

El pueblo quechua de la selva amazónica sabía desde hacía siglos que el polvo que se obtiene de la corteza de la cinchona cura la malaria, una enfermedad mortal.

Para investigar esto, los franceses Pierre-Joseph Pelletier y Joseph-Bienaimé Caventou molieron corteza de cinchona para encontrar la sustancia medicinal. La llamaron quinina y llevaron la fórmula a Europa.

d. 1850 La lucha contra el dolor

Otro francés, Charles Gerhardt, se dedicó a investigar la corteza del sauce y dio con el ácido acetilsalicílico, que es un analgésico estupendo, pero no consiguió que fuera suficientemente puro.

d. 1890 Finalmente, la empresa farmacéutica alemana Bayer encontró un modo de obtener un comprimido de ácido acetilsalicílico puro. También se les ocurrió un nombre más sencillo: aspirina. El dolor y la inflamación están producidos por unas sustancias que crean unas enzimas llamadas COX. La aspirina es efectiva porque impide que estas enzimas funcionen.

1906 Balas mágicas

A principios del siglo XX, el alemán Paul Ehrlich estaba fascinado por la teoría de las enfermedades causadas por los gérmenes. Creía que, para cada germen, debía haber una "bala mágica" en la naturaleza capaz de acabar con él.

En 1906 utilizó una poción basada en arsénico para tratar con éxito una enfermedad llamada sífilis. Su idea de la "bala mágica" se popularizó y los médicos de todo el mundo comenzaron a buscar otros ejemplos.

1919 Bacalao al rescate

El químico británico Edward Mellanby estaba decidido a curar una enfermedad de los huesos llamada raquitismo. Vio que no la causaba un germen, sino la falta de una sustancia que hay en el aceite de hígado de bacalao. Más adelante, esta sustancia se llamó "vitamina D".

Durante la Segunda Guerra Mundial, todos los niños británicos tomaban aceite de hígado de bacalao.

1939 El analizador terrestre

René Dubos estudió los microbios diminutos que viven en la tierra mientras buscaba sustancias para eliminar los gérmenes. Después de 12 años, descubrió que algunas bacterias fabrican una sustancia germicida llamada gramicidina. Fue uno de los primeros antibióticos.

Hoy día Buscando en la naturaleza

Casi todas las pastillas modernas están basadas en sustancias que se encontraron por vez primera en una planta o un animal. En la actualidad, se siguen buscando nuevas sustancias curativas en la naturaleza. Los médicos también están volviendo a utilizar antiguos remedios, como de gusanos para ayudar a que las heridas cicatricen con mayor rapidez.

Los médicos pueden tratar heridas grandes aplicándoles gusanos frescos. Cubren la herida con vendajes para que quede en la oscuridad. Los gusanos se comen la piel muerta y ayudan a que no se produzcan bacterias.

Había muchos tipos de dinosaurios. Algunos comían plantas y otros, carne (incluidos otros dinosaurios).

Huesos de dinosaurio

Hace millones y millones de años, la Tierra estaba habitada por dinosaurios, unos reptiles emparentados con los lagartos, los cocodrilos y las tortugas. Muchos eran enormes, más grandes que algunos de los actuales animales terrestres de mayor tamaño como los elefantes.

Cómo se forma un fósil

Los fósiles tardan muchos años en formarse. Esto es lo que ocurre:

1. Un animal muere y su cuerpo se pudre, quedando sólo los huesos.

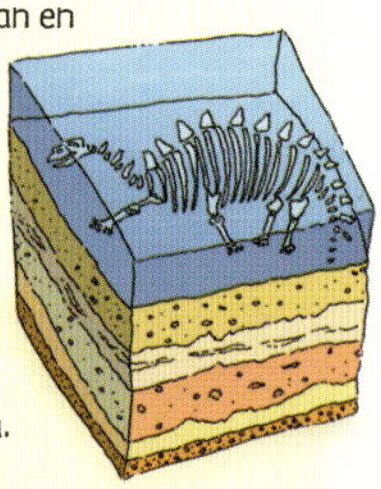

2. Se acumulan muchas capas de barro encima (sobre todo si los huesos estaban en el fondo del mar). Éstas se comprimen y endurecen hasta volverse roca.

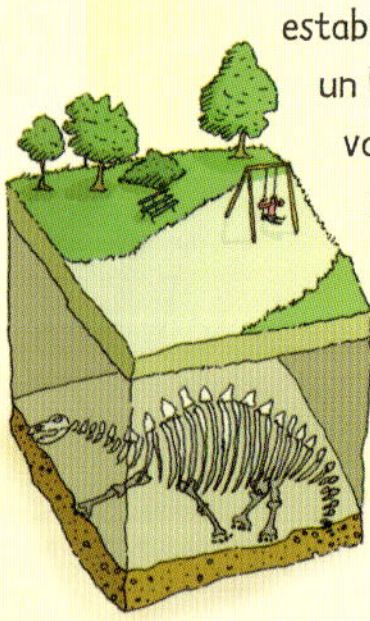

3. El agua de las rocas disuelve los huesos hasta que donde estaban sólo queda un hueco. En él se van acumulando minerales disueltos y se crea la forma del hueso en piedra.

Dragones y monstruos

Los dinosaurios se extinguieron hace 65 millones de años, pero muchos de sus huesos quedaron fosilizados (atrapados bajo capas de barro y piedra, donde los minerales los fueron sustituyendo gradualmente). Los seres humanos primitivos probablemente encontraron algunos de estos enormes huesos de piedra en el suelo y vieron que parecían enormes criaturas con forma de lagarto. Esto explicaría por qué muchas culturas tienen mitos y leyendas sobre monstruos y dragones aterradores.

El hueso de una pata gigante

Los fósiles de dinosaurio no se empezaron a estudiar de forma científica hasta el siglo XVII y ni siquiera entonces se sabía lo que eran. En 1677, el naturalista inglés Robert Plot incluyó en uno de sus libros el dibujo de un fósil de fémur enorme. Pensó que debía de ser de un elefante que los romanos habían traído a Inglaterra o de la pierna de un ser humano gigante.

El hueso que aparecía en el libro de Robert Plot era la parte inferior de un fémur. Tenía este aspecto:

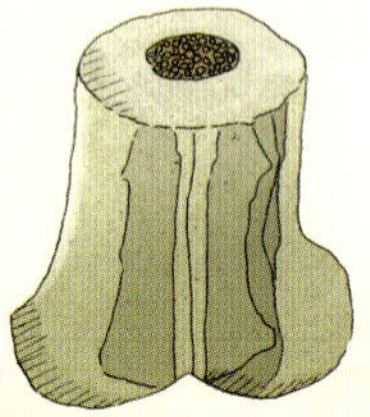

El fémur entero habría medido alrededor de 1 m de longitud.

Si hubiera sido de un ser humano gigante, esa persona habría medido 4,2 m de altura.

Mary Anning encontró los esqueletos fosilizados enteros de un ictiosaurio (un reptil marino prehistórico), un plesiosaurio y un pterodáctilo.

El descubrimiento de fósiles

A principios del siglo XIX, los fósiles se pusieron de moda. Mary Anning era una famosa buscadora de fósiles que coleccionaba los que encontraba en Lyme Regis, Inglaterra, para venderlos a turistas y naturalistas. Desde la edad de 12 años fue descubriendo importantes fósiles.

En la actualidad estamos empezando a componer criaturas prehistóricas y a ponerles nombre. En 1822, Mary Ann Montell encontró un enorme diente fosilizado. Su esposo, Gideon Mantell, pensó que parecía el diente de una iguana. Después de haber encontrado otros cuantos, decidió que debían proceder de un reptil gigante, al que llamó *Iguanodon* ("diente de iguana"). Fue el primer dinosaurio al que se dio nombre.

En la misma época, el geólogo William Buckland estudió varios huesos grandes que excavó en Inglaterra. Creía que estos huesos, junto con el fémur del libro de Robert Plot, pertenecían a otro reptil gigante, al que llamó *Megalosaurus*, que significa "lagarto gigante".

El plesiosaurio era un reptil nadador prehistórico de aletas enormes y cuello muy largo.

El pterodáctilo era un reptil volador. Planeaba con unas alas parecidas a las de los murciélagos.

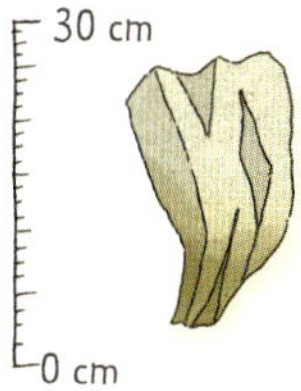

Éste es uno de los dientes de iguanodon que estudió el Dr. Gideon Mantell.

Los lagartos terribles

Pero, ¿qué eran todas estas criaturas? Al principio, se creyó que eran versiones gigantes de reptiles modernos. Pero Richard Owen, el director del Museo de Historia Natural de Londres, no estaba de acuerdo. En 1841, decidió que los lagartos gigantes fosilizados debían tener su propio grupo, al que llamó *Dinosauria* o dinosaurios. El nombre proviene de dos palabras griegas: *deinos* que significa "terrible" y *saurus* que significa "lagarto". Los reptiles que nadan o vuelan, como los plesiosauros y los pterodáctilos, no son dinosaurios de verdad, aunque están emparentados con ellos.

Desde entonces, se han encontrado y nombrado cientos de nuevos tipos de dinosaurios, y todavía hoy en día se siguen descubriendo más.

Los huesos de uno de los dinosaurios más grandes que existió jamás, el *Argentinosaurus*, se descubrieron por vez primera en 1993. Los expertos creen que medía unos 27 m de largo.

Burgess Shale

Si ya es difícil imaginar cómo era la vida en la antigua Grecia o incluso en la época medieval, aún lo es más si nos remontamos 500 millones de años. En 1909, el hallazgo de un fósil asombroso abrió la puerta a un mundo de extraños y antiquísimos animales.

¿Quién fue Walcott?

Charles Doolittle Walcott nació en Nueva York (EE. UU.) en 1850. En su juventud mostró un gran interés por la naturaleza y los fósiles, y se dedicó a buscar fósiles y a venderlos a los museos. A raíz de esta afición empezó a trabajar como ayudante del paleontólogo (un experto en fósiles) James Hall. Con el tiempo, Walcott se convirtió en director del Servicio Geológico de EE. UU. y más adelante en director del museo y el centro de investigación del Instituto Smithsonian.

El descubrimiento del fósil

En 1909, Charles Doolittle Walcott, un destacado experto en fósiles estadounidense, realizó un viaje para buscar fósiles a una zona cerca de Banff, en Canadá. En un sendero de las montañas, se tropezó con una losa de roca repleta de preciosos fósiles intactos de *Phyllopoda*, unas pulgas acuáticas prehistóricas.

Walcott sabía que la losa debía de haber caído de más arriba de la montaña, así que empezó a buscar la roca de donde había salido. Encontró una zona de pizarra, una piedra de grano fino compuesta por capas de barro comprimido, y allí descubrió miles de asombrosos fósiles marinos del periodo Cámbrico medio, es decir, de hace 500 a 512 millones de años. Walcott nombró a esta zona Burgess Shale, porque estaba cerca del monte Burgess.

Entre los fósiles de Burgess Shale había muchos animales extraños que se parecían bien poco a las criaturas marinas actuales. En estos dibujos verás cómo eran cuando estaban vivos.

Clasificación y estudio

Durante los siguientes 15 años, Walcott, junto a sus hijos Sidney y Stuart, volvieron al yacimiento muchas veces y recogieron más de 65.000 fósiles. Se los llevaron a su lugar de trabajo, el Instituto Smithsonian de Washington D.C. Sin embargo, Walcott estaba tan ocupado que tuvieron que pasar más de 50 años antes de que alguien volviera a ocuparse de ellos.

En la década de 1960, mucho después de la muerte de Walcott, el científico británico Harry B. Whittington y dos de sus alumnos, Derek Briggs y Simon Conway Morris, decidieron estudiar los fósiles con atención para ver de qué tipo de criaturas se trataba.

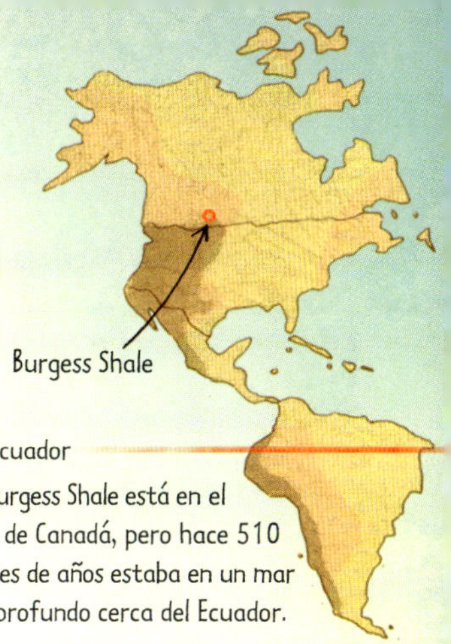

Hoy, Burgess Shale está en el Oeste de Canadá, pero hace 510 millones de años estaba en un mar poco profundo cerca del Ecuador.

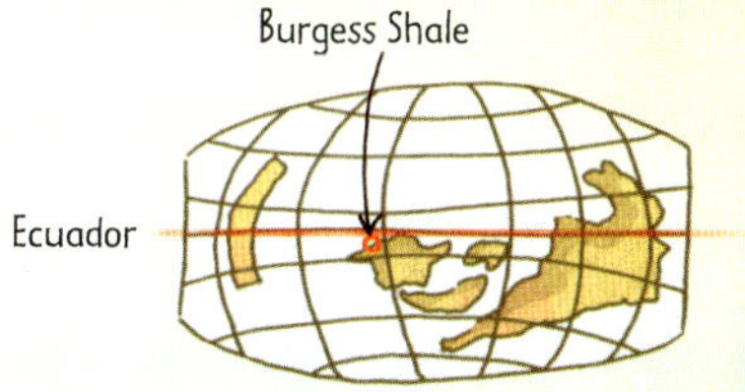

Bestias extrañas

Para sorpresa de los científicos, muchos de los fósiles de Burgess Shale no se parecían a ninguna otra criatura descubierta antes. Hasta entonces, se había pensado que en el periodo Cámbrico los seres vivos eran bastante simples y que había muchos menos tipos de animales que hoy día. Sin embargo, gracias al yacimiento de Burgess Shale se descubrió que había familias de animales que no existen en la actualidad y que los seres eran muy complejos.

¿Patas o espinas?

Uno de los animales más raros de Burgess Shale es *Hallucigenia*. Cuando Simon Conway Morris lo estudió por vez primera en la década de 1960, decidió que caminaba sobre sus espinas y que usaba los tentáculos para atrapar alimentos, como aquí:

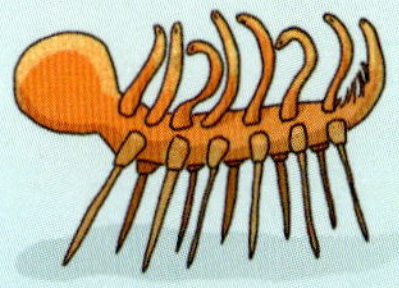

Sin embargo, en la década de 1990 otros dos científicos, Lars Ramskold y Hou Xianguang, aseguraron que había que darle la vuelta porque usaba los tentáculos para caminar y las espinas para protegerse.

¿Cómo fue posible?

Pero, ¿por qué los fósiles de Burgess Shale estaban tan bien conservados? La mayoría de los fósiles se forman cuando las criaturas que han muerto quedan cubiertas por capas y capas del lodo que se va depositando en el lecho marino. Pero unos estudios recientes han indicado que el yacimiento de Burgess Shale se formó a causa de repentinos corrimientos de tierra que cubrieron un mar poco profundo y enterraron vivos a los animales enteros.

Una visita meteórica

Imagina qué pasaría si un asteroide gigantesco de 10 km de diámetro se acercara a toda velocidad a la Tierra y chocara contra ella. El cielo se oscurecería y miles de especies de animales desaparecerían. En realidad, esto ya sucedió en el pasado.

¿Qué es un asteroide?

Un asteroide es un trozo de roca o metal que gira alrededor del Sol. Su nombre significa "parecido a una estrella", aunque más bien son planetas diminutos, de unos cuantos metros a 900 km de diámetro. Hay miles de asteroides y la mayoría están lejos de nuestro planeta, pero a veces uno se encuentra a la Tierra en su camino y choca contra ella. Los impactos de asteroides del tamaño del de Yucatán son muy poco comunes, pero algún día otro asteroide gigantesco podría chocar contra la Tierra.

El cráter misterioso

A finales de la década de 1970, Glen Penfield, geólogo de una empresa petrolera, se encontraba en la costa de México buscando dónde instalar una plataforma petrolífera. Al estudiar los mapas de la zona se sorprendió al ver que las rocas subterráneas y submarinas formaban un anillo perfecto de más de 180 km de diámetro. La mitad del círculo estaba en el mar y la otra en tierra firme, en la península de Yucatán, en la costa norte de México.

Penfield observó que el anillo parecía el cráter que se forma por un impacto, es decir, como si un objeto de gran tamaño hubiera caído en la Tierra. Pero, para crear un cráter de tal magnitud, el objeto tenía que haber sido enorme.

Indicios de asteroides

Mientras tanto, dos científicos estadounidenses, Luis Álvarez y su hijo Walter, hallaron un elemento poco común, el iridio, en una capa de rocas de 65 millones de años de antigüedad en Gubbio, Italia. Como el iridio se encuentra en los asteroides, los Álvarez pensaron que podían ser restos de un asteroide enorme que chocó contra la Tierra y que, a raíz del fuerte impacto, cubrió todo el planeta de polvo.

Otros científicos encontraron más capas de iridio de 65 millones de años de antigüedad en otras partes del mundo. Aún así, no se encontraba el cráter.

Cuando cayó el asteroide, la zona contra la que chocó era un mar poco profundo. El impacto levantó una cantidad enorme de roca y barro y formó un cráter gigantesco, que quedó de inmediato lleno de agua del mar.

Atando cabos

Aunque Penfield anunció su descubrimiento en 1981, se tardó más de 10 años en recoger todas las pruebas. Por fin, en la década de 1990 las pruebas que se realizaron en las rocas de Yucatán demostraron que el cráter tenía unos 65 millones de años y que lo había creado el impacto de un asteroide gigantesco de al menos 10 km de diámetro.

El fin de los dinosaurios

Un asteroide de este tamaño tuvo que afectar a todo el planeta y ser una verdadera pesadilla para todos los seres vivos. Además de provocar enormes maremotos e inundaciones, habría lanzado grandes cantidades de polvo y ceniza a la atmósfera, lo que habría bloqueado la luz del sol y habría acabado con las plantas. Y sin plantas que comer, muchos animales habrían muerto.

Por los fósiles sabemos que hace 65 millones de años se extinguieron muchas especies de seres vivos, incluidos los dinosaurios. Este gran cambio en la vida de la Tierra suele llamarse el "límite K-T"; se trata de la línea divisoria entre el periodo Cretácico (K) y el Terciario (T) de la historia de la Tierra. La mayoría de los científicos coinciden en que tuvo que ser el asteroide de Yucatán lo que acabó con los dinosaurios y otras muchas criaturas prehistóricas.

Sin embargo, ahora algunos expertos piensan que esto no fue lo que pasó. Aseguran que el asteroide cayó hace más de 65 millones de años y que, como los dinosaurios tardaron millones años en extinguirse, tuvo que haber otras causas. Una teoría es que hubo una serie de enormes erupciones volcánicas que tuvieron consecuencias aún más devastadoras que el asteroide.

La época de los dinosaurios

Hace 65 millones de años se extinguieron los dinosaurios, pero llevaban mucho tiempo en la Tierra. Aparecieron hace 230 millones de años (mda), durante el Triásico, y no todas las especies vivieron a la vez. Cuando cayó el asteroide, los dinosaurios primitivos como el *Plateosaurus* o el *Diplodocus* ya se habían extinguido. El *Tyrannosaurus rex* y el *Triceratops* estaban entre los que aún existían.

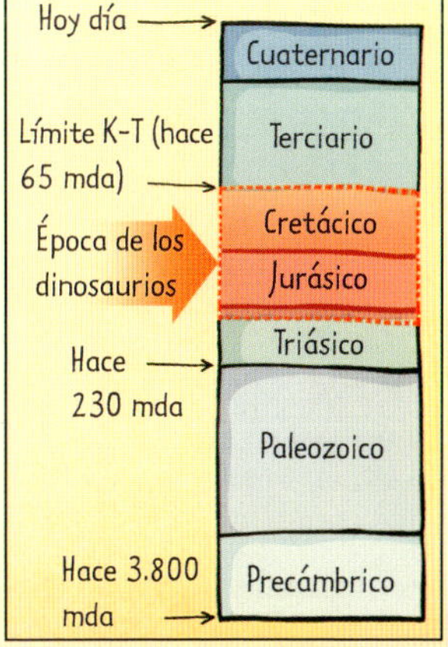

Nuestros ancestros

¿Han sido los seres humanos siempre iguales? ¿Hemos evolucionado con el tiempo?
En el siglo XIX, los fósiles comenzaron a descubrirnos las diferentes especies de seres humanos que han vivido en la Tierra.

1856

El hombre de Neanderthal

En la década de 1850, los trabajadores de una cantera en el valle del Neander (Alemania) encontraron unos huesos fosilizados que parecían de seres humanos y se los entregaron al científico alemán Johann Fuhlrott. Él y otro científico llamado Hermann Schaffhausen anunciaron que habían encontrado al "hombre de Neanderthal".

1891

¿Asia o África?

Charles Darwin había insinuado que los primeros humanos habían aparecido en África, pero los primeros fósiles realmente antiguos se hallaron en Asia. El "hombre de Java" fue descubierto por el holandés Eugene Dubois.

1912

¿Más humano que simio?

Darwin también creía que los primeros humanos debían de parecerse a simios con un cerebro grande. El buscador de fósiles británico Charles Dawson pensó que había demostrado que tenía razón cuando encontró un cráneo y una mandíbula en Piltdown, Inglaterra...

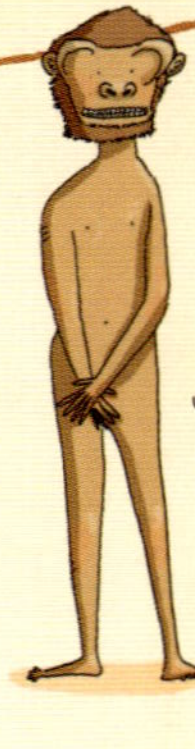

pero en 1949, se demostró que había sido un engaño. El embaucador había utilizado la mandíbula de un simio y el cráneo de un ser humano actual.

d. 1930

Buscadores de fósiles

Los científicos kenianos Louis y Mary Leakey comenzaron a buscar fósiles en África en la década de 1930. El hijo de ambos, Richard, su esposa Maeve, y su nieta Louise siguen desenterrando fósiles humanos en África en la actualidad.

El hombre de Java pasó a llamarse *Homo erectus*, que significa "hombre que camina erguido". Esta especie consiguió sobrevivir durante más de 1,5 millones de años.

Encuentra las diferencias:

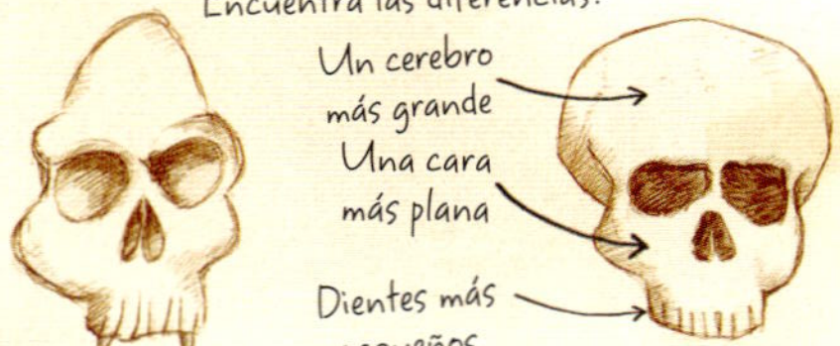

Cráneo de un *Homo erectus*

Cráneo de un *Homo sapiens*, un ser humano actual

1924

¿O más simio que humano?

El científico australiano Ray Dart encontró un cráneo y un hueso de pierna de 3 millones de años en Sudáfrica. Según su teoría, los primeros humanos caminaron erguidos antes de que les creciera el cerebro. También probaba que Darwin tenía razón cuando decía que el origen de los humanos estaba en África.

1962

En 1962, Louis y Mary Leakey descubrieron al *Homo habilis*. Este ser humano primitivo era capaz de fabricar herramientas de piedra hace 2 millones de años, y de ahí viene su nombre.

1978

Mary Leakey halló huellas que probaron que los primeros humanos caminaban erguidos.

En Tanzania se encontraron pisadas de un *Australopithecus*, un animal parecido a los simios anterior al ser humano. Se podía ver claramente que los animales adultos caminaban junto con sus pequeños.

d. 1980

El biólogo neozelandés Allan Wilson fue el primero en emplear un nuevo método para estudiar los orígenes del ser humano: estudió el ADN de los humanos actuales a fin de ver cómo estamos todos emparentados.

El ADN del núcleo y las mitocondrias de una célula contienen pistas sobre la evolución de los seres humanos.

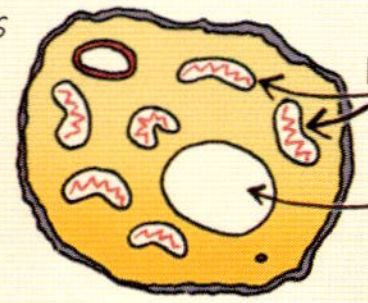

1987

La madre de todos los humanos

El ADN de las mitocondrias se transmite sólo por la parte materna. Wilson y su equipo, tras haber recogido muestras de personas de todo el mundo, consiguieron encontrar su origen en una sola mujer. Vivió en una tribu de *Homo sapiens* del África oriental hace unos 140.000 años.

El primer árbol genealógico

Hace 4,5-3,5 millones de años: el *Australopithecus* está en África

Hace 2,5 millones de años: el *Paranthropus* está en África

El *Paranthropus* se extingue hace 1 millón de años.

Hace 2,5-1,5 millones de años: el *Homo habilis* está en África.

Hace 2 millones de años: el *Homo erectus* se extiende por Asia oriental.

Hace 500.000 años: el *Homo erectus* se extingue.

Hace 400.000 años: aparecen los primeros *Homo sapiens* en África.

Hace 80.000-20.000 años: los neardentales están en Europa.

Hace 20.000 años: los *Homo sapiens* son los únicos supervivientes.

Algunos expertos creen que los *Homo sapiens* acabaron con todos los neardentales y con el resto de sus rivales. Otros aseguran que todos son antepasados nuestros.

Todos estamos hechos de materia, al igual que todo lo que tocamos. Por eso es un poco extraño que no sepamos lo que es.

Más por descubrir

Si crees que la ciencia tiene respuestas para todo, te equivocas. Hay muchos misterios por resolver, y resulta que se trata de las cuestiones más importantes, como la naturaleza del tiempo, la materia, la vida, la gravedad y el pensamiento.

El misterio de la materia

La materia es lo que compone todos los objetos y los materiales. Se saben muchas cosas sobre ella: está formada de átomos minúsculos que, a su vez, están compuestos de partes más pequeñas como los protones y los neutrones, y éstos constan de elementos aún más pequeños como los quarks y los leptones.

Pero se desconoce qué hay más allá y de qué están formados estos componentes tan sumamente diminutos. Los científicos han propuesto distintas teorías. Una de ellas se conoce como teoría de cuerdas y dice que en una escala muy muy reducida, todo está formado de bloques matemáticos diminutos llamados cuerdas. Pero como son TAN pequeños, es imposible verlos o probar esta teoría.

El misterio del tiempo

Como el tiempo está siempre presente en nuestras vidas, sentimos la necesidad de saber lo que es. Pero si lo intentas, verás que no es fácil.

Hay dos grandes teorías sobre el tiempo. Una dice que es una parte real del universo y que está conectada a las demás partes, como el espacio o el movimiento. Otros pensadores dicen que el tiempo no es real y se trata sólo de una explicación que hemos buscado para entender que las cosas suceden en un cierto orden. Como es muy difícil demostrar estas teorías, todavía estamos lejos de saber cuál es la verdad.

Rencillas científicas

Cuando los científicos hacen nuevos descubrimientos, todos suelen estar de acuerdo. Pero hay algunos temas sobre los que discuten, sobre si todo si son difíciles como los de estas páginas. Los científicos publican sus resultados y teorías en revistas especializadas y debaten en ellas sus ideas.

También acuden a conferencias o celebran debates.

Un asunto muy grave

En la vida cotidiana, sentimos que la gravedad es la fuerza que nos atrae hacia el suelo. De hecho, toda la materia tiene gravedad, que es una fuerza que hace que los cuerpos se atraigan entre sí. Pero desconocemos por qué y cómo aparece. No sabemos si la gravedad es una fuerza de atracción que alcanza a todo el espacio y hace que se muevan los objetos. De ser así, ¿cómo funciona? ¿O es la materia lo que hace que el espacio y el tiempo se curven y los objetos se atraigan entre sí como dijo Einstein (ver página 37)? Las ideas sobre la gravedad son muy difíciles de entender y los científicos no han logrado ponerse de acuerdo sobre este tema.

La gravedad no te tira hacia abajo, simplemente te atrae hacia la Tierra, allí donde estés. Como eres un objeto, tú también tiras de la Tierra hacia ti ligeramente.

El pensamiento y el cerebro

Sabes qué son los pensamientos y los sentimientos y cuándo los tienes. Es decir, tienes "conciencia". Eres consciente o tienes conciencia de ti mismo y de tus pensamientos.

Pero, ¿cómo ocurre esto? ¿Cómo logran señales eléctricas que saltan entre neuronas convertirse en pensamientos conscientes, experiencias y la conciencia de uno mismo? Hay científicos que dicen que hay algo en el cerebro que nos da la conciencia. Otros dicen que sólo es una ilusión que se produce en el cerebro al tomar constantemente una serie de decisiones.

Cambio de ideas

La ciencia son hechos, pero sólo podemos decidir qué es un hecho si nos remitimos a las pruebas e intentamos entenderlas. Con el tiempo, al surgir nuevos modos de ver las cosas, los "hechos" van cambiando. Algún día puede que encontremos nuevas respuestas a los interrogantes de estas páginas y algunos de los hechos que hay en las otras páginas cambien también.

Cuando se encontraron por vez primera fósiles de iguanodón, se pensó que los huesos en forma de cuerno eran del hocico. Más adelante, al encontrarse otros fósiles, se descubrió que este animal tenía cuernos en las garras y no en el hocico.

Comprender todo

Los científicos suelen ver que sus teorías sobre el tiempo, la materia y otros asuntos parecidos no cuadran. Si una parece correcta, las otras no. Lo que se busca es una "teoría del todo", una idea que logre explicar todo el universo. ¿Se encontrará algún día? Quizás, si decides dedicarte a la ciencia, podrías ser la persona que dé respuesta a este interrogante.

Cronología de los descubrimientos científicos

4000 a. C. Los antiguos egipcios crean el sistema decimal.

h. 600 a. C. Tales de Mileto produce electricidad estática con ámbar y pelo de gato

400 a. C. Los antiguos indios usan el cero para contar.

h. 350 a. C. Aristóteles dice que la Tierra es redonda.

h. 250 a. C. Arquímedes descubre por qué flotan las cosas.

h. 250 a. C. Eratóstenes calculó cuál era la circunferencia del planeta Tierra.

h. 200 Galeno escribe libros sobre el cuerpo humano y la medicina.

s. IX Los alquimistas chinos inventan la pólvora.

1025 Avicena hace una lista de medicinas.

1543 Copérnico publica su teoría de que la Tierra gira en torno al Sol.

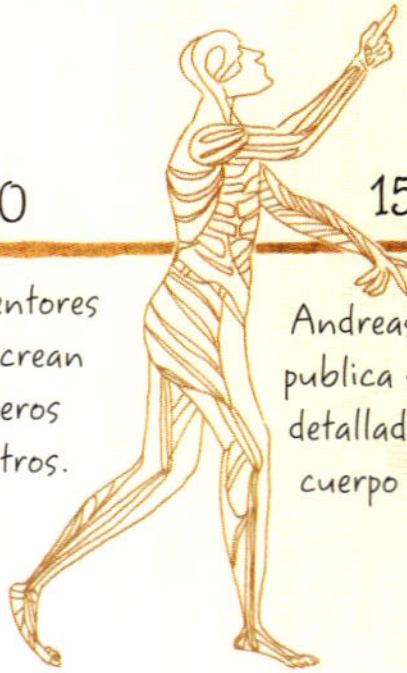

1543 Andreas Vesalius publica su estudio detallado sobre el cuerpo humano.

1600 Unos inventores italianos crean los primeros termómetros.

1600 William Gilbert experimenta con la electricidad.

1600 Galileo estudia las propiedades de los péndulos.

1609 La invención del telescopio permite estudiar el cielo nocturno.

1610 Galileo descubre las lunas de Júpiter y los anillos de Saturno.

1633 Se juzga a Galileo por defender la teoría de Copérnico.

1662 Robert Boyle descubre la ley de Boyle sobre la presión del gas.

1665 Robert Hooke publica *Micrographia*, que muestra objetos diminutos.

1687 Isaac Newton publica *Principia*, que trata sobre las leyes del movimiento y la gravedad.

1735 Carl Linneo publica *El sistema de la naturaleza*, que trata sobre los tipos de seres vivos.

1752 Benjamin Franklin estudia la electricidad de los rayos gracias a una cometa.

1752 Joseph Black descubre el "aire fijo" (dióxido de carbono).

1771-1774 Joseph Priestley descubre cómo las plantas absorben y producen gases. También descubre el oxígeno.

1822
Gideon Mantell reconstruye y pone nombre al dinosaurio Iguanodon.

1821-1831
Michael Faraday relaciona los campos eléctrico y magnético.

1803
John Dalton presenta su teoría atómica.

1800
Alessandro Volta fabrica una pila voltaica, una pila primitiva.

1796
Edward Jenner fabrica una vacuna para la viruela con viruela bovina.

1779
Jan Ingenhausz demuestra que las plantas necesitan luz.

h. 1778
Antoine Lavoisier revoluciona la ciencia de la química.

1831-1836
Charles Darwin estudia la naturaleza mientras está embarcado en el Beagle.

1845
James Joule demuestra que el calor es una forma de energía.

1850
Los experimentos de Gregor Mendel con guisantes demuestran el funcionamiento de los genes.

1859
Charles Darwin publica *El origen de las especies*, que trata de la evolución.

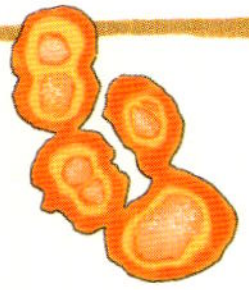

1860
Pasteur demuestra que los gérmenes provocan enfermedades.

h. 1865
James Clerk Maxwell desarrolla la teoría cinética.

h. 1875
James Clerk Maxwell descubre las reglas del electromagnetismo.

1896
Svante Arrhenius descubre el efecto invernadero.

1896-1899
Pierre y Marie Curie estudian la radioactividad y le ponen nombre.

1900
Ivan Pavlov descubre que los perros pueden aprender a responder a señales.

1905
Albert Einstein publica la *Teoría especial de la relatividad.*

1909
Charles Doolittle Walcott descubre los fósiles de Burgess Shale.

1911
Alfred Wegener propone la teoría de la deriva continental.

1916

Albert Einstein publica su *Teoría general de la relatividad.*

1923
Edwin Hubble descubre otras galaxias más allá de la nuestra.

1928
Alexander Fleming descubre la penicilina por casualidad.

1950
Fred Hoyle inventa el término "Big Bang" para describir el inicio del universo.

h. 1955
Se usa la datación radiométrica para calcular la antigüedad de la Tierra.

1953
James Watson y Francis Crick descubren la estructura del ADN.

h. 1965
Karl von Frisch descubre que las abejas se comunican mediante una danza.

h. 1995
Se descubre el cráter del asteroide de Yucatán (México).

Glosario

ADN (ácido desoxirribonucleico) Molécula con forma de escala en espiral que forma los genes.

agujero negro Punto infinitamente denso y pequeño del espacio que absorbe materia y luz.

alquimia Una forma primitiva de química que utilizaba magia y códigos secretos.

anatomía El estudio del cuerpo humano.

antibióticos Medicamentos antibacterianos obtenidos de mohos u otros microorganismos.

año luz Distancia que recorre la luz en un año (unos 9,5 billones de km).

asteroide Una roca que gira alrededor del Sol.

astrónomo Científico que estudia el espacio, los planetas y las estrellas.

átomo primigenio Supuesta bola de materia sólida de materia de la que surgió todo lo que hay en el universo.

átomos Partículas que componen la materia.

bacterias Organismos microscópicos que a veces causan enfermedades.

billón Un millón de millones o 1.000.000.000.000

botánica El estudio científico de las plantas.

calentamiento global Subida de la temperatura de la Tierra provocado por el efecto invernadero.

calórico Sustancia que se creía que fluía de los objetos calientes.

células Unidades que forman los seres vivos.

circunferencia Longitud que tiene el borde completo de un círculo.

clasificación Método para clasificar los seres vivos (u otras cosas) en grupos y tipos.

compuesto Sustancia formada de átomos diferentes que al unirse forman moléculas.

conciencia Percepción de nuestros propios pensamientos y sentimientos.

constelación Grupo de estrellas que, unidas entre sí por líneas, forman un dibujo.

cráter Agujero que deja el choque de un meteorito.

cromosomas Hebras de ADN que se encuentran dentro de las células de los seres vivos.

datación radiométrica Usar una lectura radioactiva para saber la edad de algo.

densidad Cantidad de materia que contiene una sustancia en relación con su volumen.

deriva continental Movimiento gradual de los continentes alrededor del globo.

diámetro Segmento que pasa por el centro de un círculo y que va de un extremo al otro del mismo.

diseccionar Cortar plantas o animales para estudiar su interior.

efecto invernadero Calentamiento de la Tierra que provoca la acumulación de gases invernadero.

electromagnetismo Forma de energía que viaja mediante ondas.

electrón Partícula diminuta con carga que gira a gran velocidad alrededor del núcleo de un átomo.

elemento El tipo más sencillo de una sustancia química.

energía Capacidad para realizar un trabajo o hacer que sucedan las cosas.

era glacial Periodo inusualmente frío en la historia de la Tierra.

especie Tipo de ser vivo.

etología Estudio del comportamiento animal.

evolución El modo en que las especies de seres vivos cambian con el tiempo.

extinto Una especie extinta o que se ha extinguido es aquélla de la que ya no queda ningún ejemplar.

fósil Forma de un ser vivo o sus restos que quedan conservados en la roca.

fotón Pequeño paquete de energía lumínica.

fotosíntesis Proceso mediante el que las plantas fabrican su alimento con la luz del Sol, agua y dióxido de carbono.

fricción Fuerza que disminuye la velocidad de los objetos a causa del roce que se produce entre ellos.

gases invernadero Gases de la atmósfera de la Tierra, como el dióxido de carbono, que reflejan el calor del Sol sobre la Tierra.

genes Secuencias de ADN con información codificada para construir partes del cuerpo.

gérmenes Pequeños seres vivos, como las bacterias o los virus, que son los causantes de las enfermedades.

glaciar Río de hielo sólido de avance lento.

heliocentrismo Teoría que asegura que la Tierra y el resto de planetas giran alrededor del Sol.

humores Cuatro tipos de fluidos imaginarios que se creía que controlaban el estado de salud o enfermedad del cuerpo.

infinito Cantidad o número sin fin.

lava Roca fundida del interior de la Tierra que fluye desde el suelo.

longitud de onda Distancia que hay entre un punto determinado de una onda y el mismo punto en la onda siguiente.

materia Sustancia de la que están formados todos los objetos y materiales.

microorganismo Ser vivo diminuto.

millón Mil millares o 1.000.000

mitosis Proceso por el cual una célula se divide en dos para formar nuevas células.

molécula La partícula más pequeña de un compuesto, formada por átomos unidos.

multiverso Posible colección de muchos universos.

naturalista Científico que estudia el mundo natural, los animales y las plantas.

núcleo Parte central de un átomo.

número compuesto Número que no es primo.

número primo Número que sólo se puede dividirpor sí mismo y por el 1.

orbitar Girar alrededor de un objeto.

orografía Formas y características del terreno, como las montañas o los acantilados.

paleontólogo Científico que estudia fósiles.

pasteurizar Calentar leche u otros alimentos para eliminar los gérmenes y conseguir que sean seguros para el consumo.

planeta Enorme esfera de roca que gira alrededor de una estrella como el Sol.

planeta enano Un tipo de planeta pequeño.

planeta extrasolar Planeta que está fuera del Sistema Solar.

protozoo Ser vivo minúsculo que puede causar enfermedades.

radioactividad Forma nociva de energía que emiten ciertas sustancias.

rayo X Tipo de onda electromagnética con una longitud de onda más larga que la luz visible.

relatividad Teoría que describe la estructura del espacio y el tiempo.

Sistema Solar Sistema que forman el Sol y los planetas, más el resto de los objetos que giran a su alrededor.

teorema Declaración matemática que se puede demostrar mediante reglas matemáticas.

teoría cinética Teoría según la cual el calor se produce por un mayor movimiento de los átomos o moléculas de una sustancia.

universo Nombre que hace referencia a todo lo que existe y a todo el espacio y el tiempo.

virus Criatura minúscula capaz de causar enfermedades cuando invade las células del cuerpo.

Índice

Dirección artística: Mary Cartwright.

美国最权威的研

SCIENCE E

科学探索者

细胞与遗传

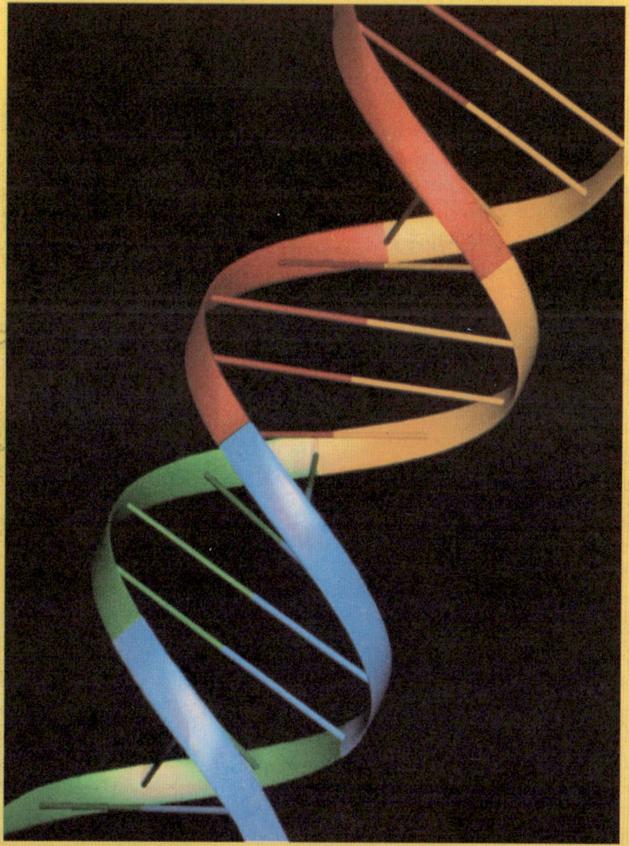

浙江教育出版社

科学探索者

细胞与遗传

Program Resources

Student Edition
Annotated Teacher's Edition
Teaching Resources with Color Transparencies
Cells and Heredity Materials Kits

Program Components

Integrated Science Laboratory Manual
Integrated Science Laboratory Manual, Teacher's Edition
Inquiry Skills Activity Book
Student-Centered Science Activity Books
Program Planning Guide
Guided Reading English Audiotapes
Guided Reading Spanish Audiotapes and Summaries
Product Testing Activities by Consumer Reports™
Event-Based Science Series (NSF funded)
Prentice Hall Interdisciplinary Explorations
Cobblestone, Odyssey, Calliope, and *Faces* Magazines

Media/Technology

Science Explorer Interactive Student Tutorial CD-ROMs
Odyssey of Discovery CD-ROMs
Resource Pro® (Teaching Resources on CD-ROM)
Assessment Resources CD-ROM with Dial-A-Test®
Internet site at www. science-explorer. phschool. com
Life, Earth, and Physical Science Videodiscs
Life, Earth, and Physical Science Videotapes

科学探索者

从细菌到植物
动物
细胞与遗传
人体生理卫生
环境科学
地球内部
地表的演变
地球上的水
天气与气候
天文学
物质构成
化学反应
运动、力与能量
电与磁
声与光
科学探究

Staff Credits

The people who made up the *Science Explorer* team–representing editorial,editorial services, design services, field marketing, market research, marketing services, on-line services/multimedia development, product marketing, production services, and publishing processes–are listed below. Bold type denotes core team members.

Kristen E. Ball, **Barbara A. Bertell,** Peter W. Brooks, **Christopher R. Brown, Greg Cantone,** Jonathan Cheney, **Patrick Finbarr Connolly,** Loree Franz, Donald P. Gagnon, Jr., **Paul J. Gagnon, Joel Gendler,** Elizabeth Good, Kerri Hoar, **Linda D. Johnson,** Katherine M. Kotik, Russ Lappa, Marilyn Leitao, David Lippman, **Eve Melnechuk, Natania Mlawer,** Paul W. Murphy, **Cindy A. Noftle,** Julia F. Osborne, Caroline M. Power, Suzanne J. Schineller, **Susan W. Tafler,** Kira Thaler-Marbit, Robin L. Santel, Ronald Schachter, **Mark Tricca,** Diane Walsh, Pearl B. Weinstein, Beth Norman Winickoff

Acknowledgment for page 172: Excerpt from *James Herriot's Dog Stories.* Copyright ©1986 by James Herriot. Published by St. Martin's Press.

ISBN 0-13-434479-0
9 10 03 02 01

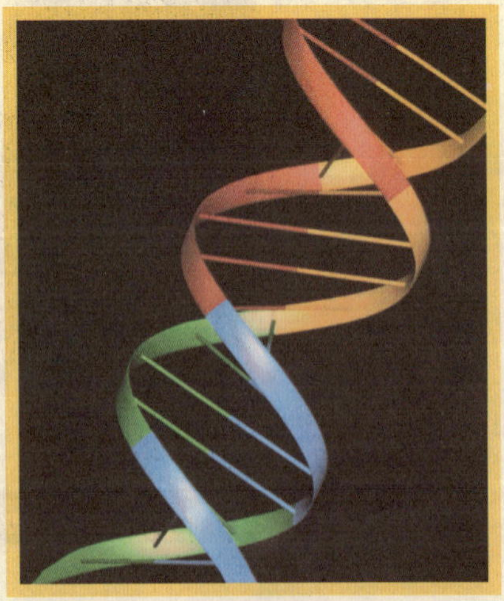

封面：DNA 分子双螺旋结构

Program Authors

Michael J. Padilla, Ph.D.
Professor
Department of Science Education
University of Georgia
Athens, Georgia

Michael Padilla is a leader in middle school science education. He has served as an editor and elected officer for the National Science Teachers Association. He has been principal investigator of several National Science Foundation and Eisenhower grants and served as a writer of the National Science Education Standards.

As lead author of *Science Explorer*, Mike has inspired the team in developing a program that meets the needs of middle grades students, promotes science inquiry, and is aligned with the National Science Education Standards.

Ioannis Miaoulis, Ph.D.
Dean of Engineering
College of Engineering
Tufts University
Medford, Massachusetts

Martha Cyr, Ph.D.
Director, Engineering
Educational Outreach
College of Engineering
Tufts University
Medford, Massachusetts

Science Explorer was created in collaboration with the College of Engineering at Tufts University. Tufts has an extensive engineering outreach program that uses engineering design and construction to excite and motivate students and teachers in science and technology education.

Faculty from Tufts University participated in the development of *Science Explorer* chapter projects, reviewed the student books for content accuracy, and helped coordinate field testing.

每章课题

Book Author

Donald Cronkite, Ph.D.
Professor of Biology
Hope College
Holland, Michigan

Contributing Writers

Susan Offner
Biology Teacher
Milton High School
Milton, Massachusetts

Warren Phillips
Science Teacher
Plymouth Community Intermediate School
Plymouth, Massachusetts

Thomas R. Wellnitz
Science Teacher
The Paideia School
Atlanta, Georgia

Reading Consultant

Bonnie B. Armbruster, Ph.D.
Department of Curriculum and Instruction
University of Illinois
Champaign, Illinois

Interdisciplinary Consultant

Heidi Hayes Jacobs, Ed.D.
Teacher's College
Columbia University
New York City, New York

Safety Consultants

W. H. Breazeale, Ph.D.
Department of Chemistry
College of Charleston
Charleston, South Carolina

Ruth Hathaway, Ph.D.
Hathaway Consulting
Cape Girardeau, Missouri

Tufts University Program Reviewers

Behrouz Abedian, Ph.D.
Department of Mechanical Engineering

Wayne Chudyk, Ph.D.
Department of Civil and Environmental Engineering

Eliana De Bernardez-Clark, Ph.D.
Department of Chemical Engineering

Anne Marie Desmarais, Ph.D.
Department of Civil and Environmental Engineering

David L. Kaplan, Ph.D.
Department of Chemical Engineering

Paul Kelley, Ph.D.
Department of Electro-Optics

George S. Mumford, Ph.D.
Professor of Astronomy, Emeritus

Jan A. Pechenik, Ph.D.
Department of Biology

Livia Racz, Ph.D.
Department of Mechanical Engineering

Robert Rifkin, M.D.
School of Medicine

Jack Ridge, Ph.D.
Department of Geology

Chris Swan, Ph.D.
Department of Civil and Environmental Engineering

Peter Y. Wong, Ph.D.
Department of Mechanical Engineering

Content Reviewers

Jack W. Beal, Ph.D.
Department of Physics
Fairfield University
Fairfield, Connecticut

W. Russell Blake, Ph.D.
Planetarium Director
Plymouth Community Intermediate School
Plymouth, Massachusetts

Howard E. Buhse, Jr., Ph.D.
Department of Biological Sciences
University of Illinois
Chicago, Illinois

Dawn Smith Burgess, Ph.D.
Department of Geophysics
Stanford University
Stanford, California

A. Malcolm Campbell, Ph.D.
Assistant Professor
Davidson College
Davidson, North Carolina

Elizabeth A. De Stasio, Ph.D.
Associate Professor of Biology
Lawrence University
Appleton, Wisconsin

John M. Fowler, Ph.D.
Former Director of Special Projects
National Science Teacher's Association
Arlington, Virginia

Jonathan Gitlin, M.D.
School of Medicine
Washington University
St. Louis, Missouri

Dawn Graff-Haight, Ph.D., CHES
Department of Health, Human Performance, and Athletics
Linfield College
McMinnville, Oregon

Deborah L. Gumucio, Ph.D.
Associate Professor
Department of Anatomy and Cell Biology
University of Michigan
Ann Arbor, Michigan

William S. Harwood, Ph.D.
Dean of University Division and Associate Professor of Education
Indiana University
Bloomington, Indiana

Cyndy Henzel, Ph.D.
Department of Geography and Regional Development
University of Arizona
Tucson, Arizona

Greg Hutton
Science and Health Curriculum Coordinator
School Board of Sarasota County
Sarasota, Florida

Susan K. Jacobson, Ph.D.
Department of Wildlife Ecology and Conservation
University of Florida
Gainesville, Florida

Judy Jernstedt, Ph.D.
Department of Agronomy and Range Science
University of California, Davis
Davis, California

John L. Kermond, Ph.D.
Office of Global Programs
National Oceanographic and Atmospheric Administration
Silver Spring, Maryland

David E. LaHart, Ph.D.
Institute of Science and Public Affairs
Florida State University
Tallahassee, Florida

Joe Leverich, Ph.D.
Department of Biology
St. Louis University
St. Louis, Missouri

Dennis K. Lieu, Ph.D.
Department of Mechanical Engineering
University of California
Berkeley, California

Cynthia J. Moore, Ph.D.
Science Outreach Coordinator
Washington University
St. Louis, Missouri

Joseph M. Moran, Ph.D.
Department of Earth Science
University of Wisconsin–Green Bay
Green Bay, Wisconsin

Joseph Stukey, Ph.D.
Department of Biology
Hope College
Holland, Michigan

Seetha Subramanian
Lexington Community College
University of Kentucky
Lexington, Kentucky

Carl L. Thurman, Ph.D.
Department of Biology
University of Northern Iowa
Cedar Falls, Iowa

Edward D. Walton, Ph.D.
Department of Chemistry
California State Polytechnic University
Pomona, California

Robert S. Young, Ph.D.
Department of Geosciences and Natural Resource Management
Western Carolina University
Cullowhee, North Carolina

Edward J. Zalisko, Ph.D.
Department of Biology
Blackburn College
Carlinville, Illinois

Teacher Reviewers

Stephanie Anderson
Sierra Vista Junior High School
Canyon Country, California

John W. Anson
Mesa Intermediate School
Palmdale, California

Pamela Arline
Lake Taylor Middle School
Norfolk, Virginia

Lynn Beason
College Station Jr. High School
College Station, Texas

Richard Bothmer
Hollis School District
Hollis, New Hampshire

Jeffrey C. Callister
Newburgh Free Academy
Newburgh, New York

Judy D'Albert
Harvard Day School
Corona Del Mar, California

Betty Scott Dean
Guilford County Schools
McLeansville, North Carolina

Sarah C. Duff
Baltimore City Public Schools
Baltimore, Maryland

Melody Law Ewey
Holmes Junior High School
Davis, California

Sherry L. Fisher
Lake Zurich Middle School North
Lake Zurich, Illinois

Melissa Gibbons
Fort Worth ISD
Fort Worth, Texas

Debra J. Goodding
Kraemer Middle School
Placentia, California

Jack Grande
Weber Middle School
Port Washington, New York

Steve Hills
Riverside Middle School
Grand Rapids, Michigan

Carol Ann Lionello
Kraemer Middle School
Placentia, California

Jaime A. Morales
Henry T. Gage Middle School
Huntington Park, California

Patsy Partin
Cameron Middle School
Nashville, Tennessee

Deedra H. Robinson
Newport News Public Schools
Newport News, Virginia

Bonnie Scott
Clack Middle School
Abilene, Texas

Charles M. Sears
Belzer Middle School
Indianapolis, Indiana

Barbara M. Strange
Ferndale Middle School
High Point, North Carolina

Jackie Louise Ulfig
Ford Middle School
Allen, Texas

Kathy Usina
Belzer Middle School
Indianapolis, Indiana

Heidi M. von Oetinger
L'Anse Creuse Public School
Harrison Township, Michigan

Pam Watson
Hill Country Middle School
Austin, Texas

Activity Field Testers

Nicki Bibbo
Russell Street School
Littleton, Massachusetts

Connie Boone
Fletcher Middle School
Jacksonville Beach, Florida

Rose-Marie Botting
Broward County School District
Fort Lauderdale, Florida

Colleen Campos
Laredo Middle School
Aurora, Colorado

Elizabeth Chait
W. L. Chenery Middle School
Belmont, Massachusetts

Holly Estes
Hale Middle School
Stow, Massachusetts

Laura Hapgood
Plymouth Community Intermediate School
Plymouth, Massachusetts

Sandra M. Harris
Winman Junior High School
Warwick, Rhode Island

Jason Ho
Walter Reed Middle School
Los Angeles, California

Joanne Jackson
Winman Junior High School
Warwick, Rhode Island

Mary F. Lavin
Plymouth Community Intermediate School
Plymouth, Massachusetts

James MacNeil, Ph.D.
Concord Public Schools
Concord, Massachusetts

Lauren Magruder
St. Michael's Country Day School
Newport, Rhode Island

Jeanne Maurand
Glen Urquhart School
Beverly Farms, Massachusetts

Warren Phillips
Plymouth Community Intermediate School
Plymouth, Massachusetts

Carol Pirtle
Hale Middle School
Stow, Massachusetts

Kathleen M. Poe
Kirby-Smith Middle School
Jacksonville, Florida

Cynthia B. Pope
Ruffner Middle School
Norfolk, Virginia

Anne Scammell
Geneva Middle School
Geneva, New York

Karen Riley Sievers
Callanan Middle School
Des Moines, Iowa

David M. Smith
Howard A. Eyer Middle School
Macungie, Pennsylvania

Derek Strohschneider
Plymouth Community Intermediate School
Plymouth, Massachusetts

Sallie Teames
Rosemont Middle School
Fort Worth, Texas

Gene Vitale
Parkland Middle School
McHenry, Illinois

Zenovia Young
Meyer Levin Junior High School (IS 285)
Brooklyn, New York

目录

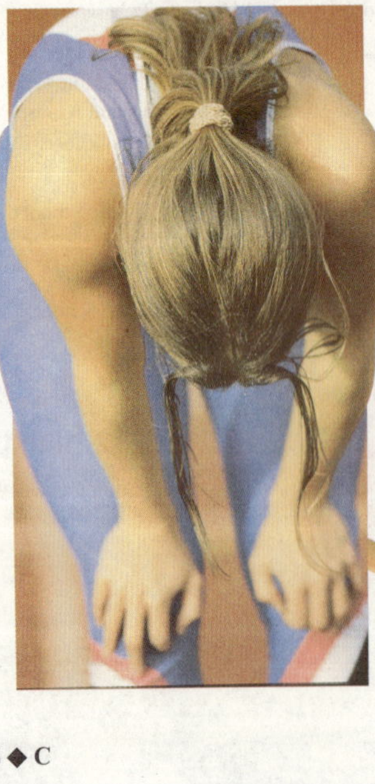

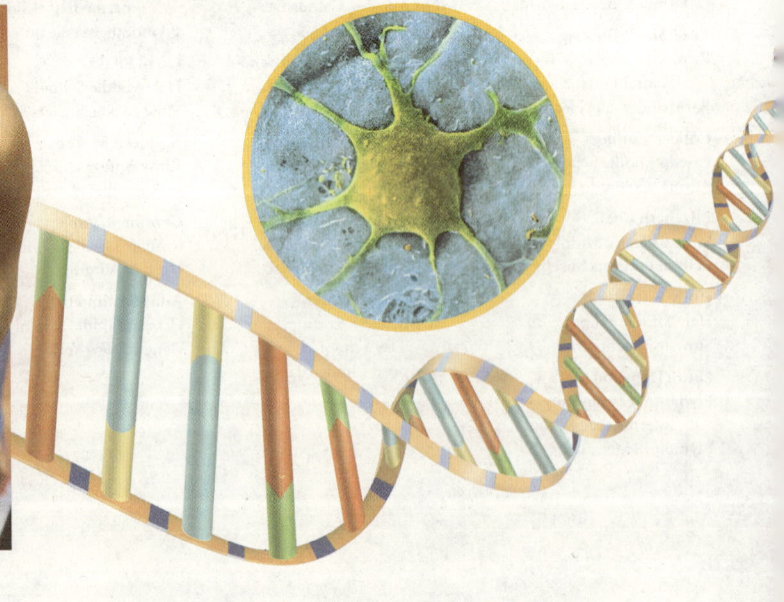

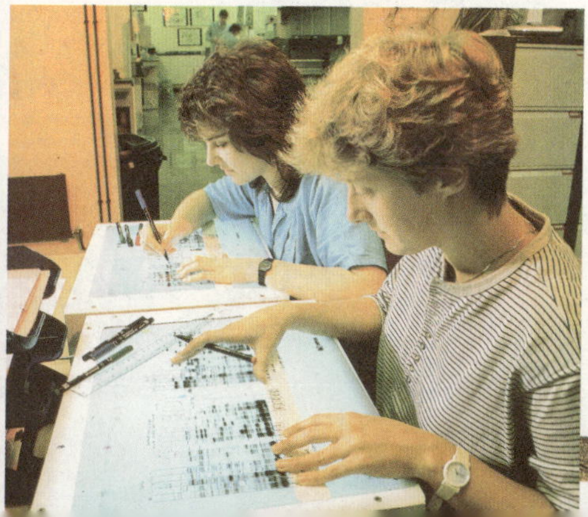

活动

学科探索

每章课题

（贯穿整章的探索活动）

探索

（课前的思考与探索）

增进技能

（专业技能训练）

试一试

（基本概念的巩固与强化）

技能实验室

（探索技能的强化）

生活实验室

（科学知识的应用）

跨学科探索

科学与历史

科学与社会

链　接

探　索

（对一些概念的形象化说明）

揭开
细胞的奥秘

追求梦想是需要勇气和献身精神的。莉迪亚·维拉科马洛夫博士从刚开始她的职业生涯时就认识到了这一点。她出生于一个墨西哥裔的美国人家庭。母亲、奶奶、外婆都是勇敢的女性，为她树立了榜样。正是她们及父亲的鼓励，使莉迪亚决心投身于科学事业。如今，她已成为一名分子生物学家，致力于研究蛋白质在生物生长发育中的作用。

1976年，莉迪亚还是一个基因工程研究小组的成员。基因工程是指把基因从一个生物体转移到另一个生物体的技术。今天，科学家利用这种技术来制造药物、治疗疾病和提高农作物产量。但那时基因工程还只是一个新的构想，许多人都害怕它会产生有害的结果。而实际上，在莉迪亚工作所在的城市里，基因工程的研究就是被禁止的。

为了继续她的研究，莉迪亚被迫把实验室迁往另一个州。当回忆起那远离同事和朋友的一年时，她说：“那是一段充满了挫折和孤独的时光。”

莉迪亚·维拉科马洛夫是伊利诺斯州芝加哥市西北大学研究院的副院长。她在马萨诸塞技术研究所获得细胞生物学博士学位。除了热爱滑雪和摄影以外，她还喜欢看书，尤其是侦探小说和传记。

尽管如此，她的辛勤工作最终还是得到了回报。禁令终于解除了。不久以后，莉迪亚和同事就研究发明了一种制造胰岛素的方法（胰岛素可用来治疗糖尿病）。这种方法的发明，开创了一个新的产业——生物技术产业。这是莉迪亚职业生涯中的一项重大成就。

“准确地讲，那是我一生中最激动的一刻。”她说，“当时有多种不利因素使大家认为我们无法制造出胰岛素，可是我们设计出来了，并试验成功了。没有一个实验进行得那么顺畅，以前没有，以后也不会有。”

不过人体细胞的许多奥秘还没有被揭开，莉迪亚希望能继续找出其中的答案。

与莉迪亚·维拉科马洛夫博士的对话

Q: *你怎么会对科学产生兴趣的？*

A: 我的墨西哥裔祖母对自然，特别是对植物很感兴趣。小时候，我们经常一起阅读她收藏的那些带有漂亮的植物彩色插图的书。不过真正点燃我兴趣的莫过于祖母带着我们在花园里辨识各种各样的植物，或和她出去采集野菠菜。

Q: *是什么让你选择从事生物学研究的？*

A: 在大学里，我对发育生物学这门课非常感兴趣。有一次为了观察蛙的发育全过程，我们竟在实验室待了整整36个小时。原先这些现象只能在教科书的插图上看到，可我们在实验室中亲眼目睹了。当时真是令人激动。

Q: *分子生物学家具体做哪些工作呢？*

A: 我们主要研究细胞中发生的变化，这是研究生物发育的基础。一个细胞好比是一幢房子，它有许多不同的构成部分——地基、墙壁、屋顶，还有许多砖块、木头和电线。而我所感兴趣的是研究这幢房子是如何搭建起来的。

维拉科马洛夫博士向一群学生介绍她的研究工作。

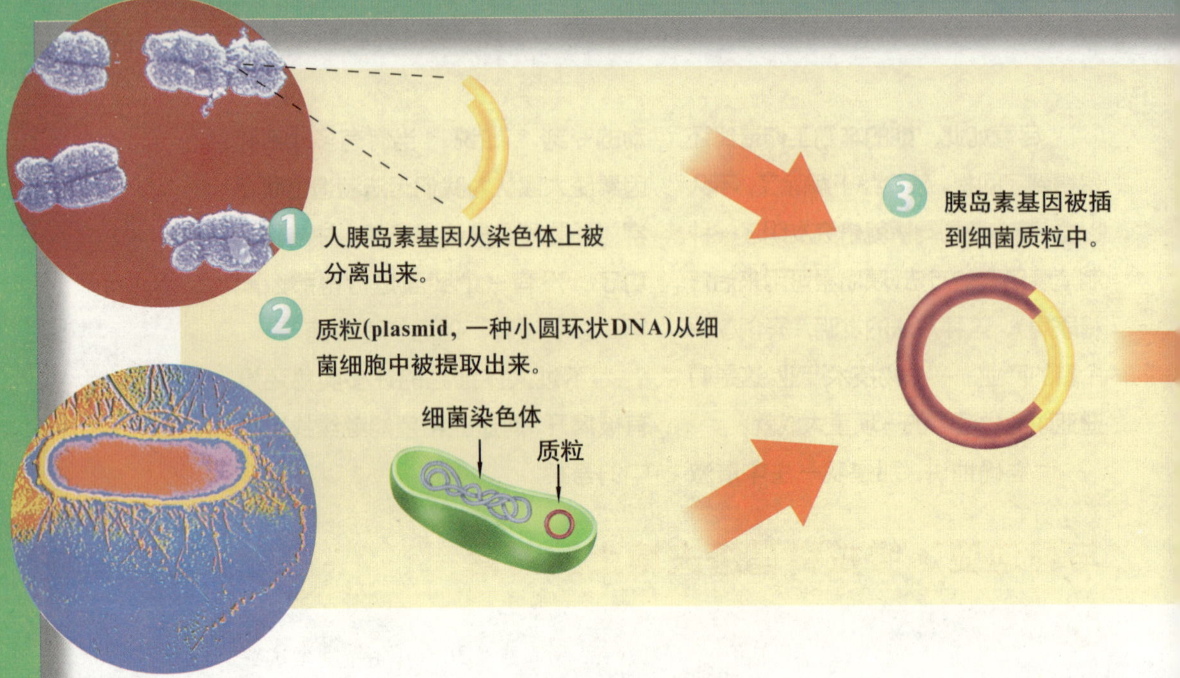

维拉科马洛夫博士率先利用基因工程生产出了人蛋白质(如人胰岛素)。

Q: *细胞的建造是按照一定的计划或蓝图进行的吗?*

A: 是的，所有的指令都在DNA里。DNA是一种存在于细胞核内的物质，携带有遗传信息。正是这些信息决定着人的特征，比如皮肤和头发的颜色。一些蛋白质构成的“机器”到细胞核里去阅读这些指令(即基因)，按照DNA复制出RNA。RNA作为信使，离开细胞核到达细胞进行生产活动的区域。然后再由其他一些蛋白质阅读RNA传递的信息，并开始生产细胞所需要的物质。

Q: *蛋白质是细胞的工具，还是它的结构成分呢?*

A: 实际上两者都是。蛋白质是细胞的建筑原料，就像房子的砖块和水泥。而它们同时又是建造细胞的工具，就像榔头和凿子。蛋白质组成细胞，也制造细胞。

Q: *DNA中还含有其他信息吗?*

A: 它还含有一些指令的编码，这些编码可确保正确的信息在正确的时候使用。打个比方，造房子的时候不可能还没砌墙壁时就开始盖屋顶。在人体形成的过程中，不可能还没长脑袋就开始长眼睛。所以，对细胞而言，知道什么时候使用什么信息是极其重要的。

Q: *那细胞怎么知道何时应该开始建造，何时又该停止呢?*

A: 这个过程是如何协调的，目前还不清楚。我们只了解了其中的一些基因，知道它们发出了什么信号来告诉细胞应该变成心脏还是肝脏。但细胞又怎么知道何时开始使用这些信息，何时该停止呢?这还是我们正在努力寻求答案的重大问题之一。

4 带有胰岛素基因的质粒被转入细菌细胞，随后该基因指导细胞生产胰岛素。

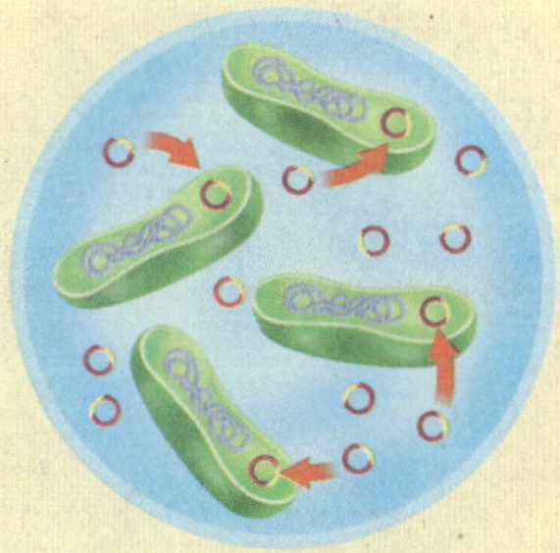

5 收集起来的胰岛素被用来治疗糖尿病病人。

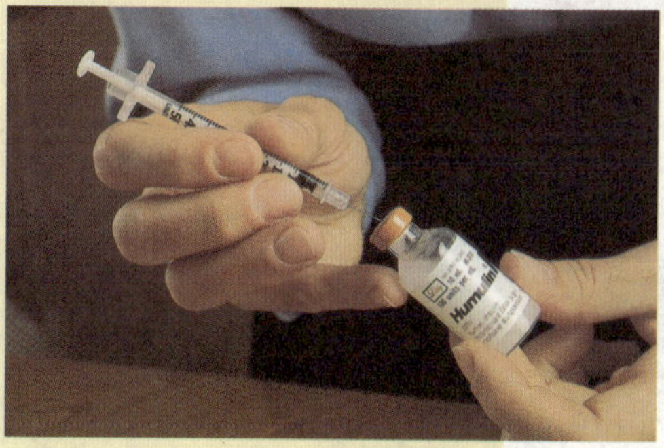

Q: *你们建立的胰岛素生产技术有什么意义？*

A: 以前糖尿病是用猪胰岛素来治疗的，但由于供不应求，所以猪胰岛素十分昂贵。我们所做的工作是用细菌来生产胰岛素，成本低、产量大，而且是人的胰岛素。

Q: *你们是怎样让那些细胞生产胰岛素的呢？*

A: 我们能把胰岛素的基因分离出来，再把它转入细菌里。简单的说，我们使细菌相信这个基因是它自己的一段DNA，然后它就会产生相应的RNA，并进一步生产出胰岛素。

Q: *当研究被禁止时，你为什么没有放弃？*

A: 我们的工作非常有价值，如果放弃等于承认禁令是对的。当时别人也在做同样的研究，如果我们退出就无法获得成功。

Q: *你曾经丧失过信心吗？*

A: 灰心的时候总是有的。但我想，在做一件没有十成把握的事情时，每个人都会有这种情况。我觉得只要每次都尽最大的努力，最后总能实现目标。

Q: *对那些想从事科学事业的人你有什么建议吗？*

A: 你不可能完全确定你将来能够做什么，这个世界变化太快了。重要的是找到你喜欢做的事，并把相关的技能学好。如果你遵照此执着地追求理想，尽管十年后它不一定成为你从事的职业，但你从事的那份职业将是你兴趣的延伸。

阅读 DIY

作为一名年轻的科学家，尽管阻力重重，莉迪亚依然继续着基因工程研究。她的行动反映出她是怎样的一个人？你认为哪些性格特征会帮助一个科学家获得成功，为什么这些性格十分重要？

第一章

细胞的结构与功能

主要内容

SECTION 1 细胞的发现

探索 眼见为实吗

增进技能 观察

SECTION 2 观察细胞的内部结构

探索 细胞有多大

试一试 明胶细胞模型

技能实验室 显微镜下的生命

与化学的综合

SECTION 3 构成细胞的化合物

探索 什么是化合物

试一试 那是什么味道

生活实验室 午餐里有什么

课题 1

鸡蛋 VS 单细胞模型

你是否产生过这样的疑问：当小鸡还在鸡蛋里的时候是怎样呼吸的？其实蛋壳能让空气通过，而把其他大部分物质拒之门外。你体内所有的细胞也都像鸡蛋一样，需要对物质的进出加以控制。

在这一章里，你将了解到所有的生物都是由细胞构成的——有时是一个细胞，有时是成千上万个！生活中常见的生鸡蛋，就是一个可供研究的单细胞模型。

课题目标 以一枚鸡蛋作为单细胞模型，观察各种物质进出细胞的方式。

为了完成这个课题，你需要：

- 把一枚生鸡蛋依次浸入食醋、水、食用色素、盐水和任选的一种液体中，并观察鸡蛋发生的变化。
- 每天测量鸡蛋的周径，然后把结果绘制成图表。
- 解释鸡蛋发生这些变化的原因。
- 在实验中遵守附录 A 中的安全守则。

课题准备 开始实验前先预测一下：把生鸡蛋在食醋里浸泡两天后将会发生什么变化？浸泡在其他液体中又会有怎样的变化呢？找一个不受外界干扰的地方放置鸡蛋，然后开始你的实验。

检查进度 你将在学习本章内容的同时来完成这个课题。为了保证实验有序地进行，请参阅以下几处“检查进度”栏。

第一节复习，第 22 页：测量并记录数据。
第二节复习，第 31 页：用不同的液体进行实验。
第四节复习，第 44 页：把数据绘制成图表并得出结论。

总结 在本章结束时(第 47 页)，你要展示你的实验，并告诉大家你的结果。

这层薄薄的蛋壳将控
制能够进入鸡蛋内部
的物质类型。

TION 4 细胞与环境

索 分子是怎样运动的

一试 观察扩散现象

SECTION 1

细胞的发现

探索 活动

眼见为实吗

1. 从报纸上剪下一张黑白照片，用眼睛凑近它并仔细观看，然后记录观察结果。
2. 再用放大镜看同一张相片，记录观察结果。
3. 把照片放在显微镜的载物台上，用压片夹固定好。调节好光源和显微镜的焦距(参见附录B中的显微镜使用指南)，然后观察并记录观察结果。

思考

观察 通过放大镜看照片，你观察到哪些肉眼看不到的东西？通过显微镜，又看到了哪些用放大镜看不出的细节？

阅读指南

- 显微镜的发明为科学家了解生物作出了怎样的贡献？
- 什么是“细胞学说”？
- 透镜是怎样放大物体的？

阅读提示 在阅读的同时作一张流程图，说明科学家建立“细胞学说”的过程。

在一个晴朗的假日里，你坐在公园里一棵大橡树的树荫下。一头笨拙的犀牛在不远处的笼子里来回踱着步子，不时向你好奇地张望。一场大雨过后，潮湿的木头上新冒出许多蘑菇。你能说出橡树、犀牛和蘑菇之间的共同点吗？也许你会说它们都是生物。那么这些生物之间，以及它们与其他所有的生物之间又有什么共同点呢？如果你说它们都是由细胞构成的，那么你就说对了。

细胞(cell)是生物最基本的结构和功能单位。就像砖瓦是房屋的建筑原料一样，细胞是生命的“建筑原料”。你也是生物，所以你也是由细胞构成的。仔细地观察一下你

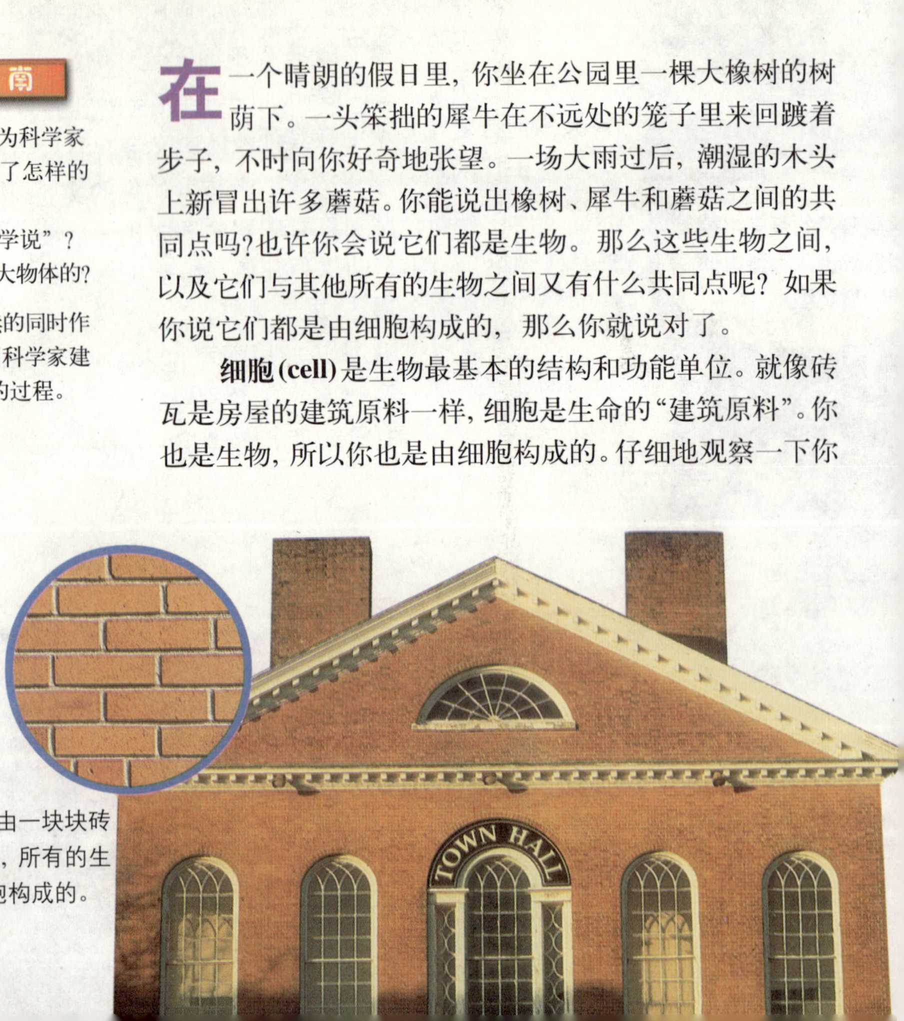

图1-1 这所房子是由一块块砖瓦建造起来的。同理，所有的生物也是由一个个细胞构成的。

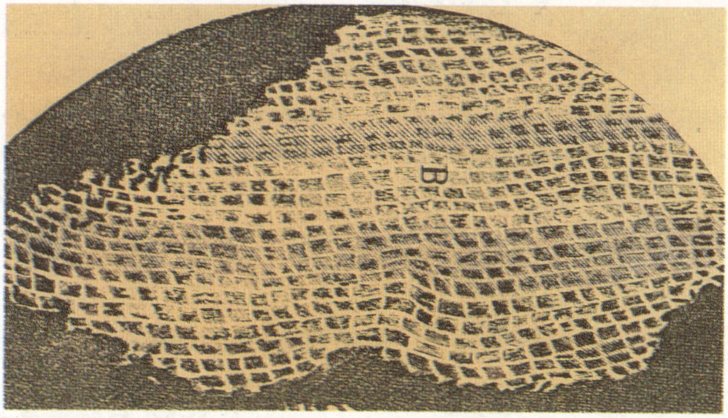

图 1-2　这是罗伯特 · 胡克通过自制的显微镜观察软木薄片的结构时所绘制的图。胡克称这种结构为细胞，因为它们像一个个小的房间。

比较与对比　*细胞和造房子用的砖块之间有什么相似之处，又有什么不同点？*

手臂上的皮肤。但无论怎么努力，只用肉眼是没法看到单个皮肤细胞的，因为细胞非常微小。在皮肤表面，每平方厘米含有的细胞超过 10 万个。

对细胞的初次观察

在 17 世纪末以前，没人知道细胞的存在，因为人们没有可以观察细胞的方法。直到 1590 年左右，显微镜的发明使人们开始观察到非常小的物体。**显微镜的发明使人们发现和认识细胞成为可能**。

显微镜 (microscope) 是一种能使微小物体看起来比实际大的仪器。有些通过透镜会聚光线来放大物体的显微镜，叫做**光学显微镜 (light microscope)**。它所用的透镜有点像眼镜的镜片，具有光滑的曲面。简单的显微镜只有一块透镜，比如常见的放大镜。含有一块以上透镜的光学显微镜则称作**复合显微镜 (compound microscope)**。

罗伯特 · 胡克　英国科学家和发明家罗伯特 · 胡克是最早观察到细胞的科学家之一。1663 年，他用自制的复合显微镜观察一块软木薄片的结构。软木薄片其实就是橡树的树皮，是由一些死亡的细胞构成的。胡克觉得软木薄片上的孔隙看上去像长方形的小室，于是把它们命名为细胞，意思就是 “小房间”。胡克这样描述自己的发现：“这些小孔，或者说细胞，不是很深，但是构成了数量庞大的空隙……” 在图 1-2 中你可以看到胡克画的软木细胞。最让胡克感到惊奇的是软木薄片里细胞的数量。他算出每立方英寸竟然有 12 亿个细胞——“真是太不可思议了！”

冯·列文虎克　在罗伯特·胡克发现细胞的同时，冯·列文虎克也开始用显微镜观察微小的物体。列文虎克是一位荷兰商人，也是一位自制透镜的业余科学家。他用这些透镜制造出许多简易的显微镜。

列文虎克曾经观察过池塘里的水，他惊讶地发现水中有一些单细胞的生物。这些生物被他称为“**微动物 (animalcule)**”，意思是“很小的动物”。

科学与历史

显微镜的发展史

没有显微镜，就不可能发现细胞。从发明显微镜至今的400年来，显微镜在许多方面得到了改进。

1600

1590 年
第一台复合显微镜

荷兰的眼镜制造商汉斯·贾森和他的儿子扎卡里尔斯制成了第一台复合显微镜。构造很简单，就是一个两头各带有一块透镜的圆筒。

1660 年
胡克的复合显微镜

罗伯特·胡克的复合显微镜带有一盏照明的油灯，并添加了一快凹透镜，使油灯发出的光会聚到标本上。

1683 年
列文虎克的简单显微镜

虽然列文虎克的显微镜只用了一块透镜，但它能把标本放大 266 倍。

1750

列文虎克还观察过其他标本，包括从牙缝里剔出的的食物残渣和排水槽中的水等。由此，他成为看到许多单细胞生物的第一人。列文虎克的这些发现引起了其他学者的注意，越来越多的人开始使用显微镜来探索细胞的奥秘。

想一想 ***简易显微镜和复合微镜有什么区别？***

阅读 DIY

从下面的显微镜中选出一种，为它在科普杂志上写一段广告词，要写得富有创意。文中可以强调它的用途，或者描写通过它可以看到的奇妙世界。

1900 — **2050**

1886 年
现代复合光学显微镜

德国科学家恩斯特·阿贝和卡尔·蔡司制作了一台具有复合透镜系统的光学显微镜，极大地提高了图像质量。马蹄铁形的底座增加了稳固性，底部的反光镜将会聚的光线反射到标本上。现代复合光学显微镜已经能有效地把标本放大1000倍。

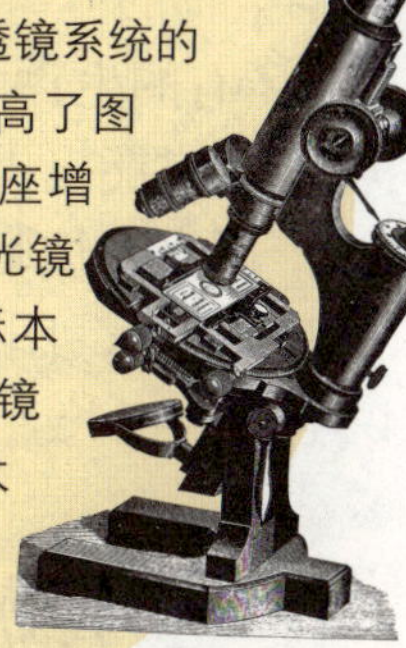

1933 年
透射电子显微镜（Transmission Electron Microscope，TEM）

德国物理学家恩斯特·卢斯卡发明了第一台电子显微镜。TEM通过发射电子穿过极薄的标本切片而成像，能把标本放大50万倍。

1965 年
扫描电子显微镜（Scanning Electron Microscope，SEM）

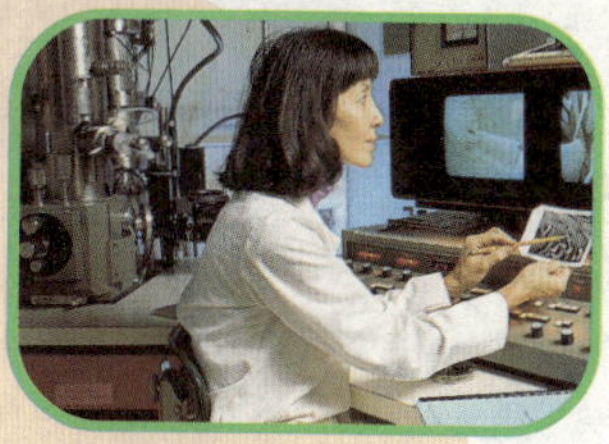

第一台商用扫描电子显微镜问世。它把电子束发射到标本的表面(而不是穿过标本)，然后形成标本表面结构的精细三维图像。SEM能把标本放大15万倍。

1981 年
隧道扫描显微镜（Scanning Tunneling Microscope，STM）

STM是通过检测从标本表面逸出的电子来成像的。科学家用它可以观测到细胞外层上的单个分子。STM能把标本放大100万倍。

图 1-3 细胞学说认为，所有生物包括这头长颈鹿和它所吃的树叶，都是由细胞构成的。

细胞学说

像胡克、列文虎克一样，优秀的科学对周围的事情，特别是对一些不常见的事物十分好奇。1838年，一位名叫马休斯·施莱登的德国科学家根据自己以及前人的研究得出结论：所有的植物都是由细胞构成的。第二年，另一位德国科学家西尔多·施旺总结出：所有的动物也都是由细胞构成的。因而他又进一步宣称，所有生物都是由细胞构成的。

施莱登和施旺的发现很重要，但当时他们并不清楚细胞是从哪里来的。在那个时代，大部分人还认为生物来自一些无生命的物质。1855年，德国医生鲁道夫·魏尔肖提出：只有已经存在的细胞才能形成新的细胞。他认为"细胞只能来自细胞"。

根据胡克、列文虎克、施莱登、施旺、魏尔肖等科学家的观察和结论，逐渐建立了**细胞学说(cell theory)**。现在，细胞学说对细胞与生物的关系的解释已经广泛地被人们所接受。**其主要内容是：**

- **所有的生物是由细胞构成的。**
- **细胞是生物体结构和功能的基本单位。**
- **所有的细胞都来自于已存在的细胞。**

不论生物的体型大小如何，细胞学说适用于所有的生物。细胞是生物所共有的结构，所以它能提供许多有关生命的信息；而且，所有的细胞都来自于已存在的细胞，所以科学家可以通过对细胞的研究来认识生物的生长、繁殖及其他生命现象。

想一想 ***关于细胞，施莱登和施旺得出了哪些结论？***

光学显微镜的原理

与物理学的综合 没有显微镜，就不可能建立细胞学说。判断显微镜的性能，主要依据两个指标——放大率和分辨率。

放大率 **放大率(magnification)**是指使物体看上去比实际大的能力。**光学显微镜中的透镜通过折射光线来放大物体**。仔细看一看放大镜，你会发现它的玻璃镜片不是扁平的，而是具有一定的弧度，镜片的中央比周围厚。这种形状的透镜叫做**凸透镜(convex lens)**。图1-4显示了凸透镜折射光线的原理：通过透镜的光线向中央会聚，然后到达眼睛，这时眼睛会看到比实际大的物体的像。

复合显微镜至少含有两块透镜，所以它能把物体放得更大。光线首先透过标本，然后再穿过两块透镜(如图1-4)。靠近标本的第一块透镜先把物体放大成像，靠近眼睛的第二块透镜再进一步放大图像。因此显微镜的总放大率等于两块透镜放大率的乘积。举例来说，如果第一块透镜的放大率为10倍，第二块的放大率为40倍，那么显微镜的总放大率就等于400倍。

增进技能

观察 活动

1. 开始观察前，先根据附录B学习使用显微镜的方法。
2. 把事先准备好的软木薄片标本放在显微镜的载物台上。
3. 用低倍镜观察，画下你所看到的图像。
4. 滴几滴池塘的水在另一片载玻片上，然后盖上盖玻片。
5. 再用低倍镜观察，画下你所看到的图像。完成上述实验后请注意要洗手。

观察 把你画的软木薄片图与图1-2中胡克画的比较，看看有哪些区别？根据步骤4中的观察，你认为列文虎克把他看到的生物叫做"微动物"的原因是什么？

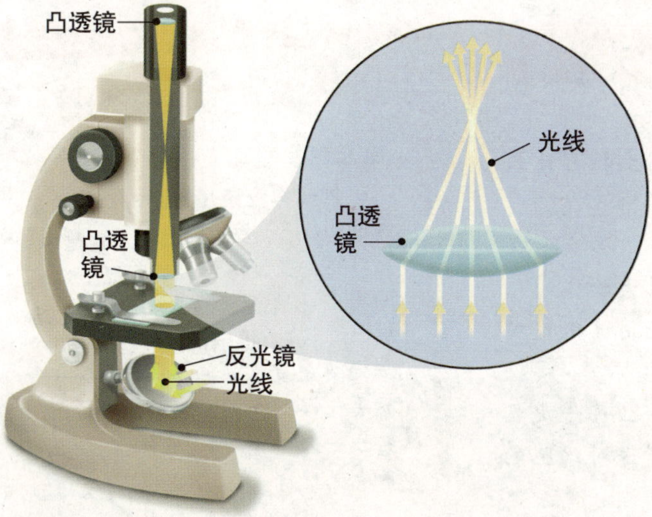

图1-4 凸透镜具有放大作用。图中的线条表示光线，箭头表示光线传播的方向。

计算 *如果一块透镜放大10倍，另一块透镜放大50倍，那么显微镜的总放大率是多少？*

分辨率　要得到一张有用的图像，显微镜必须能清晰地显示图像的细节。这种显示物体微小细节的分辨能力叫做**分辨率(resolution)**。分辨率也是用来形容图像清晰度的一个术语。

比如，报纸上的照片实际上是由许多许多的小点组成的。两个小点靠得很近，肉眼看上去就像一个点。但如果把照片放到显微镜下，就能清楚地看到这些小点。因为显微镜不仅把它们放大了，而且还提高了分辨率。因此，在研究细胞时，高分辨率显微镜是必不可少了。

图 1-5　这只悬挂在人头发上的头虱是用扫描电子显微镜拍摄下来的。它比实际放大了 100 倍以上。

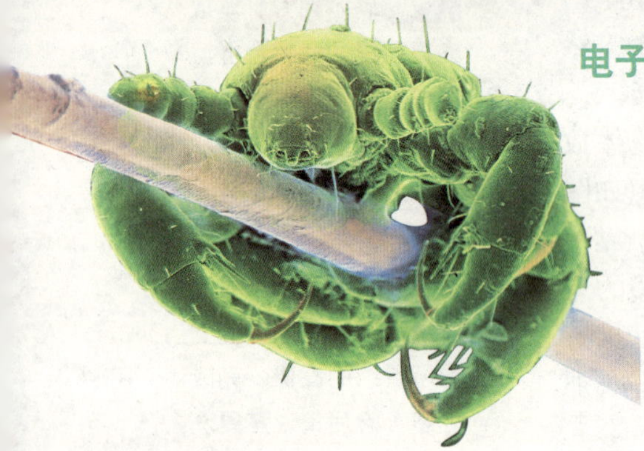

电子显微镜

胡克、列文虎克和其他早期的科学家使用的都是光学显微镜。从20世纪30年代起，科学家又发明了各种类型的电子显微镜。**电子显微镜(electron microscope)**是用电子束代替光线来观测标本的一种显微镜。电子是比原子更小的一种微粒。使用电子显微镜，能对极其微小的物体进行观察，放大率比光学显微镜大得多，分辨率也大大提高。

第一节复习

1. 显微镜的发明对科学家了解生物有什么意义？
2. 阐述细胞学说的主要内容。
3. 复合显微镜是怎样用透镜放大物体的？
4. 为什么放大率和分辨率对于用显微镜观察微小物体来说都很重要？
5. **理性思维　应用概念**　为什么每一次显微镜的改进都能使科学家增进对细胞的了解？

课题 1

检查进度

现在你应该开始进行你的鸡蛋实验了。把一枚生鸡蛋浸入食醋中，记住至少要浸两天。每天取出鸡蛋冲洗一下，然后测量它的周长，把结果记录下来。(**提示**：拿鸡蛋时动作一定要轻柔。如果鸡蛋打碎了，不要气馁，也别把数据扔掉，再拿另一只重新开始实验并继续观察。)

SECTION 2

观察细胞的内部结构

探索 活动

细胞有多大

1. 看看这张照片。这是一种比较大的单细胞生物，名叫阿米巴。图中这种类型的阿米巴大约有1毫米长。
2. 把你的身高(以米为单位)换算成以毫米为单位的数据。然后算一算，大约要有多少条阿米巴首尾相连，才能与你的身高相等？
3. 你体内的许多细胞大约都只有0.01毫米长——是阿米巴的百分之一。那么要有多少个这样的细胞首尾相接，才能达到你的身高？

思考

推理 找一把米尺，看看1毫米有多长。现在想像一下它的百分之一——0.01毫米有多长。想想为什么没有显微镜的帮助，你就看不见人体细胞呢？

想像一下你正站在美国加利福尼亚州某地的一棵巨大的红杉树旁。树很高，你必须仰起头才能看到树顶。最高的红杉树竟可以达到110多米高，树干的周长也有10多米。红杉树为什么能长得如此之高？它们又是怎么完成那些生存所必需的功能呢？

为了回答这些问题，你将开始一次充满想像的旅行。你将进入一棵活的红杉树内，去拜访树里面的细胞。旅途上，你会观察到植物细胞中的部分结构，并学习植物细胞与动物细胞之间的一些区别。

阅读指南

- 细胞膜与细胞核在细胞中起着什么作用？
- 其他细胞器又分别执行什么功能？
- 细菌细胞和植物、动物的细胞有什么不同？

阅读提示 阅读之前先看一下26~27页的“*探索 植物细胞和动物细胞*”，把不熟悉的术语列成清单。然后在阅读时，一边看一边给每个术语下一个定义。

◀ 一棵巨大的红杉树。

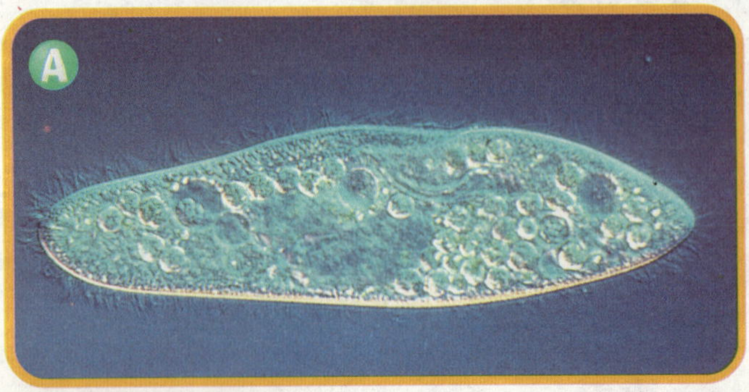

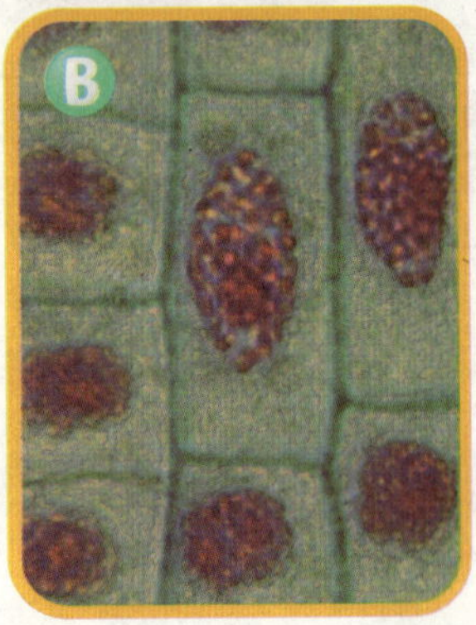

图1-6 所有的细胞都有细胞膜，但并不一定都有细胞壁。**A.** 这是一种单细胞动物，叫草履虫。它的细胞膜控制着物质的进出。**B.** 这是一些洋葱根上的细胞。它们被染成绿色，从而使你能更清楚地看到它的细胞壁。细胞壁保护并支持着植物细胞。

旅途中，你还会发现在细胞里面还有许多更微小的结构。我们称之为**细胞器(organelle)**。它们在细胞里执行相应的功能。就像胃、肺、心脏在人体里有不同的作用一样，每种细胞器的作用也各不相同。在第26～27页“探索 植物细胞和动物细胞”的图中列出了动植物细胞中各种各样的细胞器。好，现在让我们启动想像的飞船，去探索一个典型的植物细胞。

细胞壁

要进入植物细胞可有一点儿困难，因为我们首先得通过细胞壁。**细胞壁(cell wall)**是包围在植物细胞和其他一些生物细胞外的一层坚固的无生命物质，由结实而又富有弹性的纤维素组成。只需想一下木头做的桌子，你就会对纤维素有一个概念——因为木头里含有大量的纤维素。

植物和其他一些生物的细胞都具有细胞壁，相反，动物和其他一些生物的细胞则没有细胞壁。细胞壁保护和支持着细胞。红杉树之所以能长得这么高，就是因为这种木本植物的细胞壁十分坚固，而且每一个细胞壁都在增加树的强度。别看细胞壁如此坚固，水和氧气等物质依然能轻易地穿过它。所以让我们的船继续前进，穿过细胞壁进入细胞。

☑ **想一想** ***细胞壁的作用是什么？***

细胞膜

当我们穿过细胞壁后，遇到的下一道屏障就是**细胞膜(cell membrane)**。所有的细胞都有细胞膜。在具有细胞壁的细胞里，细胞膜紧贴在细胞壁的内侧。对于没有细胞壁的细胞而言，细胞膜就成了将细胞和环境分隔的边界。

在靠近细胞膜的时候，你会注意到膜上面有一些小孔。突然，一大块代谢废物从小孔中排出，我们差点被它撞个正着。**这时你就发现了细胞膜的一个主要功能：对进出细胞的物质加以控制。**

细胞所需的每一样东西——从食物到氧气——都是从细胞膜进入细胞的，有害的代谢废物也从细胞膜排出。细胞膜必须能够让这些物质通过，才能使细胞得以生存。从某种意义上说，细胞膜像一道纱窗：既能将昆虫挡在外面，又能使空气自由进出。

语言艺术 链接

作者经常用类比(analogy)帮助读者理解不熟悉的概念。类比就是在解释陌生的事物时，把它和读者熟悉的事物相比较。比方说，在解释细胞膜时，本书的作者就把它和纱窗作类比，帮助读者理解细胞膜是一种把细胞和外界环境分隔的边界。

阅读 DIY

找出作者在文中使用的其他类比手法，然后从本节中选择细胞的两个部分，分别写一个类比，来帮助解释其结构或功能。

细胞核

当我们进入细胞以后，一个巨大的卵圆形结构就跃入眼帘。这就是**细胞核(nucleus)**，细胞的“大脑”。**细胞核被视为细胞的控制中心，它指挥着细胞的一切活动。**

核膜 仔细看图 1-7，你会发现，细胞核四周围着一层核膜。就像信封保证信的安全一样，核膜也起到保护细胞核的作用。物质通过核膜上的小孔，即核孔，进出细胞核。我们继续向细胞核内部进发，这次穿过核孔时可得小心一点了。

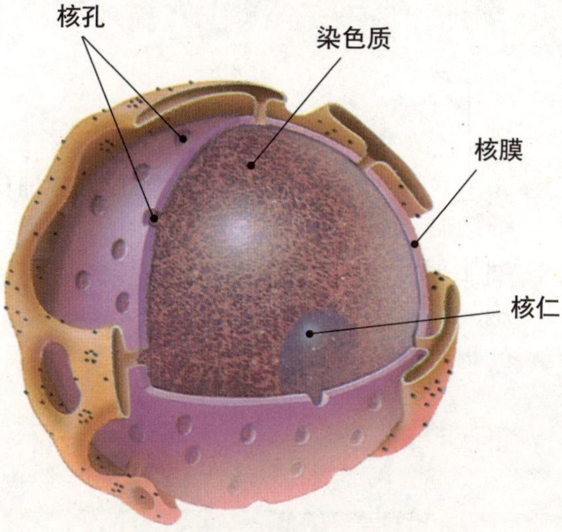

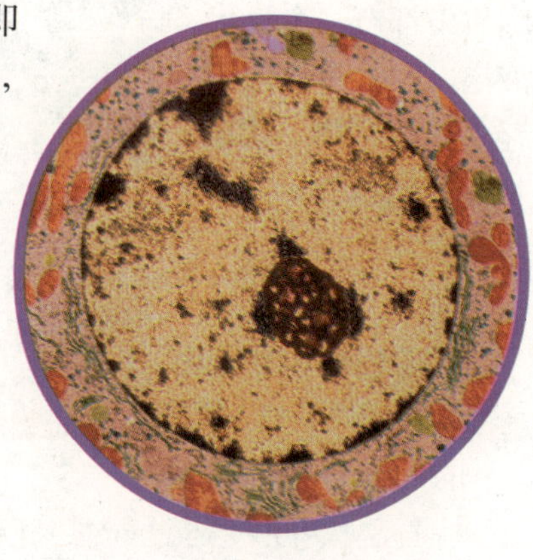

图 1-7 细胞核是细胞的控制中心。细胞核里的染色质携带有指挥细胞活动的指令。

理解图表 *物质是怎样进出细胞核的？*

探索 植物细胞和动物细胞

在这两页中，你可以对两大类细胞(植物细胞和动物细胞)内的结构进行比较。注意，这是植物细胞和动物细胞内典型结构的示意图。在真实的生物体内，各种细胞的形态和结构之间都会有些差异。

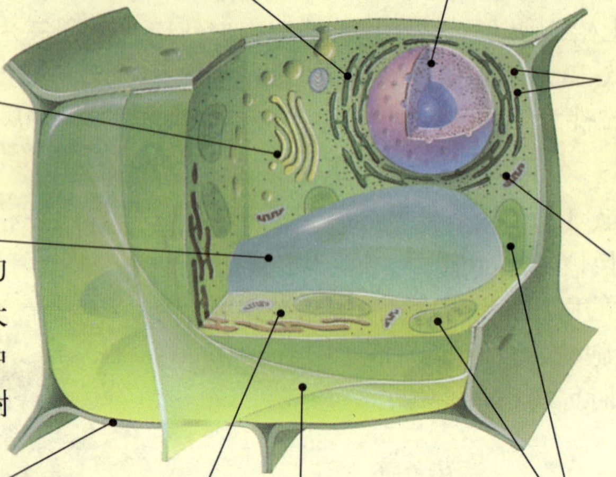

动物细胞

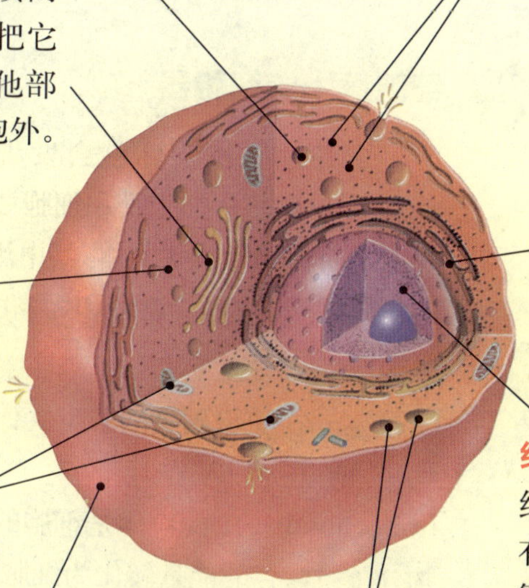

液泡

有些动物细胞也有液泡，其中储存着食物、水、代谢废物和其他物质。

高尔基体

高尔基体接受从内质网运输来的物质，并把它们输送到细胞的其他部分，或者释放到细胞外。

细胞质

细胞质是一种胶状液体，其中漂浮着许多不同的细胞器。

线粒体

大部分细胞所需的能量都是在这个纺锤形的细胞器中产生的。

细胞膜

由于动物细胞没有细胞壁，细胞膜就成为细胞质与外界环境之间的唯一屏障。

核糖体

这些微小的结构就是细胞合成蛋白质的“工厂”。它们或者粘附在内质网的表面，或者自由地漂浮在细胞质中。

内质网

细胞核

细胞核指导着细胞所有的生命活动，包括繁殖。

溶酶体

这些微小的细胞器中含有的化学物质既能降解食物颗粒，又能分解老化的细胞结构。

染色质 你也许会奇怪，细胞核是如何来指挥细胞活动的呢？答案就藏在那些漂浮在细胞核内的絮状物质里。这些絮状物质叫做**染色质(chromatin)**，携带着遗传物质，即那些指挥细胞执行功能的指令。例如，染色质里的指令能指挥叶细胞生长并分裂形成更多的叶细胞。

核仁 当我们准备离开细胞核的时候，又看见一个小小的物体漂过，这个结构叫做**核仁(nucleolus)**，是产生核糖体的地方。核糖体是合成蛋白质的细胞器。

想一想 ***遗传物质位于细胞核的什么地方？***

细胞质中的细胞器

离开细胞核，你就会发现自己正置身于**细胞质(cytoplasm)**——细胞膜和细胞核之间的区域里。这是一种透明而黏稠的胶状液体，其中漂浮着许多细胞器，**它们的作用是产出能量，制造和运输所需要的物质，并把代谢废物储存起来。**

线粒体 在细胞质里漫游时，你会看到一些纺锤形的结构在前方若隐若现。这些细胞器叫做**线粒体(mitochondria)**。线粒体是细胞的“动力工厂”，能够把食物分子中储存的能量转化为细胞可以利用的能量，以保障细胞的生命活动。肌肉细胞和其他活动较多的细胞里都含有大量的线粒体。

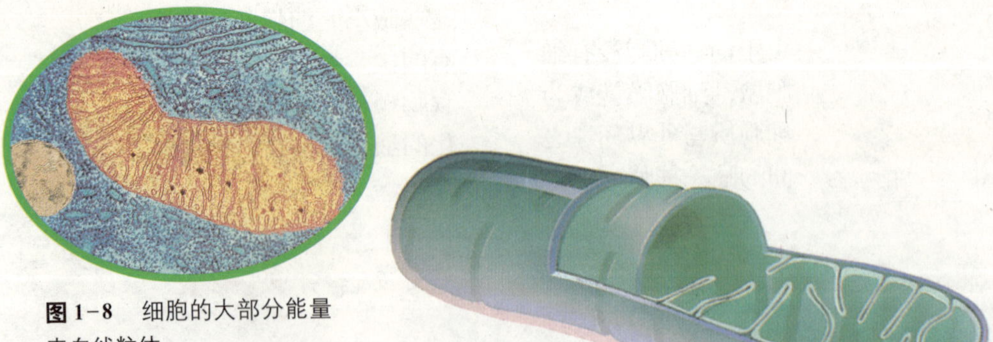

图 1-8 细胞的大部分能量来自线粒体。
预测 *在哪些类型的细胞里能发现大量的线粒体？*

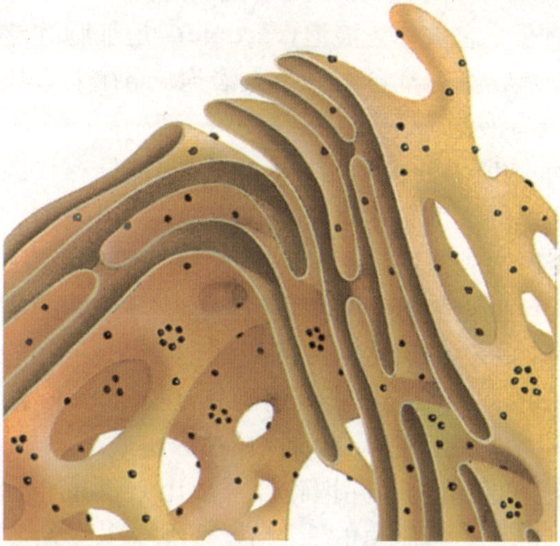

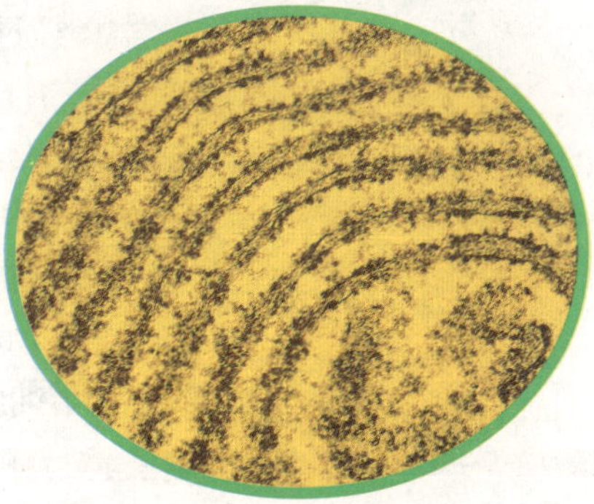

图 1-9 内质网是蛋白质和其他物质在细胞内移动的通道。粘附在它表面的颗粒是核糖体，是一种合成蛋白质的细胞器。

内质网 如果继续在细胞质中探索，你会发现四周都是迷宫般的通道。这些通道被称为**内质网(endoplasmic reticulum)**。内质网能把蛋白质和其他物质从细胞的一个部分运输到另一部分的结构。

核糖体 有不少小颗粒粘附在内质网的外表面上，另外还有一些漂浮在细胞质中，它们都是**核糖体(ribosome)**，是蛋白质的合成工厂。它们生产出的一部分蛋白质被送进内质网里，然后再运输到高尔基体中。

高尔基体 当我们穿过内质网，就会看到一个形似扁平的囊袋和管道的结构。它就是**高尔基体(Golgi body)**，是细胞的"邮递局"，收集从内质网运输来的蛋白质和其他新合成的物质，然后把它们分装打包，再运输到细胞的其他地方，或释放到细胞外。

叶绿体 你是否还注意到细胞质里漂浮着许多巨大的绿色细胞器呢？这些就是**叶绿体(chloroplast)**，仅存在于植物和其他某些生物的细胞里。叶绿体能从阳光中获取能量，用来合成有机物。植物呈现绿色也正是因为含有大量叶绿体的缘故。

试一试

明胶细胞模型 活动

亲手制作一个细胞模型。

1. 将一包无色的明胶溶解在温水中，再把明胶倒入一个长方形纸盒(模拟植物细胞)或一个圆形纸盒((模拟动物细胞)中。
2. 选择不同的材料来模拟植物或动物细胞中的每个结构。在明胶凝固前，把这些材料插入明胶中。

建立模型 在一张纸上写明各种材料分别代表的细胞结构名称，并描述每个结构的功能。

液泡　经过叶绿体后，我们在细胞质里又遇到了一个充满液体的巨大圆囊。它被称为**液泡(vacuole)**，是细胞的储备区域。大部分植物细胞都含有一个大液泡，而在大多数动物细胞中则没有液泡。

液泡储存细胞所需的食物和其他物质，也能储存代谢废物。植物细胞里的大部分水也储存在液泡内。当液泡充满水时，细胞变得饱满坚固；水分不足时，细胞就萎缩了。

溶酶体　在离开细胞结束我们的探索之前，再向你的周围看一看。这时如果你沿着液泡的四周仔细寻找，也许能有幸发现一个小的圆形细胞器——**溶酶体(lysosome)**。溶酶体内含有的化学物质能把大的食物颗粒分解成小碎片，还能分解老化的细胞结构，并把碎片释放出来供重新利用。因此，它可以说是细胞里的清洁工。一般来说，溶酶体在动物细胞里比在植物细胞里更常见。

虽然溶酶体里的化学物质很有威力，但你不必担心自己的安全，因为溶酶体的外膜能防止它们泄露出来破坏细胞的其余部分。

细菌细胞

你刚才所学的植物细胞和动物细胞的结构与图 1-10 里的细菌细胞有许多不同之处。首先，细菌细胞通常比植物或动物细胞要小得多。以人的皮肤细胞为例，它比一个中等大小的细菌细胞大 10 倍左右。

细菌细胞**有细胞壁、细胞膜，却没有细胞核**。它的遗传物质位于细胞质中，看起来像一根缠结着的粗绳。细菌内也有核糖体，但却没有其他细胞器。

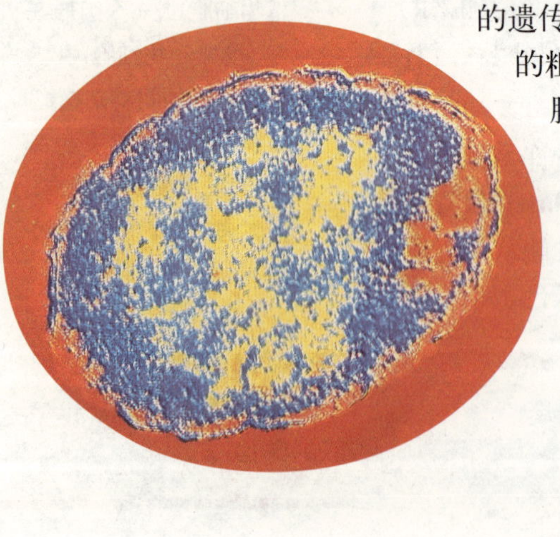

图 1-10　这个单细胞生物是一种细菌。它的细胞内没有细胞核或其他细胞器。

观察　*细菌的遗传物质位于细胞的什么地方？*

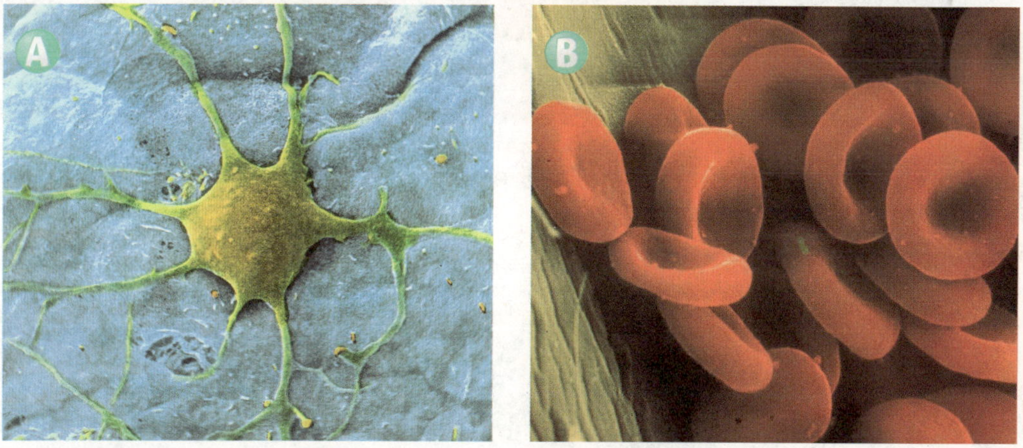

图 1-11　人体内含有各种特化的细胞。**A.** 神经细胞有长长的突起，使信号能通过这些突起传遍全身。**B.** 红细胞薄而有弹性，使它们能通过微小的血管。

特化的细胞

与细菌等单细胞生物不同，植物、动物（包括你自己）和其他一些生物的体内都含有许多细胞。在多细胞生物中，不同的细胞之间，无论大小还是结构都有很大的差异。你可以比较一下人体的各个部分——皮肤、骨骼、肌肉、血液、大脑、肝脏、胃等——虽然这些器官都是由细胞组成的，但每个器官都执行着不同的功能。图 1-11 显示了人体内两种不同的细胞。每种细胞的结构与其在生物体内执行的特殊功能都是相适应的。

第二节复习

1. 细胞膜的功能是什么？
2. 为什么细胞核可以称为细胞的控制中心？
3. 举出两种动物细胞没有而植物细胞具有的结构，并说明它们各自的功能。
4. 细菌细胞和其他生物的细胞的不同之处是什么？
5. **理性思维　比较与对比**　比较一下植物细胞的细胞壁和动物细胞的细胞膜。它们的功能有哪些相似之处和不同之处？

课题 1

检查进度

现在你应该把鸡蛋放在水里，浸了一两天后，再将它依次浸泡在食用色素、盐水以及自己选择的一种液体中。坚持每天冲洗一下鸡蛋，然后测量它的周长，并做好记录。鸡蛋的外观将会发生一些令人惊奇的变化。

观　察

显微镜下的生命

在这次实验中，你将通过显微镜观察植物细胞和动物细胞。

问题

植物细胞和动物细胞有哪些区别？

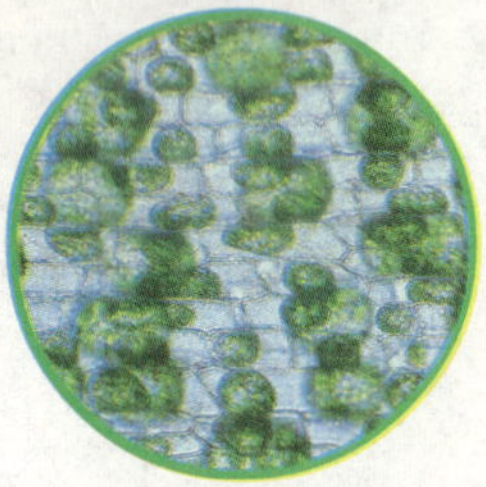

重要技能

比较与对比　观察

材料

塑料滴管　水
伊乐藻叶[①]
载玻片　镊子　显微镜
盖玻片　彩色铅笔
动物细胞　玻片标本

实验步骤

1. 开始实验之前，阅读第190～191页的显微镜使用指南(附录B)，学会如何正确和安全地使用显微镜。

第一部分　观察植物细胞

2. 用塑料滴管在载玻片的中央滴一滴水。**提醒：** 载玻片和盖玻片容易碎，所以操作时要小心，不要用手触摸碎玻璃片。
3. 用镊子从伊乐藻上取下一片叶子，把它放在载玻片上的水滴中，注意叶片要保持平整。如果有皱褶，就用镊子展开铺平。
4. 捏住盖玻片的边缘，慢慢地把它盖在水滴和叶片上。如果有气泡形成，就轻轻敲击盖玻片，赶走气泡。
5. 在显微镜的低倍镜下观察伊乐藻叶片，然后慢慢地转换成高倍镜观察。
6. 观察伊乐藻叶细胞后绘图(要画出细胞各个部分的颜色)，然后标出各部分的名称，并记录放大倍数。
7. 按老师的要求把叶片扔到指定地点。小心地清洗和干燥载玻片及盖玻片。最后别忘了洗手。

第二部分　观察动物细胞

8. 领一块事先制作好已经过人工染色的动物细胞玻片标本。
9. 分别用显微镜的低倍镜和高倍镜观察动物细胞后绘图，标出各部分名称，并记录放大倍数。

分析与结论

1. **比较与对比**　植物和动物细胞有哪些相似之处？植物和动物细胞有哪些不同之处？
2. **观察**　植物细胞呈现的颜色是什么？什么结构使它呈现这种颜色？
4. **交流**　为什么在观察标本时应记录观察结果？

进一步的探索

观察其他的动物细胞玻片标本，看看它们之间有什么不同。注意：在观察之前要征得老师的同意。

译者注：①伊乐藻是一种广泛分布在北美洲大陆的水生植物，外形有些类似金鱼藻，常见于水流缓慢的溪流或池塘里。通常将它种在水族箱中，以便供应鱼类所需的氧气。

SECTION 3 构成细胞的化合物

探索 活动

什么是化合物

1. 老师会展示一些装满各种物质的容器，这些物质都是化合物。
2. 仔细观察每一种物质，并阅读容器上的标签，看看它们分别由哪些成分组成。

思考

自定义 根据你的理解给化合物下定义。

如果说细胞是生物的基本建筑原料，那什么又是细胞的基本建筑原料呢？这些原料和构成我们身边其他物质的原料有什么相似点吗？在这一节里，我们将了解构成生物细胞和构成非生物体的物质之间的区别。

阅读指南

- 生命体中的有机分子主要有哪四种类型？
- 水在细胞执行正常功能中起了什么重要作用？

阅读提示 边阅读边列表，写出四种主要的有机分子类型以及各自在细胞中的位置。

元素与化合物

你也许知道，我们周围的空气是许多气体的混合物，包括氧气、氮气等。氧和氮就是两种元素。**元素(element)**是指不能再分的最小物质，它的最小单位是**原子(atom)**。元素是同一类原子的总称。生物体中最常见的元素是碳、氧、氢和氮。

当两种或两种以上的元素按一定质量比例化合，就形成了**化合物(compound)**。举个例子来说，水就是由氢元素和氧元素组成的化合物。大多数化合物的最小单位是**分子(molecule)**。比如，每个水分子是由两个氢原子和一个氧原子组成的。

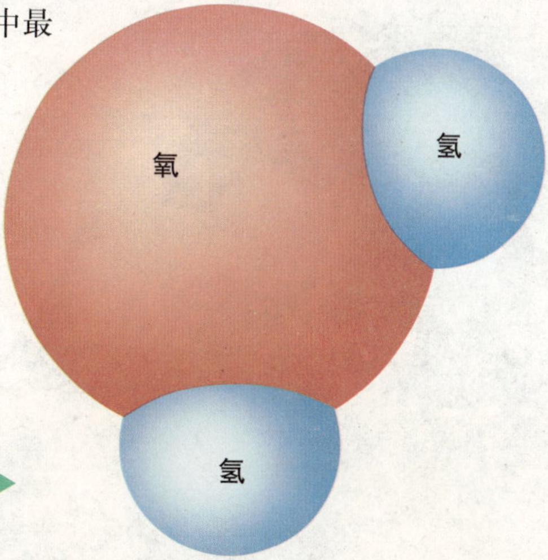

水分子的结构 ▶

有机化合物与无机化合物

有机体中的许多化合物都含有碳元素。因此大部分含碳的化合物被称为**有机化合物(organic compound)**。

生物体中最重要的四类有机化合物分别是碳水化合物、脂类、蛋白质和核酸。你也许知道，这几种物质在我们的食物里含量都很丰富。这一点并不奇怪，因为我们的食物都来自生物体。

不含碳元素的化合物及少数几种含碳化合物(二氧化碳、一氧化碳及碳酸等)称为**无机化合物(inorganic compound)**。水、氯化钠(食盐)都是常见的无机化合物。

碳水化合物

碳水化合物(carbohydrate)是一种富含能量的有机化合物。它由碳、氢、氧元素构成，糖类和淀粉是其代表。

糖类产生于植物合成有机物的过程中。水果和某些蔬菜具有很高的糖含量。糖分子能进一步互相结合形成更大的分子——淀粉。植物就是以淀粉的形式来贮藏多余的能量的。许多植物性食品都含有淀粉，比如土豆、面条、大米和面包等。吃了这些食物后，人体会把淀粉分解成葡萄糖，而葡萄糖能被细胞直接利用，产生能量。

碳水化合物还是某些细胞结构的重要组分，例如，构成植物细胞壁的纤维素就是一种碳水化合物。另外细胞膜中也含有碳水化合物。

图1-12 这些土豆含有大量的淀粉——碳水化合物的一种。在放大照片里的蓝色颗粒就是土豆中的淀粉，它们被染成蓝色以便显示得更清楚。

分类 *哪一类碳水化合物能互相结合形成淀粉？*

图 1-13 这只孔雀的羽毛主要是由蛋白质构成的。蛋白质是细胞膜和许多其他细胞器的重要组分。

蛋白质

你知道鸟类的羽毛、蜘蛛网和人的指甲有什么共同点吗？答案是它们主要都由蛋白质构成。**蛋白质(protein)**是由碳、氢、氧、氮组成的有机大分子，有时还含有硫。含高蛋白的食物包括肉、蛋、鱼、坚果和豆类等。

蛋白质的结构 蛋白质分子是由更小的**氨基酸(amino acid)**分子组成的。常见的氨基酸分子虽然只有20种，细胞却能通过对它们进行不同的组合，合成成千上万种蛋白质。氨基酸的种类和它们的连接方式决定合成的蛋白质的种类。你可以把20种氨基酸看成英语字母表中的26个字母。你所使用的字母以及字母的先后顺序决定形成哪一个词。只要改变一个字母，比如把rice(大米)改成mice(老鼠)，词义就完全不同了。同样的，改变一个氨基酸的种类或者连接顺序就会合成不同的蛋白质。

蛋白质的功能 细胞的许多结构都是蛋白质组成的。蛋白质是细胞膜的组成成分，也参与组成了许多细胞器。比如，蛋白质就是头发的重要成分。

酶 **酶(enzyme)**是一种能加速生物体中化学反应的蛋白质。例如，唾液中的酶能把嘴里的淀粉分解成糖，加速食物的消化过程。没有酶的作用，生物所必需的许多化学反应会变得很慢甚至不发生。

☑ ***想一想*** ***酶的作用是什么？***

试一试

那是什么味道 活动

用这个小试验来体会酶在人体中的作用。

1. 把一块无盐的苏打饼干放在嘴里咀嚼，但不要咽下去。注意饼干的味道。
2. 继续咀嚼几分钟，使饼干和唾液充分混合。注意饼干的味道发生的变化。

推理 苏打饼干主要由淀粉组成，而且不含糖分。你如何解释咀嚼几分钟以后饼干味道发生的变化？

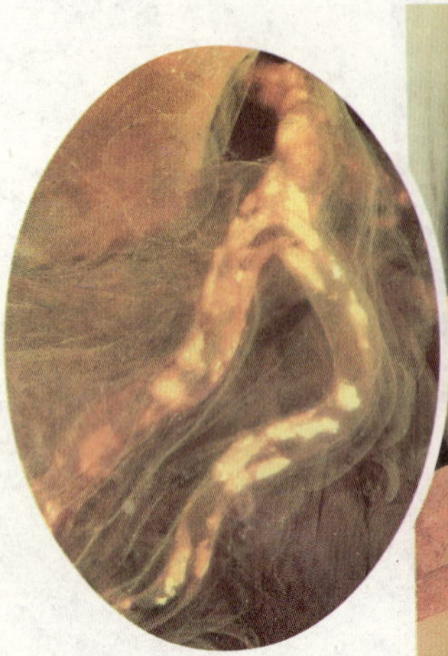

图 1-14 胆固醇是动物性食物中常见的一种脂类。饮食中如果含有过量的胆固醇，会导致血管堵塞，如左图所示。*做出判断* *为什么日常饮食中要限制胆固醇的摄入?*

脂类

你有没有注意过妈妈在烧肉之前，通常会先切掉一些上面的肥肉呢？这些肥肉就属于脂类。**脂类 (lipid)** 包括脂肪、油和蜡等。脂类是一种由碳、氢、氧组成的高能有机化合物，它所含有的能量比碳水化合物的要丰富得多。

细胞把能量以脂类的形式储存起来，以备将来使用。例如，熊在冬眠之前体内的脂肪大大增加，冬眠时就靠脂肪所蕴藏的能量为生。 此外，脂类是构成细胞膜的重要成分。

与健康科学的综合 你可能听说过一种叫胆固醇的脂类。它是动物细胞膜的重要成分，所以人体需要一定量的胆固醇。肝脏合成的胆固醇通常已经足够供应人体所需。许多食物中也含有胆固醇，当体内含有的胆固醇过量时，胆固醇会在血管壁上沉积下来，严重时就会阻塞血管，阻碍血液正常流动。因此，营养学家建议人们应控制含高胆固醇的食物摄入量，如肉、乳酪、蛋等。

核酸

核酸 (nucleic acid) 是由碳、氧、氢、氮和磷组成的极为庞大的有机分子。它含有指挥细胞完成各种生命活动的指令。

核酸分为两种: **脱氧核糖核酸(DNA)** 和 **核糖核酸(RNA)**。DNA是把生物信息从亲代传递到子代的遗传物质。 它们所包含的信息同时也指导着所有细胞的活动。DNA大部分都位于细胞核内的染色质里。RNA 在合成蛋白质的过程中起着重要的作用。在细胞核以及细胞质里都有 RNA 的存在。

水与生命

你知道吗？构成人体的物质中，将近三分之二是水。水在细胞里起着至关重要的作用，细胞里的许多化学反应只有当反应物溶解在水里时才能进行。**没有水，细胞里的大部分化学反应就根本不会发生**。而且，水分子本身也参与许多反应。

水还能帮助细胞保持它们的大小和形状。打个比方说，细胞里没有水，就好像气球里没有了空气。此外，水的温度变化比较慢，因此能帮助细胞保持温度的相对恒定。在下一节中，我们将讲述水在细胞的物质运输中所起的作用。

图 1-15 水对所有的生命都至关重要。这些郁金香也需要水的浇灌。

第三节复习

1. 说出生物体中有机分子的四种主要类型以及它们各自的功能。
2. 水在细胞中起了什么作用？
3. 元素与化合物之间的关系是什么？
4. **理性思维** **预测** 假设细胞既没有氨基酸的来源，自身也不能合成氨基酸，这对细胞将会有什么影响？

身边的科学

和家人一起看看各种食品包装上的“营养成分”表，说说哪些食品富含以下几种有机化合物：碳水化合物、蛋白质、脂肪。和家人一起讨论：这几种化合物分别是由哪些元素组成？它们在细胞和人体中各起了什么作用？

生活实验室

午餐里有什么

你也许会感到惊讶，食品工业在质量检验时还需要化学家的参与。其实这很容易理解，因为大多数食品必须在标签上注明它们所含有的化学成分。现在，让我们来学一学化学家是怎样获得这些信息的。

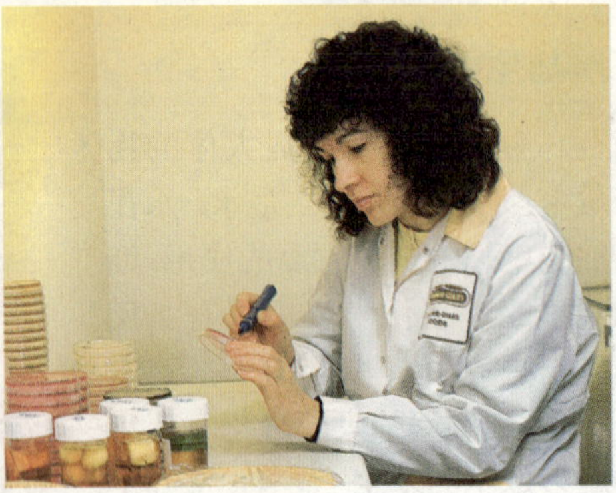

问题

哪种食品中含有淀粉和脂肪？

重要技能

观察　推理　得出结论

材料

玉米粉(1克)　水　食品样本　塑料杯　塑料搅棒　塑料滴管　塑料量筒　植物油(5毫升)　碘溶液　棕色试纸(5平方厘米)

实验步骤

第一部分　淀粉和脂类的定性实验

1. 首先预测一下实验中淀粉和脂类的变化有什么区别，然后把记录表誊抄在笔记本上，并在表中添加5个空行。
2. 领取装有玉米粉(淀粉)和植物油(脂类)的塑料杯。
3. 用拇指和食指捏一小撮玉米粉，体会一下它的质感，并记录。然后把手洗净。
4. 用拇指和食指沾一些植物油，体会它的质感，并记录。然后把手洗净。
5. 取一个空塑料杯，倒5毫升水，再倒入一半玉米粉。用塑料搅棒把水和玉米粉充分混合。
6. 取一张棕色试纸，在角上标明“S”(淀粉)。将上述混合物滴3滴到试纸上，记录结果。把它放在一边，5分钟后再观察一次。
7. 另取一张棕色试纸，在角上标明“L”(脂类)。滴三滴植物油到试纸上，记录观察结果。把它放在一边，5分钟后再观察一次。
8. 在剩下的淀粉与水的混合物中滴四滴碘溶液，用一根干净的塑料搅棒把它们充分混合，记录观察结果。

   提醒： 取碘溶液时要当心，它会染在皮肤和衣服上。
9. 在剩下的植物油中滴四滴碘溶液，用干净的塑料搅棒搅拌均匀，记录观察结果。

记　录　表					
	检测物质	质感	棕色试纸实验	碘实验	化合物种类
1	玉米粉				淀粉
2	植物油				脂类
3					
4					
5					

第二部分　食品样本测定

10. 用在第1部分里学到的淀粉和脂类的测定知识，设计如何检测以下这些食品样本：面包、黄油、洋葱、意大利通心粉、花生酱、土豆、薯片和大米。如果样本是大块状的，如土豆块，可以把它碾碎或者切成小块。(提示：检测脂类食品样本时可以把它直接在棕色试纸上涂抹。)将设计方案交给老师审阅，征得他的同意。

11. 把你要测定的样本填在记录表的第一列中。开始测定之前，预测一下结果并说明理由。预测时，要考虑到有些食品可能同时含有淀粉和脂类。

12. 按第1部分中的方法进行测定，在表格中记录下观察的结果。**提醒：**不要把碘溶液和任何食品样本放进嘴里。操作完毕后把手洗净。

分析与结论

1. 观察　根据你的实验，怎样的检测结果说明食物中含有淀粉？怎样的检测结果说明含有脂类？

2. 推理　如果一种食物样本既同玉米粉一样能与碘反应，又像植物油那样，能与棕色试纸发生显色反应。这说明什么？

3. 得出结论　用碘实验和棕色试纸实验对一种食物进行检测时，如果不出现任何实验现象，这说明什么？

4. 交流　通过对这些食品样本的测定，你有什么发现？有哪一种食品的检测结果出乎你的预料之外吗？

5. 应用　为什么人们需要知道食物里含有的有机化合物成分？

实验设计

一些食品，比如牛奶和奶制品，有普通和低脂两种规格。设计一种方法来检测各种奶制品的规格。

SECTION 4 细胞与环境

探索 活动

分子是怎样运动的

1. 全班同学起立，以相同的间隔站满整个教室。
2. 然后，老师在门口向教室里喷洒空气清新剂。当你闻到清新剂味道的时候，立刻举手。
3. 请注意一下教室里其他同学闻到空气清新剂味道需要的时间。

思考

构想假说 每个同学与老师的间距和他(或她)闻到空气清新剂所需的时间有什么关系？试着提出一个假说来解释这一现象。

阅读指南

- 物质是通过哪三种方式进出细胞的？
- 主动运输和被动运输之间有什么区别？

阅读提示 阅读之前，可以把文章中的小标题作为关于物质进出细胞方式的提纲。在阅读的同时，对每一个标题做一些注解。

你知道细胞和空间站之间有什么相似之处吗？空间站的外壳能保护里面的宇航员，防止他们接触真空的宇宙空间。而食物、水和其他供给品都要由宇宙飞船从地球运输而来。除此之外，空间站还必须处理每天的生活垃圾。通过空间站的舱门，宇航员们才能从飞船上运进所需的物品，并运出垃圾让飞船带回地球。

细胞也像空间站一样，有防止细胞内成分接触外界环境的保护性结构。所有的细胞都具有一层细胞膜，使它们和外界隔离开来。另外，与空间站遇到的问题一样，细胞也需要运进有用的物质，排出垃圾，而这些工作都是由细胞膜来控制的。

▼ 前苏联"和平号"空间

细胞膜——细胞的门卫

细胞膜具有**选择透过性(selective permeability)**，这意味着某些物质能通过它，而另一些物质则不能。英文中术语"**透过(permeable)**"来自拉丁语，意思是"通过"。你可以把细胞膜想像成一个古堡的门卫。他的职责就是决定在什么情况下开启城门，允许人们进出城堡。门卫的存在使城堡的城墙具有"选择通透性"——友善的村民能通过，而敌人却不行。

通常来说，像氧气、水和二氧化碳这一类的小分子可以自由通过细胞膜。另一方面，细胞膜却不允许某些大分子和盐类自由通过。**物质进出细胞的方式主要有以下三种：扩散、渗透和主动运输。**

扩散——运动中的分子

扩散(diffusion)是小分子通过细胞膜的主要方式，是指分子从高浓度区域向低浓度区域移动的过程。物质的**浓度(concentration)**是指在一定体积中某一物质的数量。

如果你参与了本节的探索活动，你就已经观察到扩散现象的实例了。在空气清新剂喷出的地方，含有的清新剂分子最多，浓度也就最高；而在教室的其他地方含有的清新剂分子比较少，浓度也较低。这些分子就从高浓度区域向低浓度区域逐渐移动。

引起扩散的原因 与化学的综合 分子总是在运动着的，当它们运动时会相互碰撞。一个区域内的分子越多，它们就碰撞得越多。分子间的碰撞使它们有互相远离的趋势。经过一段时间后，同一物质的分子就不断扩散开来，最终它们会平均地分布在这个区域中。

细胞中的扩散现象 你曾经用显微镜观察过池塘水中的单细胞生物吗？这些生物从周围的水中获取维持生命所必需的氧气。幸运的是，水中的氧气分子要比细胞内的多。也就是说，水中的氧浓度会比细胞内的高。还记得前面说过的吗，氧分子是能自由通过细胞膜的。因此，氧分子就会从浓度较高的池塘水里通过细胞膜，到达浓度较低的细胞内部。

图1-16 分子通过扩散运动从高浓度区域向低浓度区域移动。**A.** 分子向细胞内扩散。**B.** 分子在细胞内外的浓度相等。

预测 当细胞外的分子浓度比细胞内低时，会怎么样？

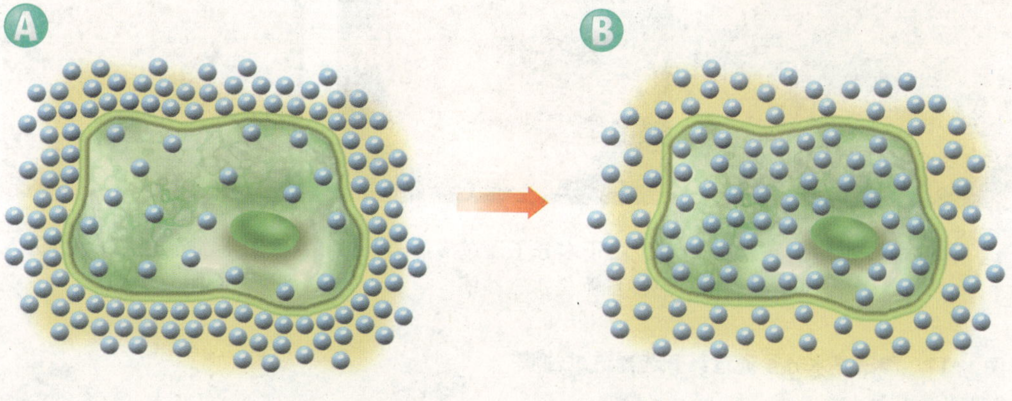

·试 一 试·

观察扩散现象 活动

下面开始观察扩散现象。

1. 在一个干净的小塑料杯里装满冷水，把杯子静置于桌上，直到水静止。
2. 用塑料滴管在水中滴入一大滴食用色素。
3. 时刻注意观察水中发生的每一个变化，直到再也看不到任何改变。

推理 在你所观察到的变化中，扩散起了什么作用？

渗透——水分子的扩散

像氧气一样，水也能轻易地透过细胞膜进出细胞。水分子通过具有选择透过性的膜的扩散运动叫做**渗透**（**osmosis**）。许多细胞的生理活动依赖于渗透，因为没有充足的水分，细胞就无法执行正常功能。

前面说过，分子总是有从高浓度区域向低浓度区域移动的趋势。在渗透时，水分子通过扩散运动从水分子较为集中的一侧向另一侧移动。这一点对于细胞至关重要。

从图1-17可以看出渗透对细胞的影响。图1-17A中，红细胞外水分子的浓度与细胞内一致，这时红细胞呈现正常的圆盘状。

现在再来看一下图1-17B。红细胞浸在一种含盐分高的水溶液中。细胞外的水分子的浓度比细胞内的低。这是因为盐水中盐分占去了一定的空间，水分子数量就相应地减少了。结果水分子通过渗透从细胞内往外流，导致细胞失水、萎缩。

最后来看图1-17C。红细胞漂浮在含有很少量盐分的水溶液中。细胞内的含盐量比细胞外的水溶液更多。因此，细胞外的水分子的浓度较高，水分子渗入细胞，使细胞复原。

☑ *想一想* ***渗透和扩散之间有什么关系？***

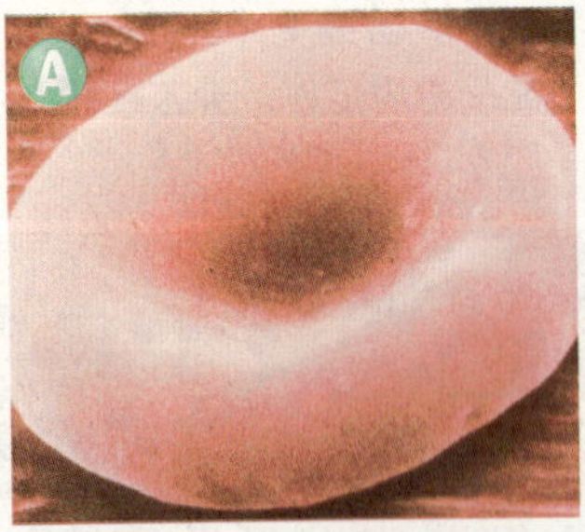

A. 这是血红细胞的正常形态。

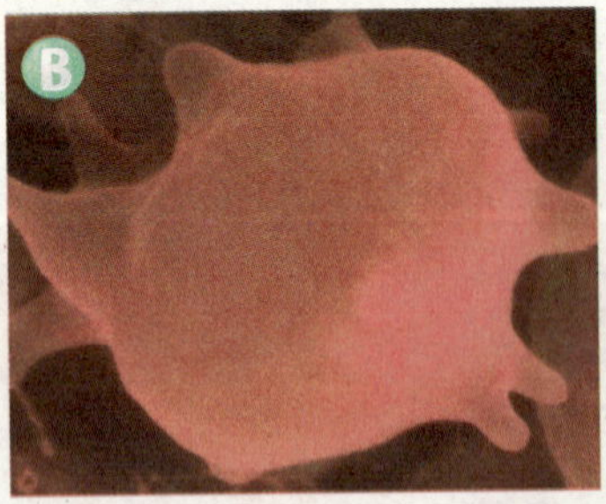

B. 由于水分子通过渗透离开细胞，细胞失水、萎缩。

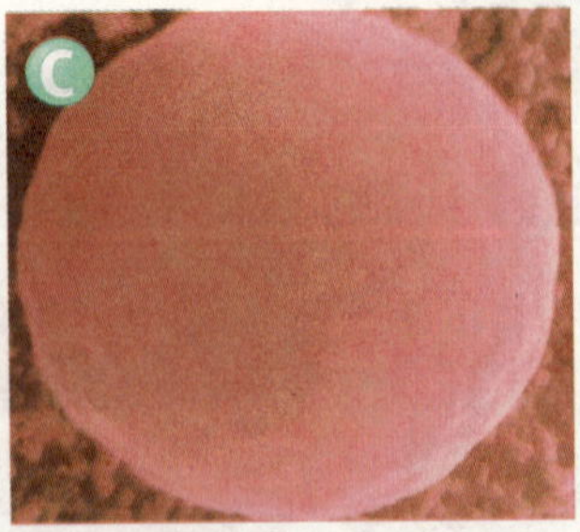

C. 由于水分子通过渗透进入细胞，细胞复原。

图1-17 渗透是水分子通过具有选择透过性膜时的扩散现象。

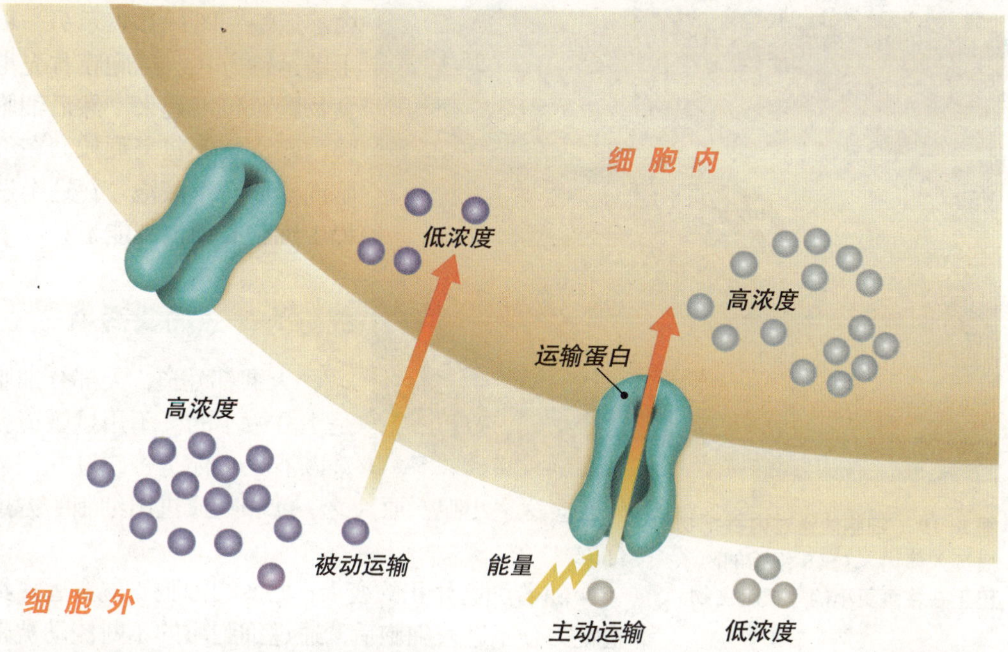

主动运输

如果你曾经骑着自行车下山的话肯定知道，不费力气就可以骑得飞快。可如果再骑回山顶，那就费劲了。对于细胞而言，依靠扩散和渗透使物质通过细胞膜就像骑车下山一样，不需要消耗能量。所谓**被动运输 (passive transport)**，就是指细胞不消耗能量而使物质通过细胞膜的运输方式。

如果当一种物质的细胞外浓度低于细胞内浓度的时候，细胞怎么才能摄取该物质呢？那意味着细胞必须以与扩散相反的方向运输物质。要做到这一点，细胞就必须消耗能量——正如你需要花力气才能骑回山顶一样。**主动运输 (active transport)** 是指需要细胞消耗能量使物质进出细胞膜的运输方式。**它与被动运输的主要区别在于主动运输需要耗能，而被动运输不需要耗能。**

运输蛋白 细胞进行主动运输有几种方式。其中之一就是由细胞膜上的运输蛋白“采集”细胞外的分子，把它们运入细胞，同时在这个过程中消耗能量。运输蛋白也可以通过类似的方式把分子运出细胞。用这种方式进出细胞的物质包括：钙、钾和钠等。

图 1-18 扩散和渗透是被动运输的两种形式。这些运输过程都不需要细胞消耗能量。相反，主动运输就需要细胞耗能。

理解图表 *被动运输和主动运输与细胞内外的分子浓度之间有什么关系？*

图 1-19 细胞能通过内吞把物质运入体内。这只单细胞的阿米巴正在吞食更小的单细胞生物。

内吞运输 图1-19表示另一种主动运输方式。细胞膜首先把食物颗粒包围起来，然后细胞膜内陷，闭合包裹颗粒，在细胞内形成一个液泡。在这个过程中细胞必须消耗能量。

细胞为什么如此微小

大家都知道，大部分细胞是十分微小的，不用显微镜就难以看见。你是否想过它们为什么会这么小呢？原因之一就和物质进出细胞的方式有关。

随着细胞体积的变大，更多的细胞质就会远离细胞膜。分子进入细胞后，通过细胞质的不断流动被带到目的地，这与海洋里的水流对船的作用机理是一致的。但如果细胞很大，为了把物质带到细胞的各个部位，细胞质需要流动的距离远了，物质达到细胞中心的时间就相应变长。同时，排出废物需要的时间也相应增加。细胞长得太大将不利于其更好地生存。所以当细胞长到一定大小时，就会分裂成两个新的细胞。关于细胞分裂的知识，我们将在第二章里学到。

第四节复习

1. 说说物质进出细胞的三种方式。
2. 主动运输和被动运输有什么相同，又有什么不同？
3. 为什么对细胞来说个体小更有利？
4. **理性思维** **预测** 一只单细胞生物被从纯水中转移到盐水中，细胞将会发生什么变化？说说理由。

课题 1

检查进度

想一想实验中每一步鸡蛋的变化是怎样发生的。思考不同的物质对鸡蛋产生了什么影响。（**提示：**水对细胞活动起着至关重要的作用。在实验中，水扮演了什么角色？）把实验结果整理成一份报告，并把鸡蛋周径的变化绘成图表。在图表中加上注解，以说明整个过程是怎么发生的。

学习指南

第1章复习

SECTION 1 细胞的发现

知识要点

- 显微镜的发明使人们发现细胞成为可能。
- 细胞学说的主要内容是：所有的生物都由细胞构成；细胞是生物结构和功能的基本单位；所有细胞都来自其他细胞。
- 光学显微镜中的透镜使通过它的光线产生折射从而放大物体。

关键术语

细胞　显微镜
复合显微镜　细胞学说
放大率　凸透镜
分辨率

SECTION 2 观察细胞的内部结构

知识要点

- 细胞膜保护着细胞，并对进出细胞的物质加以控制。
- 细胞核是细胞的控制中心。核内的染色质包含有遗传物质，能指挥细胞的活动。
- 细胞器包括线粒体、内质网、核糖体、高尔基体、液泡和溶酶体。植物细胞还含有叶绿体。
- 细菌细胞虽然有细胞壁、细胞膜，却没有细胞核。

关键术语

细胞器　细胞壁　细胞膜
细胞核　染色质　细胞质
线粒体　内质网　核糖体
高尔基体　叶绿体　液泡　溶酶体

SECTION 3 构成细胞的化合物

与化学的综合

知识要点

- 当两种或两种以上的元素化学性地结合，就形成了化合物。
- 生物体中最主要的四类有机化合物是碳水化合物、脂类、蛋白质以及核酸。
- 没有水，细胞里的大部分化学反应就不能发生。

关键术语

元素　原子　化合物
分子　有机化合物　无机化合物
碳水化合物　蛋白质　氨基酸
酶　脂类　核酸　DNA　RNA

SECTION 4 细胞与环境

知识要点

- 物质进出细胞主要依靠以下三种方式：扩散、渗透和主动运输。
- 扩散是指分子从高浓度区域向低浓度区域移动的过程。渗透是指水分子通过选择透过性膜的扩散运动。
- 主动运输与被动运输之间的主要区别在于前者需要细胞耗能，而后者不需要耗能。
- 细胞长得太大将不利于其更好地生存。

关键术语

选择透过性　扩散
渗透　被动运输　主动运输

活动

相关网站

www.science-explorer.phschool.com

第1章复习

复习题

选择题

选择最佳答案。

1. 显微镜辨别微小细节的能力称为
   a. 分辨率　b. 折射
   c. 放大率　d. 主动运输
2. 在植物和动物细胞里，细胞的控制中心是
   a. 叶绿体　b. 核糖体
   c. 细胞核　d. 高尔基体
3. 细胞的“储藏室”是
   a. 细胞壁　b. 溶酶体
   c. 内质网　d. 液泡
4. 淀粉是一种
   a. 核酸　b. 蛋白质
   c. 脂类　d. 碳水化合物
5. 水分子透过细胞膜的过程称为
   a. 渗透　b. 主动运输
   c. 扩散　d. 溶解

判断题

如果下列叙述正确，写“T”，如果错误，请修改划线部分。

6. 细胞是通过<u>电子</u>显微镜发现的。
7. <u>液泡</u>是细胞的“动力工厂”。
8. 细菌细胞与植物和动物细胞不同的是它没有<u>细胞核</u>。
9. DNA 和 RNA 都是<u>蛋白质</u>。
10. <u>细胞膜</u>具有选择透过性。

简述题

11. 在细胞学说的建立过程中，显微镜起了什么作用？
12. 说说细胞壁的功能。
13. 试简述有机化合物与无机化合物的区别。
14. 为什么说酶对生物很重要？
15. 什么是扩散？扩散在细胞中有什么作用？
16. **科技写作** 假设你是一名记者，要报道科学家们早期对细胞的研究。试着为报社写一篇简短的文章，介绍其中一位科学家的发现。文章中既要写清他的贡献，又要说明这些发现的重要性。

形象思维

17. **概念图** 把下图抄在一张空白的纸上，然后填空，并给图加上标题。

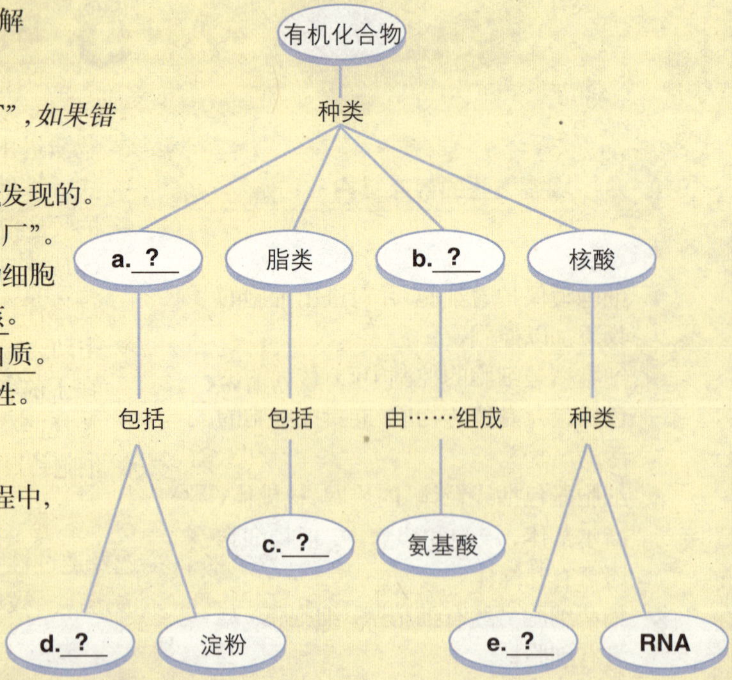

应用技能

一位科学家给图A中的植物浇盐水，过了30分钟，植物变成了图B中的样子。看图回答第18～20题。

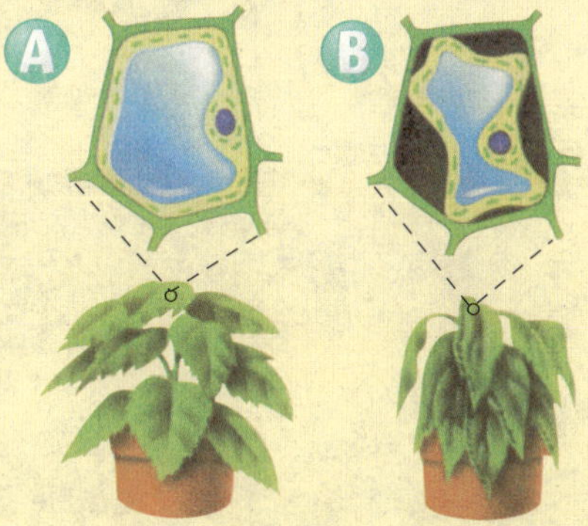

18. 观察 植物被浇盐水后，细胞发生了什么变化？

19. 推理 说说导致植物细胞发生变化的原因。

20. 预测 如果再给图B中的植物浇淡水，你预测植物会发生什么变化，并说明理由。

理性思维

21. 因果推断 假设科学家发明了一台显微镜，它可以用来观察细胞器里的分子。这台显微镜将对我们了解细胞作出怎样的贡献？

22. 应用概念 以狗为例子，阐述一下细胞学说。

23. 预测 细胞没有细胞膜能生存吗？举出论据支持你的观点。

24. 归纳 为什么说研究化学对于理解生命活动十分重要？

25. 比较与对比 主动运输和渗透有哪些区别？

第1章复习

学习评估

课题1 总结

成果展示 把实验用的鸡蛋和你制作的图表、图解带到学校。以班级或者以组为单位，讨论实验结果和你的结论。然后分小组讨论以下问题：蛋壳发生了什么变化？在实验的每一阶段中鸡蛋分别经历了哪些过程？

思考与记录 把你在这次实验中的体会写在笔记本上：小课题的哪一部分最让你感到惊奇？为什么？你是从什么时候开始明白鸡蛋变化的原因？如果把这个课题再做一遍，你想做哪些改动？为什么？

实践活动

在学校 与同组同学一起编排一个短剧，向低年级同学讲授有关细胞及其各组成部分的知识。每个组员都要参加并扮演一种不同的细胞结构，而且要在短剧里表现出它们的功能。最好自己制作演出服以增强演出效果。

第二章 细胞的活动与能量

主要内容

SECTION 1 光合作用

- 探索　能量从哪里来
- 试一试　观察色素

SECTION 2 呼吸作用

- 探索　呼吸作用的产物有哪些
- 增进技能　预测
- 生活实验室　呼出二氧化碳

SECTION 3 细胞分裂

- 探索　酵母细胞在干什么
- 试一试　制作有丝分裂模型
- 增进技能　分析数据
- 技能实验室　分裂中的细胞

课题 2

日照的作用

每当早晨太阳升起的时候，无数微小的生命工厂又开始了一天新的生产活动。这些“工厂”就是指含有叶绿体的细胞。它们将阳光作为进行生产的动力，因而我们称这个过程为“光合作用”。

在这一章里，你将了解到细胞光合作用产生了哪些物质，又为什么几乎所有生物的生命都依赖于这个反应。在本课题中，我们将研究常见的一类进行光合作用的生物——植物，看着阳光对它们产生了什么影响。

课题目标 研究不同的光照条件对植物的健康和生长产生的影响。

为了完成这个课题，你需要：

- 制定一份在不同光照条件下培养植物的计划书。
- 每天耐心照料你的植物，并连续三个星期详细记录它们的生长和健康状况。
- 将数据绘制成图表，并总结光照对植物的影响。
- 遵守附录 A 中的安全守则。

课题准备 和同学进行探讨，试着解决以下几个问题：在实验中需要设置哪些不同的光照条件？要用怎样的植物来进行实验？怎样评价植物的生长和健康状况？怎样确保实验结果是由不同的光照条件引起的？然后完成计划书，交给老师审阅。

检查进度 你将在学习本章的同时来做这个课题。为了保证实验有序地进行，请参阅以下几处“检查进度”栏。

第一节复习，第 54 页：把你的植物置于不同的光照条件下。
第三节复习，第 68 页：每天观察你的植物。
第四节复习，第 73 页：将结果制成图表并进行分析。

总结 在本章结束时(第 77 页)，请向同学们展示你的实验结果。

TION 4 与健康科学的综合 癌症

索 细胞过多时会怎样

这是在美国阿拉斯加州的冰河国家公园中的一景。这些画笔草和矮火草的生长都依赖太阳提供的能量。

SECTION 1

光合作用

探索 活动

能量从哪里来

1. 找一只不用电池的太阳能计算器，把它放在直射的阳光下。
2. 用手遮住太阳能电池板，注意观察数字显示屏受到了什么影响。
3. 然后把手移开，看看数字显示屏又发生了什么变化。
4. 仅露出一块太阳能电池板，把其余的都遮住，现在再看看显示屏的变化。

思考

推理 你能否根据观察推断出这种计算器的运作依靠的是哪种能量？

阅读指南

- 在光合作用过程中都发生了哪些事件？
- 太阳是如何向生物提供它们所需要的能量的？

阅读提示 在阅读的同时，画一张显示光合作用各个步骤的流程图。

这是一个晴朗的夏日，风和日丽，正是在公园郊游野餐的好天气。空气中弥漫着烧烤的香味，你的爱犬在附近的树下嬉戏，树上有几只蓝背鹪鸟正在穿越树枝四处寻觅食物。这时，有个伙伴向你招呼道："嘿，在吃饭前先来个自行车比赛吧。""好主意！"你一边说着，一边骑上了车。

狗在跑，鸟在飞，你们在骑自行车——所有这些活动都需要消耗能量。那么，你知道这些能量都是从哪里来的吗？信不信由你，这些活动所需的能量全都是由太阳提供的。不仅如此，实际上地球上几乎绝大部分生物所需的能量都来自太阳。

什么是光合作用

每种生物都需要能量，因为细胞需要能量来执行它们的功能，例如合成蛋白质和运输物质进出细胞等等。你体内细胞的能量来自你的食物。而植物和其他一些生物(如海藻和某些细菌)的细胞却通过另一种方式来获得能量——利用日光中的能量来为自己制造食物。

细胞从阳光中获取能量并为自己制造食物的过程叫做**光合作用(photosynthesis)**。这个术语来源于两个英文词根的组合。photo是“光”的意思，synthesis是“合成”的意思，合起来就是指用光来合成食物。

光合作用的两个阶段

光合作用是一个非常复杂的过程。**植物和其他一些生物进行光合作用时，利用光能把二氧化碳和水转化为氧气和糖类(如葡萄糖)**。光合作用可以分为两个阶段：获取光能和合成糖类。日常生活中很多事情都要分两个阶段来完成，比如在做蛋糕时，首先要把配料混合制成面团，然后放入烤箱烘烤。为了烤制出可口的蛋糕，这两个阶段必须依次完成。

获取光能　光合作用的第一阶段就是捕获日光中的能量。植物捕获光能的过程是在叶以及其他绿色的部位中进行的。在第一章中曾经讲过，叶绿体是植物细胞中的绿色细胞器。在大多数植物里，叶细胞所含有的叶绿体数量要比其余部分多。

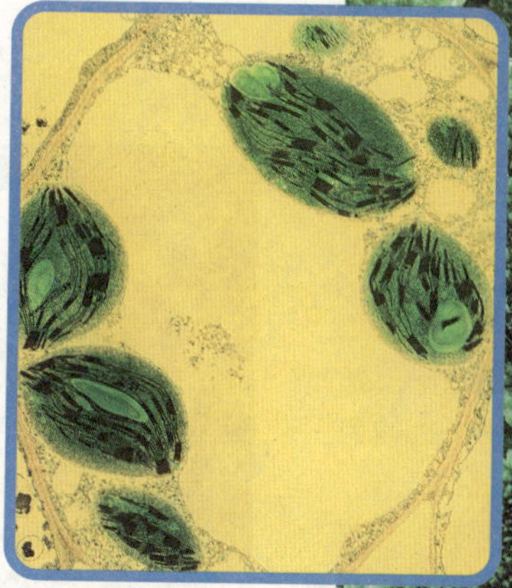

图2-1　光合作用发生的部位在于植物和其他一些生物细胞的叶绿体中。在小图中细胞里的绿色结构就是叶绿体。

应用概念　*含有大量叶绿体的细胞位于植物的哪个部位?*

植物细胞中的叶绿体使植物呈现绿色。而这种绿色来自于**色素(pigment)**，即一些能够吸收光线的有色化合物。叶绿体中的主要色素是**叶绿素(chlorophyll)**，还可能含有一些黄色和橙色的色素，但它们常被叶绿素的绿色所掩盖。

叶绿素的作用和太阳能计算器中的太阳能电池板相似。太阳能电池板获取光能是为计算器供能，而叶绿素获取光能是为光合作用第二阶段的反应提供能量。

用能量生产食物 在光合作用的第二阶段，细胞利用获得的能量来合成糖类。这一阶段所需的原料有两种：**水(H_2O)**和**二氧化碳(CO_2)**。植物的根系从泥土中吸收水分，随后通过茎把水输送到叶。二氧化碳是空气中的成分之一，通过叶背面的小孔，即**气孔(stoma)**进入植物。水和二氧化碳到达叶后，就会进入叶绿体。

在叶绿体内，水和二氧化碳要经历一系列复杂的化学反应。这些反应都需要光合作用第一阶段所获得的能量才能完成。反应的终产物是**氧气(O_2)**和**糖类**(如葡萄糖，$C_6H_{12}O_6$)。第一章中曾经说过，糖是碳水化合物的一种。细胞就是利用储藏在糖里的能量来完成许多重要功能的。

想一想 ***植物为什么是绿色的?***

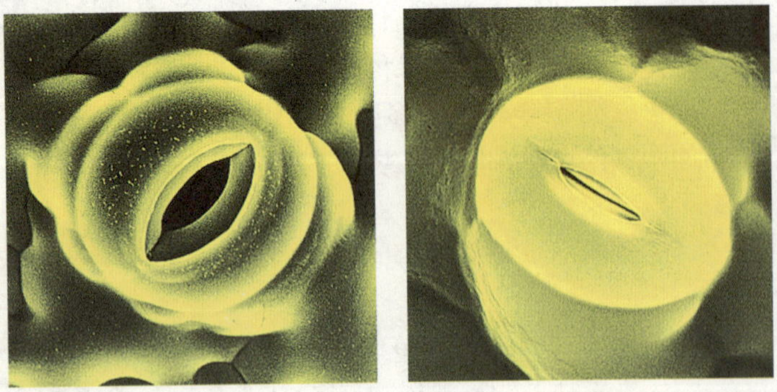

图 2-2 气孔是位于叶背面上的小孔。气孔的开放(左图)和关闭(右图)控制着二氧化碳和氧气的进出。

试一试

活动

观察色素

通过本次活动，你将观察到树叶中含有的色素。

1. 把一张滤纸剪成 5cm × 20cm 的长条形。
2. 将一片树叶放在滤纸上，离纸条一端边缘约 2cm。
3. 然后用一角硬币的边缘在叶片上碾过，使它在滤纸上留下一道狭窄的色痕。
4. 在塑料杯里倒入 1cm深的酒精，然后将滤纸紧贴杯壁放入杯中，注意纸上色痕要高于液面1cm。再把滤纸条的另一端沿杯口折叠，将滤纸位置固定。
5. 10 分钟后，取出滤纸并让它自然晾干，然后仔细观察纸上的色痕发生的变化。
6. 最后把手洗净。

推理 滤纸上树叶的色素变化说明了什么问题?

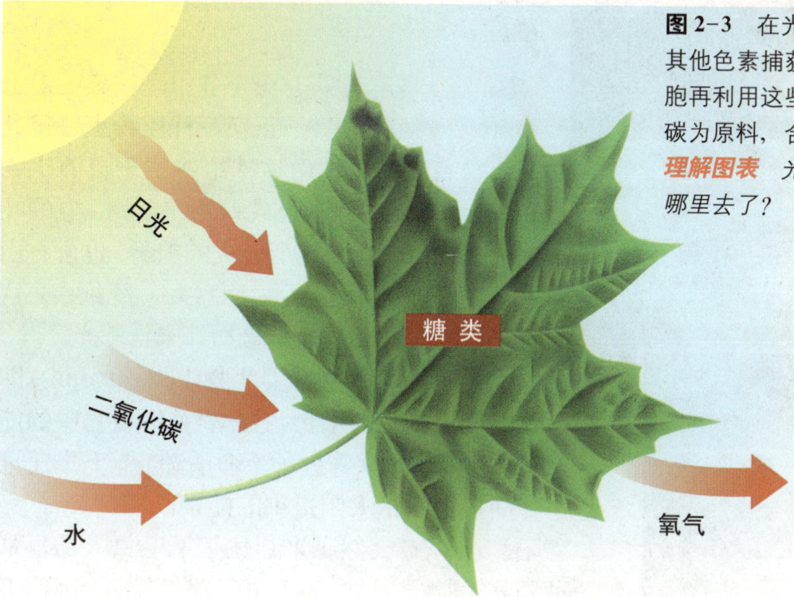

图 2-3 在光合作用中，叶绿素和其他色素捕获日光的能量，然后细胞再利用这些能量，以水和二氧化碳为原料，合成糖类和氧气。

理解图表 *光合作用产生的氧气到哪里去了？*

光合作用的化学方程式

光合作用所发生的反应可以用下述化学方程式表示：

$$\underset{\text{二氧化碳}}{6CO_2} + \underset{\text{水}}{6H_2O} \xrightarrow{\text{光能}} \underset{\text{葡萄糖}}{C_6H_{12}O_6} + \underset{\text{氧气}}{6O_2}$$

与化学的综合 在这个化学方程式中，反应原料——6个二氧化碳分子和6个水分子——写在化学方程式的左边。反应产物——1个葡萄糖分子和6个氧分子——写在化学方程式的右边。连接反应原料和产物的是一个箭头，读作“生成”。光能是这个化学反应进行的必要条件，写在箭头的上方。

光合作用合成的产物有哪些用途呢？植物细胞把产生的一些糖分子作为它们的食物进行分解，释放出其中含有的能量，然后用于执行植物的各种功能。另外一些糖分子则被转化成其他化合物，比如纤维素。其余的糖分子被储存在细胞中供以后利用。所以当你吃土豆、胡萝卜等植物时，实际上是吃下了这些植物的“储粮”。

光合作用的另一个产物是氧气。这些氧气大部分从植物的气孔中逸出，进入空气。所有进行光合作用的生物都会制造并释放氧气。

图2-4 毛毛虫和西部蓝鸲都间接地从太阳获得能量。

光合作用与生命

与环境科学的综合

图4-4中，一条毛毛虫正在一株植物上自得其乐地嚼着叶子。图中这株植物属于**自养生物(autotroph)**，即自己合成食物的生物。它的叶子中既含有光合作用所合成的糖类，也含有由糖类转化的其他化合物，如淀粉、纤维素。这些化合物中贮存的能量最初都来自阳光。

毛毛虫则属于**异养生物(heterotroph)**，即自己不能合成食物的生物。它需要获取植物中的能量来维持生存、发育等各种生命活动。毛毛虫通过吃树叶间接地获得太阳提供的能量。

看！一只鸟突然飞来叼住了毛毛虫。鸟也是一种异养生物，通过吃毛毛虫来获得能量。因为毛毛虫体内的能量间接地来自太阳，所以说，鸟也是依靠太阳的能量生存的。**几乎所有生物获得的能量都直接或间接地来源于光合作用从阳光中捕获的能量。**

光合作用对于我们每天呼吸的空气也至关重要。大多数生物的生存都依赖于占地球大气组成21%的氧气。这些氧气几乎都是靠植物以及其他一些生物的光合作用而产生的。

第一节复习

1. 光合作用所需的原料是什么？产物又是什么？
2. 植物怎样获取能量？动物又是怎样获取能量的？
3. 叶绿素在光合作用中起了什么作用？它位于细胞的哪一部分？
4. **理性思维** **应用概念** 从三个方面来谈谈自养生物对人类的重要性。

课题 2

检查进度

对你的实验计划作必要的修改，然后制作一张用于记录每天观察结果的记录表。从现在起，开始把植物放在不同的光照条件下进行实验。(**提示：**在整个实验中，除了光照，其他实验条件必须注意保持一致，例如植物的浇水量要相等。)

SECTION 2

呼吸作用

探索 活动

呼吸作用的产物有哪些

1. 戴好护目镜，接着在两支试管中分别加入半管的温水，其中一支试管中再加入5毫升糖，然后把加入试剂的试管放在试管架上。
2. 在每支试管中加入0.5毫升干酵母（一种单细胞生物），用玻棒充分搅拌，然后用软木塞把每支试管塞紧。
3. 在接下来的10～15分钟内，观察两支试管里发生的变化。

思考

观察　每支试管里分别发生了哪些变化？为什么两支试管中的变化会有差别？

骑了一段路以后，同伴在前面停了下来，说：“吃些东西再走吧！”他向四周看看，找了一块平坦的石头坐下来，准备吃午餐。今天早上大家都没吃什么东西，刚才又骑了一个多小时的自行车，前面还有一段更陡的路要走。显然，骑到山顶还要消耗不少能量。

谁都知道食物可以提供能量，可是这个过程的具体细节并不是每个人都清楚的。食物并不是在吃下去以后立刻就为人体供能。它首先必须进入消化系统，在那里被分解成较小的分子，然后才能穿过消化系统进入血液。接下去，食物分子随着血流到达身体各个部位的细胞中。在细胞内，这些分子所含有的能量被释放出来。本节中我们将学习人体细胞是怎样从食物中获取能量的。

阅读指南

- 呼吸作用过程中发生了哪些变化？
- 光合作用和呼吸作用有哪些关系？
- 什么是发酵？

阅读提示　在阅读之前，先给呼吸作用下一个定义。然后在阅读时根据学到的知识不断对它进行修正。

图 2-5 所有生物的生存都依赖于能量。**A.** 这只青蛙跳跃时要消耗碳水化合物中储存的能量。**B.** 虽然这些蘑菇不会移动，但它们的生长和繁殖仍然需要持续不断地供应能量。

应用概念 *细胞获取能量的过程叫什么？*

储存和释放能量

为了理解细胞是怎样利用能量的，可以联想一下人们在银行储蓄的过程。人们总是事先在存折里存一些钱，等需要买东西时再来提款。细胞也是这样储存和利用能量的。在光合作用过程中，植物获取阳光中的能量，并以碳水化合物(包括糖类和淀粉)的形式“储蓄”起来。当需要能量时，细胞再分解碳水化合物，从中“提款”，将能量释放出来。同样，当你吃饭时就是在增加体内的能量储备。需要能量时，你的细胞们就会“提款”，从分解的食物中释放出能量。

呼吸作用

吃完饭后，人体会把食物中的碳水化合物转化为葡萄糖。细胞从葡萄糖中提取能量的过程就称为**呼吸作用(respiration)**。**在呼吸作用中，细胞分解一些简单的食物分子(如葡萄糖)，并从中释放出能量。**因为生物需要持续不断的能量供应，所以细胞的呼吸作用也是连续进行的。

“呼吸作用”这个术语常会和“呼吸”混淆起来。我们平时所说的呼吸是指吸入空气、呼出肺里气体的生理活动。为了避免混淆，有时又把发生在细胞内的呼吸作用过程又叫做“细胞呼吸”。

“呼吸”的双重含义正点明了人体的呼吸运动和细胞呼吸之间存在着关联性。吸气时进入肺内的氧气正是大多数细胞呼吸时所必需的。虽然有一些细胞不用氧气也能从葡萄糖中获得能量，但是有氧呼吸是从葡萄糖中获得能量的最有效途径。

增进技能

预测 活动

在冬季，有些动物会进入冬眠状态。冬眠的动物不吃东西，各种生理活动也大大减少。预测一下冬眠时动物的细胞呼吸频率会发生什么变化？为什么？

呼吸作用的化学方程式 尽管呼吸作用包括一系列复杂的步骤，但整个过程可以用以下这个化学方程式表示：

$$\underset{\text{葡萄糖}}{C_6H_{12}O_6} + \underset{\text{氧气}}{6O_2} \longrightarrow \underset{\text{二氧化碳}}{6CO_2} + \underset{\text{水}}{6H_2O} + \text{能量}$$

注意到了吗？这个反应的原料是葡萄糖和氧气。植物和其他一些进行光合作用的生物体内细胞中的葡萄糖是由自身合成的，而动物细胞的葡萄糖则是从动物摄取的食物中获得。呼吸作用需要的氧气都来自生物周围的空气或水。

呼吸作用的两个阶段 与光合作用一样，呼吸作用也可以分为两个阶段。第一阶段发生在细胞质中，葡萄糖被初步分解成较小的分子，并释放出一小部分能量。这一阶段反应没有氧气参与。

第二阶段发生在线粒体中，第一阶段产生的小分子被进一步分解成更小的分子，这一阶段反应需要氧气的参与，并放出大量的能量供细胞使用。正因为这样，线粒体有时也被叫做细胞的“动力工厂”。

图 2-6 总结了呼吸作用的整个过程。从图中可以看出，随着葡萄糖不断被分解，在两个阶段里都有能量释放。二氧化碳和水会从细胞中扩散出来，随着呼气排出体外。就这样，吸气时得到细胞呼吸的原料——氧气，呼气时排出细胞呼吸的产物——二氧化碳和水。

☑ ***想一想　呼吸作用的反应原料是什么？***

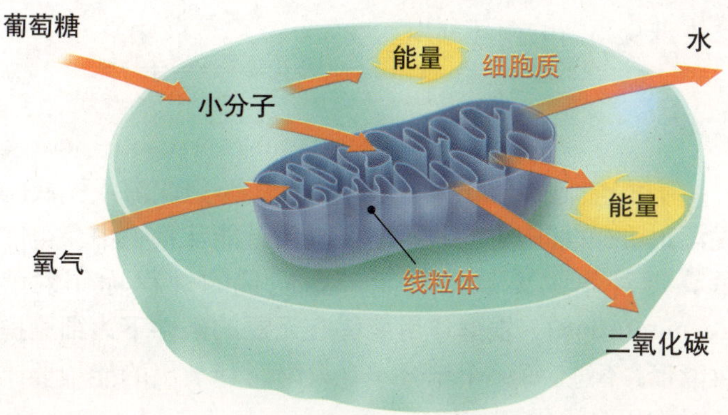

图 2-6 呼吸作用的第一阶段发生在细胞质中，释放出一小部分能量。第二阶段发生在线粒体中，释放出大量的能量。

图 2–7 光合作用和呼吸作用可以看作是两个相反的过程。
理解图表 *这两个过程是如何使大气中的氧气和二氧化碳含量保持相对恒定的呢?*

社会研究

链 接

许多受欢迎的亚洲食品是用发酵的方法制成的。例如四川产的泡菜,它的原料是卷心菜、盐和一些调料。在制作的过程中,天然环境中的细菌通过乳酸发酵使卷心菜变甜,产生的乳酸还使得四川泡菜发出浓郁的香味。通过发酵生产的亚洲食品还有酱油和日本豆面酱等等。

阅读DIY

为四川泡菜或者其他发酵食品写一份广告,要求写出它的制作方法和用途。

光合作用与呼吸作用的比较

你是否觉得呼吸作用的化学方程式看上去很熟悉?的确,它正好与光合作用的化学方程式相反,这一点必须牢记。光合作用是用二氧化碳和水来产生糖类和氧气。而呼吸作用则是利用葡萄糖(一种糖类)和氧气来生产二氧化碳和水。**光合作用和呼吸作用可以被看作是两个相反的过程**。它们共同形成一个循环,来保持大气中氧气和二氧化碳水平的相对稳定。从图2–7中可以看出,生物能对两种气体进行不断的循环利用。

发酵

有些细胞,比如一些生活在无氧环境(深海或湖底的泥沼)中的单细胞生物,不需要氧气就能从食物中获得能量。这种不需要氧气就能产生能量的过程称作**发酵(fermentation)**。**发酵作用能够在无氧的条件下为细胞提供能量**。不过,每一个糖分子在发酵时释放出的能量要比呼吸作用时少得多。

酒精发酵 这种发酵类型一般发生在酵母或另外几种单细胞生物中。它之所以被称为酒精发酵，是因为生物通过这种发酵类型分解糖类得到的产物中含有酒精。其他产物包括二氧化碳和一小部分能量。

酒精发酵的产物对面包师和酿酒师很重要。酵母产生的二氧化碳能使面团膨胀，形成你在熟面包中看到的气孔。而酒精性饮料如啤酒和汽酒中的气泡也是由二氧化碳产生的。

乳酸发酵 这是经常在人体内发生的另一种发酵类型，你肯定曾经尝到过它的滋味。

与健康科学的综合 回想你在长跑的最后阶段时，腿部的肌肉不断剧烈地运动。这时呼吸也加快了，最终双腿变得十分疲劳，好像再也跑不动似的。

跑步时不管你多么用力呼吸，肌肉细胞消耗氧气的速度还是比获得氧气的速度快。肌肉细胞缺氧时就发生乳酸发酵反应。乳酸发酵的产物之一是乳酸。当体内乳酸积聚过多时，人就会感到四肢乏力和酸胀了。

☑ **想一想** ***哪种发酵方式对面包师来说很重要？***

图 2-8 当运动员的肌肉缺氧时，会发生乳酸发酵。这时她会感到肌肉酸痛，疲劳。

第二节复习

1. 为什么呼吸作用对细胞来说十分重要？
2. 阐述光合作用和呼吸作用的关系。
3. 哪种原料在发酵时是不需要的？
4. 植物和动物是怎样维持大气中氧气含量恒定的？
5. **理性思维** **应用概念** 植物细胞需要进行呼吸作用吗？请说明理由。

身边的科学

在家长的指导下，根据烹调书上的配方用酵母自制面包。向你的家人讲解是什么使面团膨胀的。在烤完面包后，再把它切开观察，找一找发酵的证据。

呼出二氧化碳

问题

运动和呼出二氧化碳的量是否有关?

重要技能

预测　控制变量

材料

2个烧杯(250mL)
0.1%溴百里酚蓝溶液30mL
2根吸管　　秒表或带秒针的手表
量筒(25mL)　　纸巾

实验步骤

第一部分　检测二氧化碳

1. 把2只烧杯分别标记为"1"和"2"。在实验中，烧杯1将作为对照。
2. 溴百里酚蓝试剂可以用来检测二氧化碳。在2只烧杯中各倒入15mL溴百里酚蓝溶液。
   提醒：溴百里酚蓝溶液会使皮肤和衣物染上颜色，注意不要把它打翻或溅到身上。
3. 观察并记录2只烧杯中溶液的颜色。
4. 把吸管放入烧杯2，然后通过吸管轻轻地向溶液中吹气，直到溶液变色。
   提醒：吹气时要用吸管，但注意不要从吸管中吸入溴百里酚蓝溶液。让同伴从开始吹气时进行计时，溶液一变色即停止计时。记录用去的时间。

第二部分　运动与二氧化碳

5. 在第1部分中，你们已经记录了运动前使溶液变色需要的时间。预测一下，如果运动后再重复上面的步骤，使溶液变色需要多长时间。设计一个实验来检验你的预测。设计中一定要包括如何记录结果的计划和回顾实验结果的步骤。
6. 写出你设计的实验步骤，让老师修改。提醒：不要在实验中过度疲劳。如果因为健康原因不能剧烈运动，不要参与实验中需要运动的步骤。

分析与结论

1. **测量**　第一次(运动前)测试时溶液变色需要多长时间?
2. **得出结论**　运动是否对溶液变色的时间产生影响?
3. **预测**　第5步中你作出的预测依据是什么？你的预测正确吗?
4. **控制变量**　在第2部分，把你的实验结果和细胞呼吸过程联系起来。文中要阐述细胞活动的增加对二氧化碳的输出有什么影响?
5. **交流**　写一篇短文，把你的实验结果和细胞呼吸过程联系起来。文中要阐述细胞活动的增加对二氧化碳的输出有什么影响。

进一步的探索

有一些植物生长在水中。如果把溴百里酚溶液加入水中，它会变色吗?
(**提示**：植物在呼吸作用时产生的二氧化碳会怎么样？)

SECTION 3 细胞分裂

探 索　　活 动

酵母细胞在干什么

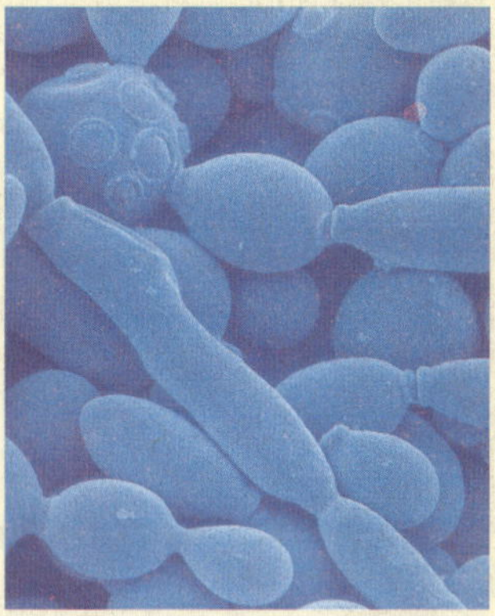

1. 在要用的载玻片上事先涂上亚甲基蓝溶液并晾干。用滴管从酵母培养液中吸一些酵母细胞，滴在载玻片上。然后盖上盖玻片，并放在显微镜下观察。
2. 先用低倍镜仔细观察视野中的细胞，然后换用高倍镜。寻找到两个相互连在一起的细胞，其中一个可能比另一个要大一些。画下你所看到的物像。

思考

构想假说 你认为这两个连着的细胞正在干什么？提出一个假说来解释你所看到的现象。

每年的初秋时分，美国许多地方的集市都会举行南瓜比赛。瓜农们会把他们培育出的最大的南瓜送来参赛，希望能获大奖。如果你没看过这样的比赛，那下面的数字恐怕会令你惊奇：有些获奖的南瓜可以有犬舍那么大，重达600千克。其实，更值得惊叹的是：这么巨大的南瓜都是由南瓜藤上的一朵朵小花发育成的。它们怎会长得那么大的呢？

当一个南瓜不断长大的时候，不仅每个细胞的体积在增加，而且细胞的数量也在增加。一个细胞分裂后形成两个新的细胞；它们继续分裂，变成四个；如此不断分裂下去。这样的细胞分裂不仅在南瓜中存在。就在看书的这个时候，你体内也有许多细胞正在分裂。

阅读指南

- 细胞周期的三个阶段里分别发生了哪些变化？
- DNA复制的作用是什么？

阅读提示 在阅读之前，先把文中的小标题列出来，作为概括细胞分裂过程的提纲。阅读正文时再给每一个小标题添加更为详细的说明。

图 2–9 这只幼猴体内细胞的大小与它母亲体内的几乎一样，然而细胞的数量却远远少于母亲。

细胞周期

让我们先来回忆一下第一章学到的关于细胞的知识。每个细胞都含有许多不同的结构，包括细胞膜、细胞核、线粒体、核糖体等等。为了把细胞分成相等的两部分，它必须先将这些结构复制一次，然后将它们平均地分配到两个新的细胞中去。这样，每个新细胞才能保证得到生存和执行功能所必需的物质。

细胞经历生长发育直至分裂的这一有序过程叫做**细胞周期（cell cycle）**。在第64～65页的“探索　细胞周期”中详细介绍了这一过程的细节。细胞周期被分为三个阶段。在阅读下文时要重点学习：母细胞分裂形成两个子细胞的各个阶段中分别发生了哪些事件。

第一阶段：间期

细胞周期的第一阶段称为**间期（interphase）**。它是细胞分裂之前的阶段。虽然此时细胞没有进行分裂，但细胞却十分活跃。**在间期，细胞长大成熟，复制DNA，并为细胞的分裂做好准备。**

生长　在细胞间期的初期，细胞逐渐成熟，体积达到顶峰，并形成各种执行生命功能所需的结构。比如，细胞扩大内质网，形成新的核糖体，并合成许多种酶。线粒体和叶绿体也在这时候自我复制。

DNA 复制　在细胞长大成熟后，DNA 的复制就开始了。细胞产生一套与核内原有 DNA 相同的 DNA 的过程叫做**复制（replication）**。前面讲过，DNA 是一种核酸，位于细胞核内的染色质中。它携带有遗传信息，指导着细胞执行各种功能。细胞 DNA 的复制十分重要，因为每一个子细胞的生存都需要一套完整的DNA。当DNA复制结束时，细胞里含有两套相同的DNA。在本节的最后我们还要讲述DNA是如何进行复制的。

为分裂做准备 当DNA复制完成后，细胞就开始为分裂做准备工作。细胞会产生一些结构，供以后细胞分裂时使用。当间期结束时，一切准备就绪。

第二阶段：有丝分裂期

一旦间期结束，细胞周期的第二阶段——**有丝分裂期(mitosis)** 即告开始。在这一阶段中，原有的细胞核分裂成两个新的细胞核，**两套DNA也被平均地分配到两个子细胞中。**

科学家又人为地把有丝分裂期分为四个时期：前期、中期、后期和末期。前期，细胞核内絮状的染色质开始浓缩和蜷曲，就像在绕线团。在光学显微镜下，这些浓缩的染色质看起来呈杆状(图2-10)。因为这时细胞的DNA已经复制过一遍，所以每一个杆状物都有两个小杆，而且这两个相连的小杆彼此完全相同。染色质浓缩后形成的双杆状物称为**染色体(chromosome)**。染色体中两个相连的小杆分别称为**染色单体(chromatid)**。两条染色单体通过一个叫做着丝点的结构彼此连结在一起。

以后，细胞又经历了有丝分裂中期、后期和末期。在这些时期中，染色单体彼此分离，各自向细胞的两极移动。然后在细胞的两极，围绕染色单体分别形成两个新的细胞核。这一过程将在“探索　细胞周期”中详细介绍。

☑ **想一想** ***在有丝分裂的哪一个阶段，染色质浓缩并形成杆状的结构？***

·试 一 试·

活动

制作 有丝分裂模型

参考“探索　细胞周期”来完成这项活动。

1. 构建一个含有四条染色体的细胞的模型。用一张硬纸板来代表细胞，用不同颜色的小试管刷来代表染色体。注意要使染色体看上去呈双杆状。
2. 把“染色体”放在有丝分裂前期时所处的位置。
3. 再分别把“染色体”放在有丝分裂中期、后期和末期所处的位置。

建立模型 如何通过这个模型来理解有丝分裂时所发生的变化？

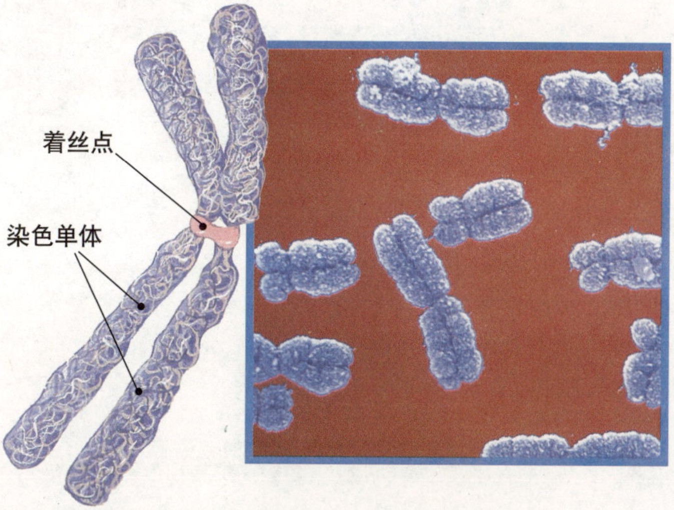

图2-10 在有丝分裂期，染色质浓缩，形成染色体。每条染色体包含两条染色单体。

理解图表 *将两条染色单体连结在一起的结构是什么？*

探索 细胞周期

细胞生长和分裂时会发生一系列有序的事件。这张图显示了一个典型动物细胞的细胞周期。植物细胞的细胞周期与这张图略有差别。

1 间期

细胞生长成熟，复制DNA，并为分裂做好准备。

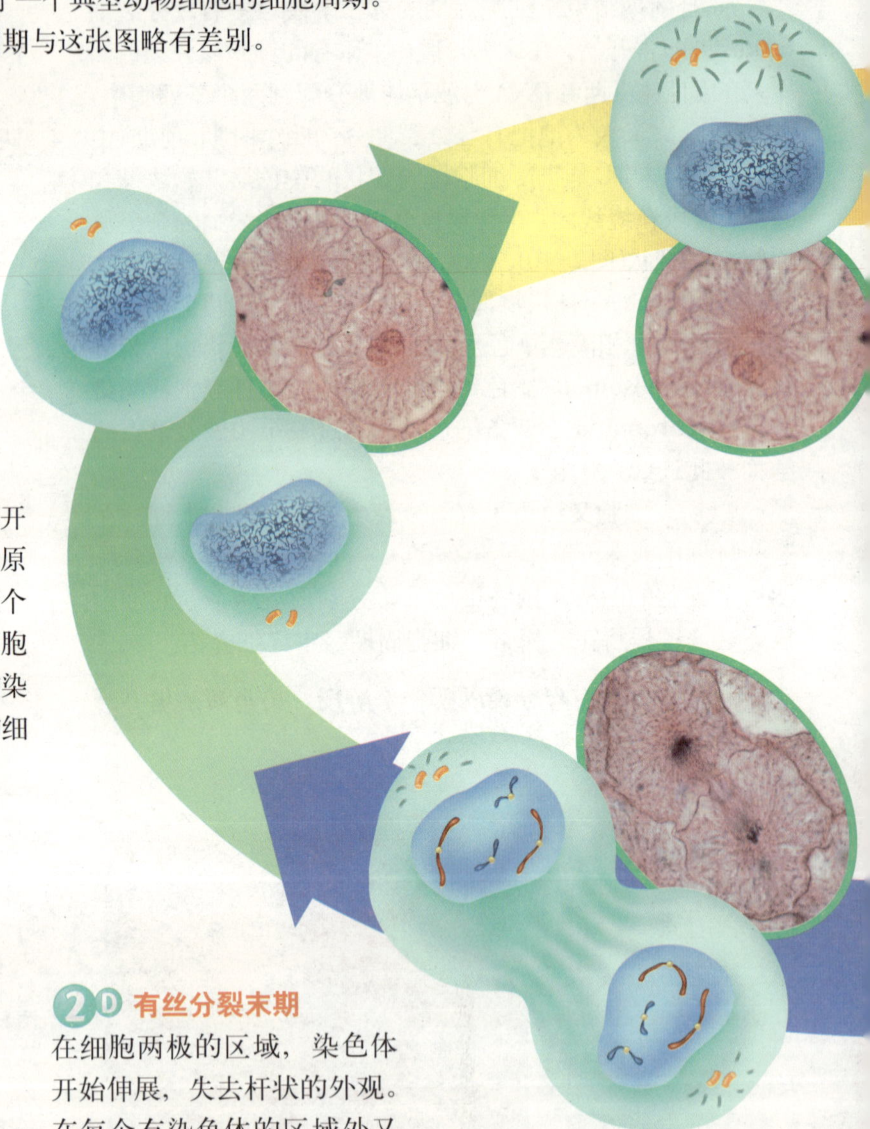

3 胞质分裂期

细胞中央的细胞膜开始向内收缩，最终原有的细胞被分成两个新细胞。每个子细胞都含有相同数量的染色体和大约一半的细胞器及细胞质。

2D 有丝分裂末期

在细胞两极的区域，染色体开始伸展，失去杆状的外观。在每个有染色体的区域外又形成了新的核膜。

2A 有丝分裂前期

细胞核中的染色质固缩成染色体。一个叫做纺锤丝的结构把细胞两极互相连接起来。核膜开始分解消失。

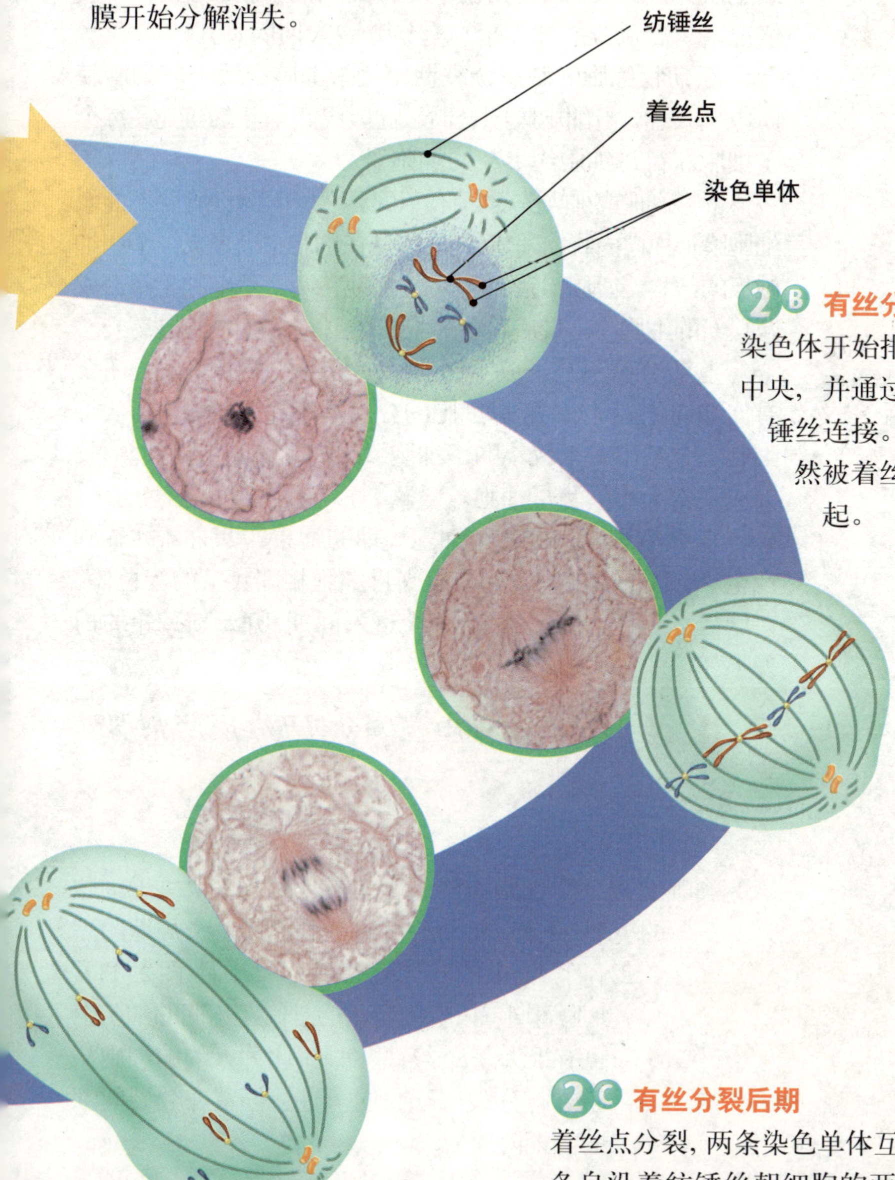

2B 有丝分裂中期

染色体开始排列在细胞的中央，并通过着丝粒与纺锤丝连接。染色单体依然被着丝点连结在一起。

2C 有丝分裂后期

着丝点分裂，两条染色单体互相分离，各自沿着纺锤丝朝细胞的两极移动。随着细胞的两极互相远离，细胞慢慢被拉长了。

增进技能

分析数据

活动

根据图2-11显示的数据回答下列问题。

1. 从这张图上看细胞周期有多长?
2. 如果在任意的一个时间观察细胞，你觉得处于哪个时期的细胞数量最多，间期、有丝分裂期还是胞质分裂期？为什么?

第三阶段：胞质分裂期

在有丝分裂以后，细胞周期的最后阶段——**胞质分裂期(cytokinesis)**，细胞将最终完成细胞分裂。**在这个阶段中，细胞质开始分裂，细胞器被平均分配到两个新细胞中。**一般情况下，胞质分裂期几乎与有丝分裂末期同时开始。

在动物细胞的胞质分裂期，位于细胞中线上的细胞膜向中央收缩。当细胞膜闭合时，就形成两个新的细胞，每个子细胞获得母细胞约半数的细胞器。

植物细胞的胞质分裂稍有不同。它坚固的细胞壁不能像细胞膜那样向内收缩。取而代之的是在细胞中央形成一个叫细胞板的结构。细胞板逐渐扩大，慢慢地在两个子细胞之间形成两层新的细胞膜。最后，在细胞膜周围长出新的细胞壁。

胞质分裂不是一成不变的，在基本模式的基础上还会有许多变化。例如，酵母细胞的分裂是不均匀的。它会从母细胞上分裂出一个较小的子细胞，即芽孢。芽孢随后继续长大成正常大小的酵母细胞。

胞质分裂标志着整个细胞周期的结束。两个新的细胞产生了，每个子细胞含有与原来母细胞相同数量的染色体。在胞质分裂后，每个子细胞又会进入间期，开始新一轮的周期循环。

☑ **想一想** ***在细胞周期中，胞质分裂开始于哪个时期？***

一个细胞周期须经历的时间

细胞经过一个细胞周期需要多长时间？这取决于细胞的类型。例如，年幼的海胆细胞完成一个周期约需2小时。而人的肝细胞则需要22小时(图2-11)。细胞周期每一阶段所需的时间在不同的细胞中也有很大差异。有些细胞，比如人的脑细胞从不进行分裂——它们一直会停留在分裂间期的初期阶段。

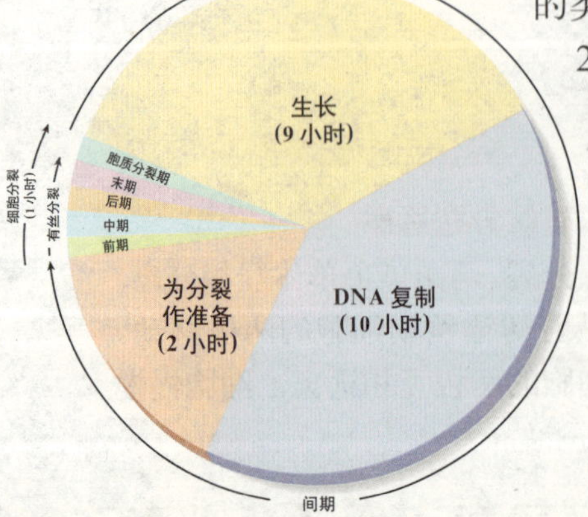

图2-11 细胞周期主要包括间期、有丝分裂期和胞质分裂期三个阶段。这张图显示了人肝脏细胞每一阶段的平均时间长度。

DNA的复制

在有丝分裂开始之前，细胞要把它含有的DNA复制一遍。**DNA复制保证了每一个子细胞都能获得完整的遗传信息，来正确指导细胞的生命活动**。

科学家直到最近50年才认识到DNA的重要性。20世纪50年代初，一些科学家研究发现DNA携带有细胞的全部指令，还发现DNA会由母细胞传递给它的子细胞。1953年，两位科学家詹姆斯·沃尔森和弗朗西斯·克里通过计算推断出DNA的结构。这一发现为研究DNA如何自我复制提供了非常有用的信息。

DNA的结构　在图2-12中，你可以发现DNA分子看上去像一个被扭转的梯子，或者说是旋转楼梯。DNA分子的这种外形特点，常被称作**“双螺旋”(double helix)**结构，其中螺旋是指像螺纹这样旋转的形状。

DNA两侧的长链是由脱氧核糖(一种糖类)分子和磷酸分子交替组成的，两条链之间的横栏则都由成对的碱基组成。碱基是由氮元素和其他元素结合形成的一类分子。它有四种类型，分别是：腺嘌呤(A)、胸腺嘧啶(T)、鸟嘌呤(G)、胞嘧啶(C)。

仔细观察图2-12。你会注意到，在DNA两侧的碱基互相配对时遵循着一定的原则：腺嘌呤(A)只与胸腺嘧啶(T)配对，而鸟嘌呤(G)只与胞嘧啶(C)配对。碱基互补配对原则是理解DNA如何复制的关键。

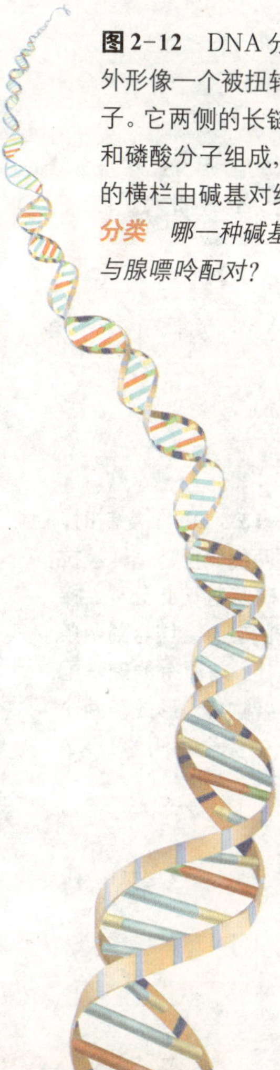

图2-12　DNA分子的外形像一个被扭转的梯子。它两侧的长链由糖和磷酸分子组成，中间的横栏由碱基对组成。

分类　*哪一种碱基总是与腺嘌呤配对?*

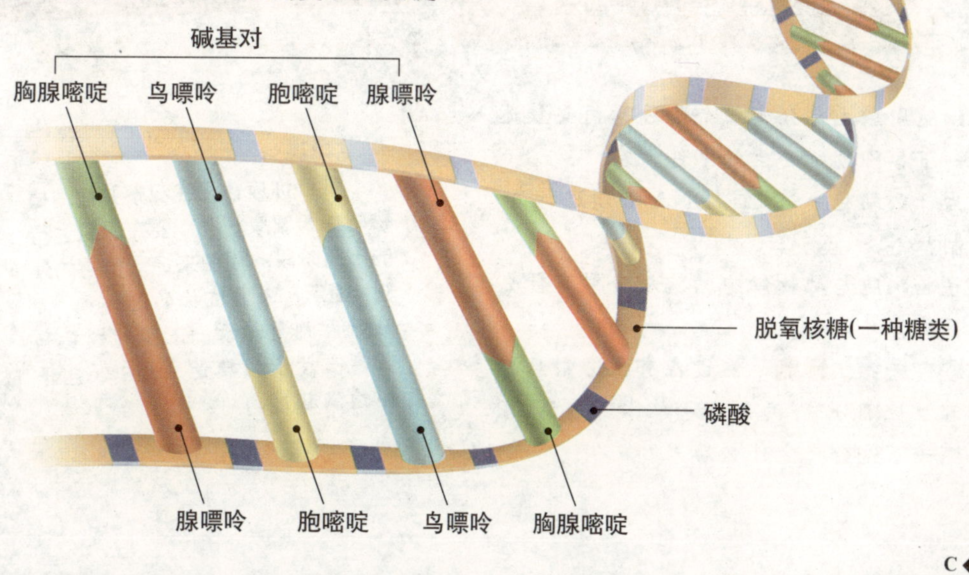

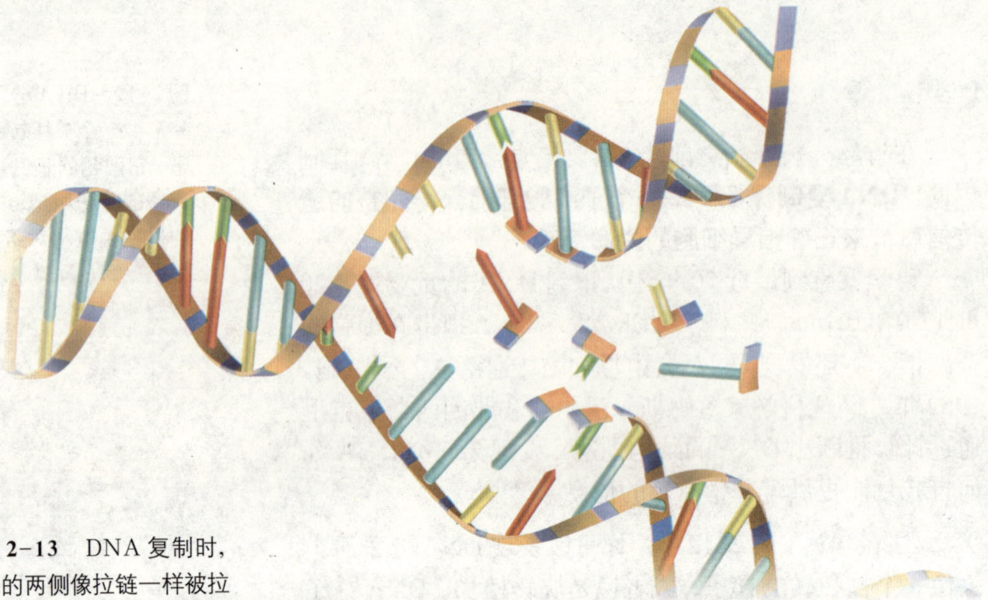

图 2–13 DNA 复制时，它的两侧像拉链一样被拉开，碱基对彼此分离。接着新的碱基会结合到两条侧链上，与原有的碱基配对。就这样，形成了两个与原来完全相同的 DNA 分子。

复制的过程 DNA复制时，首先要像拉开拉链一样把DNA分子的两条侧链解开。如图 2–13 所示，分子从成对的碱基中间分开。然后，游离在细胞核中的碱基与每条 DNA 侧链上的碱基配对。要记住碱基配对时总是遵循这样的规律：A 与 T 配对，G 与 C 配对。一旦新的碱基互补配对完成后，两个新的 DNA 分子就形成了。

想一想 *DNA 复制时，哪一种碱基与鸟嘌呤配对？*

第三节复习

1. 细胞周期主要分哪三个阶段？简要叙述一下各阶段所发生的事件。
2. 为什么细胞分裂之前 DNA 必须进行复制？
3. 植物细胞与动物细胞的胞质分裂有什么区别？
4. **理性思维** **预测** 假设在有丝分裂后期着丝粒不分裂，两条染色单体不分离。预测一下这会产生什么后果？

课题 2

检查进度

现在你应该正在观察并检测植物的生长健康状况。要在课题进行的不同阶段，用图来记录植物的外观。(**提示：** 除了植物的总体高度，最好再测量记录一下茎的数量和长度，叶子的数量、大小、色泽和饱满程度。)

计　算

分裂中的细胞

技能实验室

问题

细胞周期中的每个阶段分别需要经历多长时间？

重要技能

观察　计算

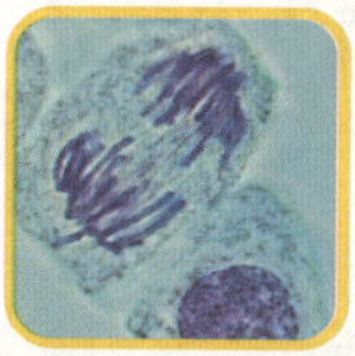

材料

显微镜　彩色铅笔

计算器(可选)

正在分裂的洋葱根尖细胞玻片标本(预先制好的)

实验步骤

1. 把玻片固定在显微镜的载物台上。用低倍镜找到一个处于间期的细胞。然后转到高倍镜，将视野中看到的细胞绘制成图并标上图注。**提醒：** 载玻片和盖玻片容易破碎，所以不要让物镜接触到玻片。如果玻片碎了就告诉老师，自己不要碰碎玻璃。
2. 再重复步骤1，分别找到有丝分裂前期、中期、后期、末期的细胞并绘图。然后把记录表抄在笔记本上。
3. 再用低倍镜寻找标本上有很多细胞正在分裂的区域。然后将物镜调节到合适的放大倍数，使你能够同时看到约50个细胞左右。
4. 逐行观察，计数处于间期的细胞数，然后在记录表“样本1”一栏中记下数据。
5. 再逐行统计处于细胞核分裂前期、中期、后期和末期的细胞数，并记录结果。
6. 把视野移动到一个新的区域，重复步骤3～5，在“样本2”一栏中记录数据。
7. 把同一行中的两次数据相加，所得数据记录在“总数”一栏中。
8. 将五个阶段的细胞数相加，得到计数细胞的总数。

记　录　表

细胞周期阶段	样本1	样本2	总数
间期			
有丝分裂：前期			
中期			
后期			
末期			
计数细胞的总数			

分析与结论

1. **观察**　处于哪一阶段的细胞最常见？
2. **计算**　洋葱根尖细胞的一个细胞周期大约需要720分钟(12小时)。用你的数据和下面公式计算每一阶段所需要的分钟数。
   每一阶段所需时间＝每一阶段细胞数／计数细胞的总数×720(分钟)
3. **交流**　比较一下有丝分裂所用的时间和细胞周期的总时间。

进一步的探索

观察动物细胞分裂的玻片标本，分别用统计图和文字来描述植物细胞和动物细胞有丝分裂的异同点。

SECTION 4

癌症

探 索 活 动

细胞过多时会怎样

1. 用胶带纸在地上划出1米×1米的正方形，代表人体内的一个区域。让两个同学站在正方形内，代表两个细胞。
2. 假设每30秒细胞分裂一次，同时又有一个细胞死亡。现在用一组同学来模拟这个过程。第一个30秒后，两个新的同学进入正方形区域，同时，一个同学离开。
3. 这时，正方形区域内还有三个人。在下一轮细胞分裂中，又有三个同学进入，一个离开。这样继续下去，直到正方形区域内再也站不下更多的人为止。

思考

预测 通过这次活动，请你预测一下，如果人体内的某些细胞分裂速度过快，会引发什么后果？

阅读指南

- 癌症与细胞周期有什么关系？
- 癌症可以通过哪些途径来治疗？

阅读提示 一边阅读一边整理一张清单，列出引发癌症的主要病因以及针对性的预防措施。

想像一下你正在自己家附近的花园里种植花草。经过精心的设计，你把金鱼草、天竺葵、牵牛花等一些植物种植在恰当的位置，使它们看上去相得益彰。为了使各种花之间也美观些，你又在它们之间种了一株连线草。此后，你开始每天为花浇水，耐心地等待着花的开放。

可是结果令你非常沮丧。几个月后，花园里到处爬满了连线草，连原来种花的地方也满是纠结的藤蔓，只有很少的花能够开放。连线草吞噬了本不该属于它的空间及泥土中的营养。这时你的邻居就评论道：“这些草长得失去控制了，简直就像癌症。”

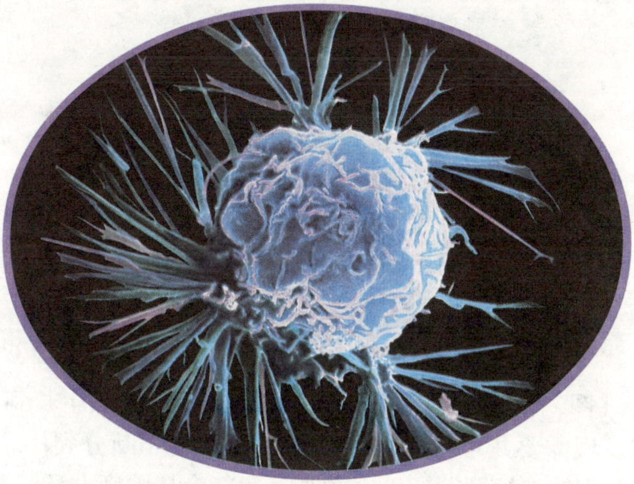

图 2-14 肿瘤开始时只是一个异常的细胞，就像图中的这个乳腺癌细胞。细胞中的DNA发生了突变，打乱了正常的细胞周期。
因果推断 *发生突变后的细胞会产生怎样的行为？*

癌症是什么？

你的邻居把连线草与癌症相提并论，是因为它的生长失去了控制，并且破坏了其他植物的正常生长。**癌症（cancer）**是一种因为体内某些细胞失去控制，并不断生长和分裂，从而破坏周围组织的疾病。

确切的说，癌症并不只是一种病，它有100多个种类。癌症几乎可以在身体的任何一个地方发生，所以通常按在体内发病的部位来给它命名。如今在美国，不管对于男性还是女性，肺癌都是致死率最高的癌症。

癌症是如何发生的 科学家们认为，当染色体上的DNA受到某种损伤时，就可能会发生癌症。损伤会引起DNA发生改变，即**突变（mutation）**。DNA含有生命所需的全部指令，因此DNA的损伤将会引起细胞功能的异常。

正常情况下，人体各部位的细胞都能与它周围的细胞和谐共存。细胞的分裂受到严格的调控。还有一些细胞则完全不分裂。**当突变使正常的细胞周期被打乱时，细胞分裂就会失去控制，从而发生癌症。**细胞不再按照正常模式进行各种活动。失去了对细胞周期的正常调控，细胞就会长得过大，且分裂过于频繁。

癌是怎样扩散的 最初，只有一个细胞的生长发生异常。而后随着细胞分裂，在它周围出现了越来越多和它一样的异常细胞。经过一段时间后，这些细胞就形成了肿瘤。**肿瘤（tumor）**是指发生突变的细胞不受控制地分裂，产生了一群异常细胞。

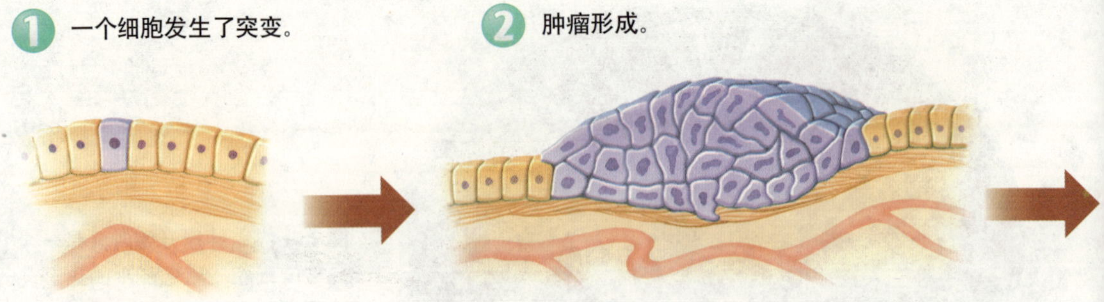

图2-15 肿瘤是指能不受控制地分裂而形成的细胞群。肿瘤长大到能被发现可能需要数年的时间。

理解图表 *癌细胞是怎样从一个部位扩散到身体的其他部位？*

图2-15显示了肿瘤形成的过程。一般肿瘤生长到被发现需要几年的时间。在此期间，细胞不断分裂，而且变得越来越异常。一些癌细胞还可能会从肿瘤上脱落，进入血液。这样，癌细胞就会扩散到身体的其他部位。

想一想 ***引起肿瘤发生的第一步变化是什么？***

治疗癌症

有许多种不同的治疗方法可以用于治疗癌症。目前医生治疗癌症通常会使用以下几种方法：外科手术、放疗和化疗(根据病情，有时会将这几种方法结合起来使用)。

当癌症被发现并还未扩散到其他部位时，外科手术通常是最好的治疗方法。如果外科医生能彻底地切除肿瘤，疾病就能治愈。但是，如果肿瘤已经扩散，或者不能彻底切除，医生可能就会采用放疗。**放疗(radiation)**是通过发出高能射线破坏细胞的疗法。由于癌细胞生长迅速，所以它比正常细胞对射线更为敏感。

化疗(chemotherapy)是通过药物来杀死癌细胞的疗法。它是一种有效的方法，因为药物能够分布到全身，去杀死癌细胞，或者延缓癌细胞的生长。

遗憾的是，这些治疗肿瘤的方法都不是尽善尽美的。大多数情况下，它们都有不良的甚至是危及生命的副作用。科学家还在不断寻求治疗癌症的新方法。例如，如果能搞清细胞周期是如何受调控的，也许就能发明一种中止癌细胞细胞周期循环的办法，使癌细胞不

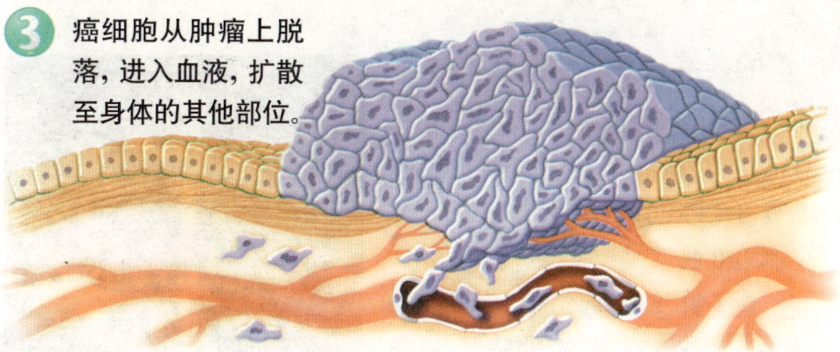

再生长或者分裂。这样就好比在肿瘤还没对人体造成太大的破坏时，就关上它的"开关"。另一种可能的方法是用药物阻断肿瘤的血液供应。没有血供，肿瘤就无法继续生长。

癌症的预防

科学家们估计，约有2/3的癌症是由于吸烟或者不健康的饮食造成的。吸烟是肺癌的主要病因。当机体不断暴露于烟草所含有的化学物质之下，细胞就更容易受到损伤，这时也就更容易引起癌症。

也许你会感到意外，不健康的饮食引起癌症的几率几乎与烟草引起的同样多。高脂肪的饮食尤其有害。经常吃高脂食物，比如肥肉和油炸食品，得癌症的危险性就高。而多吃水果、蔬菜、谷物，就能降低患某些癌症的机会。

想一想 ***人在烈日下暴晒，为什么会引发皮肤癌？***

第四节复习

1. 阐述癌症与细胞周期的关系。
2. 描述目前治疗癌症的三种方法。
3. 哪两种健康习惯有助于预防癌症？
4. **理性思维** **因果推断** 为什么抽烟容易引起肺癌？

课题 2

检查进度

现在，对你的植物进行最后一次观察。然后，检查一下你收集的所有数据。哪些数据适合于绘成图表？哪些指标能说明两株植物的主要差异？写一份简要的小结，总结一下你的实验设计和结果。

科学与社会

这些细胞属于谁

约翰·莫尔患了一种严重的疾病——白血病（一种血液系统的癌症），脾脏肿大，随时有破裂的危险。医生切除了他的脾脏，但病情依然十分危急。可后来出人意料的是，莫尔竟奇迹般地康复了。因而医生怀疑他体内可能产生了能清除癌细胞的抗病细胞。

于是医生从莫尔体内收集了许多细胞，但是没有告诉他这些细胞的用途。他们发现莫尔体内的细胞是一个天然的“工厂”，能产生挽救生命的化学物质。经过数年的研究开发，他们又把这些细胞以几百万美元的价格卖给了一家公司，打算用它们来生产药物。不久莫尔了解到此事，立即对那些医生提出起诉，因为他认为这些细胞的所有权是属于他的。你认为哪一方是对的呢？

争论焦点

病人对他们的细胞是否拥有权利？

一旦某人的细胞离开了他的身体，他往往不能够再控制这些细胞的用途。例如，献血者不能要求血库如何使用他们的血液。但另一方面，人们又有权决定死后是否要捐献他们的器官。同样，许多人认为他们应该有权决定他们的细胞能否被用于医学研究。

医生是否享有使用别人细胞的权利？

有些医生认为，一旦人们有权控制细胞的用途，要寻找新的疾病治疗方法就会变得更为困难。科学家需要实验的自由，需要在研究中学习的自由。可是，谁又应当从拯救生命的研究中获利呢？那些医生认为莫尔的细胞所带来的利润是属于他们的。因为莫尔已经签署了同意书，允许医生手术并切除他的细胞。而且使这些细胞变成有价值的治疗手段完全是靠医生的知识和辛勤工作。

另外一些人则认为，病人受到的保护太少了。莫尔在同意手术时，并没有想到他的细胞会被用来干什么。他当时关心的只是他需要手术来挽救生命。

最后的判决又如何呢？

加利福尼亚高等法院最后判定，莫尔的细胞离开他的身体后，所有权就属于医生。但是法庭也认为，医生们在使用这些细胞之前本该再次征得莫尔的同意。最后，莫尔只得到很少的一笔补偿费，仅够支付诉讼费。

你的观点

1. 发现问题

用自己的话概括莫尔和医生的诉讼案争论的关键点。

2. 分析原因

列出加利福尼亚高等法院在最后决定之前可能考虑过的各种解决方法。注意，解决方案应该既不让莫尔也不让医生完全获利。

3. 解决办法

假设你是这场诉讼案的法官之一，请选择一个你认为既对双方公平，又对社会最有益的解决方案。并说明理由。

SECTION 1 光合作用

知识要点

- 在光合作用期间，植物和其他一些生物利用阳光中的能量将二氧化碳和水转化为氧气和糖类(如葡萄糖)。
- 在光合作用的第一阶段，叶绿素及其他植物色素获取阳光中的能量。在第二阶段，细胞利用这些能量将二氧化碳和水转化为糖。
- 几乎所有生物获得的能量都直接或者间接地来自太阳。

关键术语

光合作用　色素　叶绿素
气孔　自养生物　异养生物

SECTION 2 呼吸作用

知识要点

- 呼吸作用是指细胞分解简单的食物分子(如葡萄糖)，并释放出其中所贮存的能量的过程。
- 在呼吸作用时，葡萄糖和氧气被转化为二氧化碳和水。
- 光合作用和呼吸作用可以看成是两个相反的过程。它们形成一个循环，保持大气中氧气和二氧化碳的含量基本恒定。
- 发酵为细胞提供能量时不需要消耗氧气。

关键术语

呼吸作用　发酵

SECTION 3 细胞分裂

知识要点

- 细胞经过有规律的生长和分裂的循环过程称为细胞周期。
- 在间期，细胞生长成熟，DNA 进行复制，并准备分裂。在有丝分裂期，两套相同的DNA 被平均分配到两个子细胞中。在胞质分裂期，细胞质分裂，细胞器随之分配到两个新的细胞中去。
- DNA复制保证了两个子细胞都含有完成生命功能所需的完整的遗传信息。

关键术语

细胞周期　间期
复制　有丝分裂
染色体　染色单体
胞质分裂

SECTION 4 癌症

与健康科学的综合

知识要点

- 当突变扰乱正常的细胞周期时，就会使细胞不受控制地分裂，从而引起癌症。
- 异常细胞不停地分裂就形成肿瘤。癌细胞还会从肿瘤上脱落，进入血液循环，随血流扩散到身体的其他部分。
- 癌症通常可以用外科手术、放疗和化疗来医治。

关键术语

癌症　突变
肿瘤　化疗

活动

相关网站

www.science-explorer.phschool.com

第2章复习

复习题

选择题

选择最佳答案。

1. 光合作用发生在
   a. 线粒体　　b. 叶绿体
   c. 叶绿素　　d. 细胞核
2. 产生二氧化碳的过程是
   a. 光合作用　　b. 复制
   c. 突变　　d. 呼吸作用
3. 细胞产生一套与它自身DNA相同的拷贝过程叫做
   a. 发酵　　b. 呼吸作用
   c. 复制　　d. 繁殖
4. 胞质分裂期，发生了
   a. 纺锤体形成
   b. 叶绿体释放能量
   c. 细胞质分裂
   d. 染色体分开
5. 一群异常细胞称为
   a. 肿瘤　　b. 染色体
   c. 突变　　d. 线粒体

判断题

如果下列叙述正确，写“T”，如果错误，请修改划线部分。

6. 自身合成有机物的生物称为自养生物。
7. 呼吸作用主要是在线粒体中进行的。
8. 不需要氧气就能够产生能量的过程称为复制。
9. DNA复制发生于细胞周期的有丝分裂末期。
10. 细胞不受控制地分裂是癌症的一个特征。

简述题

11. 简述光合作用时光能所经历的过程。
12. 光合作用需要哪些原料？产是什么？
13. 为什么生物需要进行呼吸作用？
14. 简述细胞在有丝分裂间期发生的变化。
15. 细胞周期中，有哪些事件能确保子细胞和母细胞完全一致？
16. 癌症是怎样形成的？
17. **科技写作**　写一段文章来描述一个氧气分子从植物转移到另一个生物体内所经历的旅程。

形象思维

18. **循环图**　把下图抄在一张空白的纸上，然后填空，并给图加上标题。

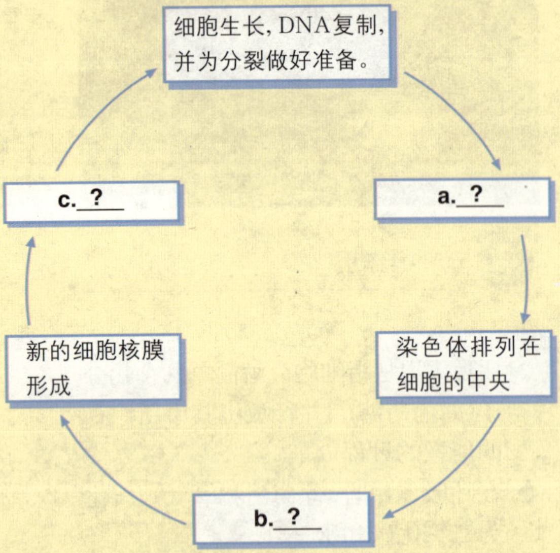

应用技能

根据下表回答第 19～21 题。

不同生物 DNA 中所含碱基的百分比			
碱基	人类	小麦	大肠杆菌
腺嘌呤 A	30%	27%	24%
鸟嘌呤 G	20%	23%	26%
胸腺嘧啶 T	30%	27%	24%
胞嘧啶 C	20%	23%	26%

19. 绘制图表 为每一种生物作一张柱形图，来显示它们的 DNA 中各种碱基的百分比。

20. 分析数据 每种生物的DNA中，腺嘌呤和胸腺嘧啶的含量有什么关系？鸟嘌呤和胞嘧啶又有什么关系？

21. 推理 根据上题的答案，你能对这三种生物的 DNA 结构作出什么推论？

理性思维

22. 预测 假设某次火山爆发向空中喷出大量火山灰，遮住了射到地球的大部分阳光。这对动物获得生存所需的能量有怎样的影响？

23. 应用概念 简述呼吸运动与细胞呼吸之间的关系。

24. 比较与对比 从反应原料、反应产物和发生的部位这几方面对光合作用和呼吸作用进行比较。

25. 推理 假设 DNA 的一条侧链含有以下碱基序列：ACGTCTG，那么另一条侧链上的碱基序列应该是什么？

26. 归纳 假设你希望降低自己得癌症的危险性，请提出三条应该采取的预防措施。

学习评估

课题2 总结

成果展示 把你的植物、观察记录和图表带到学校，准备好介绍你的实验计划并汇报结果。从实验中你对光合作用与阳光有了哪些认识？

思考与记录 你的实验是不是按照原来的计划完成的？说说实验中遇到的困难和意外。如果要再进行一次植物与光的实验，你会做哪些改进？为什么？

实践活动

在学校 在布告栏里做一次展出，展览最近报纸和杂志上关于癌症研究进展的文章。注意要包括不同种类的癌症，它们的病因以及最新的治疗进展。再给每一篇文章附一段总结的文字。

第三章 遗传学：一门关于遗传的科学

主要内容

SECTION 1 孟德尔的研究与发现

探索　它们的父亲长什么样

增进技能　预测

技能实验室　做一次班级调查

SECTION 2 与数学的综合 遗传学与概率

探索　什么是概率

试一试　硬币组合实验

技能实验室　做出正确的预测

SECTION 3 细胞与遗传

探索　染色体中的学问

课题 3

宠物之家

你曾想过为什么有些孩子长得像父母，而有些不像吗？随着这一章的学习，我们将知道人们是如何获得那些和父母相似的特征的。在本课题中，我们将通过创造一个“纸宠物”家族，来探索那些特征是如何由父母传给孩子。

课题目标 按要求制作一个“纸宠物”，让它和你同学的宠物一起繁育后代，并且决定它们的后代将具有的特征。

为了成功地完成这一课题，你需要：

- 制作一个属于你自己的纸宠物，并赋予它五个不同的特征。
- 给你的小宠物选择一个伴侣，并让它们产生6个后代。
- 决定这6个后代的性状，并解释它们是怎样获得这些特征的。
- 遵守附录A中的安全守则。

课题准备 选择蓝色或黄色的纸张来制作你的小宠物，并且从下面几项中为它选择其他的特性：

1）A. 雌性； B. 雄性；

2）A. 方形的眼睛； B. 圆形的眼睛；

3）A. 椭圆型的鼻子； B. 三角形的鼻子；

4）A. 圆点形的牙齿； B. 方形的牙齿。

然后用选好的材料开始制作小宠物。

检查进度 你将在学习本章内容的同时完成这一课题。为了确保实验有序地进行，可以参阅以下几处“检查进度”栏。

第一节复习，第85页：确定你的小宠物的基因型。

第三节复习，第100页：决定你的宠物的后代们具有的特征。

第四节复习，第106页：展示你的宠物之家。

总结 在本章的最后(第109页)，你和同学将展示你们的宠物之家，并分析这个家族的遗传模式。

CTION 4 与DNA的链接

索 你能破译这些密码吗

进技能 得出结论

图中的幼犬和它们的妈妈有许多相似之处，但同时在它们之间也存在着一些明显的不同。

SECTION 1

孟德尔的研究与发现

探索 活动

它们的父亲长什么样

1. 仔细观察照片中每只小猫的颜色，尽可能详细地记录每只小猫的毛色和花纹。
2. 然后观察照片中小猫的妈妈，并记录它的毛色和花纹。

思考

推理 通过观察，你认为小猫的爸爸长什么样子？请说明理由。

阅读指南

◆ 哪些因素控制着生物性状的遗传？

阅读提示 在阅读以前先浏览这一节内容，列出其中用粗体字表示的术语。阅读时，再用自己的话给这些术语下个定义。

1851年，一位来自中欧某个修道院的年轻牧师进入维也纳大学学习数学和自然科学。两年之后，他又回到原来的修道院，并开始在附近的一所学校里教书。这位牧师名叫乔治·孟德尔。

孟德尔在教书的同时，还管理着修道院的花园。在那里，他种植着数百株豌豆。孟德尔发现豌豆植株之间存在着不同的形态特征，或者称**性状(trait)**。有些豌豆长得高，有些长得矮；有些结出的豌豆是绿色的，有些是黄色的。这些现象使孟德尔十分惊讶，并开始对它产生了浓厚的兴趣。

通过进一步观察，孟德尔发现：豌豆植株的性状大多和它们的上一代相似，但有时也会产生与上一代不同的性状。这种性状由亲本向子代传递的过程就叫做**遗传(heredity)**。从那以后的十余年里，孟德尔先后种植了上千株豌豆做实验，来了解遗传的过程。他的这些工作为后来的研究奠定了基础。而这门研究遗传规律的学科就叫做**遗传学(genetics)**。

乔治·孟德尔在修道院的花园中▼

孟德尔选择豌豆作为实验材料的原因

孟德尔选择豌豆而不是其他植物作为研究材料是十分明智的。豌豆更易于研究，因为它的许多性状只存在两种相对形式。举例来说，豌豆植株要么是高茎，要么是矮茎，不存在介于两者之间的第三种高度。另一个优点是，豌豆一次能繁殖许多后代，因而很容易收集到大量的数据用于分析。

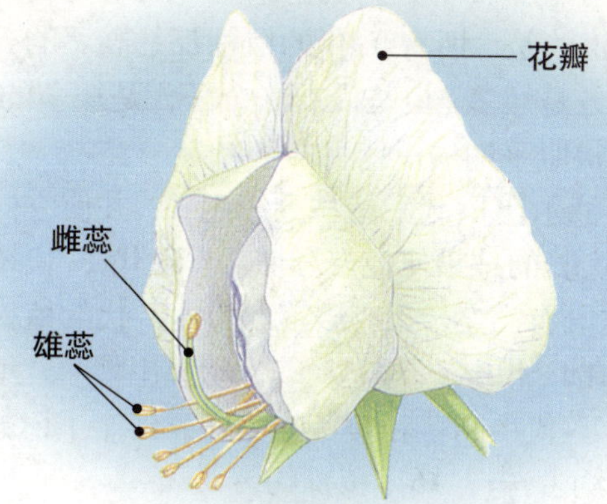

图3-1 豌豆一般通过自花授粉来繁殖后代。这是指雄蕊上的花粉只授给同一朵花上的雌蕊。这样每个后代都只从一个亲本那里遗传到所有的性状。
应用概念 *孟德尔是如何防止豌豆植株自花授粉的?*

图 3-1 所示为一朵豌豆花。花瓣包围着雌蕊和雄蕊。雌蕊产生雌性生殖细胞，或者称卵细胞。而雄蕊产生雄性生殖细胞，即花粉。

在自然界中，豌豆通常是**自花授粉(self-pollination)**的。这意味着雄蕊上的花粉只授给同一朵花上的雌蕊。孟德尔发明了一种新方法，使得豌豆植株能异花授粉，即“杂交”。他先收集一株豌豆上的花粉，将它们涂抹在另一株豌豆的雌蕊上，使这两株豌豆植株杂交。为了防止自花授粉，在杂交之前，他就已经小心地除去另一株豌豆的雄蕊了。

孟德尔的实验

假设你有一个种满了豌豆的花园，现在你想研究性状是怎样遗传的，你会怎么做呢？孟德尔当时采取的方法是把带有一对相对性状(比如高茎和矮茎)的植株进行杂交。他首先选用纯种的植株来做实验。**纯种(purebred)**是指繁殖出的后代性状总是与它相同的植株。比如纯种矮茎豌豆植株总是繁殖出矮茎的后代，而纯种高茎豌豆植株总是繁殖出高茎的后代。为了获得纯种的植株，孟德尔让具有某一性状的植株通过自花授粉来传代，并选择那些经过多代培育后性状仍保持稳定的植株。只有使用这样的豌豆植株，孟德尔才能确信其后代的这个性状是与它完全一致的。

孟德尔在第一个实验中，把纯种高茎豌豆植株和纯种矮茎豌豆植株进行杂交。他把这些亲本植株称为**亲代(Parental generation)**，记作P代；把经过杂交产生的后代称为**子一代(the first filial generation)**，记作F_1代(拉丁语“filial”是儿子的意思)。

语言艺术
链 接

1866年，乔治·孟德尔在一篇学术论文中详细地描述了他的观察结果。请阅读下面这段节选的文章，看看他是怎样把豌豆种子的两种不同形状描述清楚的。

"它们要么是圆形或近似于圆形的，表面即使不光滑，也只有浅浅的凹痕；要么是带有棱角的不规则形，而且表面有深深的皱褶。"

阅读 DIY

选择一件日常物品作为观察对象，比如水果或者钢笔。列出你观察到的该物品的特征。然后用一段话来描述它。注意使用的语句尽量清晰、精确。

你可以在图3-2中看到孟德尔第一次杂交实验的结果。令他惊讶的是：所有F_1代的植株都是高茎的。尽管亲代中有一方是矮茎，但是没有一个子代是矮茎的。"矮茎"这个性状似乎消失了！

于是孟德尔让F_1代的植株继续生长，并使它们自花授粉。这次实验的结果使他万分惊奇：F_2代(F_1代植株的后代)的植株既有高茎，又有矮茎。虽然F_1代的植株都是高茎的，但在F_2代中，"矮茎"的性状又出现了。细心的孟德尔又对F_2代中高茎和矮茎的植株分别作了记数，发现高茎植株约占$\frac{3}{4}$，矮茎植株约占$\frac{1}{4}$。

想一想 ***什么是纯种植株？***

其他性状

除了茎的高度，孟德尔又对豌豆植株的其他六个性状作了研究。它们分别是：种子的形状、种子的颜色、种皮的颜色、豆荚的形状、豆荚的颜色和花的位置。每个性状的两种不同形式都一一列在图3-3中。孟德尔对这些性状做了同样的杂交实验，每个实验的结果也都与第一次十分相似。在F_1代中只出现性状的一种形式，而到了F_2代中，消失的性状形式又总是重新出现，而且出现该性状的植株总是占F_2代总数的$\frac{1}{4}$左右。

图3-2 当孟德尔把纯种的高茎和矮茎豌豆植株杂交时，所有的F_1代植株都是高茎的。而到了F_2代，约$\frac{3}{4}$的植株是高茎，约$\frac{1}{4}$的植株是矮茎。

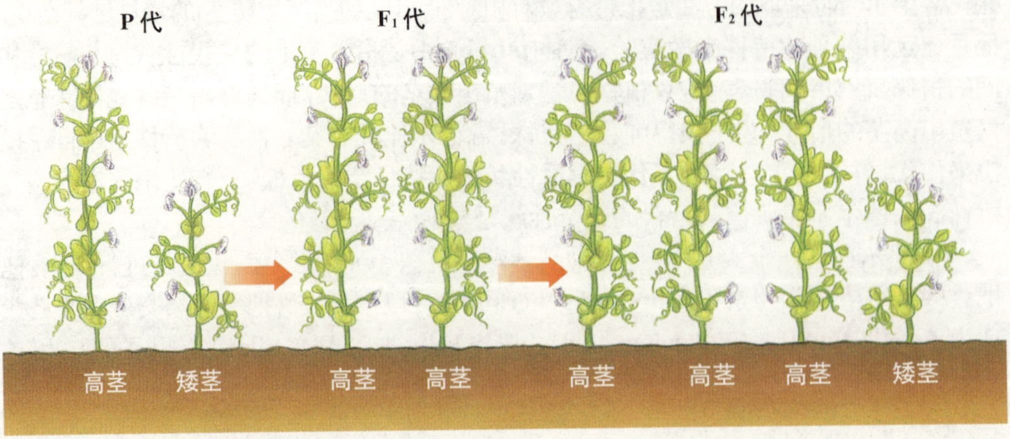

图 3-3 孟德尔研究了豌豆植株的7种不同性状。每种性状都有两个相对形式。

理解图表 *黄色种子这一性状是受显性等位基因还是隐性等位基因控制的？哪种等位基因在控制皱缩豆荚这一性状？*

显性和隐性等位基因

经过对实验结果的分析推理，孟德尔得出以下结论：豌豆植株中一定存在一些各自独立的因子在控制着各种性状的遗传；控制每种性状的因子成对存在，其中一个来自母本，一个来自父本。

孟德尔还进一步得出结论，一对因子中一个因子的作用能掩盖另一个因子的作用。比如在F_1代中，控制高茎的因子就掩盖了控制矮茎的因子的作用。

今天，科学家们将这些控制性状的因子称为**基因(gene)**，把一个基因的不同形式叫做**等位基因(allele)**。比方说，控制豌豆茎高的基因是一个高茎等位基因和一个矮茎等位基因。每一株豌豆都从它的亲本那里获得一对等位基因的组合：或是两个高茎等位基因，或是两个矮茎等位基因，或是一高一矮两个等位基因。

正是这些不同的等位基因在控制着性状的遗传。有些等位基因是显性的，有些是隐性的。显性等位基因(dominant allele)是指那些只要存在于生物体内就会呈现出它所控制的性状的等位基因；**隐性等位基因(recessive allele)**是指那些当与显性等位基因同时存在时，其性状就会被掩盖的等位基因。只有当生物体内没有相应的显性等位基因时，受隐性等位基因控制的性状才会表现出来。

在豌豆植株中，高茎的等位基因相对于矮茎的等位基因来说是显性的。带有一个高茎等位基因和一个矮茎等位基因的豌豆植株会表现为高茎，因为高茎的等位基因掩盖了矮茎等位基因的作用。只有那些遗传到两个矮茎等位基因的植株才会表现为矮茎。

图3-4 兔子黑毛等位基因相对于白毛等位基因为显性。

推理 *图中的白兔可能有哪些等位基因组合？*

理解孟德尔的杂交实验结果

你现在就可以用等位基因的概念来解释孟德尔实验的结果了。P代的每个纯种植株都有两个相同的控制茎高的等位基因。纯种的高茎植株有一对高茎等位基因；纯种的矮茎植株有一对矮茎等位基因。在F_1代中，所有植株都从高茎的亲本那里获得一个高茎等位基因，又从矮茎的亲本那里获得一个矮茎等位基因。由于显性的高茎等位基因掩盖了隐性的矮茎等位基因的作用，所以全部的F_1代植株都表现为高茎。像F_1代这样含有一种性状的两个不同等位基因的植株被称为**杂种(hybrid)**。

当孟德尔用F1代的杂种植株继续实验时，F_2代中有些植株获得了两个显性高茎等位基因，理所当然表现为高茎；有些获得一个显性的高茎等位基因和一个隐性的矮茎等位基因，它们也表现为高茎；其余获得两个隐性的矮茎等位基因，它们则表现为矮茎。

想一想 ***如果某一豌豆植株表现高茎，那么它的一对等位基因可能有哪几种组合？***

增进技能

预测 活动

果蝇的长翅相对于短翅为显性。科学家让纯种长翅雄性果蝇杂交与纯种短翅雌性果蝇杂交，预测F1代的果蝇翅膀是什么样。如果再让杂交的F1代中的雄性果蝇和雌性果蝇杂交，它们子代的果蝇翅膀会怎样？

遗传学符号的使用

遗传学家们如今采用一种标准的缩写方式来书写遗传杂

交实验中出现的等位基因。他们用一些简单的字母来代替等位基因的名称，如“高茎”等。显性等位基因用大写英文字母来表示，比如高茎的等位基因记作“T”。隐性等位基因用相对应的小写英文字母来表示，比如矮茎的等位基因记作“t”。如果一个植株获得两个高茎等位基因，等位基因组合就记作“TT”；如果获得两个矮茎的等位基因，等位基因组合就记作“tt”；如果是一高一矮两个等位基因，那么就记作“Tt”。

图3-5 南瓜皮呈黄色是由显性等位基因控制的，用大写字母“Y”来表示；南瓜皮呈绿色是由隐性等位基因控制的，用小写字母“y”来表示。

孟德尔的贡献

1866年，孟德尔将他的研究结果整理成文，递交给经常在修道院附近集会的一个科学学会。在论文中，孟德尔对他发现的遗传规律加以详细的阐述。可是十分不幸，那些科学家并没有认识到孟德尔研究工作的重要性。有些学者认为他把遗传过程过于简化了，另外一些学者则根本没有看过他的文章，甚至从没听说过他所做的工作。因为在那个年代，世界各地的科学家们相互之间没有什么往来，尤其像孟德尔这样不在大学里工作的人。不要忘了，那时可没什么电话、电脑和传真机。

孟德尔的工作被世人遗忘了近34年。终于在1900年，有3位科学家分别重新发现了孟德尔的工作。他们做了许多与孟德尔相似的观察，并很快地意识到孟德尔研究工作的重要性。事实上，直到现在，孟德尔发现的许多遗传规律仍然是正确的。正是因为孟德尔杰出的贡献，后来他被公认为“遗传学之父”。

第一节复习

1. 请运用基因和等位基因等术语解释一下生物体中性状是如何遗传的？
2. 什么是显性等位基因？什么是隐性等位基因？请各举一个例子来说明。
3. 控制种子为圆滑形的等位基因记作R。如果一个豌豆植株获得两个控制皱缩形种子的隐性等位基因，那么它的等位基因组合该记作什么呢？
4. **理性思维** **应用概念** 矮茎的豌豆植株会是杂种吗？为什么？

课题 3

检查进度

到现在为止，你应该已经制作好你的纸宠物了。在它的背面，写上控制每种性状的等位基因组合。用XX表示雌性，XY表示雄性。其他四种性状的显性等位基因分别记作：B(蓝色皮肤)，R(圆眼睛)，T(三角形鼻子)和P(圆点形的牙齿)。(**提示：**如果你选择的性状是受显性等位基因控制的，可以从可能的等位基因组合中任选一种。)

做一次班级调查

在这次实验中，你将了解同班同学之间的性状差异会有多大。

问题

受显性等位基因控制的性状是不是比受隐性等位基因控制的性状更常见？

重要技能

观察　分析数据　构想假说

材料

一面镜子（可选需）

实验步骤

第一部分　显性和隐性等位基因

1. 针对上面的问题先提出你自己的假说，然后再把右边的记录表抄下来。
2. 与你的同学合作，对照记录表确定你们各自所具有的性状，并在记录表中把自己的性状选出来。
3. 统计一下班级里每个性状的人数。将得到的数据写在记录表中。最后记录一下全班参与实验的总人数。

记录表

总人数＿＿＿＿

	性状1	人数	性状2	人数
A	有耳垂		无耳垂	
B	手指上有毛		手指上无毛	
C	前额V型发尖		平发际	
D	卷发		直发	
E	下颌中央有沟		下颌中央无沟	
F	有酒窝		有酒窝	

第二部分　你的性状是惟一的吗？

4. 看一看下面的性状图。记录表中列出的所有性状在这张图中也都有。

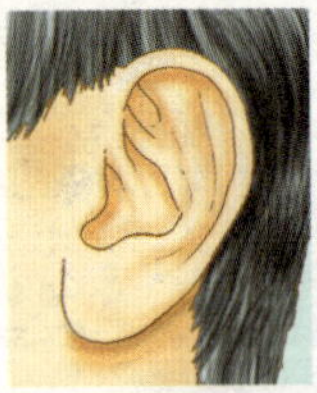
有耳垂

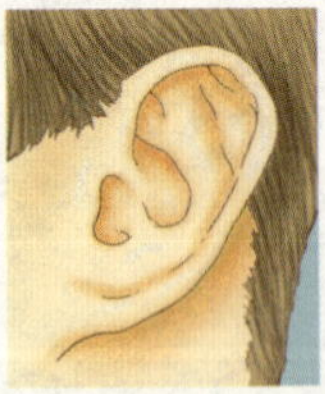
无耳垂

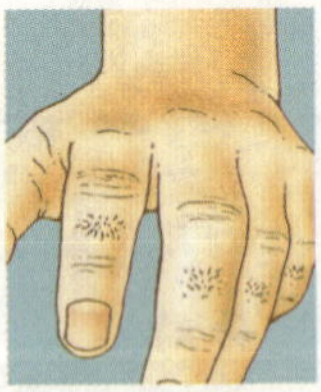
手指上有毛

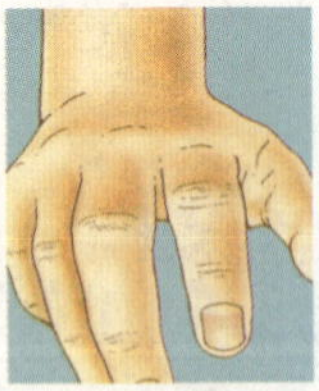
手指上无毛

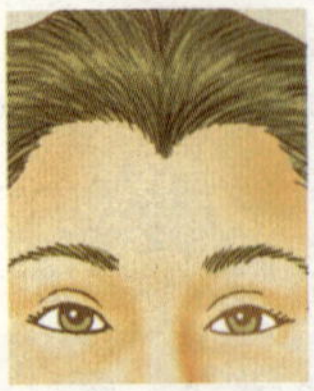
前额"V"形发尖

平发际

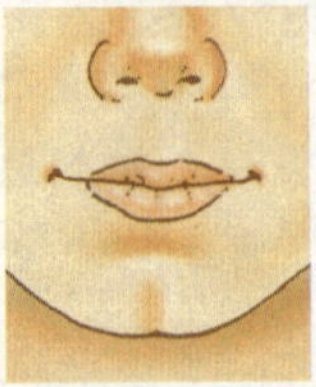
下额中央有沟

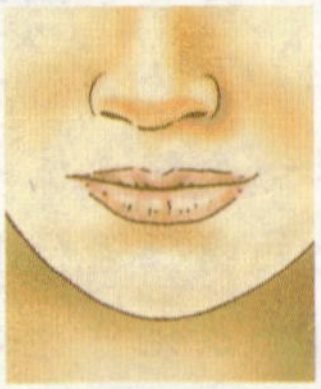
下额中央无沟

首先在最中心的圆圈中找到你所具有的性状的格子，如有耳垂或是无耳垂。然后用铅笔尾端指着它。

5. 再从第二个圆中找到有你的性状并和铅笔所指区域相邻的格子。然后把你的铅笔挪到那一格中。就这样根据自己的性状，从内向外一步一步移动，到最外圈时会得到一个数字。拿这个数字和同学的比较一下。

分析与结论

1. 观察 在记录表中，“性状1”受显性等位基因控制，“性状2”受隐性等位基因控制。统计一下，哪些显性等位基因控制的性状在超过半数的同学中出现？哪些隐性等位基因的控制的性状在超过半数的同学中出现？

2. 分析数据 最后，有多少同学在性状图中得到了相同的数字？又有多少同学得到了和其他同学都不一样的数字？这个结果对于我们认识每个人的性状组合有什么启迪呢？

3. 构想假说 这些数据是否支持你在步骤1中提出的假说？请举例说明。

实验设计

有血缘关系的人之间是否比没有血缘关系的人之间有更大的遗传相似性？提出你的假说，并设计一个实验来检验它。**注意：**进行实验前，方案需得到教师的许可。

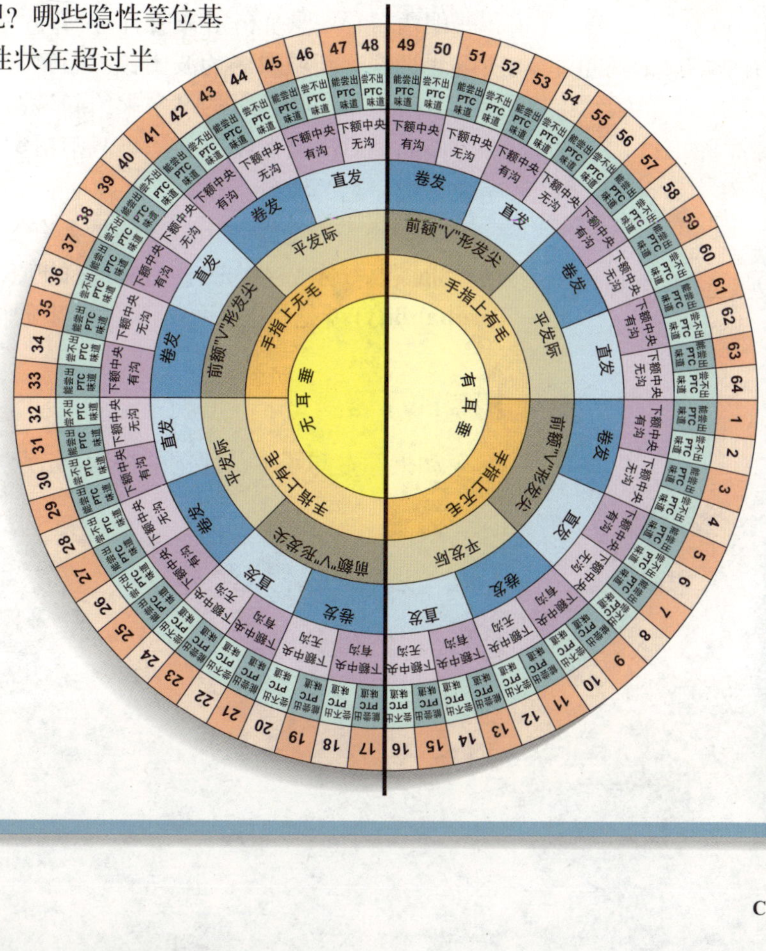

SECTION 2 遗传学与概率

探索 活动

什么是概率

1. 如果抛20次硬币，你预测硬币会有几次正面朝上，几次反面朝上？
2. 现在请抛 20 次硬币，来验证你的预测，最后分别统计一下正面朝上和反面朝上的次数。
3. 把班级里每个同学的数据汇总起来，然后记录全班总共抛硬币的次数，正面朝上的次数和反面朝上的次数。

思考

预测 步骤 2 中你的结果和预测相比有差异吗？你的结果和你们班总的结果之间有差异吗？怎样解释这些差异？

阅读指南

- 概率原理是如何被用来解释孟德尔的实验结果的？
- 遗传学家是怎样运用P矩阵的？

阅读提示 阅读以前，先用疑问词(如“什么”、“为什么”或“怎么样”等)把每个标题改写成疑问句。然后在阅读时，边看边寻找这些问题的答案。

十九世纪中叶，在美国俄勒冈州新建了一个城市。当时这个城市所在地的土地所有权分别归埃沙·L.拉弗乔和弗朗西丝·W.佩蒂格雷夫所有。拉弗乔来自马萨诸塞州，所以想把这个新城取名为波士顿。而佩蒂格雷夫却希望以他家乡缅因州波特兰市的名字来给新城命名。为了解决争端，他们最后决定抛硬币。结果佩蒂格雷夫赢了，所以这座城市被命名为波特兰市。

佩蒂格雷夫在抛硬币时赢的机会有多大呢？为了回答这个问题，你需要先学习概率的原理。所谓**概率 (probability)** 就是指某一特定事件发生的可能性。

概率的原理

如果你参与了本节课前的探索活动，实际上就已经在

运用概率原理来预测某一事件的结果了。每次抛硬币时，最后结果只有两种可能：正面朝上，或是反面朝上。两种结果发生的机会是相同的。可以用数学术语这样描述：抛一枚硬币结果正面朝上的概率是二分之一，反面朝上的概率也是二分之一。二分之一的概率可以用分数 $\frac{1}{2}$ 表示，也可以用百分数50%表示。

如果抛20次硬币，你可能会预测结果为10次正面朝上，10次反面朝上。然而事实上也许得不到这样的结果。你可能会发现结果是11次正面朝上和9次反面朝上，或是8次正面朝上和12次反面朝上。要记住一点，概率原理只能用来预测可能会发生什么，而不是必然会发生什么。尽管如此，但随着抛硬币次数的增加，实际结果还是会越来越接近根据概率预测的结果。

如果再抛一次硬币，那么已有的结果并不会影响下一次的结果。每个事件都是独立发生的。打个比方，假设你已经抛了五次硬币，每次都是正面朝上，那么下一次抛硬币正面朝上的概率是多少呢？你也许会认为，既然前五次都是正面朝上，那下一次也很可能会正面朝上。但这是不对的。下一次硬币正面朝上的概率依然是 $\frac{1}{2}$（50%）。前五次的结果根本不会影响第6次的结果。

想一想 ***为什么抛硬币时，正面朝上的概率会是 $\frac{1}{2}$？***

数学工具箱

百分数的计算

表示概率的方法之一是百分数。一个数加上百分号(%)相当于把这个数除以100，比如50%等于50除以100。

假设5次抛硬币中有3次正面朝上。那么正面朝上的百分数应该这样计算：

1. 先将结果表示成分数。

$$3 \div 5 = \frac{3}{5}$$

2. 将所得的分数乘以100%，把它转换成百分数。

$$\frac{3}{5} \times \frac{100\%}{1} = 60\%$$

有60%的硬币落地后正面朝上。

现在假设抛12次硬币中有3次反面朝上，这一结果该如何用百分数表示呢？

图3-6 通过概率原理得出，硬币落地后正面朝上的概率为50%。

计算 *硬币反面朝上的概率是多少？*

遗传学与概率

概率和遗传学有什么关系呢？为了回答这个问题，让我们再回到孟德尔的豌豆实验：每次杂交实验后，孟德尔都对具有不同性状的后代一一精确计数。当他把高茎的杂种植株(Tt)互相杂交时，约$\frac{3}{4}$的子代是高茎的，其余$\frac{1}{4}$的子代是矮茎的。

孟德尔每次重复这个杂交实验都会获得相近的结果，这时孟德尔意识到关于概率的数学原理也适合于运用到他的研究中。结果可以这样表述：通过这个杂交实验产生高茎豌豆植株的概率为$\frac{3}{4}$，产生矮茎植株的概率为$\frac{1}{4}$。**孟德尔是第一位认识到概率原理能用来预测遗传杂交实验结果的科学家。**

P 矩阵

有一种工具能帮你理解概率原理是如何被运用到遗传学中的，这就是英国遗传学家庞尼特发明的P矩阵。**P矩阵 (Punnett square)** 是一种用来表示一次杂交实验可能产生的所有等位基因组合的图表。**遗传学家们用P矩阵来列出一次杂交实验中所有可能产生的结果，以此确定每种结果发生的概率。**

图3-7中的P矩阵显示了两株杂种的高茎豌豆(Tt)之间的杂交实验。每个亲本都把它的一个等位基因传给后代(T或t)。其中一个亲本可能传给后代的等位基因写在矩阵的上面，另一个亲本的写在矩阵的左面。矩阵中的每一格都表示一种子代可能遗传到的等位基因组合。格子里的字母组合可以看成由正上方和正左方的字母相乘而得，也就是说从不同的亲本那里各获得一个等位基因。

使用P矩阵 你可以利用P矩阵来计算产生某种等位基因组合的子代的概率。每个亲本都是随机地把它的一个等位基因传给后代的，就像抛硬币一样。因此，就会产生四种可能的组合。子代是TT的

图 3-7 图中的P矩阵显示了两株杂种高茎豌豆之间的杂交情况。

理解图表 *根据左图，哪几种等位基因的组合会产生高茎的后代？*

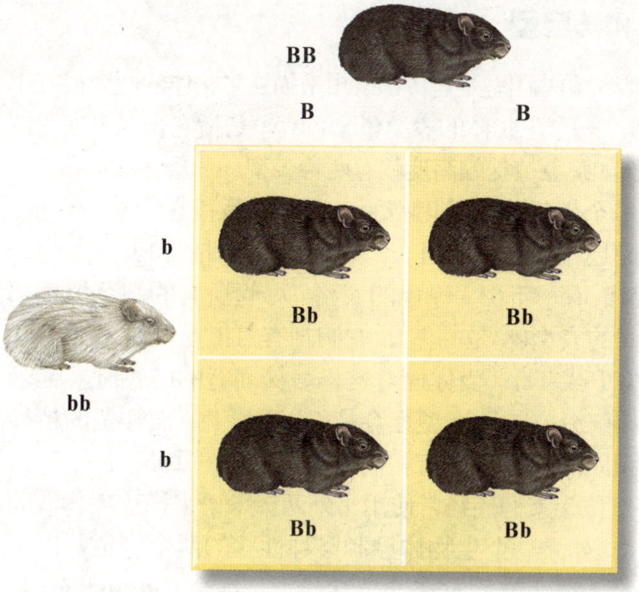

图 3-8 图中的P矩阵显示了黑色豚鼠(BB)和白色豚鼠(bb)之间的杂交情况。

计算 *它们产生的后代为白色豚鼠的概率是多少？*

概率为$\frac{1}{4}$，或者说是25%。子代是tt的概率也是$\frac{1}{4}$，或者说是25%。那么组合为Tt的概率呢？请注意在P矩阵中，Tt这一等位基因组合出现在两个格子里。这是因为Tt的组合可以通过两种方式形成。所以子代是Tt的概率为$\frac{1}{2}$，即50%。

我们曾经说过，孟德尔当时做这个杂交实验时，得到$\frac{3}{4}$(75%)的高茎植株和$\frac{1}{4}$(25%)的矮茎植株。你现在该明白是这个结果的原因了吧。带有TT等位基因组合的植株表现为高茎。又因为显性等位基因会掩盖隐性等位基因的作用，所以Tt组合也表现为高茎。只有tt组合的植株才是矮茎的。

预测概率 你同样可以用P矩阵来进行预测。例如，图3-8中显示了纯种黑色豚鼠和纯种白色豚鼠之间的一次杂交。豚鼠控制黑毛的等位基因相对于控制白毛的等位基因为显性。这样子代中只会有一种等位基因的组合——Bb。所有的子代都会遗传到控制黑毛的显性等位基因，因此全部表现为黑色。你就可以预测出后代是黑色的概率为100%。

想一想 ***如果把两只带有Bb等位基因组合的豚鼠进行杂交，那么生出一只白色豚鼠的概率是多少？***

试一试

硬币组合实验 活动

下面我们将用硬币来模拟孟德尔在Tt的豌豆植株之间进行的杂交实验。

1. 在两枚硬币的正反面都贴上1张小标签。
2. 在每个硬币的正面写“T”(表示高茎)，反面写上“t”(表示矮茎)。
3. 两枚硬币一起抛20次。把每次结果中的字母组合记录下来。

分析数据 *有多少子代是高茎的植株？(**提示**：哪几种字母组合会产生高茎的植株？)有多少是矮茎的植株？把你的结果转换成百分数形式，然后拿它和孟德尔的实验结果相比较。*

表型和基因型	
表型	基因型
高茎	TT
高茎	Tt
矮茎	tt

图3-9 表型是指生物体实际所表现出来的性状，基因型是指生物体的遗传组成。

表型和基因型

表型和基因型是遗传学家用来描述生物体的两个很有用的术语。一个生物体的**表型(phenotype)**是指它表现出来的性状。例如豌豆植株的高度就有两种表型——矮茎和高茎。

一个生物体的**基因型(genotype)**是指它的遗传组成，或者说是等位基因的组合。为了理解基因型和表型之间的差别，请看一下图3-9中的表格。尽管所有的高茎植株都有相同的表型(都是高茎)，它们却有可能是两种不同的基因型(TT或Tt)。当你面对这样一株高茎的豌豆时，你无法直接区分它的基因型究竟是TT还是Tt。而矮茎的植株既有相同的表型，又有相同的基因型——tt。

遗传学家们还经常使用另外两个术语来描述生物体的基因型。如果一个生物体控制某种性状的两个等位基因是相同的，那么就称它在这个性状上是**纯合(homozygous)**的。例如，基因型是TT的高茎豌豆和基因型是tt的矮茎豌豆都是纯合的。如果一个生物体控制某种性状的两个等位基因不相同，那么就称它的这个性状是**杂合(heterozygous)**的。比如基因型是Tt的高茎豌豆植株是杂合的。孟德尔说的“杂种”就是指杂合的豌豆植株。

想一想 ***如果一株豌豆植株的基因型是Tt，那么它的表型是什么？***

共显性

在孟德尔的研究中，所有性状都是由显性或隐性两种等位基因控制的。但实际中，有些性状并非如此。某些等位基因存在着一种叫做共显性的遗传现象。**共显性(codominance)**遗传时，每个等位基因不存在显性和隐性的区别。所以产生杂合后代时，哪一个等位基因的作用都不会被掩盖。看一看图3-11中的P矩阵，在这里用孟德尔关于显性隐性的理论就无法解释在杂合的鸡身上会同时长有黑色和白色的羽毛的原因。因为控制

图3-10 在厄米耐特鸡中，控制黑色羽毛和白色羽毛的等位基因是共显性的。

图 3-11 在这个 P 矩阵中，杂交产生的后代既有黑色羽毛，又有白色羽毛。**分类** *子代是杂合的还是纯合的？说出你的理由。*

羽毛颜色的等位基因是共显性的——既不是显性，也不是隐性。正如在图中看到的，任何一个等位基因的作用都没有被掩盖。请注意，共显性的等位基因用带上标的大写字母来表示，如黑色羽毛用 F^B 来表示，白色羽毛用 F^W 来表示。如图所示，杂交鸡的基因型表示成 F^BF^W。

另一个共显性的例子是在牛中发现的。红色牛毛和白色牛毛是共显性的，因而杂合的牛既有红色的毛，又有白色的毛。远看就像是粉褐色的。

第二节复习

1. 概率是什么意思？遗传学和概率有什么关系？
2. P 矩阵对遗传学家来说有什么用处？
3. 表型和基因型有哪些区别？请各举一个例子来说明。
4. 一头白色母牛和一头红色公牛相交配，产下一头牛毛既不是白色，也不是红色，而是红白夹杂的。试解释一下其中的原因。
5. **理性思维** **解决问题** 在豌豆植株中，控制圆滑形种子的等位基因(R)相对于控制皱缩形种子的等位基因(r)是显性的。构建一个 P 矩阵来表示杂合的圆滑形种子(Rr)和纯合的皱缩形种子(rr)两棵植株之间的杂交实验。问子代产生皱缩形种子的概率是多少？请说明理由。

身边的科学

让家长在心中默想 1 到 5 之间的一个数字，然后请你试着猜出它。想一想你猜中正确数字的概率是多少？再重复猜四次。问你的成功率和理论上猜对的概率相比如何？怎样解释这两者之间的差异？

技能实验室

构建模型

做出正确的预测

预测是科学的一个重要组成部分。能作出准确的预测表示你已经领会了所研究的问题。在这次实验中，你将建立一个遗传杂交实验模型，并对结果作出预测。

问题

如何来预测实验的结果？

重要技能

建立模型　分析数据　预测　推理

材料

2个小纸袋　　记号笔

3个蓝色小球　　3个白色小球

实验步骤

1. 在两个纸袋上分别标明“袋1，母本”和“袋2，父本”。然后阅读以下三个部分的内容，并预测每次杂交后将产生的子代类型。

第一部分　两个纯合亲本的杂交

2. 把下面的记录表抄在笔记本上，编号为表1。然后在袋1中放入2个蓝色小球。这对小球表示母本的等位基因组合。假定蓝色由显性等位基因控制，用大写字母“B”表示。
3. 在袋2中放入2个白色小球，表示父本的等位基因组合。用小写字母“b”来表示隐性的白色等位基因。
4. 不向袋子里看，从袋1中随机摸出一个小球。把结果记在表中，然后把球放回袋1中。以同样方式从袋2中摸出一个小球，记录结果。再把球放回袋2中。
5. 如果拿出的两个小球都是蓝色，就在“子代的等位基因组合”一栏写上“BB”；如果小球都是白色，则写上“bb”；如果是一蓝一白，则写上“Bb”。
6. 再将步骤4和5重复九次。

记录表

表______

次数	袋1中取出的等位基因（母本）	袋2中取出的等位基因（父本）	子代的等位基因组合
1			
2			
3			
4			
5			
6			

第二部分　纯合亲本与杂合亲本的杂交

7. 把两个蓝色小球放在袋1中，把一个蓝色和一个白色的小球放在袋2中。再画一张记录表，编号为表2。

8. 将步骤4和5重复十次。

第三部分　两个杂合亲本的杂交

9. 在袋1和袋2中均放入一蓝一白两个小球。然后再画一张记录表，编号为表3。

10. 将步骤4和5重复十次。

分析与结论

1. 建立模型　对第一～三部分中所模拟的杂交实验各作出一个P矩阵。

2. 分析数据　根据你在第一部分中获得的结果，当纯合亲代(BB和bb)杂交时，会产生多少种不同类型的子代？你用小球模型得到的结果和用P矩阵计算出的结果一致吗？有什么启迪呢？

3. 预测　根据第二部分的结果，当纯合亲代(BB)与杂合亲代(Bb)杂交时，子代是纯合的或是杂合的百分比各是多少？和P矩阵分析出的结果一致吗？

4. 建立模型　根据第三部分的结果，当两个杂合亲代(Bb × Bb)杂交时，产生的子代可能会有哪几种不同的类型？产生每种后代的可能性各占多少百分比？模型得出的结果和P矩阵计算出的一致吗？

5. 推理　在第三部分中，如果你重复的次数不是10次而是100次，你的结果是否会更接近P矩阵得出的结果？说说理由。

6. 交流　小球模型与P矩阵相比，哪一种方法更好？两种方法有什么异同点？

实验设计

在豌豆植株中，黄色种子的等位基因(Y)相对于绿色种子的等位基因(y)是显性的。你认为用怎样的植株杂交会产生带有黄色种子的杂合的后代(Yy)？分别用小球模型和P矩阵来验证你的预测。

SECTION 3

细胞与遗传

探索 活动

染色体中的学问

孟德尔当时并不知道染色体的存在，也不知道染色体和遗传之间的关系。可今天，我们已经知道基因正是位于染色体上的。

1. 在两根筷子上标明“A”，用来代表母本中的一对染色体。然后把它们放在一张纸上，注意有标记的那一面朝下。
2. 在另外两根筷子上标明“a”，用来代表父本中的一对染色体。然后把它们放在另外一张纸上，注意有标记的那一面朝下。
3. 分别从每张纸上拿起一根筷子，把它们放到第3张纸上。这双筷子代表着子代的一对染色体。注意子代获得的等位基因组合。

思考

建立模型 用这个模型来解释染色体在等位基因的遗传中是如何起作用的？

阅读指南

◆ 染色体在遗传中起的作用是什么？

◆ 在减数分裂时，发生了哪些事件？

阅读提示 在阅读之前，先预习一下第99页的“探索 减数分裂”。预测一下染色体在性状遗传中所起的作用。

当1900年孟德尔的实验结果被科学家重新发现时，全世界的科学家都为他的遗传理论而感到兴奋。他们迫切地想知道是细胞中的哪些结构携带着孟德尔所说的遗传因子，即基因。

1903年，美国遗传学家沃尔特·萨顿的重要发现使人们对遗传学的认识又进了一步。萨顿对蝗虫生殖细胞(精子和卵细胞)的形成过程进行了研究。他仔细观察了生殖细胞形成过程中不同阶段的变化，尤其是对这一过程中染色体的运动产生了浓厚的兴趣。萨顿认为要理解子代怎样获得与亲代相似的性状，关键就在于对这些染色体的研究上。

精子 ▼

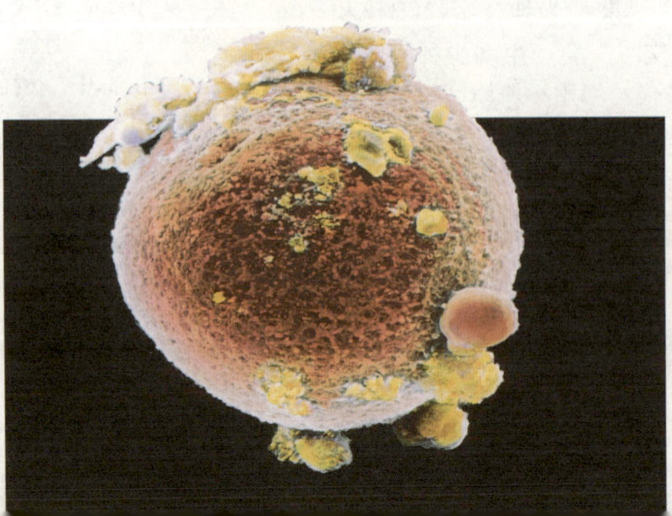

◀ 卵细胞

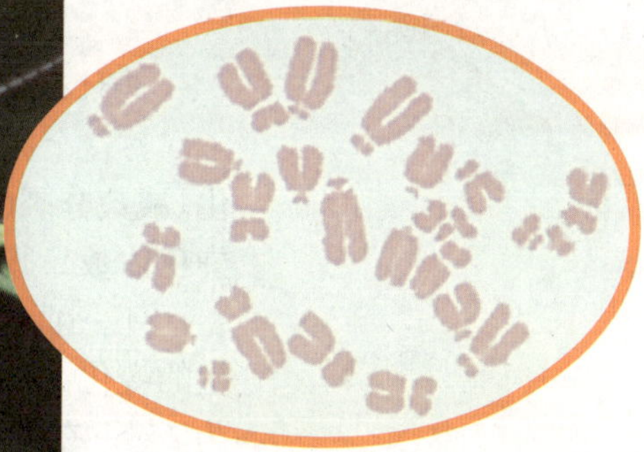

图3-12 蝗虫的每个体细胞中有24条染色体。

应用概念 染色体具有哪些功能？

染色体与遗传

萨顿推断细胞内一定有某个结构与基因的遗传有关。但是他还需要证据来支持那个结构就是染色体的假说。于是，萨顿把蝗虫生殖细胞和其他细胞内的染色体数目作了比较。正如你在图3-12中所看到的，蝗虫的体细胞中有24条染色体。而令他惊讶的是，生殖细胞内只有12条染色体。换句话说，生殖细胞中的染色体数目正好是体细胞中的一半。

萨顿知道这次发现为其研究提供了重要的线索。随后他又观察到一个精子细胞(含有12条染色体)和一个卵细胞(含有12条染色体)融合后发生的变化：融合后产生的受精卵又具有了24条染色体。因此，蝗虫子代体细胞中的染色体数目与它的两个亲本体细胞的染色体数相同。这24条染色体成对分布，每对染色体中的一条来自父本，另一条来自母本。

萨顿因此得出结论，正是染色体携带着孟德尔所说的遗传因子从亲本传递到下一代。也就是说，基因就在染色体上。萨顿的观点又被称为遗传的染色体学说。**遗传的染色体学说认为，基因是由染色体携带着从亲代传递给子代的。**

想一想 ***等位基因与染色体之间的关系是什么？***

减数分裂

为什么生殖细胞的染色体数目只有体细胞的一半呢？为了回答这个问题，让我们先来看一下减数分裂时所发生的变化。**减数分裂(meiosis)**是指生殖细胞(精子和卵细胞)形成时，染色体数目减半的过程。

下一页中的“探索　减数分裂”介绍了减数分裂中发生的变化。在这个例子中，每个母细胞都有4条染色体，分为2对。**在减数分裂期间，每对染色体互相分离，并被分配到两个子细胞中去。所以形成的生殖细胞中染色体数仅为体细胞的一半。** 在“探索　减数分裂”中你可以看到，每个生殖细胞中都只有两条染色体，是母细胞的一半。每个生殖细胞都只得到了母细胞中每对染色体中的一条染色体。当精子和卵细胞结合时，每个生殖细胞都提供半数的染色体。因而形成的后代又含有了正常的染色体数(从每个亲本那里各获得了一半)。

☑ **想一想**　***通过减数分裂产生哪种类型的细胞？***

图3-13　这个P矩阵显示了在减数分裂形成生殖细胞时，等位基因是怎样分离的。它也显示了受精作用后产生的可能的等位基因组合。

理解图表　*图中精子细胞带有T等位基因的概率是多少？*

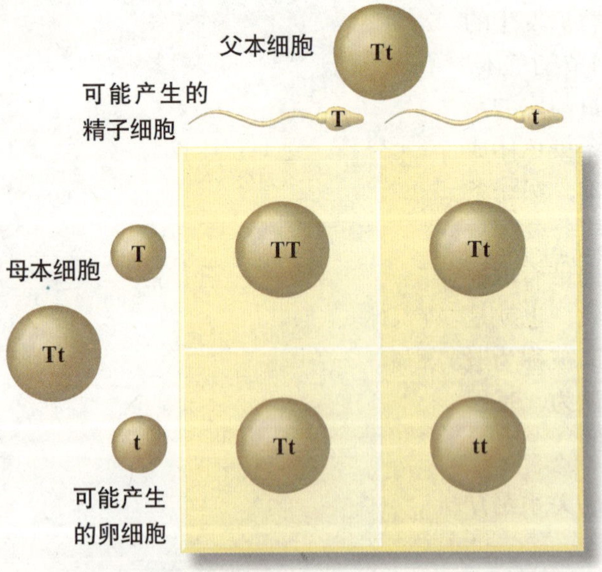

减数分裂与P矩阵

P矩阵实际上正说明减数分裂所发生的变化。当一对染色体被分配到两个不同的生殖细胞中时，位于染色体上的等位基因也随之分离，每个生殖细胞都只能得到每对等位基因中的其中之一。在图3-13中，你能看到P矩阵是怎样反映减数分裂时等位基因的分离的。

在P矩阵的上方可以看到有一半的精子细胞从父本那里获得带有T等位基因的染色体，另一半的精子细胞获得了带有t等位基因的染色体。矩阵右边显示的卵细胞也是如此。不同卵细胞和不同精子细胞的结合，就产生了不同等位基因组合的后代。

探索 减数分裂

在减数分裂过程中，母细胞会连续分裂两次，最后产生只含有半数染色体的生殖细胞。

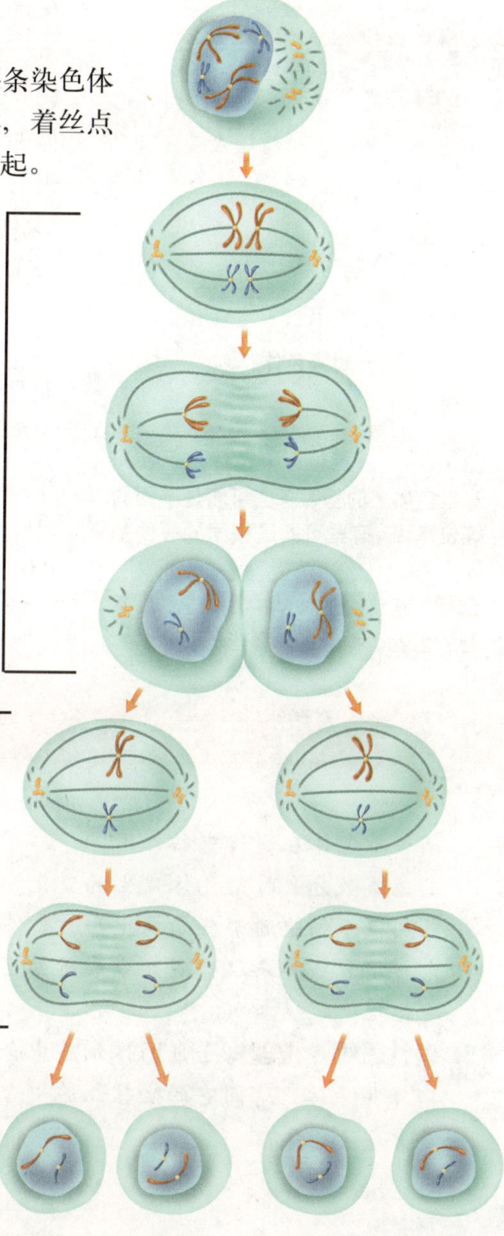

1 减数分裂前

在减数分裂开始以前，母细胞中的每条染色体都被复制了一遍。就与有丝分裂一样，着丝点把同一染色体的两个染色单体连在一起。

2 减数分裂 I 期

A. 成对的染色体紧挨着排列在细胞中央。

B. 成对的染色体彼此分离，并分别朝着细胞的两极反向移动。

C. 形成的两个新细胞中只含有半数的染色体。此时每条染色体中都还有两个染色单体。

3 减数分裂 II 期

A. 含有染色单体的染色体再次移到细胞中央。

B. 着丝点分裂，每条染色体的两个染色单体互相分离，并朝着细胞两极反向移动。

4 减数分裂末期

一个母细胞最后形成 4 个生殖细胞。每个细胞的染色体数只有减数分裂前母细胞的一半。每个细胞都只有原来母细胞中成对染色体中的一条染色体。

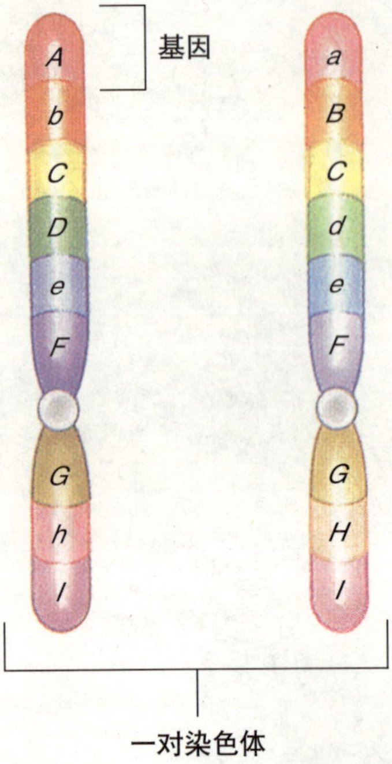

图 3-14 基因位于染色体上。在一对染色体上的基因有些可能是不同的等位基因，有些可能是相同的等位基因。

分类 *在这个生物体中，哪些基因控制的性状是纯合的，哪些是杂合的？*

基因排列顺序

自从萨顿发现"基因位于染色体"以后，科学家们又研究了许多种不同生物的染色体。例如，他们发现人类的体细胞中含有23对，即46条染色体；狗的体细胞中含有78条染色体；蚕的体细胞中含有56条染色体。这些数据表明，生物个体越大，并不意味着它的染色体数目越多。

染色体是由许多基因组成的，它们连接在一起，就像绳子上的串珠一样。萨顿推测既然生物体的性状如此复杂多样，那么在染色体上应该携带有大量的基因。事实的确如此，虽然人只含有23对染色体，但每个体细胞含有35 000个基因。每个基因都控制某个特定的性状。

图3-14的一对染色体中，一条染色体来自母本，另一条来自父本。它们都含有相同的基因，而且这些基因都按照相同的顺序排列。然而，两者的等位基因却不尽相同。比如，图中一条染色体上带有等位基因A，而另一条上带有等位基因a。因此可以看出，这个生物的有些性状是杂合的，有些则是纯合的。

第三节复习

1. 阐述染色体在遗传中的作用。
2. 简述减数分裂时染色体发生的变化。
3. 基因位于细胞的哪些结构上？
4. 怎样用P矩阵来解释减数分裂所发生的变化？
5. **理性思维　推理**　仓鼠的体细胞中含有44条染色体，请问它的生殖细胞中含有多少条染色体？

课题 3

检查进度

现在找一个同学作为你的搭档，而且他（或她）的纸宠物的性别必须与你的宠物性别相反。假设让它们交配产生6个后代。用抛硬币的方法来决定每个亲本传给后代的等位基因是什么。然后依据得到的性状来制作每个后代的模型，并在它背后注明每个性状的基因型。

SECTION 4

与 DNA 的链接

探索 活动

你能破译这些密码吗

A·−	N−·
B−···	O−−−
C−·−·	P·−−·
D−··	Q−−·−
E·	R·−·
F··−·	S···
G−−·	T−
H····	U··−
I··	V···−
J·−−−	W·−−
K−·−	X−··−
L·−··	Y−·−−
M−−	Z−−··

1. 左表所示为早期拍电报时所使用的莫尔斯码(Morse code)。请用它来破译下面这段英文信息。其中每个字母之间都用斜杆号隔开。

   ·−−/····/·/·−·/·/·−/·−·/·/−−·/·/−·/
   ·/···/·−··/−−−/−·−·/·−/−/·/−··/

2. 以上这段文字是一个问题。请回答这个问题，并把答案翻译成莫尔斯码。
3. 和同桌交换密码，然后破译出他(或她)的答案。

思考

自定义 根据这次活动的结果，给“密码”(Code)一词下定义。然后再与词典中的定义比较一下，看看自己的定义是否完整准确。

1998年，在美国密歇根州汉诺威市附近的一个农场里，出生了1头白色的小野牛。白色的野牛十分罕见，平均每1千万头牛出生才会有1头是白色的。那为什么这头牛犊会有如此罕见的表型呢？为了回答这个问题，让我们先来学习染色体上的基因是如何控制生物性状的。

阅读指南

- “遗传密码”是什么意思？
- 细胞是怎样产生蛋白质的？
- 突变对生物体有什么影响？

阅读提示 一边阅读，一边自己画一张流程图，来表示细胞生产蛋白质的过程。

遗传密码

如今科学家们已经知道，基因的主要作用是控制细胞合成各种蛋白质。而蛋白质决定着生物体的大小、外形、颜色和其他许多性状。

图 3-15 这头野牛犊的白色皮毛十分罕见。它的父母的皮毛都是褐色的。

在第2章中曾经讲过，染色体主要是由DNA组成的。图3-16表示了染色体和DNA之间的关系。DNA分子是由4种不同的碱基：腺嘌呤(A)、胸腺嘧啶(T)、鸟嘌呤(G)、胞嘧啶(C)组成的。如果把DNA比作一个长梯子，那么碱基就像是它的一个个阶梯。染色体上的一个基因可能由几百个碱基组成，也可能由几百万个甚至更多的碱基组成。这些碱基按某种特定的顺序排列，比如，ATGACGTAC。

基因中的碱基排列顺序构成了遗传密码，并由它来决定体内合成的蛋白质类型。遗传密码以三个碱基为一组，并与某个特定的氨基酸相对应。例如，碱基序列CGT(胞嘧啶—鸟嘌呤—胸腺嘧啶)总是对应丙氨酸。

☑ ***想一想　基因的主要功能是什么？***

细胞是怎样合成蛋白质的

在细胞合成蛋白质的过程中，**细胞利用染色体上某个基因携带的信息生合成某个特定的蛋白质。**蛋白质在位于细胞质的核糖体上合成，而染色体却位于细胞核内。那么，合成蛋白质所需要的信息是如何离开细胞核进入细胞质中的呢？

RNA 的作用　在蛋白质合成以前，必须要有一个“信使”将细胞核内DNA上的遗传信息送到细胞质中。这个信使就是核糖核酸，简称RNA。

图 3-16　一条染色体中含有上千个基因。这些基因中碱基的顺序构成了细胞合成蛋白质所需的遗传密码。

理解图表　*染色体位于细胞的哪个部位？*

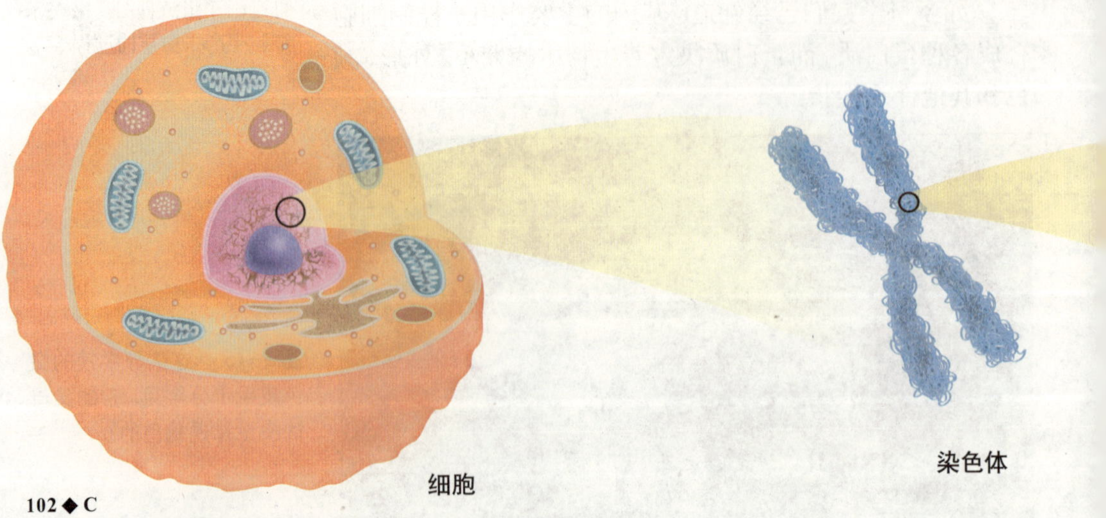

尽管RNA和DNA有些类似，但在某些重要方面，这两类分子还是有区别的。DNA有两条侧链，而RNA只有单链。RNA所含有的核糖分子也与DNA不同。另外，还在于它们的碱基组成也不同：与DNA一样，RNA也含有腺嘌呤、鸟嘌呤和胞嘧啶，但却没有胸腺嘧啶，取而代之的是尿嘧啶(U)。

参与蛋白质合成的RNA有几种类型。一种叫做**信使RNA(messenger RNA)**。它把细胞核中DNA上的信息复制下来，然后输送到细胞质中。另一种叫做**转运RNA(transfer RNA)**，它携带有氨基酸分子，并把它们添加到正在合成的蛋白质链上。

翻译遗传密码　把遗传密码翻译成蛋白质的过程可以参考下页的“探索　蛋白质合成”。首先，DNA分子从碱基对中间“解链”，接着其中的一条侧链指导合成信使RNA。蛋白质合成时，RNA上的碱基和DNA上的碱基一一配对，比如当遇到腺嘌呤时，就用尿嘧啶取代胸腺嘧啶与之配对。这样就使得遗传信息能准确复制下来。信使RNA合成完毕后就离开细胞核，粘附到细胞质中的核糖体上。信使RNA向核糖体提供了合成蛋白质所需的密码。在蛋白质合成期间，核糖体沿着信使RNA移动。转运RNA分子粘附到信使RNA上，并通过与信使RNA上碱基的配对，“阅读”信使RNA上携带的信息。随着转运RNA的分子不断向蛋白质链上添加氨基酸，蛋白质分子逐渐延长。

☑ **想一想**　***转运RNA的作用是什么？***

增进技能

得出结论　活动

下面是一条核酸分子链上的一段碱基序列。

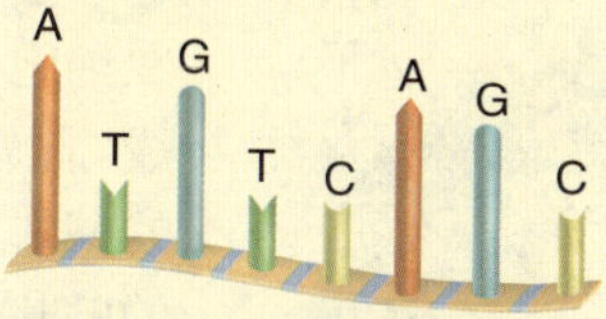

这段核酸分子链来自DNA，还是RNA？为什么？

碱基

DNA分子

探索 蛋白质合成

为了合成蛋白质，信使RNA先从细胞核中的DNA上复制遗传信息，然后转运RNA靠这些信息在核糖体中合成蛋白质。

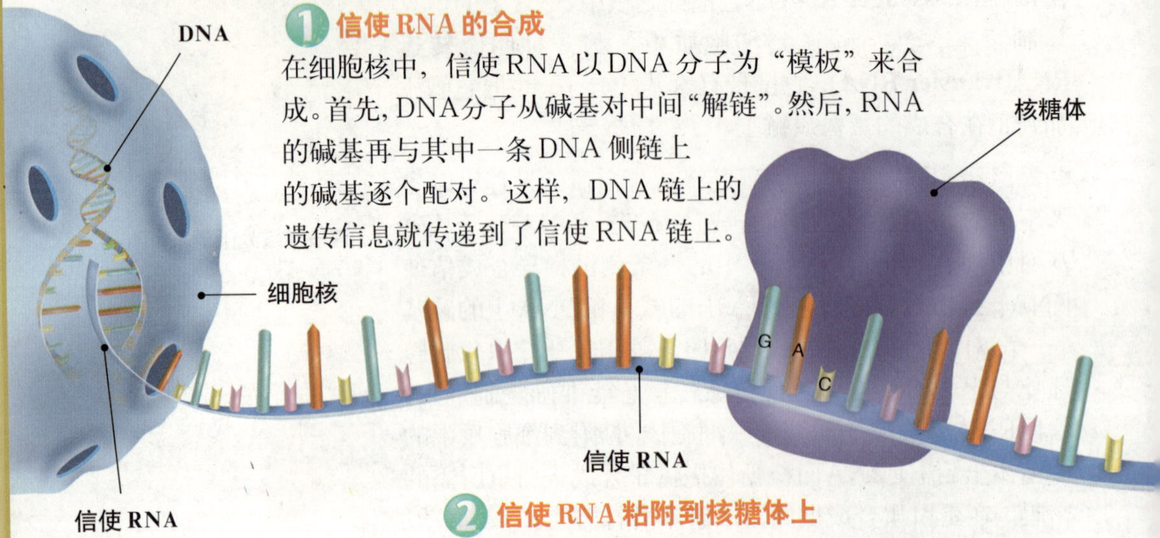

1 信使RNA的合成

在细胞核中，信使RNA以DNA分子为“模板”来合成。首先，DNA分子从碱基对中间“解链”。然后，RNA的碱基再与其中一条DNA侧链上的碱基逐个配对。这样，DNA链上的遗传信息就传递到了信使RNA链上。

2 信使RNA粘附到核糖体上

当信使RNA进入细胞质后，就粘附到核糖体上开始合成蛋白质链。核糖体一边不断地“解读”着每个“三碱基密码”，沿着信使RNA移动。

突变

假设在染色体的某个基因上发生了一处错误，比如原来应该是腺嘌呤(A)的位置被鸟嘌呤(G)取代了。这个错误就是细胞遗传物质突变的一种类型。第2章中曾经讲过，突变是指在一个基因或一条染色体上发生的任何一种变化。它会导致细胞合成不正确的蛋白质，结果使生物体的性状(或称表型)和正常时不同。**突变(mutation)**一词正是由一个意为“变化”的拉丁词演变而来。

突变的类型 有些突变仅仅是遗传物质上发生的微小改变，比如一个碱基被另一个碱基取代。这些突变会在DNA复制的过程

3 转运 RNA 粘附到信使 RNA 上

转运 RNA 分子把特定氨基酸运送到核糖体上，在此通过和信使RNA上碱基的三联密码子配对来“阅读”信使RNA携带的信息。随着氨基酸不断添加，蛋白质链逐渐增长。

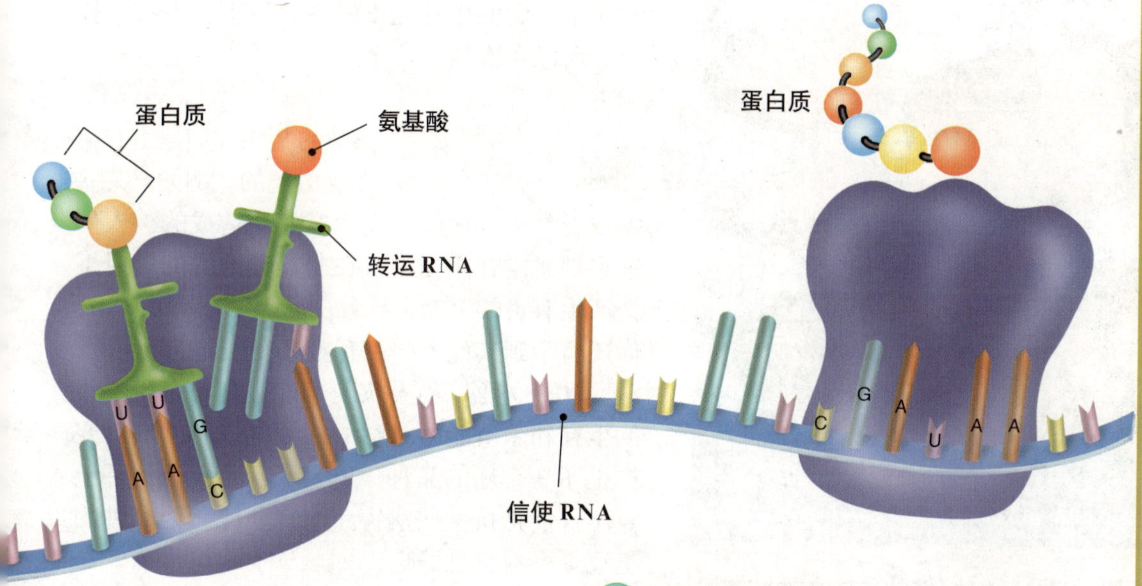

4 蛋白质继续合成

蛋白质链不断增长，直到核糖体阅读到一个表示停止信号的三联密码子。这时核糖体就把一条完整的蛋白质链释放出来。

中发生。在本节初介绍的那只野牛犊的白色皮毛可能就是这种突变的结果。另外一些突变可能是因为在减数分裂期染色体没有正确分离而造成的。当这类突变发生时，一个细胞可能会含有超出或低于正常数目的染色体，也可能含有多余的染色体片段。

如果突变发生在一个体细胞(比如上皮细胞)中，那么只会影响这一个细胞。但是如果突变发生在一个生殖细胞中，那么这个突变将会传递给后代，并影响其后代的表型。

突变的效应 由于突变会引起生物体的改变，所以产生了遗传的多样性。**突变给生物体带来的变化某些是有害的，某些是有益的，还有一些既无害也无益。** 如果某个突变降低生物体的生

图3-17 突变能影响生物体的性状，或者说表型。图左侧的大草莓就是突变的结果，这些超大草莓的细胞中含有多套染色体。

存或繁殖能力，那么对这个生物体就是有害的。

突变是否有害还取决于生物所处的环境。比如，导致牛犊毛色变白的突变在野生环境中很可能就是有害的。因为白色牛犊十分显眼，很容易成为被捕食的对象。但是如果把它饲养在农场里，它的生存几率就与其他褐色牛犊一样大。所以在农场里这个突变就是中性的——既无害也无益。

与健康科学的综合 人类的某些疾病是由有害突变引起的。例如，某些癌症就是因为体细胞发生突变而造成的。人体过多地暴露在阳光中，在长期紫外线的辐射下会产生有害的突变，导致皮肤癌。在第4章中，你还将学到其他一些由有害突变引起的疾病。

另一方面，有益突变却能提高一个生物体的生存和繁殖能力。比如，土豆的一种基因突变产生了一个新的品种——卡塔丁土豆。这种土豆不仅能抵抗某些病害，而且还比其他品种的土豆更好看、更好吃。

第四节复习

1. 基因上的碱基是怎样被用作遗传密码的？
2. 简要描述细胞生产蛋白质的过程。
3. 突变会对生物体产生什么样的影响？
4. 蛋白质合成发生在细胞的什么部位？
5. **理性思维　因果推断**　为什么发生在体细胞中的突变不会传给后代？

课题 3

检查进度

和搭档一起准备展示你们的宠物之家。把亲本标记成“P代”，把后代标记成“F_1代”。然后给每种性状作一个P矩阵，来说明宠物家庭的遗传模式。(**提示**：展示时应该想一个恰当的粘贴方式，便于观看者翻到纸宠物背面查看它们的基因型。)

学习指导

SECTION 1 孟德尔的研究与发现

知识要点

- 孟德尔的研究为理解子代具有与亲本相似性状的原因奠定了基础。
- 性状是受等位基因控制的，一个生物体从每个亲本各获得一条等位基因。
- 有些等位基因是显性的。当生物体中存在显性等位基因时，它所决定的性状总是会表现出来，而相应的隐性等位基因的作用总是会被掩盖掉。

关键术语

性状
遗传
遗传学
纯种
基因
等位基因
显性等位基因
隐性等位基因
杂种

SECTION 2 概率与遗传学

与数学的综合

知识要点

- 概率是某一特定事件将要发生的可能性。
- 孟德尔是第一位运用概率原理来解释实验数据的科学家。
- 遗传学家们用P矩阵来列出一次遗传杂交实验中所有可能的结果，并计算每种结果发生的概率。
- 表型是指生物体表现出来的性状，基因型是指它的遗传组成。

关键术语

概率
P矩阵
表型
基因型
纯合
杂合
共显性

SECTION 3 细胞与遗传

知识要点

- 根据遗传的染色体学说，染色体上携带着从亲本传给后代的基因。
- 在减数分裂时，染色体对互相分离，形成的生殖细胞中的染色体数目是体细胞的一半。每个生殖细胞都只含有每对染色体中的一条。

关键术语

减数分裂

SECTION 4 与DNA的链接

知识要点

- 基因中的碱基构成遗传密码，决定氨基酸按照什么顺序组装成蛋白质。
- 在蛋白质合成时，信使RNA从细胞核中的DNA上复制遗传信息，并输送到细胞质里。转运RNA向正在合成的蛋白质链上添加氨基酸。
- 突变是基因或染色体上发生的变化。它们中有些是有害的，有些是有益的，还有些则是中性的。

关键术语

信使RNA
转运RNA

活动
相关网站
www.science-explorer.phschool.com

第3章复习

复习题

选择题

选择最佳答案。

1. 一个基因的不同形式称作
   a. 等位基因　b. 染色体
   c. 表型　d. 基因型
2. 抛硬币时，硬币落地后正面朝上的概率是
   a. 100%　b. 75%
   c. 50%　d. 25%
3. 如果生物体中控制某个性状的两个等位基因相同，那么这个生物体是
   a. 杂合的　b. 纯合的
   c. 隐性的　d. 显性的
4. 如果一个生物体的体细胞中含有10条染色体，那么它的生殖细胞中的染色体数为
   a. 5条　b. 10条
   c. 15条　d. 20条
5. 在蛋白质合成期间，信使RNA的作用是
   a. “解读”三碱基密码
   b. 释放合成完毕的蛋白质链
   c. 复制细胞核中DNA上的遗传信息
   d. 把氨基酸带到核糖体中

判断题

如果下列叙述正确，写“T”，如果错误，请修改划线部分。

6. 研究遗传规律的学科叫做<u>遗传学</u>。
7. 生物所表现出来的性状叫<u>基因型</u>。
8. 在<u>共显性</u>遗传时，等位基因既是显性的，也不是隐性的。
9. <u>遗传</u>是指生殖细胞形成的过程。
10. 蛋白质是在<u>细胞核</u>中合成的。

简述题

11. 请描述孟德尔把纯种高茎豌豆和纯种矮茎豌豆杂交后产生的实验结果。
12. 假设你已经抛了5次硬币，都是正面朝上，那么第6次抛时仍然正面朝上的概率是多少？为什么？
13. 控制豚鼠黑色皮毛的等位基因(B)相对于白色皮毛的等位基因(b)是显性的。如果让杂合的黑色豚鼠(Bb)和纯合的白色豚鼠(bb)进行杂交，请问后代是白色皮毛的概率是多少？用P矩阵来回答这个问题。
14. 用自己的话来描述减数分裂过程中的每一个步骤。
15. 简述转运RNA在蛋白质合成中起了什么作用？
16. **科技写作**　把自己想像成是一个生活在19世纪60年代的学生，刚刚参观过孟德尔的花园。请写一封信给朋友，信中要描述孟德尔的豌豆实验过程。

形象思维

17. **比较／对比表**　下面是一张比较DNA和信使RNA的表格。把它抄到一张空白纸上，并填空。

特征	DNA	信使RNA
碱基	a. ? b. ? c. ? d. ?	腺嘌呤 尿嘧啶 鸟嘌呤 胞嘧啶
结构	螺旋的梯子形	e. ?
功能	形成特定的遗传密码，决定生产哪种蛋白质。	f. ?

应用技能

豌豆控制绿色豆荚的等位基因(G)相对于控制黄色豆荚的等位基因(g)是显性的。下表显示了两棵绿色豆荚植株的一次杂交实验所产生的后代表型分布。请利用这些数据回答18～20题。

表型	子代数量
绿色豆荚	9
黄色豆荚	3

18. **计算** 绿色豆荚的子代占百分之几？黄色豆荚的子代占百分之几？
19. **推理** 黄色豆荚的子代基因型是什么？绿色豆荚的子代有哪几种可能的基因型？
20. **得出结论** 亲本的基因型分别是什么？说明理由。

理性思维

21. **应用概念** 控制兔子为斑点皮毛的等位基因(S)相对于控制纯色皮毛的等位基因(s)为显性。把一只斑点皮毛的兔子和一只纯色皮毛的兔子杂交，产生的后代全是斑点皮毛。问这两只兔子的基因型是什么？请说明理由。
22. **解决问题** 假设你种植了一批纯种的绿皮西瓜。一天，你发现其中一株西瓜突变成条纹状的瓜皮。把这株西瓜和一株纯种的绿皮西瓜杂交，产生的后代50%是条纹状的瓜皮，50%是绿色瓜皮。问控制瓜皮为条纹状的等位基因是显性还是隐性的？请解释你的答案。
23. **预测** 在老鼠体内发生一种新的突变，使它的毛皮比寻常的厚一倍。问在怎样的环境中这个突变是有益的？怎样的环境中这个突变是有害的？

学习评估

课题3 总结

成果展示 完成宠物之家的制作后，准备好对宠物家庭中遗传模式的分析讨论。参观其他同学的展示，看看后代中哪个最像父母，哪个最不像父母？你能找到违反遗传规律的后代吗？

思考与记录 纸宠物模型是如何帮助你学习遗传学的？你的宠物家庭的遗传模式和真实生活中的相像吗？怎样用纸宠物模型来帮助理解遗传学的其他内容？

实践活动

在社区 如果有亲戚朋友家里养猫或狗，向他或她了解一下这只宠物是不是纯种的？如果是的话，问一问这个品种有哪些特征；如果它是不同品种的杂交后代，去找一找它有哪些性状像父亲，哪些性状像母亲。把你的发现整理成一份书面报告，或写成一张板报。

第四章 现代遗传学

主要内容

SECTION 1 人类的遗传

探索 怎样才算高
试一试 眼优势
试一试 男孩还是女孩

SECTION 2 人类的遗传病

探索 有多少条染色体
生活实验室 家族之谜

SECTION 3 与技术科学的综合 遗传学的进展

探索 指纹有什么作用
增进技能 交流
生活实验室 有罪，还是无罪

课题 4

家族相册

家系图是一种用来反映家族中各代人之间关系的分枝状结构的图表。有些大的家系图能反映出家族几个世纪以来的历史。

在遗传学中，家系图用来表示性状是如何一代代向下传递的。在本课题中，你将为一个假想的家族制作一张遗传家系图。虽然家族是假想出来的，但你制作的家系图必须反映出人类性状由父母向子女传递的真实情形。

课题目标 为假想的家族建立一张家系图，用来反映遗传学性状从一代向下一代的传递情况。

为了完成这个课题，你将：

- 选择两个不同的遗传学性状，并确定它们所有可能的基因型和表型。
- 制作家系图来追踪假想的家族中三代人的性状遗传情况。
- 制作一本“相册”，来展示每个家族成员的长相。

课题准备 和搭档一起复习第 3 章第 86 页中提到的人类性状。把你已经了解的关于人类遗传的知识列出来，诸如哪些性状受显性等位基因控制，哪些受隐性等位基因控制等等。然后预习本章第一节，列出将要学到的性状。从中选出两个作为这次课题中你所要关注的性状。

检查进度 你将一边学习这章的内容，一边按计划完成这一课题。为了确保实验有序地进行，可以参阅以下几处“检查进度”栏。

第一节复习，第 118 页：依据你所选择的第一个性状来创建一张家系图。

第二节复习，第 123 页：创建第二张家系图，然后开始制作家族相册。

总结 在本章的结尾(第 137 页)，你将向全班同学展示自己制作的家系图和相册。

在这个家庭中，孩子们的有些性状和父亲相似，有些和母亲相似。

SECTION 1

人类的遗传

探索

活动

怎样才算高

1. 两人为一组，互相测量身高。每5厘米划为一档，把你们的身高归入合适的身高段。然后把全班同学的结果统计在黑板上。
2. 将结果制作成一幅柱形图，表示每个身高段的学生人数。图中以身高段作为横坐标，以学生人数为纵坐标。

思考

推理 你认为人类的身高是像豌豆那样受单基因控制吗？请说明你的理由。

阅读指南

- 为什么人类的某些性状会有许多不同的表型？
- 为什么有些伴性性状在男性中更为常见？
- 遗传学家是如何使用家系图的？

阅读提示 在阅读以前，先把这一节中的小标题用“怎样”，“为什么”，“什么是”等词改写成疑问句。然后一边阅读，一边写出它们的答案。

在生活中，你经常会听到这样的评论，“他简直就是他父亲的翻版”或“她的眼睛和她母亲的像极了”。孩子们通常长得像他们的父母，因为父母把许多性状(诸如眼睛的颜色、头发的颜色等等)的等位基因遗传给他们的子女。人们既从父亲那里获得一些等位基因，又从母亲那里获得一些。所以大部分人长得既有点像父亲，又有点像母亲。

受单基因控制的性状

第3章中，我们已经学过豌豆和其他一些生物的许多性状。这些性状都受一个基因的两个等位基因控制，而且通常一个显性，一个隐性。人类的许多性状也是受单基因控制的。它们与豌豆的茎高一样，只有两种截然不同的表型。

举个例子讲，前额“V”形发尖是指在前额呈V形向下凸起的一种发尖。控制前额“V”形发尖的等位基因相对于控制平发际的等位基因是显性的。图4-1的P矩阵显示了两个杂合亲本杂交的情况，以及后代可能的等位基因组合。我们可以发现后代中有前额“V”形发尖的概率是$\frac{3}{4}$，即75%，而平发际的概率是$\frac{1}{4}$，即25%。这一结果和第3章中孟德尔对两个杂合亲本的杂交实验结果一样。

图 4-1 这个P矩阵显示了两个杂合的带有前额"V"形发尖的亲本之间的杂交情况。

理解图表 *问他们产生的后代可能有哪几种基因型？理论上后代中每种基因型出现的概率是多少？*

你在微笑时有酒窝吗？如果有，那么你至少拥有一个控制这个性状的显性等位基因。就像前额"V"形发尖一样，酒窝也是受单一基因控制的性状。所以只有那些两个等位基因都是隐性的人笑起来才没有酒窝。

复等位基因

人类的某些性状虽然也受单个基因控制，但这个基因却有两个以上的等位基因。像这样的基因就称为**复等位基因 (multiple alleles)**，即控制某个性状的基因有三种或三种以上不同的形式。复等位基因就好比是布丁的味道，不只有巧克力味和香草味两种，而且还有其他多种口味。

尽管某个基因拥有复等位基因，但每个人最多只能同时携带其中的两个等位基因。因为染色体总是成对存在的，而每条染色体只能携带一个等位基因。

人的血型就是一种受复等位基因控制的性状。人的主要血型有四种：A型、B型、AB型和O型。有三个等位基因在控制着血型的遗传。其中控制A型和B型的等位基因是共显性的。前面讲过共显性的等位基因要用带上标的大写字母来表示，控制A型的等位基因记作I^A，控制B型的等位基因记作I^B。控制O型的等位基因（记作i）是隐性的。两个共显性的等位基因在一起时，任何一方的作用都不会被掩盖。因此如果一个人从父母的一方获得I^A，又从另一方获得I^B，他的血型就会是AB型。图4-2列出了每一种血型可能的等位基因组合。从图中你可以发现，只有那些获得两个i等位基因的人的血型才是O型。

血型

血型	等位基因组合
A	I^AI^A 或 I^Ai
B	I^BI^B 或 I^Bi
AB	I^AI^B
O	ii

图 4-2 人的血型是由一个复等位基因控制的。这张表列出了每种血型可能的等位基因组合。

☑ ***想一想*** ***如果某个基因是复等位基因，那么为什么一个人只能拥有它的两个等位基因？***

图 4-3 人类的肤色是由三个或更多的基因决定的，每个基因的不同等位基因互相组合，使最后形成的肤色多种多样。

试一试

眼优势

活动

眼优势是一种可以遗传的性状。所谓眼优势是指更多地使用某只眼睛的倾向。下面将告诉你如何测定自己的这个性状。

1. 举起手臂向前伸直，用一个手指指向教室另一边的某个物体。
2. 闭上右眼，只睁开左眼。注意观察你的手指看上去比原来移动了多少。
3. 再闭上左眼，睁开右眼，观察手指移动的距离。睁开哪只眼睛时手指看上去离物体更近，哪只眼睛就是优势眼。

设计实验 优势眼和优势手[①]之间有联系吗？设计一个实验来研究这个问题。记住在做实验前，要征得老师的同意。

注：①即俗称的左撇子和右撇子。

受多基因控制的性状

如果你参加了本节课前的发现活动，就会发现人的身高不能简单地分成两种表型。实际上，对人的身高来说，表型是多种多样的。为什么身高的变化范围这么大呢？**有些人类性状具有多种表型，是因为它们受多个基因的控制。这些基因对一个性状共同起作用。**人类的身高至少受4个基因的控制。不同基因上的不同等位基因可以互相组合，因此形成了身高的多样性。

像身高一样，肤色也是受多个基因控制的。人类的皮肤可以有从白到黑各种深浅程度的颜色，变化范围很大。控制肤色的基因至少有3个，每个基因又至少有2种不同等位基因。不同基因上的等位基因有多种组合方式，这决定了皮肤细胞产生色素的多少，进而出现了不同人种肤色的差异。

环境的作用

基因的作用常常因环境(指周围生物体的各种因素)而异。比如人的饮食能影响身高。如果一个人的饮食中缺少蛋白质、微量元素或维生素，他的身高就无法达到潜在的最大值。环境因素还能影响人的技能。比如音乐家演奏乐器时，身体的肌肉协调能力和良好的听力能帮助他更好地演奏。但是演奏乐器需要不断的练习，而演奏练习就是一种环境因素。

☑ **想一想** *环境因素是怎样影响人的身高的？*

是男还是女

“恭喜了，戈札尔夫妇，你们生了一个女儿！”是什么决定了新生儿的性别呢?其实和别的性状一样，性别也是由染色体上的基因所决定的。在人体细胞的23对染色体中，有一对是**性染色体(sex chromosome)**。正是这对染色体是控制着人的性别。

性染色体是人的染色体中惟一一对不总是完全匹配的染色体。如果是女性，那么就有同配的两条性染色体，叫做X染色体。但如果是男性，那么性染色体就是异配的，其中一条是X染色体，而另一条要比X染色体小得多，为Y染色体。

那么当卵细胞和精子形成受精卵时，性染色体发生了什么变化呢？原先讲过，卵细胞和精子都只含有每对染色体中的一条染色体。女性的两条性染色体都是X染色体，因此所有的卵细胞都带有一条X染色体。而男性有两条不同的性染色体。所以只有一半的精子带有X染色体，而另一半的精子则带有Y染色体。

如果一个带有X染色体的精子和一个卵细胞融合，那么形成的受精卵将含有两条X染色体，以后会发育成一个女孩。而当一个带有Y染色体的精子和一个卵细胞融合时，形成的受精卵带有一个X染色体和一个Y染色体，它就将发育成一个男孩（如图4-4所示）。

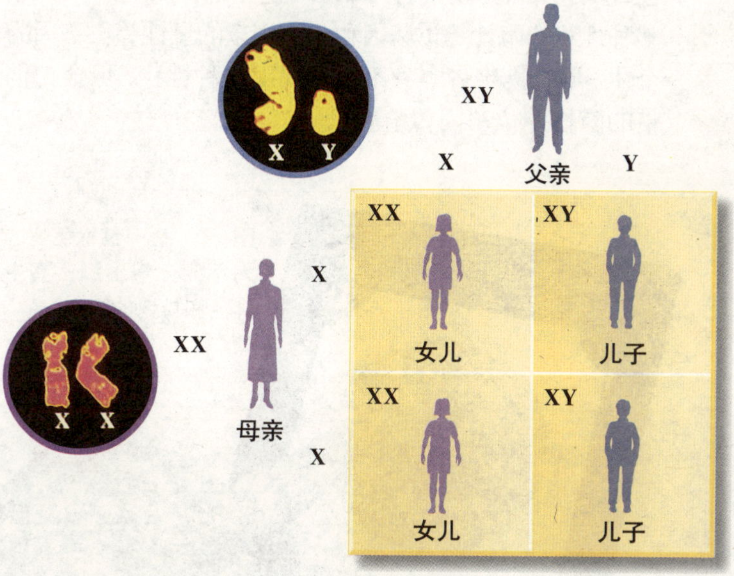

图4-4 如P矩阵所示，生男孩和生女孩的概率都是50%。

理解图表 *当一个带有Y染色体的精子和一个卵细胞融合时，形成的受精卵将会发育成男孩还是女孩?*

试一试

男孩还是女孩

活动

在这个实验中，你可以模拟人类后代的性别决定的过程。

1. 在一个纸袋上标明“母亲”，在另一个上标明“父亲”。
2. 把两个红色小球放到标有“母亲”的纸袋中，每个红色小球代表一个X染色体。
3. 在标有“父亲”的纸袋中放入一个红色小球和一个白色小球。白色小球代表Y染色体。
4. 从每个纸袋中随机取出一个小球(不要用眼睛看)。如果拿出的是两个红色小球，表示孩子是女的；如果是一个红球和一个白球，则表示孩子是男的。记录你得到的“后代”的性别。
5. 把小球按原样放回纸袋，再重复做步骤4九次。

建立模型 实验共得到了几个“男孩”和几个“女孩”？你的结果和预期产生男孩和女孩的概率接近吗？

性连锁基因

人类的有些性状在某个性别中更为常见，而且控制这些性状的基因往往位于性染色体上。这些位于X或Y染色体上的基因称为**性连锁基因(sex-linked gene)**，因为它们的等位基因是通过性染色体从父母传给孩子的。那些受性连锁基因控制的性状也由此被称作伴性性状。

和其他基因一样，性连锁基因也分显性和隐性的等位基因。女性有两条X染色体，所以其中一条染色体上的显性等位基因能掩盖另一条上的隐性等位基因。但在男性中就没有这种作用。因为Y染色体上没有与X染色体相应的等位基因，来掩盖它的作用。因而，男性X染色体上有的任何基因，哪怕是隐性的，也都会表现出相应的性状。**因为男性只有一条X染色体，所以对于性连锁基因的隐性等位基因而言，它所控制的性状更容易出现在男性中。**

红绿色盲就是由X染色体上的隐性等位基因控制的一种伴性性状。患红绿色盲的人不能区分红色和绿色。图4-5显示了一种测试红绿色盲的常用方法。

红绿色盲在男性中要比在女性中更为常见。通过图4-6中的P矩阵，你可以更容易明白其中的道理。在这个例子中，父母双方都没有色盲。但请注意，母亲是色盲的携带者。**携带者(carrier)**是指那些带有一个控制某种性状的隐性等位基因和一个相应的显性等位基因的个体。尽管携带者本身不会表现出这种性状，但会把携带的隐性等位基因传给后代。

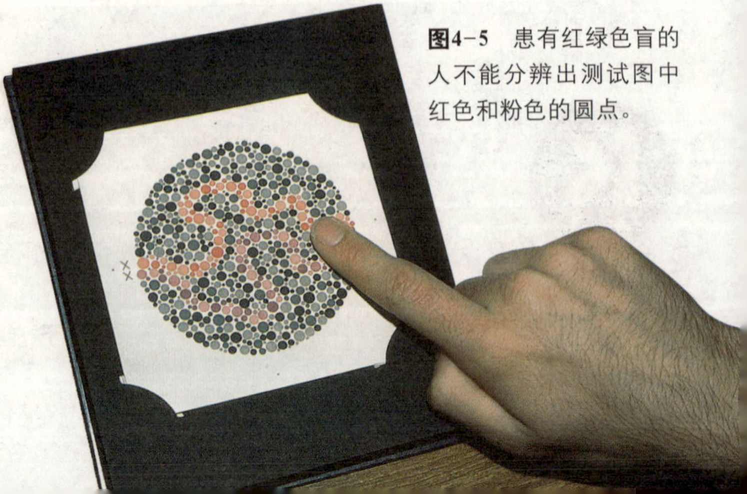

图4-5 患有红绿色盲的人不能分辨出测试图中红色和粉色的圆点。

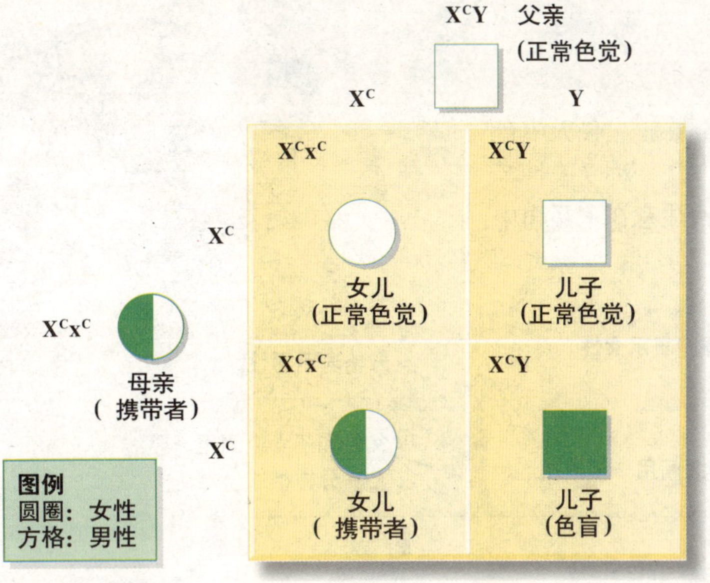

图4-6 红绿色盲是一种伴性性状。仅获得一个红绿色盲隐性等位基因(X^C)的女孩并不会表现出性状。但是获得一个隐性等位基因的男孩却会表现为色盲。

应用概念 *如果有个女孩是红绿色盲，那么她的等位基因组合是什么？*

正如你在图 4-6 中看到的一样，这对父母有 25%的概率生下一个色盲的孩子。如果他们生下的是一个女孩，则不会是色盲；但如果是一个男孩，那么就会有50%的概率得色盲。女性必须从父母双方各遗传到一个隐性等位基因才会得色盲；而男性只需要一个隐性等位基因，就会得色盲。因为在Y染色体上没有控制色觉的等位基因，所以无法掩盖X染色体上隐性等位基因的作用。

家系图

如果你是一名遗传学家，并对人类的遗传模式十分感兴趣，那么你会怎样开展你的研究呢？由于遗传学家们不能像孟德尔研究豌豆那样对人也进行类似的杂交实验，所以他们只能采用一些替代方法，比如去追踪性状在一些家族中的遗传情况。

遗传学家用于追踪人类性状遗传的一个重要的工具就是家系图。家系图(pedigree)是用于记载某个家族中哪些成员具有某个特定性状的树状图表，又称作“家族树”。家系图中所记载的可以是一般的性状，如前额“V”形发尖；也可以是某种伴性性状，如色盲。在第118页上的“探索· 家系图”中，你将对一个家族三代人中的色盲遗传情况进行研究。

想一想 ***为什么说家系图像一个“家族树”？***

探索 家系图

这个家系图追踪了一个家族三代人中色盲的发生情况。色盲是一种受隐性等位基因控制的伴性性状。请注意在家系图中许多符号是有特定含义的。

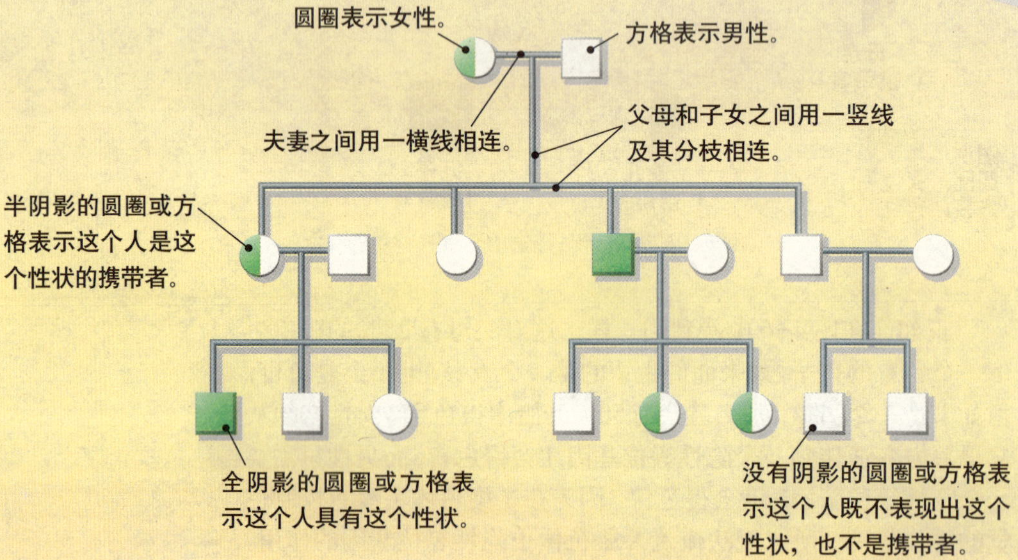

第一节复习

1. 为什么人类的许多性状(如身高、肤色等)会有许多不同的表型?
2. 为什么红绿色盲在男性中比女性更为常见?
3. 什么是家系图? 家系图有什么用途?
4. **理性思维　预测**　如果父母都是前额“V”形发尖，那么生下的孩子会是平发际吗? 如果父母都是平发际，那么生下的孩子会是前额“V”形发尖吗? 为什么?

课题 4

检查进度

现在你应该已经开始根据自己所选的第一个性状制作家系图了。要求所建的家系图从一对夫妇开始，一直到他们以后的两代为止。最早的这对夫妇有5个子女。至于每个子女又有多少孩子，可以自行决定。在制作时使用P矩阵，以保证这个假想家族的遗传模式遵守遗传法则。

SECTION 2

人类的遗传病

探索

活动

有多少条染色体

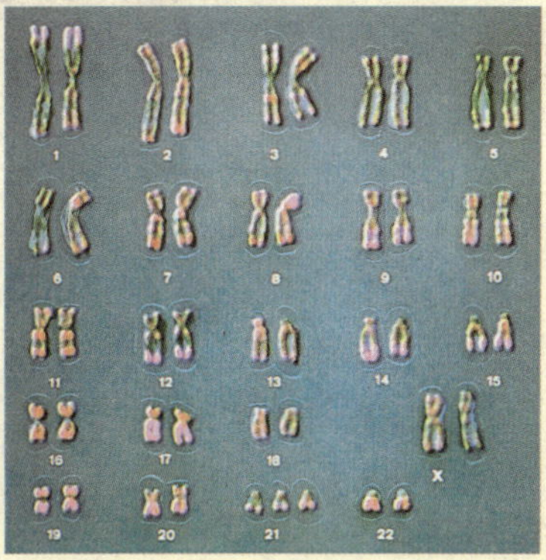

唐氏综合症是一种遗传性疾病。左图列出了唐氏综合症患者体内一个细胞中的所有染色体。染色体已经成对排列好了。

1. 数一下图中染色体的数目。
2. 它与正常人体细胞的染色体数相比，有哪些不同？

思考

推理 在什么情况下，才会出现带有这种染色体数的细胞？（提示：想一想在减数分裂中发生的一系列变化。）

今天的天气很热，运动场上没有一丝风。随着8名运动员走近起跑线，全场的观众欢呼起来。运动员开始做准备工作，一边活动四肢放松肌肉，一边尽量使自己紧张的心情镇定下来。裁判举起发令枪了，这时千万双眼睛都集中到了选手们的身上。只听一声枪响，运动员们都飞跑起来，全速向终点冲去。

比赛结束了，运动员们自豪地欢呼起来，纷纷和教练及队友们紧紧拥抱在一起。这一刻名次已无足轻重，重要的是，他们已经尽力地去完成了比赛。原来，正在举行的就是残疾人奥运会，一个专门供残障人士参加的运动会。

参加残奥会的许多运动员都是因为遗传病而身患残疾的。**遗传病（genetic disorder）**是通过基因或染色体遗传而获得的疾病。**遗传病是由基因突变引起的，即DNA发生了改变**。突变有时候是在减数分裂形成生殖细胞时发生的，而有时候是由已携带该突变基因的父母传递给子女的。在这一节中，我们将学习一些常见的遗传病。

阅读指南

- 哪些原因会引起遗传病？
- 如何诊断遗传病？

阅读提示 一边阅读，一边列出每种遗传病的名称，然后再用一句话来概括这种病。

一位参加残奥会的短跑运动员 ▶

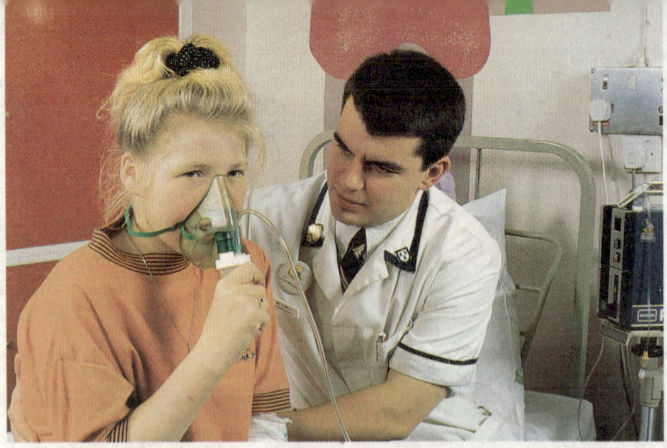

图 4-7 囊性纤维化是一种会导致黏稠分泌物在肺部和肠道中积聚的遗传病。照片中的这位病人正在通过吸入一种气雾剂来使肺里的黏液变稀。

囊性纤维化 (Cystic Fibrosis)

囊性纤维化是一种会在肺部和肠道中产生异常黏稠分泌物的遗传病。这种异常黏液会在肺里积聚，致使病人呼吸困难。而且黏液中的细菌生长繁殖会导致感染，最终损伤肺功能。在肠道中，异常黏液的积聚往往会导致消化吸收障碍。

引起囊性纤维化的是一个由隐性等位基因携带的突变。这种等位基因在北欧裔人群中最为常见。在美国，现在平均每天有 4 个新生儿患有此病。

目前还没有能治愈囊性纤维化的方法。只有通过一些药物来预防细菌感染，以及通过一些物理疗法帮助排出肺部的黏液。不过随着近年来科学家对这种病的研究不断进展，有可能会发现一些更好的治疗方法，来延长患者的生存期。

☑ *想一想* ***囊性纤维化患者会有哪些症状？***

图 4-8 正常的红细胞是圆盘形的(上图)，而镰状细胞病患者的红细胞却容易变成镰刀形(下图)。

因果推断 *什么样的等位基因组合会导致镰状细胞病？*

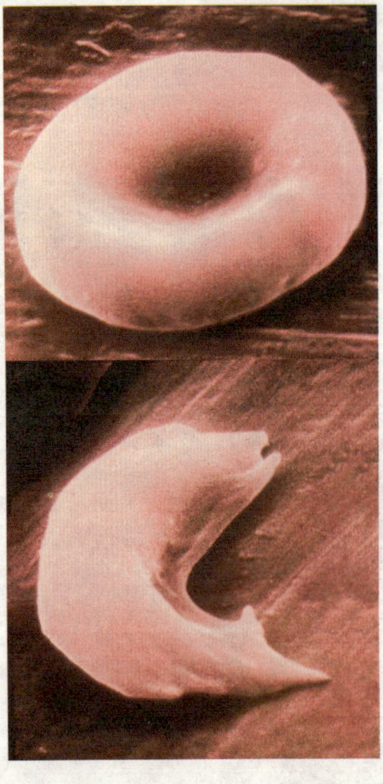

镰状细胞病 (Sickle-Cell Disease)

镰状细胞病是一种影响血液系统的遗传病，其主要原因是突变影响了血红蛋白的合成。血红蛋白是一种十分重要的蛋白质，它存在于红细胞里，负责携带氧气。镰状细胞病患者体内合成的是一种异常的血红蛋白。当血液中氧浓度低时，患者的红细胞就会变成一种异常的镰刀形(图4-8)。镰刀形的红细胞比正常的红细胞携带氧气的能力差。而且由于外形异常，这些细胞容易滞留在小血管中，导致血管堵塞。所以镰状细胞病患者往往会表现出缺氧、身体疼痛、虚弱等症状。

控制镰状细胞病的等位基因在非洲人群中更为常见。约有9%的非洲裔美国人都带有这个等位基因。控制镰状细胞病的等位基因和正常的等位基因是共显性的。获得两个镰状细胞病等位基因的人会发病，而只获得一个镰状细胞病等位基因的人同时合成正常的和异常的血红蛋白。这类人往往并不表现出该病的症状。

目前还没有能治愈镰状细胞病的方法。病人只能通过药物来缓解疼痛症状，防止血管堵塞。但与囊性纤维化一样，科学家们相信在不久的将来会出现新的有效治疗手段。

血友病 (Hemophilia)

血友病是一种导致出血时血液凝固缓慢甚至完全不凝固的遗传病。患者无法合成一种凝血时必需的蛋白质，所以往往会因为一个小小的刮伤而出血不止，甚至导致死亡。由于碰撞擦伤引起的内部出血对这类病人而言也是极为危险的。

血友病是一种受X染色体上隐性等位基因控制的遗传病。由于它和红绿色盲一样也是性连锁疾病，所以男性患者比女性患者更为常见。患者必须经常补充体内缺乏的凝血因子。一般来说，血友病患者可以过正常的生活，但是他们需要尽量避免参加可能导致身体伤害的体育运动和其他活动。

与健康科学的综合

社会研究 链接

血友病曾经影响了欧洲的历史。英国维多利亚女王的1个儿子和3个外孙都患有血友病。维多利亚女王本人及她的两个女儿和4个外孙女都是该病的携带者。

维多利亚女王的后代又将血友病等位基因传给了他们的后代。这样血友病就在欧洲众多的皇室家族中蔓延开来。一个有名的例子就是维多利亚的外孙女亚历山德拉，她也是血友病的携带者。1894年，她与俄国沙皇尼古拉斯二世结婚，结果把血友病遗传给了她的儿子阿列克谢皇储。

当时，有一个叫拉斯普京的修道士设法使皇后相信他能治好阿列克谢的病，从而控制了皇后，并对沙皇施加压力。人民对此十分不满，这就成了1917年俄国革命推翻沙皇政权的一部分起因。

阅读 DIY

想像一下你就是亚历山德拉皇后，写一篇日记来表达你对阿列克谢病情的担忧和疑惑。

图4-9 俄国的亚历山德拉皇后(中排，左一)将血友病遗传给她的儿子阿列克谢(前排)。

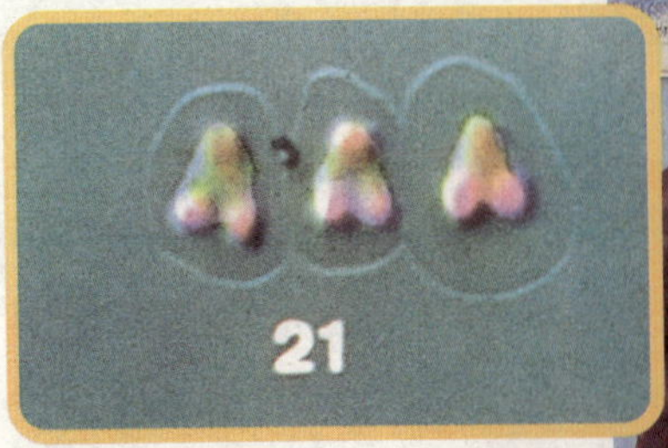

图4-10 唐氏综合症是一种因为人体细胞中多了一条第21号染色体而引起的遗传病。尽管唐氏综合症患者在身体上和智能上有些缺陷，但是他们仍然能够积极地面对生活。

唐氏综合症 (Down Syndrone)

有些遗传病是因为染色体增多或减少而引起的，唐氏综合症就属于这种情况。由于减数分裂发生了错误，使患者体内细胞中多了一条第21号染色体。正常情况下，减数分裂时染色体会互相分离，形成的生殖细胞中染色体数只有正常染色体数目的一半。但如果减数分裂时染色体不能正常分离，就会发生唐氏综合症（又称21—三体综合症）。

唐氏综合症患者具有独特的外貌特征，而且有一定程度的智能障碍。一般心脏也会有问题，不过可以治愈。尽管存在着这些缺陷，许多患者仍然生活得很积极充实。

遗传病的诊断

与技术科学的综合

许多年以前，医生们只能利用P矩阵和家系图来帮助他们预测新生儿是否会患遗传病。**今天，他们可以通过羊膜穿刺术和核型分析等技术来帮助诊断遗传病。**

在新生儿出生之前，医生就可以使用**羊膜穿刺 (amniocentesis)**的方法来了解胎儿是否患有某种遗传病。进行羊膜穿刺术时，医生会用一根长针从孕妇子宫里取出一小部分羊水来作检验。因为羊水中含有胎儿的细胞。

然后医生要制作一张核型图来分析胎儿细胞中的染色体情况。**核型图(karyotypes)**是一种列出一个细胞中所有染色体的图谱。图中的染色体都排列成对。核型图可以告诉人们正在发育的胎儿细胞中是否含有正常数目的染色体，以及胎儿的性别。如果你参加了本节课前的探索活动，肯定已经发现那是一张患有唐氏综合症的女孩的核型图。

遗传咨询

有遗传病家族史或对这些方面比较重视的夫妇都可以去找遗传学顾问进行咨询。遗传学顾问会帮助他们估算新生儿患某种遗传病的概率。一般，遗传学顾问作分析时也会使用核型图、家系图和P矩阵等工具。

假设有这样一对夫妇，两人都有囊性纤维化的家族史。他们在考虑是否要孩子，因而来征求遗传学顾问的意见。这时顾问会先给他们做一些测试，看看他们是不是囊性纤维化等位基因的携带者。然后，他就会用第3章中学过的概率原理来计算这对夫妇生出一个患囊性纤维化的孩子的概率。

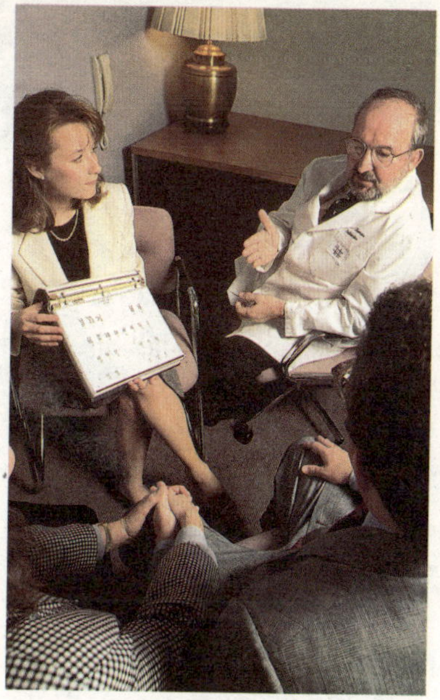

图 4-11 想生孩子的夫妇可以去找遗传学顾问和医生咨询，估算他们生的孩子患有某种遗传病的概率。

第二节复习

1. 解释人类遗传病产生的原因。试通过举两个遗传病的例子来说明。
2. 举出两种医生用来检测遗传病的工具。
3. 唐氏综合症患者体内的细胞和其他人的细胞有什么区别？这种区别是怎样产生的？
4. **理性思维** **解决问题** 一对有血友病家族史的夫妇准备生一个女孩。如果现在要你来确定这个女孩是否会患血友病，请问需要了解她父母的哪些信息？这些信息又是怎样帮助你推断的？

课题 4

检查进度

现在，你应该开始追踪另一个性状在相同家族成员中的遗传情况。同时，你也应该开始制作“家庭相册”了。制作相册时，可以用绘画或其他合适的方法来表示每个家族成员的长像。(**提示：**相册中反映的应该是表型。别忘了，不同的基因型也可以有相同的表型。)

家族之谜

假设你是一名遗传学顾问。现在有两对夫妇前来向你咨询。他们的家族史已经被归纳到“案例一”和“案例二”中。他们想知道他们的孩子患某种遗传病的概率。

问题

你将如何调查一个家族的遗传情况？

重要技能

分析数据　预测　推理

材料

12张文摘卡　剪刀　记号笔

实验步骤

第一部分　研究案例一

1. 仔细阅读第1个案例。在笔记本上画一张家系图把所有家庭成员的情况表示出来。用圆圈表示女性，方格表示男性。用全阴影来表示这个人患有囊性纤维化。

案例一：乔舒亚和贝拉

- 乔舒亚和贝拉有一个儿子名叫艾恩。艾恩已经被诊断患有囊性纤维化。
- 乔舒亚和贝拉都是健康的。
- 贝拉的父母都是健康的。
- 乔舒亚的父母也都是健康的。
- 乔舒亚的姐姐莎拉患有囊性纤维化。

2. 囊性纤维化是受隐性等位基因控制的。你可以用一组卡片来帮助推算出乔舒亚和贝拉所在家庭的遗传模式。将6张文摘卡各剪成四张更小的卡片，其中的12张上写上“N”，表示显性的正常等位基因；在另外12张上写上“n”，表示隐性的囊性纤维化等位基因。
3. 首先用卡片来表示艾恩的等位基因组合。既然他患有囊性纤维化，那么他的等位基因组合必定是怎样的呢？请在家系图中代表艾恩的符号旁边写上他的基因型。
4. 乔舒亚的姐姐莎拉也患有囊性纤维化，其等位基因组合形式又该是怎样呢？请在家系图中代表莎拉的符号旁边写上她的基因型。

案例二：李和梅

- 父亲李有皮肤病，母亲梅皮肤正常。
- 李和梅的第一个孩子是个女孩，叫做吉玛。她和父亲一样患有皮肤病。
- 梅的姐姐也有相似的皮肤病，但梅的父母都没有。
- 李有个哥哥的皮肤是正常的，但有个姐姐也患有皮肤病。
- 李的妈妈有皮肤病，而李的爸爸没有皮肤病。
- 李的家是在一个大林场里，所以他的家人一直认为皮肤病是一种过敏现象。

5. 现在通过卡片来帮助你推断出乔舒亚和贝拉的基因型。同样把他们的基因型分别写在代表他们的符号旁边。

6. 最后用卡片确定其他家庭成员的基因型，写在代表每一个人的符号旁边。如果某人可能有两种基因型，那就把它们都写上去。

第二部分　研究案例二

7. 仔细阅读案例二。

8. 先假设吉玛和李的皮肤病受隐性等位基因控制，然后根据这个假设在笔记本上画出家系图，从而判断这个假设是否成立。注意用全阴影来表示患有皮肤病的人。

9. 在患有皮肤病的人的符号边上写“ss”，然后用第一个案例中同样的方法来确定每个家庭成员的基因型。如果某人可能有两种基因型，那就把它们都写上去。

分析与结论

1. 分析数据　在第一个案例中，乔舒亚父母的基因型分别是什么？贝拉父母的基因型分别是什么？

2. 预测　在第一个案例中，乔舒亚还有1个哥哥，那么他患囊性纤维化的概率是多少？为什么？

3. 推理　能不能得出这样的结论，第2个案例中的皮肤病最有可能是受隐性等位基因控制的？为什么？

4. 预测　如果李和梅再生一个孩子，那么新生儿患皮肤病的概率有多大？说说理由。

5. 交流　为什么遗传学顾问需要了解家族中几代人的信息才能判断一个家庭的遗传情况呢？

进一步的探索

复习一下你刚才研究的两张家系图。哪些数据可以说明这两个性状不是伴性遗传的？为什么？

SECTION 3

遗传学的进展

探索 活动

指纹有什么作用

1. 在一张白纸上写下你的名字，然后用一个手指先按一下印泥，再在白纸上印下完整的指纹。
2. 分成几个小组，每组选一个人再用同一个手指在一张空白纸上摁出第2个指纹，不要给这张纸作任何标记。
3. 组与组之间交换印有指纹的纸张。把没有标记的指纹和每个标有名字的指纹作比较。辨别一下这个指纹的归属者。
4. 在完成这个实验后，把手洗干净。

思考

观察 为什么能利用指纹来辨别人的身份？

阅读指南

- 能用哪三种方法来改变生物体的性状？
- 人类基因组计划的目标是什么？

阅读提示 一边阅读，一边制作一张概念图，把能将生物改造成所需要性状的各种方法记下来。每种技术至少举一个例子来说明。

1996年夏天，一头名叫“多莉”的绵羊在苏格兰诞生了。“多莉”羊在其他方面都与普通的羊无异，但不同寻常的是：发育成“多莉”羊的那个受精卵是在实验室里由遗传学家们用先进实验技术培育出来的。在这节中，你将了解到一些关于这种技术的知识。

尽管用于创造“多莉”羊的技术十分新颖，但是要培养一些带有特定性状的生物的想法其实很早就有了。早在几千年前，人们就希望生产出一些符合人类需要的性状的植物和动物。**到目前为止，人们培育具有特定性状生物的方法有三种：选择育种、克隆和基因工程。**

“多莉”羊▼

选择育种

5 000年以前，生活在相当于现今墨西哥中部的人们发现有一种野草可以作为食物。于是他们选取其中最适合食用的植株上的种子，将其保留并播种。通过对这种植物一代又一代的选择和种植，他们培育出了一个古老的食用作物的品种，就是现在的玉米。这种选择一小部分具有特定性状的生物作为繁殖下一代的亲本的过程就称为**选择育种 (seletive breeding)**。

人们利用选择育种培育出许多不同品种的牲畜和农作物，以提高这些生物对于人类的利用价值。比如说，对奶牛进行选择培育以提高牛奶的产量，对各种各

图 4-12　几千年来，人们用选择性育种的方法培育出各种带有所需状的动植物。

归纳　*培育玉米时希望得到的性状有哪些?*

样的水果和蔬菜进行选择培育以提高它们抗病虫害的能力。

近交　有一种常用的选择育种技术称为近交。**近交 (inbreeding)** 是指将两个带有相同或相似等位基因的个体进行交配。通过这种方法产生的后代体内带有的等位基因将会和它们的亲本基本相似。孟德尔在实验中就使用近交来产生纯种的豌豆植株。

近交的目的之一是产生带有特定性状的动物品种。比如，把那些奔跑速度特别快的马近交，往往能得到一些跑得很快的纯种马。各种各样的纯种狗，如拉布拉多猎犬和德国牧羊犬都是用近交技术培育出来的。

但不幸的是，由于近交的个体在遗传上十分相近，所以近交技术会减少后代获得新的等位基因组合的机会。同时生物体获得引起遗传病的等位基因组合的危险性也大大增加了。比如髋关节病在许多纯种的狗中都十分常见。

杂交　另一种选择育种技术称为**杂交 (hybridization)**。杂交时育种的人把遗传上特征不同的两个个体进行交配，然后再选出同时带有两个亲本优点的杂种后代进行培育。比如，如果农民把能产更多玉米粒的玉米植株和能抗病害的玉米植株杂交，结果就有可能产生同时带有两个性状的杂种后代。今天我们在农田和花园里看到的大多数农作物都是经过杂交培育出来的。

克隆

选择育种存在一个问题，就是培育者无法控制所需要的等位基因一定会从亲本传给后代。在第3章中讲过，这是因为等位基因的传递是遵循概率原理的。要解决这个问题，就可以采用另一种称为克隆的技术来培育生物。**克隆(clone)**是指在遗传上和原有生物体一模一样的生物个体。这就意味着克隆具有和原来那个生物个体完全相同的基因。克隆技术在植物、动物和其他类型的生物中都已有应用。

图4-13 植物很容易通过剪切的方式来克隆。当剪下来的那一部分植株重新长出根系时，就可以把它种在泥土中。以后它将会长成一棵新的植株。

应用概念 *为什么说新的植株是原来植株的克隆体?*

克隆植物 克隆植物的方法之一是剪切。在克隆时先从原植物上剪切一小部分，可以是一片叶子或一段茎，然后再用它培养成一个完整的新植株。新的植株和原来那棵被剪切的植株在遗传上是完全相同的。

克隆动物 克隆动物要比克隆植物困难得多。我们不可能从一头牛身上切下一块来，再把这一小块培育成一头新的牛。尽管如此，杰出的科学家还是尝试了许多不同的方法来克隆动物。还记得在本节开始时提到的绵羊“多莉”吗？“多莉”羊就是第一个用成年哺乳动物的体细胞克隆成功的例子。

为了培育“多莉”，研究人员首先从一只母羊体内取出一个卵细胞，并去除它的细胞核。随后把一只6岁成年绵羊体细胞中的细胞核植入这个去核的卵细胞中。最后再把这个卵细胞移植到第3只羊的子宫里。5个月以后，“多莉”羊诞生了。它和那只提供细胞核的6岁绵羊在遗传上是相同的，所以“多莉”羊就是那只羊的克隆。

☑ ***想一想*** ***用什么方法能克隆一株植物?***

基因工程

在过去的二三十年中，遗传学家发展了另一种培育带有特定性状生物的技术，就是**基因工程(genetic engineering)**。它可以把一个生物体中的基因转移到另一个生物体的DNA中去。基因工程有时也被称作**“基因剪接”(gene splicing)**，因为它总是先将某个DNA分子切开，然后再把来自另一个生物体的基因接进去。研究人员用这种新技术来制药，提高作物产量，并尝试着治疗人类的遗传病。

探索 基因工程

科学家们用基因工程技术使细菌合成某些重要的人体蛋白质，如胰岛素。

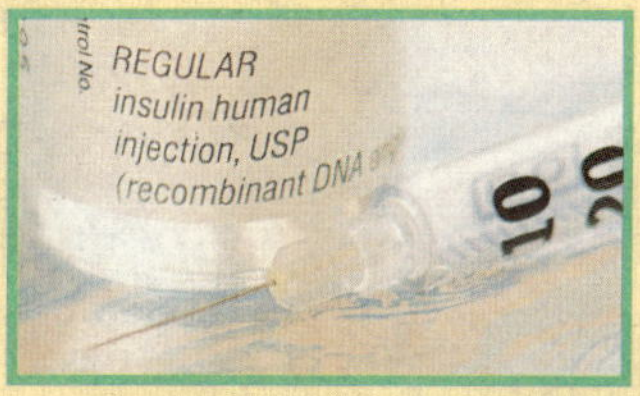

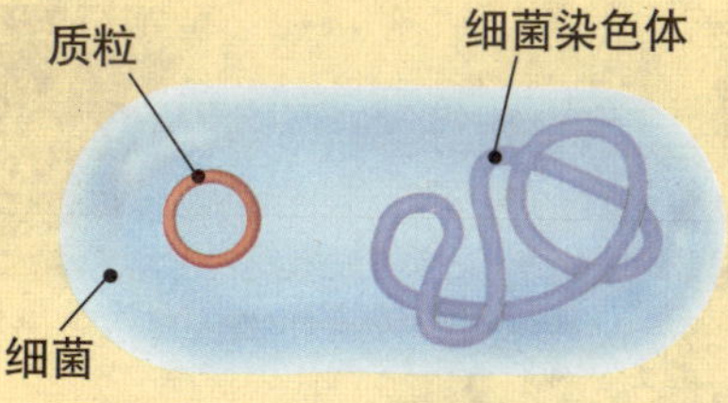

❶ 科学家们从细菌中取出一种叫质粒的小型环状DNA。

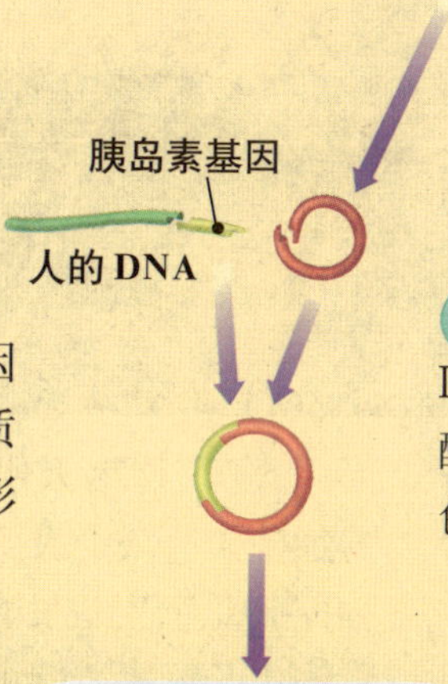

❷ 先用一种酶把质粒DNA切开，再用相同的酶把人胰岛素基因从染色体上切下来。

❸ 将质粒DNA和人胰岛素基因混合在一起，胰岛素基因连接到质粒DNA的两个开放末端，重新形成一个闭环。

❹ 这时把带有人胰岛素基因的质粒和细菌混合在一起。这时有些细菌就会把质粒吞入体内。

❺ 当这些细菌繁殖时，新的细菌都含有加工过的质粒。插入质粒的外源基因就开始指导细菌合成人胰岛素。

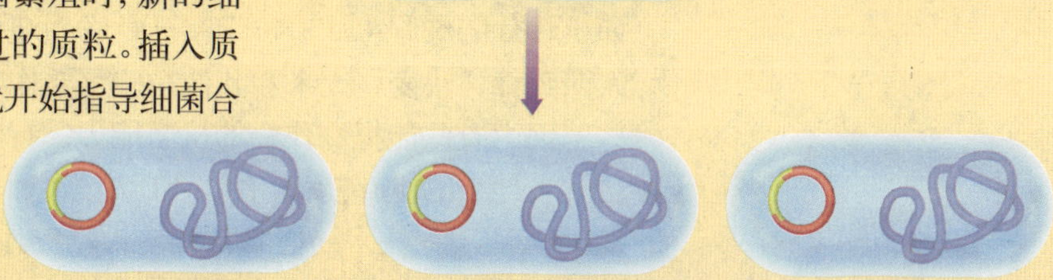

细菌的基因工程　科学家们第一次取得基因工程的成功就是把其他生物的DNA转入细菌中去。我们已经知道，细菌的染色体DNA分子存在于细胞质中。此外，有些细菌还会含有一种小型环状DNA分子，叫做质粒。

在“探索　基因工程”中，你可以看到科学家是怎样把一个人类基因插入一个细菌质粒中的。一旦DNA被插入质粒中去后，这个细菌细胞及其后代都会含有这个人类基因。结果，细菌就开始合成它所编码的蛋白质了(在上图的例子中就是胰岛素)。由于细菌繁殖得很快，所以能在短时间内合成大量的胰岛素。这时就可以收集足够的胰岛素蛋白来治疗糖尿病患者了。(糖尿病是因为体内无法合成足够多的胰岛素而导致的疾病。)

图 4-14　科学家们用基因工程技术生产出一种新型的西红柿。这种西红柿不仅口味更好，而且能比其他品种储藏得更久。

做出判断　*人们希望西红柿还具有哪些性状？*

今天，许多人体内的蛋白质都可以通过遗传工程改造的细菌来合成。人生长激素就是一个例子。生长激素是一种控制儿童生长发育的蛋白质。如果儿童体内不能合成足量的生长激素，就可以注射人生长激素来进行补充。由于有了遗传工程改造的细菌，现在我们可以合成足够多的蛋白用于医疗。

其他生物体中的遗传工程　基因工程也可以将基因转入其他生物体的细胞中。遗传学家已经成功地把细菌的基因转入西红柿、小麦、大米和其他一些重要作物的细胞中。这些基因中有些能提高作物的抗寒能力，有些能增加作物在贫瘠土地上的生存能力，有些还能增强它们的抗虫害能力。

基因工程技术还能将基因转入动物体内。这些改造过的动物能为人类生产一些重要的药物。比如，科学家可以把人类基因转入奶牛的细胞中，使奶牛合成由这个基因编码的蛋白质。科学家已经用这种方法成功地生产出血友病患者需要的凝血因子。这种蛋白质分泌在牛奶中，很容易将其提取出来供临床使用。

基因治疗　研究人员还尝试用基因工程手段来治疗某些遗传病，即**基因疗法(gene therapy)**。基因疗法是将起治疗作用的基因直接导入遗传病患者的细胞中去。举个例子，囊性纤维化患者体内无法合成一种执行肺正常功能所必需的蛋白质。因为病人体内编码这种蛋白质的两个等位基因都是有缺陷的。科学家们能把一个功能正常的基因转入无害的病毒中，然后再将这些改造过的病毒喷入病人的肺部。他们希望病毒中的功能基因能在病人体内合成必需的蛋白质来。遗传病的基因治疗目前还处于实验阶段，研究人员仍然在努力改良这种很有前景的技术。

DNA 指纹法

在美国司法部门，一种称为**DNA 指纹法(DNA fingerprinting)**的遗传学技术被用于案件的侦破工作中。如果你参加过本节课前的探索活动，一定已经知道指纹能用来帮助辨别人的身份。世上没有两个人拥有相同的指纹，所以侦探们通常会根据在犯罪现场发现的指纹来帮助寻找犯罪嫌疑人。同样，从头发、皮肤和血液等样品中得到的DNA也能用来辨别身份。世上除了孪生子以外，没有两个人的 DNA 是相同的。

运用DNA指纹法时，首先用合适的酶把从犯罪现场发现的样品中的DNA切成片段。然后用电泳方法将这些片段按大小分开，最后形成如图4-15中看到的那种条带图。因为每个人的DNA条带的分布图是独一无二的，所以我们就可以通过比较犯罪嫌疑人和在场样品中的 DNA 条带图，从而做出判断。

☑ ***想一想*** *DNA与指纹有哪些相同之处?*

增进技能

交流

活动

想像一下

你是一名擅长侦破凶杀案的专家。你曾负责对某个犯罪现场发现的血迹进行DNA 分析。现在需要你在法庭上向法官解释DNA指纹法的研究过程。请你把要陈述的内容写成一段话。想想如何能使法官相信这是一种可靠的技术。

图 4-15 这位科学家正在介绍DNA 指纹法帮助侦破犯罪的经过。从现场发现的血迹或其他样品中得到的 DNA 都可以和犯罪嫌疑人的 DNA 进行比较。

图 4-16 人类基因组计划将要测出人类基因组中的全部 DNA 碱基序列。

人类基因组计划

要破解一个带有60亿个字符的密码，而且要让全世界的科学家们一起合作去完成这个任务，听上去是不是有点不可思议？但这的的确确就是从事人类基因组计划的科学家们正在进行的工作。**基因组** (genome) 是指某生物体一个细胞内的全部DNA。

人类基因组计划的主要目标是确定人类基因组中每条基因的DNA序列。科学家们发现在构成人类基因组的23对染色体上约有6万~8万个基因，共约30亿个碱基对。当人类基因组计划完成的时候，我们将获得一部详细记载人类遗传信息的词典。科学家们将知道每条人类基因的DNA序列，并可以由此推断出每个蛋白质的氨基酸序列。

根据从人类基因组计划中得到的各种数据，科学家们能更深入地了解人类是怎样从一个受精卵开始逐步发育成熟的。他们还将知道是什么使机体维持正常的功能，又是什么引起机体异常。这种对人类自身全面认识的提高，将有助于发展出新的方法来治疗遗传病和一些顽症如癌症，并更有效地制定预防策略。

第三节复习

1. 举出三种用于培养具有特定性状的生物体的技术。
2. 什么是人类基因组计划？
3. 什么是基因工程？请举出这种技术的三个优点？
4. 阐述一下DNA指纹是如何产生的。DNA指纹能提供什么信息？
5. **理性思维　做出判断**　你认为基因工程会有什么不足之处吗？请说出理由来支持你的观点。

身边的科学

和父母或家里其他的长辈一起去菜场买菜。与家人讨论，水果和蔬菜是怎样通过选择育种技术培育出来的。然后选择一种蔬菜或水果，说出它的哪些性状是有育种价值的。

科学与社会

谁有权知道遗传检测的结果

通过人类基因组计划，科学家们已经找到了许多容易使人患某些疾病的等位基因，如乳腺癌和老年性痴呆症。人们可以通过遗传检测技术分析自己的DNA，来了解自己是否带有这些等位基因。如果是的话，也许就可以采取一些措施预防疾病发生，或者进行早期治疗。

某些医疗保险公司和雇主也希望获知这种遗传检测的结果。但是，许多人却认为遗传检测的结果属于个人隐私，应该保密。

争论焦点

为什么保险公司想知道这些遗传信息？

医疗保险公司是根据不同的健康状况来设立不同的交保金额。为了确定投保人所应交纳的保险费，保险公司往往会要求客户进行身体检查。如果检查中发现某个人患有高血压等疾病，那么保险公司就会根据一定的保险条款，要求他支付更多的保险费。因为他以后需要昂贵的医疗费用的机会比别人更大。

保险公司把遗传测试看作评价一个人健康状况的一种新途径。保险家们辩称，如果他们不能够获取这样的信息，那么他们就不得不对每个人都提高保险费。而这对健康的人来说是不公平的。

为什么雇主想要知道这些遗传信息？

美国联邦法律禁止雇佣15个或15个以上工人的公司雇主根据应聘者的健康状况来招聘工人。但是这条法律并不适用于一些更小的公司。这时雇主就不会选择那些有健康问题的雇员，因为他们常会比别的雇员耽误更多的工作时间。另外，雇主还将为这些雇员交纳更多的医疗保险金。而许多小公司根本无法承受这些高额的费用。

遗传信息是否应该作为个人隐私保密？

有些人认为政府应该采取措施防止所有人都能轻易得到这些信息。因为人们开始担心自己会因为遗传检测的结果而遭到歧视。出于这种担心，即使遗传检查有可能使人们获得早期治疗，还是有不少人拒绝接受遗传检查。他们希望自己的遗传信息能作为隐私受到保护，不被那些保险家们和雇主们获知。

你的观点

1. 发现问题

用你自己的话来概括一下，决定谁有权获知遗传检查的结果时需要考虑哪些问题？

2. 分析原因

仔细地分析一下赞同或反对把遗传检测结果作为隐私保密的观点。列出应该保密的理由。再列出应该公开的理由。

3. 解决办法

尝试建立一套法律条例，规定谁在哪些情况下，应该获知遗传信息。并给出你的理由。

生活实验室

解决难题

有罪，还是无罪

在这次实验中，你将体验一下DNA指纹法是怎样为破案提供证据的？

问题

怎样用DNA指纹来辨别不同的个体？

重要技能

得出结论　推理

材料

4~6个条形码

实验步骤

1. 看一下右图中的DNA条带分布模式。每一个人的DNA条带都会呈现自己独特的模式。
2. 现在再看一下图右下角的通用商品标准码(又叫条形码)。把它作为DNA条带的模型，比较一下两者之间的共同点。
3. 假设刚发生了一起盗窃案，而你正是负责调查的侦探。现在老师会发给你一个条形码，代表从犯罪现场发现的血样中的DNA。如果你又设法拿到了几个犯罪嫌疑人的DNA样品。请用一句话来回答，当把嫌疑人的DNA样品和犯罪现场的DNA样品进行比对时，你会从哪些方面入手？
4. 现在再发给你几个条形码，代表从嫌疑犯身上取到的DNA样品。请把它们和代表犯罪现场DNA的条形码相比较。
5. 通过比较来决定嫌疑犯中是不是有人去过犯罪现场。

分析与结论

1. **得出结论**　根据你的发现，案发当时是否有嫌疑犯在犯罪现场？用证据来支持你的结论。
2. **推理**　为什么每个人的DNA条带分布模式会如此不同？
3. **得出结论**　如果在犯罪现场发现的DNA样品与嫌疑人的DNA相符合，然而他又有一个孪生兄弟，这对你的结论会有什么影响？
4. **交流**　假如你是一位辩护律师，DNA指纹证据显示犯罪现场的血迹是被告的。你认为该证据是否能充分证明被告有罪？请写一段辩护词，与同学交流。

进一步的探索

你认为父亲或母亲的DNA指纹和他们的孩子之间会有相似之处吗？画出他们DNA指纹的示意图来表明你的观点，并说明你的理由。

学习指导

第 4 章复习

SECTION 1 人类的遗传

知识要点

- 某些人类性状是受一个复等位基因(有3种以上不同形式的基因)控制的。
- 某些人类性状的表型变化范围很大，因为这些性状是受多基因控制的。这些基因构成一组对某一个性状共同起作用。
- 性状经常受生物体所在环境的影响。
- 男性有一条X染色体和一条Y染色体；女性则有两条X染色体。受隐性等位基因控制的伴性性状在男性中比在女性中更为常见。
- 遗传学家利用家系图来追踪一个家族许多代人中某个特定性状的遗传模式。

关键术语

复等位基因　　携带者
性连锁基因　　家系图

SECTION 2 人类的遗传病

知识要点

- 遗传病是指由于人的基因或染色体上发生突变而引起的疾病。
- 常见的遗传病有囊性纤维化、镰状细胞病、血友病和唐氏综合症。
- 羊膜穿刺术和核型分析是用于诊断遗传病的两种工具。
- 遗传学顾问能帮助夫妇们了解他们的孩子患某种遗传病的概率。

关键术语

遗传病　　核型图
羊膜穿刺术

SECTION 3 遗传学的进展

与技术科学的综合

知识要点

- 选择育种是选择带有所需性状的一小部分生物作为亲本繁殖后代的过程。
- 克隆技术是用来培育在遗传上相同的生物体的技术。
- 基因工程可以用来制造药物和提高农作物产量。科研人员还在尝试用这种方法来治疗人类遗传病。
- DNA指纹法能用来判断从犯罪现场发现的样品是否来自某个嫌疑人。
- 人类基因组计划的目标就是确定人类基因组上每条基因的DNA序列。

关键术语

选择育种
近交
杂交
克隆
基因工程
基因治疗
基因组

活动

相关网站

www.science-explorer.phschool.com

第4章复习

复习题

选择题

选择最佳答案。

1. 下列哪种性状是受复等位基因控制的？
   a. 酒窝　　b. 血型
   c. 身高　　d. 肤色
2. 由性连锁基因决定的遗传病是
   a. 囊性纤维化　　b. 镰状细胞病
   c. 血友病　　d. 唐氏综合症
3. 属于镰状细胞病特征的是
   a. 血红细胞形态异常
   b. 体液异常黏稠
   c. 凝血异常
   d. 多一条第21号染色体
4. 把人的基因转入细菌的质粒中，这属于
   a. 近交技术　　b. 选择育种
   c. DNA指纹法　　d. 遗传工程
5. DNA指纹法用于
   a. 克隆生物
   b. 培育带有特定性状的生物体
   c. 辨别不同的人
   d. 测定人类基因的序列

判断题

如果下列叙述正确，写"T"，如果错误，请修改划线部分。

6. 前额"V"形发尖是受<u>单基因</u>控制的性状。
7. 个有两条X染色体的人是<u>男性</u>。
8. <u>核型图</u>是一种反映一个家族中几代人各个成员之间关系的图表。
9. <u>杂交</u>是把两个遗传上相似的生物体进行交配。
10. <u>克隆</u>是在遗传上和另外一个生物体相同的生物体。

简述题

11. 请说一说基因和环境是怎样共同来决定一个人的身高的。
12. 请解释为什么受X染色体上隐性等位基因控制的性状在男性中比在女性中更为常见。
13. 什么是镰状细胞病？这种病是怎样遗传的？
14. 如何用羊膜穿刺术诊断像唐氏综合症这样的遗传病？
15. 请解释养马人怎样能通过选择育种来培育出金色皮毛的马。
16. 请描述将来基因治疗会如何应用于医治血友病患者？
17. **科技写作**　作为一名国家遗传学基金的网络管理员，你要创建一个向公众介绍遗传病的网站。请选择一种在本章中讨论过的遗传病，为新建的网站写一篇小文章来介绍这种遗传病。

形象思维

18. **概念图**　下图是一张关于人类性状的概念图。把它抄到一张白纸上，然后填空并给它加个标题。

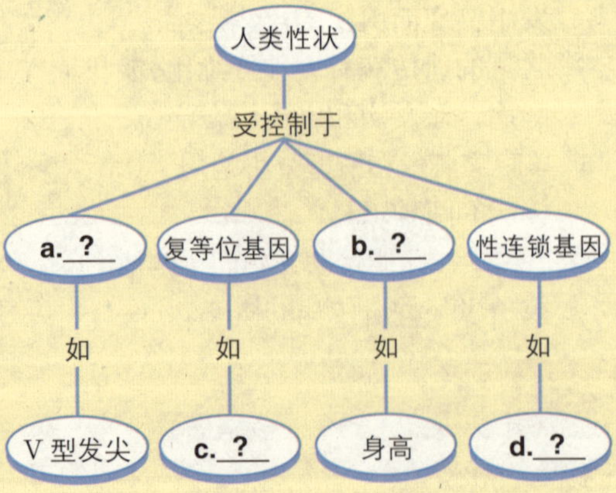

应用技能

遗传学顾问收集到了下面列出的这些信息。请根据这些信息来回答19～21题。

- 鲍勃和海伦有三个孩子。
- 鲍勃和海伦的一个儿子患有白化病，这是一种皮肤中缺乏褐色色素的遗传病。
- 鲍勃和海伦的另外两个女儿没有得白化病。
- 鲍勃和海伦都没有患白化病。
- 控制白化病的基因既不是性连锁的，也不是共显性的。

19. **分析数据** 利用这些信息构建一个家系图。如果你无法确定某个人是不是携带者，那么就暂时让这个符号空白。等后来能决定时再作修改。

20. **得出结论** 白化病是受显性等位基因还是隐性等位基因控制的？为什么？

21. **预测** 假定鲍勃和海伦再生一个孩子，那么这个孩子得白化病的概率为多少？为什么？

理性思维

22. **推理** 古代的人们并不知道遗传和基因这些理论，他们是怎样通过选择育种培育玉米的？

23. **计算** 如果母亲是血友病的携带者，那么她的儿子得血友病的概率为多少？请说说你的理由。

24. **比较与对比** 选择育种和基因工程有哪些不同的地方？又有哪些相似之处？

25. **应用概念** 为什么携带者携带的性状总是受隐性等位基因控制，而不是受显性等位基因控制的？

26. **解决问题** 一个色觉正常的妇女生了一个患色盲的女儿。请问这个妇女与其丈夫的基因型和表型分别是什么？

第4章复习

学习评估

课题4 总结

成果展示 在汇报之前，先和另一组同学交换你们制作的家系图和相册，互相检查一下是否有错误，可以进行一些必要的修改。然后向全班展示你们的作品，并说明在家系图中的遗传形式。

思考与记录 总结一下通过制作家系图你学到了哪些知识。在这个课题中，哪个部分对你来说是最有挑战性的？为什么？在课题结束时，是不是发现了什么新的问题？

实践活动

在社区 在征得老师同意的情况下，去访问一名医生、护士或遗传学顾问，向他了解一些关于本章中提到的某个遗传病的信息。在拜访之前可以把准备咨询的问题列成清单。访问以后，将你了解到的知识概括成一篇短文。

第五章 演化简史

主要内容

SECTION 1 达尔文的航海历程

探索　生物为什么千变万化
试一试　鸟喙的适应
增进技能　建立模型
技能实验室　大自然在选择

SECTION 2 与地球科学的综合
化石记录

探索　你能从化石中了解到什么
试一试　自制冰化石
增进技能　计算

SECTION 3 演化的其他证据

探索　如何给物种分类
增进技能　得出结论
技能实验室　泄露天机的分子

课题
5

生命的漫长历史

你能回忆起多久以前的事情？你的长辈又能回忆起多久以前的事情呢？想一想近十年，近五十年，或者近一个世纪中，人们的生活发生的变化。在这一章中，我们同样也要回顾一下历史，但这次不只是回顾几百年，而是几百万年、几千万年，甚至是更长的时间。

地球历史的时间跨度如此之大，以致于当你面对它时会感到无从下手。本课题能帮助你更好地去了解它，因为在这个课题中你将会学习一种方法，来把漫长的时期用熟悉的度量制表现出来。

课题目标 使用一种熟悉的度量制来制作两张关于地球历史的时间表。为了完成这个课题，你将：

- 使用一种熟悉的度量制，如闹钟上的钟点、年历上的月份和橄榄球场上的码线，来表示地球的历史。
- 制作两张时间表。一张的时间跨度为50亿年，另一张则集中表现最近6亿年的历史。
- 分别在两个时间表中标出生命发展的历史中一些重要的事件。

课题准备 先预习第156～157页的“探索 生命史”，看看在上述的两段时期内分别发生了哪些事件？然后分组讨论一下，可以用哪些度量制来制作时间表。再根据所选择的度量制来决定时间表的总跨度。如果是时间尺度，则可以选择1年或1天作为总时间；如果是空间尺度，则可以选择学校操场的长度或教室墙壁的高度作为总距离。

检查进度 你将一边学习这章的内容，一边按计划完成这一课题。为了确保实验有序地进行，请参阅以下几处“检查进度”栏。

第一节复习，第150页：设计你的时间表。
第三节复习，第163页：制作你的时间表。

总结 在本章结束时(第167页)，你将向全班展示你的时间表。

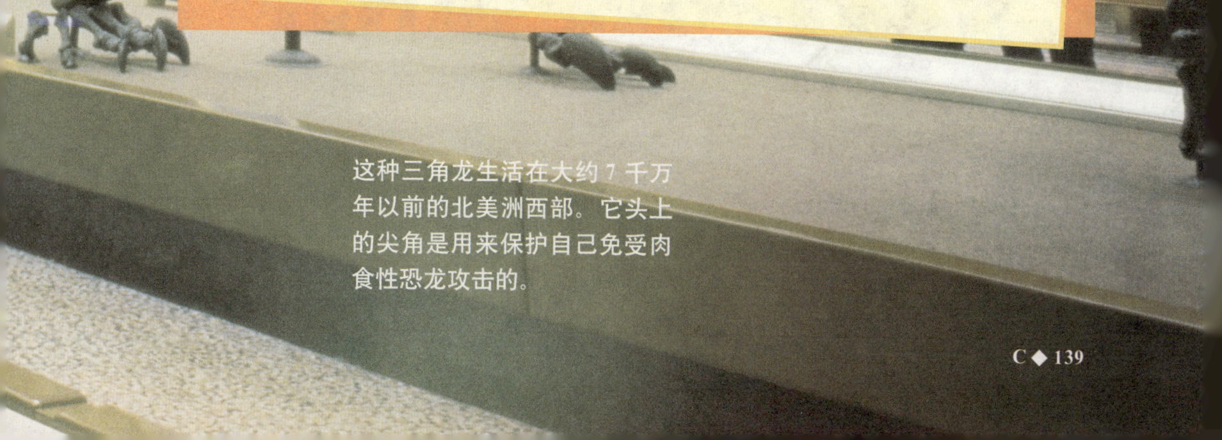

这种三角龙生活在大约7千万年以前的北美洲西部。它头上的尖角是用来保护自己免受肉食性恐龙攻击的。

SECTION 1

达尔文的航海历程

探索

活动

生物为什么千变万化

1. 直尺分别测量10颗葵瓜子的长和宽，并将结果记录下来。
2. 再用放大镜仔细地观察每颗葵瓜子，记录它们的形状、颜色和瓜子壳上条纹的数量。

思考

分类 这些葵瓜子有哪些不同点和相似点？你能根据这些异同点来把它们分类吗？

阅读指南

- 达尔文是如何解释加拉帕戈斯群岛上的物种与南美洲大陆上的物种之间的差异的？
- 自然选择是如何影响演化的？
- 新的物种是怎样形成的？

阅读提示 在阅读的时候，列出演化论的主要思想及支持该理论的一些重要论据。

1831年12月，一艘名为“贝格尔号”的英国皇家海军考察船从英格兰岛启航，开始了一次为期5年的环球航行。船上有一位年仅22岁的年轻人，名叫查尔斯·达尔文。他后来成了航海博物学家——专门研究自然界的奥秘。在“贝格尔号”上，他的工作就是对航行中见到的各种生物进行尽可能详细的研究。

航行中达尔文观察到许多他以前从未见过的植物和动物。他感到奇怪，为什么这些生物与在英国所看到的有很大的差异。经过长期的观察后，达尔文提出了有史以来最为重要的一个科学理论，这就是自然选择的演化学说。

达尔文的观察

离开英国后，“贝格尔号”首先沿着南美洲的海岸线航行。在巴西，达尔文看到一种外形酷似花朵的昆虫，还有集队穿越森林的蚂蚁，看上去就像一支浩浩荡荡的行军队伍。在阿根廷，他看到了犰狳——一种喜欢穴居的动物，身上披覆有一层小小的角质鳞片。另外，他还发现树獭，这种动物行动缓慢，而且绝大多数时间都倒挂在树上。

达尔文见到的这些动物千姿百态，具有高度的多样性。他对此感到十分惊奇。而如今，科学家发现的生物种类要比达尔文当时能想象到的还要多得多。科学家们已经确认地球上至少存在着 250 万种生物。**种 (species)** 是指能相互交配并繁殖出有生育能力后代的一群相似的生物。

在阿根廷，达尔文还看到一些令人不解的东西：一些古代动物死后遗留下来的骨骸。从骨骸上看，达尔文推断出这种古代动物和他曾经看到过的树獭十分相似。但这些骨骸要比现在的树獭个头大许多。于是，他产生了疑问：为什么只有个体较小的树獭存活到了现在？以前那些巨大的树獭又怎么了呢？

1835 年，“贝格尔号”离开南美洲大陆，沿西海岸航行到达太平洋中的加拉帕戈斯群岛。在群岛上，达尔文看到了许多种生物，其物种丰富程度他从未遇到过。那里的巨型陆龟十分高大，甚至能直视他。还有全身覆盖着皮毛的海豹，和专门靠吃坚硬多刺的仙人掌而生活的蜥蜴。

图 5-1 查尔斯·达尔文随着“比格尔号”皇家海军考察船从英国来到南美洲，随即又到达加拉帕戈斯群岛。在岛上，他看到了许多罕见的生物。

加拉帕戈斯鹰 ▼

▲巨龟

▲萨莉伦轻脚蟹

◀ 蓝脚鲣鸟

相似点和不同点

生活在加拉帕戈斯群岛上的许多种动植物都和南美洲大陆上的十分相似，这一点使达尔文感到很惊奇。比如，岛上的许多鸟类，如鹰、模仿鸟、地雀等的外形都和在大陆上的十分相似，岛上的许多种植物也和达尔文在大陆上收集到的标本相似。

尽管如此，大陆和岛上的生物之间还是存在一些重要的差别。比如，两地都有一种叫鹈鹕的大型海鸟，大陆上的鹈鹕会飞，而在岛上的却不会飞。生活在加拉帕戈斯群岛上的鬣蜥长有两对巨大的爪子，使他们能紧紧地抓住光滑的岩石，去吃水边的海草。而大陆上的鬣蜥的爪子却比较小，这正适合它们爬树吃树叶的习性。

根据观察，达尔文推测大陆上的各种动植物中曾经有一小部分迁移到了加拉帕戈斯群岛上。它们有可能是被一场龙卷风刮过海的，也有可能是随着一根掉在海里的圆木漂到岛上的。当它们到达小岛后，就开始生活繁衍。最后，这些动植物的后代就和在大陆上的同类产生了差别。

在加拉帕戈斯群岛内的各个小岛屿之间旅行时，达尔文又注意到不同岛屿上相似的生物之间同样存在着许多不同之处。比如一个岛上的乌龟的龟壳是圆拱形的，而另一个岛上的乌龟龟壳却是马鞍形的。一个岛上的土著首领告诉达尔文，只要根据龟壳的形状就能判断出这只乌龟来自哪个岛。

想一想 ***达尔文认为这些动植物最初是怎样来到加拉帕戈斯群岛的？***

图5-2 达尔文观察到生活在南美洲大陆上的生物与生活在加拉帕戈斯群岛上的相近物种之间有许多差别。比如，生活在南美洲大陆上的是绿色鬣蜥，而生活在加拉帕戈斯群岛上的鬣蜥体色为海蓝色。
比较与对比 *这两种生物之间有哪些相似之处？又有什么不同点？*

图5-3 达尔文描绘了加拉帕戈斯地雀的四种鸟喙形状。每一种地雀的喙都与它所吃的食物种类相适应。

适应

和乌龟一样，当地不同岛上的地雀之间也有明显的差异。其中最显著的就是喙的形状和大小。经过研究，达尔文发现鸟喙不同的形状和大小是和这种鸟的生活习性相适应的。吃小虫的地雀喙长得尖细锐利，像针一样；吃种子的地雀喙长得宽阔坚硬。这种鸟喙形状的变化就是一种**适应(adaptation)**，它能帮助生物体更好地生存和繁衍后代。

演化

达尔文回英国以后，继续思索着随“贝格尔号”船航海时的所见所闻。以后的20年中，他不断向其他学者请教，并收集了更多的信息，反复修正自己的想法。他尤其想要弄明白在加拉帕戈斯群岛上的生物是怎样产生各种适应性变化的。

达尔文推测当那些动植物迁移到加拉帕戈斯群岛以后，它们面临着与美洲大陆上不同的生存条件。**可能是因为这些物种经过许多代繁殖逐渐发生变化，使得它们更适应在新的环境下生存**。这种物种在长时期内逐渐发生的变化就称作**演化(evolution)**。

达尔文提出的观点就是人们通常所说的演化论。它之所以能成为一种**科学理论(scientific theory)**，是因为它能解释许多现象。

达尔文确定在加拉帕戈斯群岛上发生了演化，但他还不明白这是怎样产生的。于是，达尔文不得不依靠其他的生物的变化实例，来帮助他理解演化的缘由。

试一试

鸟喙的适应

活动

通过这个活动来探索鸟类的一些适应性变化。

1. 在一个纸盘里撒一些喂鸟用的种子，再撒20粒葡萄干代表虫子。
2. 找一些小物件，如镊子、发夹、别针等，充当不同的“鸟喙”。
3. 用其中一个“鸟喙”来试一试，在10秒内你能捡起多少粒种子，并把它们放到杯子里。
4. 然后试一试10秒内你能捡起多少个“虫子”，并把它们放到杯子里。
5. 再换一个“鸟喙”，重复步骤3和4。

推理 哪种类型的“鸟喙”更适合于捡起种子？哪种更适合于捡起虫子？为什么？

达尔文知道通过选择育种可以产生带有所需性状的生物体。比如，英国的牧民通过选择育种培育出毛质优良的绵羊。达尔文自己也选择一些带有丰满尾羽的鸽子，并将它们互相交配，来培育一种具有巨大扇形尾羽的鸽子。结果，它尾部的羽毛数量竟是普通鸽子的2~3倍。因此，达尔文认为在自然界中一定也存在着和选择育种相似的过程。但是为什么会选择某些性状，又是如何进行选择的呢？这个问题依然萦绕在他的脑海中。

想一想 ***是什么现象使达尔文提出了演化论？***

自然选择

1858年，达尔文和另外一名英国生物学家拉塞尔·华莱士对于演化是如何发生的提出了一种新的观点。第二年，达尔文又将他的理论写成一本书，名为《物种起源》。在书中，达尔文解释说，演化是通过自然选择而产生的。在**自然选择(natural selection)**的过程中，同一物种内哪些个体更能适应环境，它们就比其他个体就更容易生存和繁衍后代。达尔文还指出了一些能影响自然选择过程的因素：过度繁殖、竞争和变异。

过度繁殖(overproduction) 绝大多数物种生殖出的后代数量都会远远超过能生存下来的数量。对于许多种类来说，产生过多的后代会导致每一个体都无法获得足够的资源，如食物、水和生存空间等。比如，一头雌海龟每年能产下100多个卵。如果所有的小海龟都能生存下来的话，恐怕不久后海洋里就会都是海龟了。但事实上并没有发生这种情况。为什么没发生呢？

图5-4 大多数新生下来的小海龟都不会活到成年。
归纳 *什么因素限制了小海龟存活的数量？*

图 5-5　这是一群生活在美国阿拉斯加岩滩上的海象。所有生活在此地的生物包括这些海象都必须为有限的资源如食物而互相竞争。

竞争(competition)　当食物和其他资源数量有限的时候，后代就必须为了生存而互相竞争。竞争并不意味着同一个物种内的个体经常会直接打斗。相反，竞争往往是间接的。比如说，有些海龟可能会找不到足够的食物，另一些有可能无法逃脱猎食者的捕捉。只有少数的海龟最后能存活到可以生育后代的年龄。

变异 (variation)　前面遗传学中的内容已经介绍过，同一物种的生物体在许多性状上都互有差别。同一物种内不同个体之间的差异叫做**变异**。比如，刚孵化的小海龟中有些就能比其他海龟游得快。

选择 (selection)　某些变异使生物更能适应环境，这样的个体更容易生存和繁衍后代。它们繁殖出的后代就可能继承到这种有利性状的等位基因。因而它们也就更有可能生存，再把有利性状遗传给它们的后代。经过许多代以后，这个物种内具有有利性状的成员比例就增加了。从产生的效果来看，就是环境"选择"具有有利性状的个体作为下一代的亲本。这就是"自然选择"。**经过一段漫长的时间，自然选择就会导致演化。有利的变异逐渐在物种内积累起来，而不利的则逐渐消失。**

举例来说，假设有一种新的游速很快的捕食者进入了海龟的栖息地。游得更快的海龟则更容易逃脱新捕食者的猎食。于是它们就更容易生存下来，并繁衍后代。一段时间以后，这个物种中游得快的海龟就会越来越多。

增进技能

建立模型　活动

将 15 枚黑色纽扣和 15 枚白色纽扣散布在一张白纸上。请同学帮你计时，看看你在10秒钟内能捡起多少枚纽扣。注意一次只能捡一枚纽扣。

在你捡起来的纽扣中，是否某种颜色的纽扣比另一种颜色的更多一些？为什么？像颜色这样的变异是如何影响自然选择的？

技能实验室

构建模型

大自然在选择

在这次实验中，你将研究在漫长时期中自然选择怎样使一个物种发生演化；还将探索在自然选择时，遗传因素和环境因素如何共同对物种起作用的。

问题

物种是怎样演化的？

重要技能

计算　预测　观察　建立模型

材料

剪刀　　记号笔

两张不同颜色的硬纸板

实验步骤

1. 和另外两个同学组成一组来做这个实验。一个同学选择一种颜色的硬纸板，按照表1中的要求制作50张“老鼠”卡。另一个同学用另一种颜色的硬纸板，按照表2中的要求制作25张“事件”卡。第3个同学将记录表抄下来，并负责记录所有的数据。

第一部分　在白色沙丘的环境中

2. 先将老鼠卡混匀。
3. 然后用这些卡片来模拟一群老鼠在白色沙丘的环境中生活的情况。随机抽出两张老鼠卡。如果抽到的是“WW”或是“Ww”，则表示一只白色的老鼠；如果是“ww”则表示一只褐色的老鼠。请在记录表中用划“正”字来记下老鼠的颜色。
4. 再抽取一张事件卡。“S”卡表示这只老鼠存活；“D”或“P”卡表示它死了；而“C”卡则表示当老鼠的颜色和沙丘颜色不同时，老鼠会死去（即当抽到“C”卡时，只有褐色的老鼠会死去）。在记录表中划“正”字来记录每一只死去老鼠的颜色。
5. 如果这只老鼠存活，就把这两张老鼠卡归入“活老鼠”的一组；如果死亡，就将卡片归入“死老鼠”一组。然后把这张事件卡放到整叠事件卡的最下面。
6. 用剩下的老鼠卡重复步骤3 ~ 5，这些实验的结果表示第一代老鼠的存活情况。记录你的结果。
7. “死老鼠”的卡放在一边不用，把“活老鼠”的卡重新混在一起。把事件卡也重新混匀。
8. 重复步骤3 ~ 7，这次实验的结果表示第2代老鼠的存活情况。然后再重复步骤3 ~ 6，研究第3代老鼠的存活情况。

表1：“老鼠”卡

数量	标记	含义
25	W	控制白色皮毛的显性等位基因
25	w	控制褐色皮毛的隐性等位基因

表1：“事件”卡

数量	标记	含义
5	S	老鼠存活下来。
1	D	老鼠因疾病而死亡。
1	P	老鼠的天敌杀死了所有颜色的老鼠
18	C	老鼠的天敌杀死了那些颜色和环境不同的老鼠

记录表

环境的类型：

代数	白色老鼠	褐色老鼠	死老鼠	
			白色	褐色
1				
2				
3				

第二部分　在褐色林地的环境中

9. 如果模型中的老鼠生活在一片深褐色的林地上，结果会有什么不同？在笔记本上写下你的预测。

10. 重新抄一张记录表，然后再用卡片来验证你的预测。请记住这次“C”卡表示只有白色老鼠会死亡。

分析与结论

1. 计算　在第一部分中，每一代各有几只白色老鼠，几只褐色老鼠？在每一代中，哪种颜色的老鼠的死亡率更高？（**提示**：白色老鼠的死亡率可以这样计算：用死去的白色老鼠数量除以白色老鼠总数，再乘以100%。）

2. 预测　如果第一部分实验中发生的事件在自然界中是真实的，那么经过一段漫长的时间后，这群老鼠将会有怎样的变化？

3. 观察　第二部分实验的结果和第一部分有什么不同？

4. 建立模型　如果你增加“C”卡的数量，会对模型造成什么样的影响？如果减少“C”卡的数量呢？

5. 交流　请写一篇文章，向达尔文解释这次实验的意义。写文章前思考以下问题：这次实验从哪几方面模拟了自然选择过程？与自然选择又有哪些区别？

实验设计

选择另外一种你感兴趣的物种以及性状。与这次实验一样，设计一套卡片来探索自然选择是如何影响这种生物的演化的。

社会研究

链接

英国胡椒蛾的演化过程就是一个说明人类行为影响自然选择的典型事例。在18世纪后期，绝大多数的英国胡椒蛾都是浅灰色的。由于这种颜色的蛾停在浅灰色树干上时不容易被鸟类察觉，所以它们比黑胡椒蛾更有生存优势。换句话来说，就是自然选择更喜欢浅灰色的胡椒蛾。

18世纪后期，英国工业革命开始。人们建起一座座工厂生产布料以及其他产品。工厂产生的黑烟慢慢地将附近的树干都熏黑了。这时，浅灰色胡椒蛾反而更容易被发现，因而更容易被鸟捕食，自然选择开始青睐黑色胡椒蛾了。到了大约1850年，几乎所有的胡椒蛾都是黑色的。

阅读 DIY

从1950年开始，严厉的禁止污染法律使得英国工厂的排烟量大大减少。请预测一下，这对树和蛾分别会产生怎样的影响？

基因在演化中所起的作用

如果没有变异，一个物种内的所有个体将都具有相同的性状，这样就会造成每个个体的生存和繁殖的机会都相等。自然选择引起的演化也就不会发生了。那么，变异又是如何产生的呢？它们怎样从一代传到下一代呢？达尔文无法回答这些问题。

那时达尔文根本不知道什么是基因和突变，所以他当然无法解释变异是怎样产生的，又是如何一代代传递下去的。后来科学家们认识到变异既可以由基因突变产生，也可以由减数分裂时等位基因的重新组合而产生。只有基因能由父母传递给后代，因而只有受基因控制的性状才会受自然选择的作用。

演化的力量

自从达尔文出版了他的著作以来，科学家又观察了许多演化的例子。1977年，在对加拉帕戈斯群岛中大达佛涅岛上的地雀进行研究时，科学家们发现鸟喙的大小能很快地随着自然选择而变化。那一年岛上的降水量很少，从往年的130毫米减少到只有25毫米。由于缺少雨水，许多植物都枯死了。地雀能觅食到的种子数量也大大下降。于是它们不得不开始吃一些外壳坚硬而且多刺的种子。

这时，喙大而强壮的地雀就比那些喙较小又不坚固的地雀更容易啄开这些坚硬的种壳。结果许多喙较小的地雀都没能度过这场干旱。第二年，岛上喙强大有力的地雀数量大大增加了。仅仅一年地雀就发生了由自然选择引起的演化。

图 5-6 工业革命影响了英国胡椒蛾的自然选择。因为环境污染使得树木变黑了，所以黑色胡椒蛾变得更容易生存和繁殖。

新的物种是怎样产生的

达尔文关于自然选择引起演化的理论可以解释变异是如何使物种发生改变的。可是，一个新的物种又是怎样演化形成的呢？自达尔文以后，科学家们逐渐认识到地理隔离是形成新物种的一个主要途径。当一个物种的部分个体和其他个体之间完全失去联系时，我们就称之为隔离，意思就是它们被彻底分离了。

有时一群生物会由于河流、火山、或是山脉的阻隔和同一物种的其他个体分开。甚至海浪也可能把少数个体卷进海里，又冲到一个小岛上，从而使它们与同一物种的其他个体分离。生活在加拉帕戈斯群岛上的生物发生的变异很可能就属于这种情况。一旦这个群体被隔离了，其中的个体就无法再和同一物种内的其他个体进行交配。

当某个群体和同一物种内其他群体隔离的时间足够长，使它们得以演化出许多彼此不同的性状时，一个新的物种就形成了。这个群体被隔离的时间越长，它演化成一个新物种的可能就越大。比如，阿帕切松鼠和凯巴伯松鼠都生活在美国西南部的森林中。大约10000年以前这两种类型的松鼠还都是同一个物种内的成员。但就在那时，有一小群松鼠被隔离到亚利桑那州大峡谷北边的一个森林里。经过很长的时间以后，这群松鼠就演化成了凯巴伯松鼠。它们的腹部是黑色，很容易辨别。但至今科学家们还不能十分肯定凯巴伯松鼠所演化出的这些不同性状是否足以把它从阿帕切松鼠中分出来另立一个新物种。

图5-7 大约在1万年以前一群松鼠被与同一物种的其他个体隔离开。结果，凯巴伯松鼠(左图)就发生演化，其形态与阿帕切松鼠(右图)不一样。

理解图表 *是什么地貌把凯巴伯松鼠生活的范围和阿帕切松鼠隔开的？*

☑ ***想一想*** ***地理隔离对凯巴伯松鼠产生哪些影响？***

大陆漂移

在世界范围内也发生过地理隔离。比如，几亿年以前，地球上所有的大陆都是连在一起的。这个超级大陆被称为泛古陆。生物能够在这个超级大陆上的各个部分之间迁移。经过几百万年后，泛古陆逐渐分裂成了几块，这一过程称作大陆漂移。随着几个大陆的分离，物种内的不同群体也就被互相隔离开来，各自开始沿着不同的演化路线前进了。

最能体现大陆漂移对物种演化的显著影响也许就要算澳大利亚大陆了。在澳大利亚大陆上的生物和地球其他大陆板块上的生物之间互相隔离了几百万年。正是因为如此，澳大利亚大陆上才演化形成许多十分独特的生物。比如，澳大利亚的大部分哺乳动物都属于有袋类动物。与其他哺乳动物不同的是，有袋类动物总是让产下的幼崽继续待在母亲腹部的囊袋里发育成长。图5-8中的就是两种生活在澳大利亚的有袋类动物。与澳大利亚相反，在其他大陆上几乎不存在有袋类动物。

图 5-8 由于大陆漂移，在澳大利亚大陆上演化形成了许多有袋类动物，如袋食蚁兽(上图)和斑袋猴(下图)。

第一节复习

1. 什么是演化？达尔文认为他在加拉帕戈斯群岛上观察到的哪些现象是演化造成的结果？
2. 请解释发生自然选择必须要有变异的原因。
3. 描述一下地理隔离是如何导致新物种的形成的？
4. **理性思维** **应用概念** 有些虫子长得呈细杆状。这种形状会给虫子带来什么优势？这一性状是怎样通过自然选择来演化的？

课题 5

检查进度

你现在应该准备好把如何制作时间表的计划递交给老师审阅了。计划中应该包括你打算列入时间表中的主要事件的清单。请记住，你要在表中强调每一时期存在着哪些生命形式。当你的计划被通过时，就可以开始制作时间表了。(**提示**：应该把时间表分成几个相等的时间段。举个例子，假如你想用一年的12个月份来表示50亿年时间，就该计算一下10亿年需要用几个月来表示。)

SECTION 2

化石记录

探索 活动

你能从化石中了解到什么

1. 先看一下照片中的化石，然后尽可能详细地描述这块化石的特征。
2. 从你在步骤1的描述中，试着推测这种生物是怎样生活的？是怎样运动的？生活在哪里？

思考

推理 你认为现在哪类生物与这种化石具有亲缘关系？为什么？

阅读指南

- 大部分的化石是怎样形成的？
- 科学家怎样确定一个化石的形成年代？

阅读提示 阅读以前预习第156～157页的“探索地质年表”。如果对于地质年代和生命演化有什么疑问，可以先把问题列出来。

某地刚发生了一起盗窃案。当你和另一个侦探赶到犯罪现场的时候，窃贼早已逃之夭夭了。为了推断刚才到底发生了什么事情，你们开始仔细地搜寻各种线索。首先发现在底楼有一扇窗户被打碎了，而且屋外的泥地上有一行朝向这扇窗户的脚印。根据脚印你可以推断出窃贼所穿鞋的尺寸和式样。这条线索和其他收集到的线索联系在一起，慢慢地就可以推测出整个案件的发生过程和窃贼可能是谁。

为了了解很久以前发生的事，科学家们也需要像侦探一样地工作。而对他们来说，研究地球历史的最重要线索莫过于化石了。**化石(fossil)**是指生活在过去的生物死后保存下来的一些遗骸或痕迹。化石可以由一根骨头、一颗牙齿、一个外壳或者生物体的其他部分形成。化石也可以是生物遗留下来的痕迹，比如由印有足迹或包裹虫穴的泥土慢慢变成的石头。

鲨鱼牙齿的化石 ▼

化石是怎样形成的

化石很少是由一个完整的生物体形成的。通常一个动物死后，它体内的柔软部分要么腐烂掉，要么被其他生物吃掉，没有足够的时间去形成化石。所以往往只有这个动物身上比较坚硬的部分，比如骨头和甲壳，才会保存下来。植物也能形成化石，变成化石保留下来的部分包括树叶、树干、根和种子等。

任何化石的形成都是一件十分稀罕的事。因为所有条件都必须正好适合才能形成化石。**绝大多数的化石都是在死亡的生物体被埋在沉积物中时才形成的。**沉积物是由泥石颗粒

1. 一次突然的火山爆发使两只恐龙被喷出的火山灰掩埋起来。

2. 矿物质慢慢取代了恐龙的残骸。又经过几百万年，化石逐渐被沉积物一层层地覆盖起来。

图5-9 化石是生活在过去的生物遗留下来的残骸或痕迹。当死亡的生物体被埋在沉积物中时就有可能形成化石。

理解图表 *在什么情况下能发现被掩埋着的化石？*

组成的。当河流流向湖泊或大海时，沿途上河水中携带的沉积物就会沉积到河底。沉积物就这样一层层地慢慢堆积起来，覆盖住死亡的生物。经过数百万年以后，这些沉积物就硬化变成了**沉积岩 (sedimenmtary rock)**。

石化的化石 有些被埋在沉积物中的生物残骸也变成了真正的岩石。因为溶解在水中的矿物质能渗入这些残骸，并逐渐地取代残骸中的固有成分，最后使残骸变成岩石。通过这种方式形成的化石被称作**石化的化石 (petrified fossils)**。

模具和铸型 有时候被埋在沉积物中的甲壳或其他坚硬的部分会慢慢溶解。它原来占有的空间仍然保存下来。这种在沉积物中具有某个生物外形或者生物体某个部分形状的中空的地方就被称作**模具 (mold)**。

有时模具里会被坚硬的矿物质填满，这样就形成了**铸型 (cast)**。一个铸型就是用模具翻造出生物体外形的模型。如果你曾经用塑料模具做过布丁，那你就会明白铸型是怎样形成的了。

保留下来的残骸 除了沉积物以外生物体也能在其他的物质中保存下来。在数千年以前有一种外形类似大象的动物叫做猛犸。有些猛犸的整个身体都被埋在冰里，低温使猛犸身体中柔软的部分也得以保留下来。

另外一些古代生物的骨头或牙齿被沥青坑保存下来了。沥青是一种黑色的、十分黏稠的油。当沥青从地下渗出到地表时，就形成了沥青坑。它的表面往往覆盖了一层水。如果有动物过来喝水，就会被粘进沥青里。

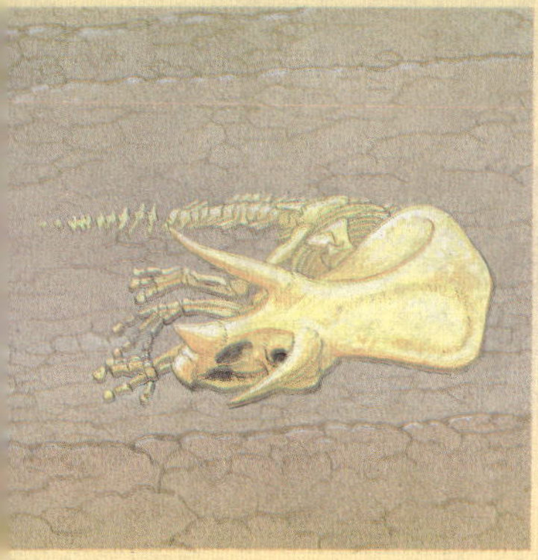

3. 水流不断地冲刷使沉积岩层裂开，露出了其中的化石。

昆虫和其他一些生物有时会被粘进某些常绿植物分泌的黏稠树汁中。这些树汁随后会慢慢硬化，形成琥珀。琥珀也能够防止生物体发生腐烂。

测定化石形成的年代

为了了解各种生物在漫长的时间里所发生的变化，科学家们需要测定化石形成的年代。只有知道了各种化石形成的年代以后，他们才能决定过去发生的各种事件的先后顺序，然后用这些信息来重现地球上生命演化的历史。**科学家们可以用两种方法来测定化石所处的年代：相对测时法和绝对测时法。**

相对测时法 科学家们用**相对测时法(relative dating)**来判断两块化石中哪个更为古老。为了明白相对测时法是怎么回事，我们可以想象一下有一条河把沉积岩分割开来，形成了一个峡谷。当观察峡谷两侧的岩壁时，会看到许多层沉积岩，一层叠着一层。靠近峡谷顶部的沉积岩层形成得最晚，是年轻的岩层。而越靠近峡谷的底部，岩层就越古老。因此，在峡谷顶部岩层中发现的化石年代要比底部岩层中的化石近。

相对测时法只能用在那些原有层叠顺序保存得比较完好的岩层中。它能帮助科学家判断哪一块化石相对较为古老，但不能确定化石形成的实际年代。

☑ **想一想** ***哪一岩层中含有较为年轻的化石？***

试一试

自制冰化石 活动

1. 把一些新鲜的水果如苹果片、草莓、蓝莓等，放进一个敞口的塑料容器中。
2. 在容器中加水，使水果完全浸没在水中，然后把容器放入冰箱的冷冻柜中。
3. 把同样类型和数量的新鲜水果放在另一个敞口的容器中。然后把它静置在一个地方。
4. 三天以后，观察两个容器中的水果。

推理 根据你的观察结果，请解释为什么在冰中的化石更容易使生物体中柔软的肉质部分保存下来。

图 5-10 钾是一种放射性元素，它的半衰期为 13 亿年。这意味着每13亿年样品中的钾-40就会有一半衰变成氩 -40。

理解图表 *如果一个样品中含有钾-40的量是原来的四分之一，那么这个样品距今有多少年？*

钾 -40 的衰变
（半衰期＝ 13 亿年）

时　间	钾 -40 的含量	氩 -40 的含量
26 亿年以前	1g	0g
13 亿年以前	0.5g	0.5g
现在	0.25g	0.75g

绝对测时法 另外一种方法叫做**绝对测时法(absolute dating)**。

与化学的综合

它能帮助科学家们测定化石形成的实际年代。化石所在的岩石中含有**放射性元素(radioactive elements)**。这是一种性质不稳定的元素，容易衰变或分裂成其他不同的元素。放射性元素的**半衰期(half-life)**是指一份样品中这种原子半数发生衰变所需要的时间。图 5-10 显示了放射性元素钾 -40 衰变成氩 -40 的情况。

科学家们可以通过对样品中的放射性元素以及它所衰变成的元素的含量进行比较，来计算这块岩石的年龄，正如图 10 所示。由此就能得知化石形成的年代了。

☑ ***想一想*** ***什么是半衰期？***

增进技能

计算 活动

有一种放射性元素的半衰期为 7.13 亿年。那么在 21.39 亿年中共经历了几个半衰期？

假设一份样品中含有 16 克这种放射性元素，再计算一下经过 21.39 亿年以后，这种元素还剩下多少？

化石告诉我们什么

就像填字游戏中的提示一样，化石能帮助科学家们拼凑起关于地球过去的信息。科学家们已经收集到的几百万块化石都被称做**化石记录 (fossil record)**。但这份化石记录并不完整，因为许多生物死后都没有留下什么化石。尽管化石记录中还有很多空白，但是科学家们已经从中获得了关于地球过去的许多重要信息。

几乎所有留下化石的物种现在都已经灭绝了。一个物种的**灭绝 (extinct)** 是指这个物种中的成员再也没有存活下来。因此，科学家对于已灭绝物种的大部分了解都来自化石记录。他们通过骨骼和牙齿的化石来建立绝种生物的模型，或者根据脚印的化石来推测这个物种的行动速度和身高等等信息。

化石记录还为了解新物种演化的过程提供了许多线索。我们现在可以知道，最早的动物大约于5.4亿年以前出现在海洋中，这些动物包括蠕虫、海绵和其他一些无脊椎动物。大约5亿年以前鱼类出现了，这些早期的鱼类是最早的一批脊椎动物。

最早的陆生植物有点类似于苔藓。它们在大约4.1亿年前出现。后来陆生植物逐渐演化出粗壮的茎帮助它们保持直立，就像现在的蕨类植物和种子植物一样。你还可以通过学习第156～157页上的“探索　地质年表”来了解其他类型生物的演化过程。

地质年表

科学家们已经利用绝对测时法计算出许多不同化石和岩石的年龄。根据这些信息，他们创建了一张地球历史的“历书”，上面共记载了约46亿年的历史。科学家们还将这段时期分成了一个个较小的单元，称为代和纪。这张地球历史的日历表有时也被称作地质年代表。

在地质年代表中时间跨度最长的是前寒武纪时期，有时就叫做前寒武纪。它包含了地球上前40亿年的历史。科学家们对这一时期所知甚少，因为几乎没有什么化石来自这个上古的年代。在前寒武纪以后，地质年表又划分成了三个主要的时间段，称作**“代”(era)**。每一代又进一步划分为更短的**“纪”(period)**。在“探索　生命史”中你可以了解在每一时期所发生的事件。

图5-11　在美国加利福尼亚州洛杉矶市的兰乔拉布里沥青坑中发现了许多生活在几千年以前的动物的完整骨架。图中是一只类似于大象的古代动物模型。科学家们是根据从化石中得到的信息后建立这个模型的。

探索 地质年表

参加一次穿越时空的旅行，来看看地球上的生命是如何变化的。

前寒武纪时期 前寒武纪包含了约87%的地球历史。

46亿年以前

前寒武纪	古生代（单位：百万年以前）				
	544	505	438	408	360

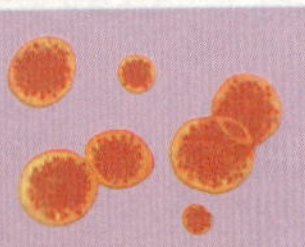

早期的细菌

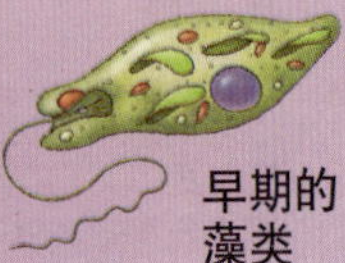

早期的藻类

水母样的动物

地球的形成标志着前寒武纪的开始。最早的生命形式是细菌。它们大约35亿年以前出现在海洋中。约10亿年以前，演化出了藻类和真菌。最早的动物出现在6亿年以前。

寒武纪

奥帕宾虫

海绵

三叶虫

这一时期演化出了一些无脊椎的海生动物，如海绵、海蜗牛、蛤及其他一些蠕虫。

奥陶纪

真形蛤

无颚鱼

这一时期演化出了最早的鱼类。它们是第一批脊椎动物。尽管这一时期有许多新的动物物种产生，但是到奥陶纪末期，大多数物种都灭绝了。

志留纪

板足鲎

蜘蛛

陆生植物

这一时期演出了陆生动植物。最早的陆生植物和今天的苔藓有点相似。而那些动物有点像今天的昆虫和蜘蛛。

泥盆纪

鲨鱼

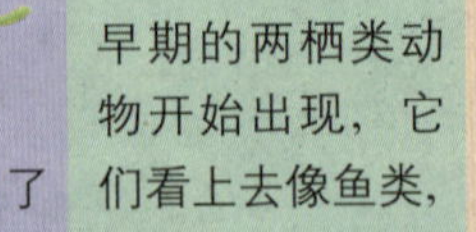

蕨门鱼

这一时期在海洋中有许多种鱼类。早期的两栖类动物开始出现，它们看上去像鱼类，但长出了四肢，而且能在空气中呼吸。同时早期的蕨类植物和种子植物开始在陆地上出现。

石炭纪

热带森林

引龙

蟑螂

这一时期热林越来越广而且又演化许多种的昆两栖类动物早的爬行动开始出现了

古生代	中生代	新生代
5.44 亿年以前	2.45 亿年以前	0.664 亿年以前

中生代			新生代	
245	208	144	66.4	1.6

二叠纪

植物更加。昆虫和爬物也开始起来，分布越广泛，种越来越多。一时期的，大多数两物和海生开始灭绝。

三叠纪

像乌龟和鳄鱼这样的两栖类动物越来越普遍。最早的恐龙和像爬行类的哺乳动物开始出现。针叶类树木和棕榈类树木开始在森林中占优势。

侏罗纪

大型恐龙开始称霸这个世界。哺乳动物也开始越来越常见，并且物种也越来越丰富。鸟类首次出现。

白垩纪

这一时期开花植物首次出现。哺乳动物的种类要比以前更为丰富。在这一纪的末期，恐龙开始灭绝。

第三纪

新型的哺乳动物，包括最早的灵长类动物开始出现。开花植物变成植物世界中最为普遍的一类植物。

第四纪

人类出现了。在这一阶段的后期，许多大型的哺乳动物包括毛猛犸都开始灭绝。

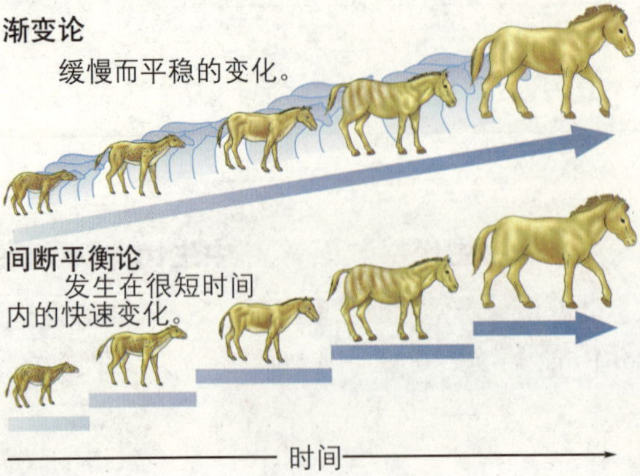

图 5-12 渐变论认为，马的演化是缓慢而连续的，旧种与新种之间的过渡形式普遍存在。而间断平衡说则认为新种是在较短的时期内迅速产生的，其在演化过程中产生的过渡形式十分罕见。

演化的速度有多快

由于目前的化石记录还不完整，所以许多关于演化的疑问尚未得到解答。比如讲，科学家有时还不能从化石记录中推断出某个物种演化的速度有多快。

渐变论 (gradualism) 学说提出，演化是缓慢而平稳地进行的。根据这一理论，一个物种发生重大的变化是由许多微小的变化经过长时间累积以后形成的。这也是达尔文当初的看法。

如果渐变论是正确的话，那么所有物种在演化中都应该曾经存在一些过渡形式。然而化石记录表明，有些物种总是在很长一段时间里都没有出现过渡形式，后来就突然出现了一种与以前截然不同的化石。对此可能的解释是，缺少过渡形式是因为化石记录不完整的结果。科学家们最终可能会寻找到更多的化石来填补这些空白。

但是有两位科学家杰伊 · 古尔德和奈尔斯 · 埃尔德里奇并不同意这种说法。他们提出另一种学说来解释化石记录，称为**间断平衡学说 (punctuated equilibria)**。这种学说认为物种演化是通过短时间内的快速变化来实现的，而这些发生快速变化的短暂时期又被一个个很少或者没有变化的漫长时期所分隔。根据这种学说，当物种内的部分群体被隔离后会迅速地演化，使自己能适应新的环境。

现在，大多数科学家则认为演化在某些时候可能是循序渐进的，但在另一些时候则可能十分迅速。而且这两种演化方式在地球漫长的历史中都曾经发生过。

第二节复习

1. 描述一下化石在沉积岩中形成的过程。
2. 请解释绝对测时法的测定过程。
3. 什么是化石记录？已灭绝物种的化石记录能告诉我们什么？
4. **理性思维　比较与对比**　渐变论和间断平衡论有什么共同点？又有什么区别？

身边的科学

和家长一起，将湿润的泥土摆入一个浅底的盘子里，把泥土表面抹平，然后用指尖在泥上压出一行“脚印”。将泥晒干，使它变硬，这样“脚印”就被固定下来了。试着向家人说明这和化石的形成具有的相似之处。

SECTION 3

关于演化的其他证据

探索

活动

如何给物种分类

1. 找6～8支不同的钢笔，每一支钢笔代表一种生物。
2. 选取一种在这些钢笔中有差异的性状，比如钢笔的大小或墨水的颜色等等。依据这个性状，将钢笔分成两大组。
3. 再选择另一种性状，把每一组钢笔分成两小组。

思考

分类 哪几种钢笔有着更多的共同特征？这些共同特征对钢笔品种的“演化”过程有什么提示？

阅读指南

◆ 从现代生物中得到的哪些证据可以帮助科学家们判断不同生物群体之间的亲缘关系？

阅读提示 阅读时，利用几个小标题列出一个提纲，来说明关于演化的几类证据。

你认识的人中有人曾经做过阑尾切除手术吗？阑尾是与大肠相连接的一个很小的器官。你或许担心切除掉身体的某个部分会引起什么问题。毕竟心脏、肺、胃和身体上的其他一些器官都是生存所必需的。可是阑尾就不同了，在人体中阑尾似乎并没有什么功能。然而在另外某些哺乳动物体内阑尾却十分发达，而且在消化时起着很重要的作用。这些现代生物的信息为科学家研究它们的祖先以及它们之间的亲缘关系提供了许多线索。

现存生物能够为研究演化提供线索，阑尾仅仅只是其中的一例。通过对不同生物的比较，科学家们可以推测出在演化上这些生物的亲缘关系有多近。**科学家们通过比较不同生物身体结构、胚胎发育以及DNA序列，来确定它们之间的演化关系。**

身体结构的相似性

在很久以前，科学家们就开始通过比较生物的身体结构来寻找演化的线索。达尔文就是用这样的方法认识到在加拉帕戈斯群岛上发生过演化的。一个生物的身体结构是指它最基本的构造，如骨骼的排列方式。比方说，鱼类、两栖类、爬行类、鸟类和哺乳类都有一种相似的身体结构——一副带有脊椎的内骨骼。 这就是为什么科学家把这五类动物归在一起，合称为脊椎动物的原因。它们很可能是从一个共同的早期脊椎动物祖先那里遗传到了这种结构上的相似性。

仔细观察图 5-13 中鸟的翅膀、海豚的鳍状肢和狗的腿部的骨骼结构，我们可以发现这三种动物前肢骨骼的排列方式十分相似。这种相似性显示出这三种生物都是从一个共同的祖先演化而来的。具有亲缘关系的物种从共同的祖先那里遗传到的相似结构称为**同源结构（homologous structures）**。

有时，科学家们会发现一些化石能支持由同源结构得出的观点。例如最近，科学家们就发现了一种类似鲸的古生物化石。这种化石表明现代鲸的祖先是用脚在陆地上行走的。这一证据就支持了鲸和人类具有共同祖先的观点。

想一想 ***同源结构揭示了什么？***

胚胎发育中的相似性

科学家们还通过比较不同物种的胚胎发育情况，来推断它们在演化中的亲缘关系。如果要你来比较成年的乌龟，鸡和老鼠，你大概会说它们看上去有很大的差别。然而事实上正如你在图 5-14 中见到的一样，在早期胚胎发育的过程中，这三种生物都会经历几个相似的发育阶段。

增进技能

得出结论 活动

看一看下面这幅描绘鳄鱼腿部骨骼的图画，把它与图13进行比较。你认为鳄鱼会和以下哪一种动物有着共同的祖先，是鸟、海豚，还是狗？请用证据来支持你的观点。

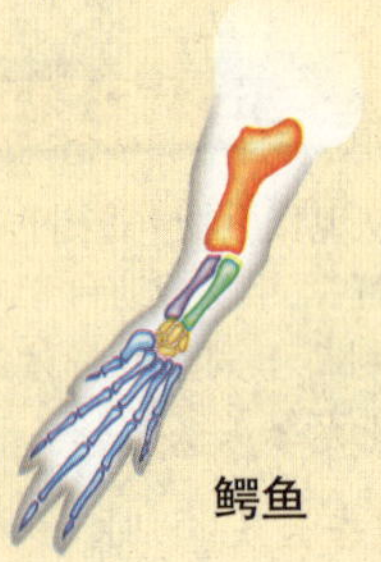

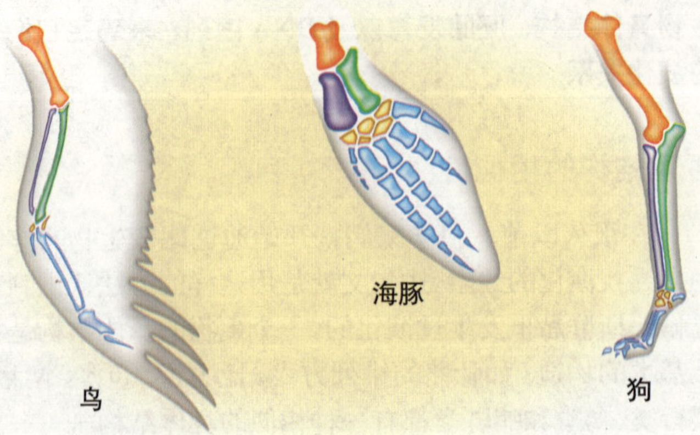

图 5-13 鸟的翅膀、海豚的鳍状肢和狗的腿都与各自不同的功能相适应。然而每种动物前肢的骨骼结构却是十分相似的。这些同源结构证明它们源自一个共同的祖先。

观察 *三种动物的前肢在结构上有哪些共同特点？*

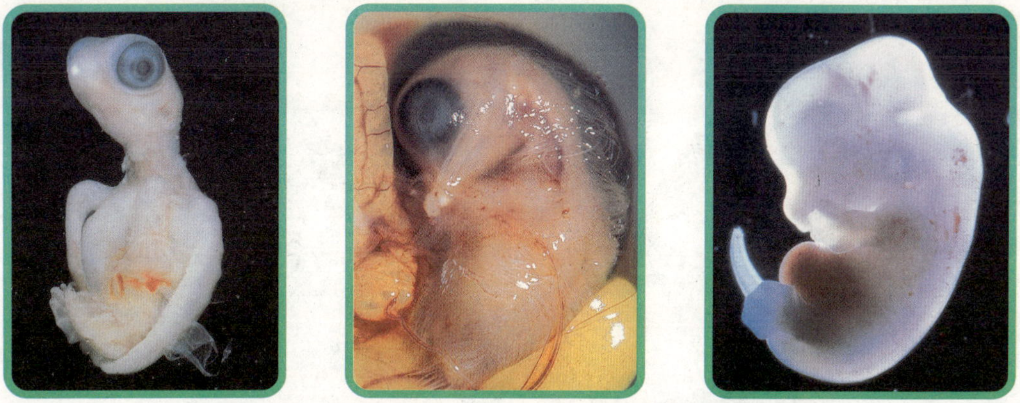

图 5-14　在胚胎发育早期，乌龟(左图)、鸡(中图)和老鼠(右图)看上去很相似。这种相似性提示它们都源自同一个祖先。

比如在发育早期，三种生物都长有一条尾巴，而且在喉部都有微小的鳃裂。这些相似性提示了这三种脊椎动物存在亲缘关系，都源自一个共同的祖先。

进一步研究早期胚胎发育时，科学家们注意到乌龟和鸡之间有着更多的相似性。这一证据支持乌龟和鸡之间的亲缘关系更近这一结论。

DNA 的相似性

为什么具有亲缘关系的物种会有相似的身体结构和发育模式呢？科学家们推测可能是因为这些物种从它们的共同祖先那里遗传到许多相同的基因。近来，科学家们已经开始通过比较不同物种的基因来判断两者亲缘关系的远近。

基因是由DNA组成的，所以科学家们可以通过比较不同物种DNA的碱基顺序来判断两者的亲缘关系。碱基顺序越相似，这两个物种就越相近。

而正是由一个基因上的DNA序列决定了所合成的蛋白质的类型，因此科学家还可以通过比较不同物种某个蛋白质的氨基酸序列，来决定两者亲缘关系的远近。

有些时候，来自DNA的证据可能会不支持早先得出的结论。比如象鼩鼱。除了长着一只长鼻子以外，其他看上去与啮齿类动物(如老鼠)很相似。正因为如此，生物学家们以前一直认为象鼩鼱和啮齿类动物亲缘关系很近。但是当科学家们拿象鼩鼱的DNA分别去和啮齿类动物以及大象的DNA比较时，结果却让他们大吃一惊。比起啮齿类动物的DNA，象鼩鼱的DNA和大

图 5-15 由于外表特征的缘故，象鼩鼱以前一直被认为和啮齿类动物的亲缘关系很近。可是DNA的比较结果却令人惊讶，它显示出象鼩鼱实际上和大象的亲缘关系更近。

象的更为相似。所以现在科学家们认为象鼩鼱和大象之间具有更近的亲缘关系。

与技术科学的综合 近来科学家们发展出新的技术，能从化石中提取出DNA。现在他们已经运用这种技术从一些骨骼、牙齿、植物的化石和琥珀中的昆虫里提取出DNA。这些化石中的DNA能给科学家提供新的演化证据。

综合证据

科学家们把从化石、身体结构、早期胚胎发育以及DNA和蛋白质的序列中得到的各种证据综合起来，从而判断物种间的亲缘关系。大多数情况下，DNA和蛋白质的序列能够支持先前从其他证据中得出的结论。比如，最近的DNA比较显示，在狼和郊狼之间，狗和狼有着更近的亲缘关系。而以前通过对三个物种身体结构和早期胚胎发育的相似性比较已经得出了同样的结论。

科学家通过综合不同的证据得出结论的另一个例子可以参见图5-16中的演化树。**演化树 (branching tree)** 是科学家用来显示他们所认为的不同物种间亲缘关系的一种图表。由于大熊猫和小熊猫具有相似的身体结构，人们通常认为它们的亲缘关系很近。而这两种熊猫又都与熊和浣熊有相似之处。所以科学家们一直无法确定这四种动物之间的亲缘关系。直到最近，根据DNA分析以及其它的一些证据表明，大熊猫和小熊猫的亲缘关系并不是那么近。相反，大熊猫和熊比较接近，而小熊猫和浣熊之间的亲缘关系也比较接近。

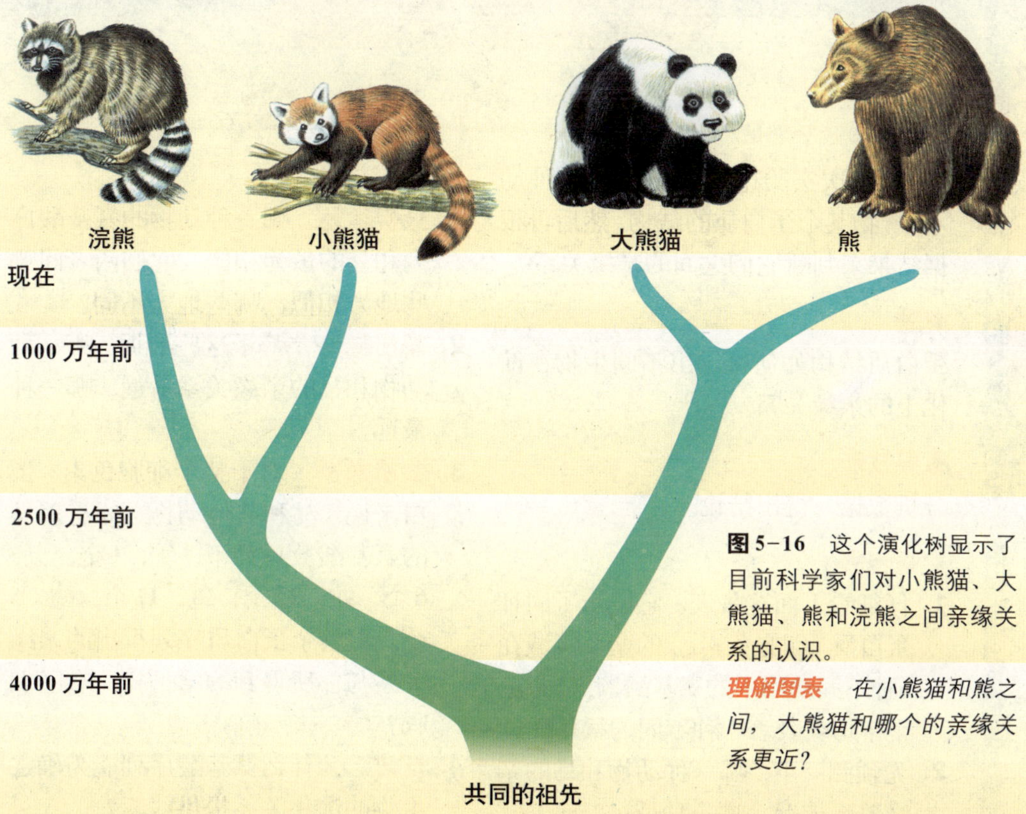

图 5-16 这个演化树显示了目前科学家们对小熊猫、大熊猫、熊和浣熊之间亲缘关系的认识。

理解图表 *在小熊猫和熊之间，大熊猫和哪个的亲缘关系更近？*

第三节复习

1. 举出三种科学家通过现存生物来判断亲缘关系的证据、类型。
2. 什么是同源结构？
3. 科学家通过比较乌龟、鸡和老鼠之间的早期发育情况获得了哪些信息？
4. 如果两个物种具有很近的亲缘关系，那么在对它们的 DNA 碱基序列进行比较后你觉得能发现什么？
5. **理性思维　做出判断** 现在大多数科学家认为 DNA 的相似性是判断两个物种亲缘关系最好的指示。你觉得这是为什么？

课题 5

检查进度

你应该已经完成一张 50 亿年的时间表了。现在开始再构建一张近 6 亿年的时间表。这张表是对第一张时间表部分内容的放大。你将有更多的空间来描述地球历史在最近几亿年中都发生了哪些事。（**提示**：准备一些图画来表示地球上的各种生命形式是怎样变化的。另外，最好在时间表中加入三个或更多课本中没有提到的内容。）

技能实验室

分析数据

泄露天机的分子

在本次实验中，你将比较几种动物某个蛋白质的结构，然后再根据结果来判断它们之间的亲缘关系。

问题

蛋白质结构如何揭示出不同生物在演化上的亲缘关系？

重要技能

分析数据　得出结论

实验步骤

1. 仔细看下面这张表，它显示了同种蛋白质（细胞色素c）的某个区域在6种不同动物中的氨基酸顺序。每一个字母代表着一种不同的氨基酸。
2. 先预测一下，哪一种动物和马的亲缘关系最近，哪一种最远？
3. 比较马和驴的氨基酸顺序，这两个顺序之间有几个氨基酸不一样？在笔记本上记下这个数字。
4. 再分别比较一下马和其余几种动物的氨基酸序列，然后记录有差异的氨基酸数目。

分析与结论

1. **分析数据**　哪一种动物的氨基酸序列和马的最为相似？它们两者间哪些地方相似，哪些地方不同？
2. **得出结论**　基于这些数据，哪一种动物和马的亲缘关系最近，哪一种最远？
3. **分析数据**　对于整个细胞色素c蛋白来说，马和其他动物之间有差异的氨基酸数目如下：驴，1个；兔，6个；蛇，22个；龟，11个；鲸，5个。由整个蛋白质序列得出的亲缘关系与你所得到的结果相比有区别吗？
4. **交流**　为什么氨基酸序列能为确定生物的演化关系提供线索？

进一步的探索

用这些氨基酸的数据构建一个演化树，来显示马、驴、蛇这三种生物是怎样从一个共同祖先演化而来的。

各种动物的细胞色素C蛋白的部分区域

	氨基酸位置														
动物	39	40	41	42	43	44	45	46	47	48	49	50	51	52	53
马	A	B	C	D	E	F	G	H	I	J	K	L	M	N	O
驴	A	B	C	D	E	F	G	H	Z	J	K	L	M	N	O
兔	A	B	C	D	E	Y	G	H	Z	J	K	L	M	N	O
蛇	A	B	C	D	E	Y	G	H	Z	J	K	W	M	N	O
龟	A	B	C	D	E	V	G	H	Z	J	K	U	M	N	O
鲸	A	B	C	D	E	Y	G	H	Z	J	K	L	M	N	O

SECTION 1 达尔文的航海历程

知识要点

- 达尔文认为，物种经过许多世代逐渐地发生变化，使得它们更能适应新的环境。这个过程就称作演化。
- 达尔文根据他多年的观察提出，演化是通过自然选择而产生的。过度繁殖、竞争和变异导致了自然选择。
- 只有那些由基因控制的性状才会受自然选择的作用而演化。
- 如果一个物种内的部分个体和其他个体隔离的时间很长，长到足以演化出许多不同的性状，就可能形成一个新的物种。

关键术语

物种	科学理论
适应性	自然选择
演化	变异

SECTION 2 化石记录

与地球科学的综合

知识要点

- 绝大多数化石都是在死亡的生物被埋在沉积物中后才形成的。沉积物慢慢地变硬，使生物的某些部分保存下来。
- 相对测时法测定的是哪一块化石相对更为古老。绝对测时法测定的是化石形成的实际年代。
- 化石能帮助科学家们了解已经灭绝的生物长得什么样，以及它们是如何演化的。
- 地质年代表显示了在地球46亿年的漫长历史中主要生物类群的演化情况。
- 演化有时是循序渐进的，而在另一些时候则十分迅速。

关键术语

化石	放射性元素
沉积岩	半衰期
石化的化石	化石记录
模具	灭绝
铸型	渐变论
相对测时法	间断平衡论
绝对测时法	

SECTION 3 演化的其他证据

知识要点

- 通过对现存生物进行比较，科学家们可以推断出它们在演化上有多近的亲缘关系。
- 同源结构能够在一定程度上反映不同物种之间的亲缘关系，以及它们是如何从同一个祖先那里演化来的。
- 早期胚胎发育的相似性能反映物种之间存在着亲缘关系，并来自一个共同的祖先。
- 科学家们还能通过比较DNA和蛋白质的序列，更准确地判断决定物种之间的亲缘关系。
- 演化树是一种用来显示科学家对不同物种间演化关系的观点的图。

关键术语

同源结构	演化树

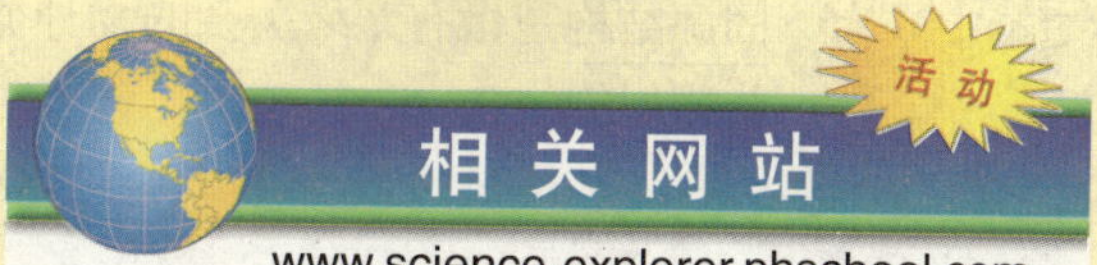

相关网站

www.science-explorer.phschool.com

第5章复习

复习题

选择题

选择最佳答案。

1. 一个物种经过漫长时间发生的改变称为
   a. 相对测时法　b. 演化
   c. 同源结构　d. 发育阶段
2. 一个有利于生物体生存和繁衍的性状叫做
   a. 变异　b. 适应性
   c. 物种　d. 选择
3. 有时生物体的某些部分会慢慢地溶解掉，并在岩石原有的位置上留下空隙。这样形成的化石类型叫做
   a. 铸型　b. 模具
   c. 痕迹　d. 石化化石
4. 一种放射性元素的衰变速率是用______来计量的。
   a. 年　b. 代
   c. 半衰期　d. 纪
5. 下列哪一项不能用来作为演化的证据?
   a. DNA 序列　b. 发育阶段
   c. 身体大小　d. 身体结构

判断题

如果下列叙述正确，写“T”，如果错误，请修改划线部分。

6. 达尔文关于演化如何产生的观点被称作自然选择。
7. 一个物种内的大部分成员彼此都存在着差异，即变异。
8. 一只已经灭绝的恐龙的脚印也是一种化石。
9. 相对测时法的技术能用来测定化石的真实年龄。
10. 同源结构是指有亲缘关系的物种彼此相似的结构。

简述题

11. 在自然选择的过程中，过度繁殖起了什么作用?
12. 举一个例子来说明自然选择是怎样导致演化的。
13. 怎样通过岩层来判断化石的相对年龄?
14. 根据间断平衡论，为什么在化石记录中很少有物种间的过渡形式?
15. 为什么不同物种在早期胚胎发育阶段的相似性表明了这些物种具有亲缘关系?
16. **科技写作**　假设你是达尔文家附近一家报社的小记者。现在你要就演化论方面的问题对达尔文进行采访。请写下你准备向达尔文提出的三个问题，然后再以达尔文的立场来回答其中的一个问题。

形象思维

17. **流程图**　把这张关于自然选择的流程图抄到另外一张纸上，分别用一句话来描述每个影响自然选择的因素，并完成下表，然后再给这张表加一个标题。

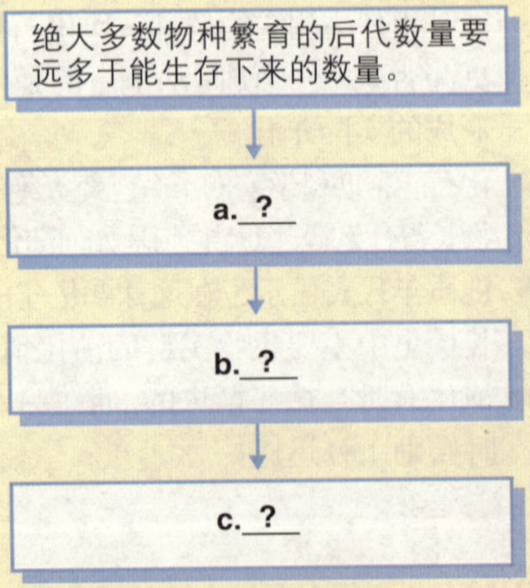

应用技能

放射性元素碳-14衰变成氮的半衰期为5730年。根据这个数据及下表来回答18～20题。

化石	化石中C-14的含量化石中氮的含量	化石中氮的含量	化石所在岩层的位置
A	1克	7克	底层
B	4克	4克	顶层
C	2克	6克	中层

18. 推理 根据几块化石所在岩层的位置将它们按照年代由近到远的顺序排列出来。

19. 计算 根据碳-14和氮的含量来计算一下每块化石的年代。

20. 得出结论 你在问题18和问题19中得出的结论是否一致？为什么？

理性思维

21. 应用概念 为什么说达尔文在加拉帕戈斯群岛上的观察对他提出自然选择的演化论有着十分重要的影响？

22. 因果推断 地理隔离在新物种的形成中起了什么作用？

23. 比较与对比 相对测时法和绝对测时法有什么区别？

24. 应用概念 海豹的鳍状肢和人类的手臂功能大相径庭。请问科学家们需要查找什么证据来判断这两种结构是否源自同一祖先的前肢？

25. 预测 如果气候发生了剧变，会对某个物种的自然选择造成什么影响？

学习评估

课题5 总结

成果展示 向全班展示你所完成的两张时间表，并说明选择这种度量制的理由。同时，描述一下这两张时间表之间的联系。

思考与记录 在你的笔记本中描述一下时间表是如何帮助你理解生命在漫长岁月中的演化的。当你看到有些事件相距如此遥远时，是否觉得惊讶？是什么最令你吃惊？综合两张时间表，你有没有发现光看一张表会忽略哪些事件？

实践活动

在学校 深入地了解一种已经灭绝的生物，然后制作一块展板介绍这个物种。注意要用简图来说明这个物种的外貌和行为方式。在得到老师同意后，将你的展示板挂出来供大家参观。

狗

人类忠实的朋友

你对于狗的印象是什么样的?

- 一只蜷着长耳朵的小型猎犬?
- 一只强壮魁梧的大丹狗?
- 一只警队使用的德国狼犬?
- 一只毛发蓬松的牧羊犬?
- 一只娇小活泼的吉娃娃犬?
- 一只友善可爱的杂种犬?

灰狼是现代大多数犬种的祖先。

灰狼最早发现于欧洲、亚洲以及北美洲，现代的大多数犬种都是它的后代。狗是最早被人类驯服和家养的动物之一。早在9000多年以前，饲养羊群和牛群的农夫就开始用狗来帮助放牧和守护家畜。

狗被驯化以后，人们开始根据不同的需要来培育它们。早期的牧羊犬用来帮助放牧。动作迅速的猎狗学会了如何追逐鹿和其他猎物。强壮的狗用来拉雪橇、甚至能用于救人。动作快而体形小的小猎犬用来捕捉一些小动物，比如老鼠。而宠物狗则是陪伴有闲暇的富人们的“玩具”。近来，人们又训练出能找回被打落的飞鸟的赛狗。还有一些狗被培育成警犬。虽然每种狗都有自己的特性，但是人们养狗的真正原因恐怕还是因为狗的忠诚和友谊。

3000年以前，古埃及的一位艺术家描绘了三只狗追逐一头鬣狗的情形。▼

从狼变成纯种狗

大约一万年前，有一些狼开始被人类的居住地所吸引。它们可能发现，在营地里寻找食物残渣比自己打猎更有生活保障。渐渐地这些狼开始依赖于人类提供的食物，同时也保持了营地的整洁与安全。它们会吃掉人们剩下的食物，并在陌生人靠近时会用叫声发出警报。这些就是我们今天所看到的狗的先祖。

随着时间的推移，狗越来越成为人类社会中的一个组成部分。人们开始根据不同需要培育出不同品种的狗。比如，体形大而好斗的狗被培养成牧羊犬，而速度快、嗅觉灵敏的狗则被培养成猎犬。今天全世界共有数百个犬种，从小巧的吉娃娃犬一直到庞大的圣伯纳犬(体重可达吉娃娃犬的50倍)。

现在的人们选择狗时主要看中外形和个性，比如有些品种特别讲究长耳朵或窄口鼻。为培育出纯种的狗，饲养者通常采用近交的方法。近交是指让遗传上非常接近的狗进行交配，这是产生纯种狗的最可靠的方法。

近交也会带来一个不好的后果，就是患遗传性疾病的几率大大增加。据专家估计，在纯种狗中有25%患有遗传性疾病。例如，达尔马提亚犬经常会患遗传性耳聋。德国牧羊犬容易患严重的髋关节病。相反，不同品种杂交所生的狗则不容易患遗传性疾病。

拉布拉多猎犬的毛色由一对等位基因控制，黑色皮毛的等位基因相对于黄色皮毛的为显性。

科学活动

狗的大部分性状是由多基因控制的。但是，也有少数性状呈现较为简单的遗传模式。例如拉布拉多猎犬的皮毛颜色就是由一对等位基因控制的，其中黑色皮毛的等位基因(D)相对于黄色皮毛的(d)为显性。

- 构建一个P矩阵，表示两只杂合的黑色拉布拉多猎犬(Dd)的杂交结果。
- 假设它们生了一窝小狗共8只。请预测有多少只为黑色，多少只为黄色。
- 再构建一个P矩阵，表示一只黄色拉布拉多犬(dd)和一只黑色拉布拉多犬(Dd)之间的杂交。假设它们生了一窝小狗共6只，请预测有几只为黑色，几只为黄色。

社会研究

金毛猎犬 (Golden Retriever)

英国，19世纪七十年代

特威兹毛斯爵士培育了这个品种，帮助猎人追逐水鸟和其他小动物。

边界柯利牧羊犬 (Border Collie)

英国，11世纪以后

这个品种出产于英格兰和苏格兰交界地区的乡村，用于放牧羊群。它的祖先是当地牧羊狗和维京人带入苏格兰的狗的杂交后代。

腊肠犬 (Dachshund)

德国，18世纪初

这种狗被培育来捕捉獾或者老鼠。短腿长身的外形使它们能够钻入獾的洞穴。实际上在德语中，“Dachshund”就是猎獾狗的意思。

巴色特猎犬 (Basset Hound)

法国，17世纪初

巴色特猎犬四肢短小，身体轻巧，能方便地钻过灌木丛。它追踪气味的能力仅次于寻血猎犬。

灵提犬 (Greyhound)

埃及，公元前35世纪

这些瘦长、动作迅速的猎狗用于追逐猎物。如今，灵提犬以优良的赛犬而闻名。

狗与人类

经过数千年时间，人类已经培育出了许多不同的犬种。这张地图上所示的每一种狗都是为了某种目的——打猎、放牧、守卫、拉雪橇以及和人做伴——而培育的。每一个犬种都有它自己的历史和故事。

10

西伯利亚爱斯基摩犬 (Siberian Husky)

西伯利亚，公元前10世纪

居住在西伯利亚东北部的楚柯奇人依靠强壮的爱斯基摩犬拉雪橇穿越雪地。

7

北京狗 (Pekingese)

中国，8世纪初

在古代中国，这些巴儿狗被作为宠物来培养。北京狗还有一个中文名字叫“狮子狗”，因为它有着长长的金色鬃毛。

8

熊狮狗 (Chow Chow)

中国，公元前2世纪50年代

熊狮狗是古代中国的劳役犬，用于打猎、放牧、守门等等。

9

秋田犬 (Akita)

日本，17世纪初

这个品种出产于日本北部的寒冷山区，用于守门或者打猎。秋田犬能在很深的积雪中捕猎，也是游泳的能手。

6

拉萨犬 (Lhasa Apso)

中国西藏，12世纪

这个犬种有着又长又厚的皮毛，帮助它抵御西藏高原上的寒冷空气。尽管它体形小，却能用来守卫民宅和庙宇。

社会实践活动

画一张时间表，用来表示公元前7000年至今每种狗大致的起源时间。用本页地图中提供的信息来完成这张时间表。要注明每一个品种是在哪里出产的。

语言艺术

寻找爱犬

人们往往会根据自己喜爱的性状来寻找心目中理想的狗。下面就是一位专家根据良好的血统和个性来选择爱犬的一段经历。

詹姆斯·赫里奥特是英国的一位兽医。他一生曾经养过许多狗，但他一直想要一条边界㹴。这种健壮的小型狗出产于英格兰和苏格兰的边境，是劳役犬的后代。几个世纪以来，它们一直被用来捕猎狐狸、老鼠和其他小型动物。赫里奥特和他的妻子海伦发现了一条出售边界㹴幼犬的广告。从此，就发生了下面这个故事。

语言艺术活动

在下文中，詹姆斯·赫里奥特通过对话和第一人称叙述的方法描述了当时的情景。这段叙述写出了赫里奥特最终找到他向往以久的狗时的心情，这种感受令他终生难忘。现在请用第一人称叙述的方法描写一件在你生活中值得回忆的事。可以选择某个儿时的回忆或者某次在学校取得的成就进行描述。写写你当时是什么心情，是怎样作出决定的？如果可能的话，在写作时用上对话。

边界㹴▶

她（海伦，他的妻子）转过身，激动地对我说："我现在已经接通了梅森夫人的电话。她说那一窝小狗中只剩下最后一只了，而且还有人正从80英里以外的地方赶来看它。我们得快一点，到那里还要好一会儿时间呢!"

于是，在匆匆吃完午饭之后，海伦、罗茜、孙女爱玛和我马上开车前往比德尔。到达比德尔以后，梅森夫人把我们带到厨房，指指桌子底下一只蜷着身子瑟瑟发抖的带斑纹的小东西，说："这就是他。"

我伸出手去抱起这只小狗。他努力想蜷起身子，显然是想要用鼻子碰自己的尾巴，可怎么也做不到。所以只能一边拚命晃动着尾巴，一边用粉红色的小舌头在我手里乱舔。虽然还没有对他的特征作进一步的检查，我已经知道他是属于我的。

这桩买卖很快就成交了。我们又走到屋外去看看狗的家人。他的母亲和祖母都在那里，住在用小木板成的狗窝里。一见到我们，她们就从窝里跑出来，跳我们的腿上，摇着尾巴，吐着舌头，向我们表示友好。时我感到更有把握了，因为有这么幸福、健康的先代只小狗一定是一流的。

回家路上小狗一直安静地躺在爱玛的臂弯里。一温暖的感觉油然而生。少时的梦想又浮现在眼前，而将近50年后，我终于拥有自己的边界㹴了。

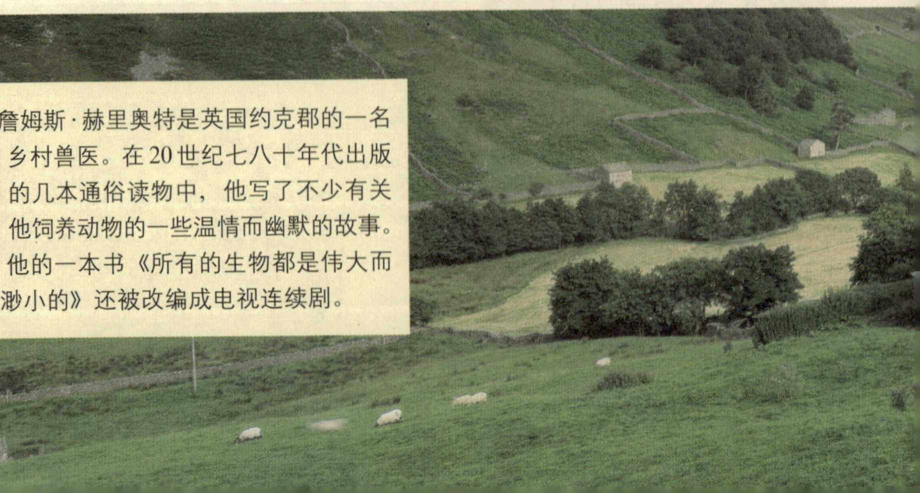

詹姆斯·赫里奥特是英国约克郡的一名乡村兽医。在20世纪七八十年代出版的几本通俗读物中，他写了不少有关他饲养动物的一些温情而幽默的故事。他的一本书《所有的生物都是伟大而渺小的》还被改编成电视连续剧。

品种	1970年	1980年	1990年	1997年
狮子狗	265 879	92 250	71 757	54 773
拉布拉多猎犬	25 667	52 398	99 776	158 366
克卡猎犬	21 811	76 113	105 642	41 439

美国1970年～1997年狮子狗的数量

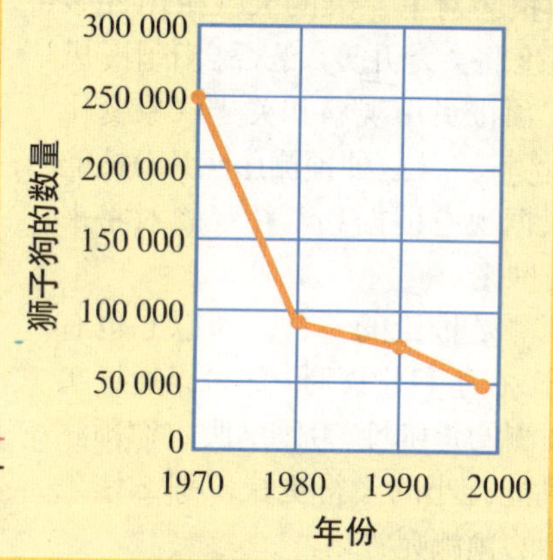

数学活动

不同犬种的数量都在随着时间而变化。例如，左边的折线图中显示了1970年～1997年间在美国狗俱乐部登记的狮子狗数量的变化。请根据表中的数据画出拉布拉多猎犬和克卡猎犬的折线图。

1980年，哪种狗最多，是拉布拉多猎犬还是克卡猎犬？1970年～1997年拉布拉多猎犬的数量发生了怎样的变化？克卡猎犬又有哪些变化？

靠得更近些

狗展会的优胜者

在美国的许多地方都会举行狗展会，会上饲养者不分老幼，都会骄傲地把自家的狗带出来亮亮相。试着组织一次你们自己的狗展会，找个搭档一起选定一个狗的品种。可以选择第170页～171页地图中的犬种，也可以利用图书馆资源选择其他的犬种。

- 找出这个犬种的外形特点、起源的时间和地点，以及人们为了什么性状培育出这个品种。
- 列出这个犬种的外形特征、身高、体重和颜色。
- 收集这个犬种个性和行为方面的信息。
- 找出这个犬种的优势，并了解如果把它近交会产生什么缺点。
- 为选定的犬种制作一张海报，内容要包括一张照片或图片，以及你收集到的信息。
- 和全班同学一起，按犬种的不同类别(比如猎犬、牧羊犬、宠物犬等)来组织你们的狗展会。

像科学家那样思考

也许你没有意识到，其实你每天都在像科学家一样思考。当你提出一个问题，并去寻找各种可能的答案时，会用到许多科学家们也在使用的技能。下面就来介绍其中的一些技能。

观 察

当你用一种或多种感官去搜集有关这个世界的信息时，就是在**观察(observe)**。聆听狗的叫声，数十二颗绿色的种子，或是闻飘来的气味都是在进行观察。科学家们为了提高他们感官的灵敏度，有时还需要使用一些辅助工具，比如显微镜、望远镜等，使观察更为详尽。

观察必须真实和准确即必须如实反映所感知的事物。在探索科学时很重要的一点，就是要把观察到的内容仔细地记录在笔记本上，可以通过文字描述或者绘图等多种形式。通过观察得到的信息称为证据，或者说是数据。

推 理

当你对观察到的现象做出解释时，就是在进行**推理(infer)**，或者说做出推论。例如，当听到你家的狗在“汪汪”直叫时，你可能会推想有人正在你家门外。要做出这个推论，你需要把现象——狗叫声——以往的经验知识，即当有陌生人接近时狗往往会叫——结合起来。只有这样，才能得出符合逻辑的结论。

要注意，推论不一定就是事实！它只是对现象的多种可能解释中的一种。比如你的狗也可能因为想出去散步而直叫。哪怕是根据正确观察和逻辑推理而做出的推论，最后仍然可能会发现它是错的。要证明推论正确，惟一方法就是再进行进一步的调查。

预 测

气象预报会对第二天的天气做出许多预测——温度将会是几度、是否会下雨、风力有几级。预报员用观察和关于气象变化的知识来预测天气。这种**预测(predict)**技能实际上是根据现有证据和既往经验对将来的事件做出推论。

由于预测是推论的一种，所以它也有可能会出错。在上科学课时，你可以通过实验来检验预测的正确性。例如，假定你预测大的纸飞机能比小的飞得更快，那么该怎样来检验你的预测呢？

活 动　看这张照片，回答下列问题。

观察　仔细看照片，然后列出至少三条观察到的信息。

推理　通过观察，对所发生的事情作一推论。你是用了什么经验或者知识来做出这一推论的？

预测　预测接下来会发生什么。你的预测是基于什么证据或者经验的？

分类

你能想像在一个排列无序的图书馆里寻找一本书是怎样一个情形？恐怕你一整天时间都得花在找书上了。幸运的是，图书管理员会把相同主题或者同一个作者的书归类到一起。把某些特征相似的物体归类到一起的方法称为**分类(classify)**。你可以根据大小、形状、用途和其他一些重要特征来进行分类。

科学家们也像图书管理员一样，用分类的方法把信息或者事物有序地组织起来。对事物进行分门别类以后，它们互相之间的关系就变得清晰易懂了。

活动 根据你所选择的一种特征，把照片中的这些水果分成两类。然后再选择另一种特征，把它们分为三类。

活动 这个学生在用模型来演示地球上的昼夜是怎样产生的。请问模型中的手电筒和网球分别代表什么？

建立模型

你是否曾经用过画图的方法来帮助别人理解你所说的意思?这样的图画就是一种模型。模型是用来显示复杂事物或过程的表现手段。如图画、图表、计算机图象等。**建立模型(make model)**能帮助人们理解他们无法直接观察到的事物。

科学家们经常用模型来代表非常庞大或者极其微小的事物，比如太阳系中的行星、细胞的细微结构等。这些模型是物理模型——能直观反映真实物体形状的图画或三维结构。另外还有一些抽象模型——能描述事物活动规律的数学方程式或者描述性文字。

交流

当你在打电话、写信、或听老师讲课时，都是在进行交流。**交流(communicate)**就是与其他人交换看法、分享信息的过程。有效的交流需要许多技能，包括听说读写以及建立模型的能力。

科学家们通过交流来了解彼此的研究成果、信息和想法。他们经常通过科学期刊、电话、书信以及互联网络来交流他们的工作。他们还通过参加各种学术会议来交换看法。

活动 在一张纸上详细清楚地写下你系鞋带的各个步骤，然后与你的同学交换，再按照他写的步骤来系鞋带。你能按他的方法系好鞋带吗？如果要把步骤说明得更清楚些，你的搭档还应该再做哪些改动？

动手测量

当科学家们进行观察时，仅仅得出结论说某件东西“大”或者“重”是不够的。他们必须用工具来测量这个东西究竟有多大或多重。通过测量，科学家能把他们的观察表达得更为精确，在交流时就能给出更多的信息。

使用国际标准计量单位

全世界科学家通用的标准计量系统是**国际标准计算单位（International System of Units，简称SI）**。SI的单位使用方便，因为它们都是十进制的。每一个单位都是它下一级单位的十倍，同时也是上一级单位的十分之一。右表中列出了SI单位最常用的一些前缀。

SI单位的常用前缀

前缀	符号	含义
kilo-(千)	k	1 000
hecto-(百)	h	100
deka-(十)	da	10
deci-(分)	d	0.1(十分之一)
centi-(厘)	c	0.01(百分之一)
milli-(毫)	m	0.001(千分之一)

长度 衡量长度或者两点间距离的单位是**米(meter，简写m)**。一米大约是从地板到门把手的距离。较长的距离(比如两个城市之间的距离)要用**千米(kilometer，即公里，简写km)**来衡量。较短的距离则用**厘米(centimeter，简写cm)**或**毫米(millimeter，简写mm)**。科学家通常用米尺来测量长度。

常用换算

1km ＝ 1 000m
1m ＝ 100cm
1m ＝ 1 000mm
1cm ＝ 10mm

活动

图中米尺上的长线表示厘米刻度，没有标数字的短线表示毫米刻度。这个贝壳有几厘米长？相当于几毫米？

液体的体积 液体的体积，或者说液体所占空间的大小以升(liter，简写L)为单位。一升大概相当于一个中等盒装牛奶的大小。较小的体积往往以毫升(milliliter，简写mL)为单位。科学家测量液体体积时通常用带有刻度的量筒。

常用换算

1L ＝ 1 000mL

活动

图中的量筒以毫升为刻度。注意，量筒中的液面总会有一个弧度，因此又叫做凹面。测量体积时必须在凹面的最低点处读数。问这时量筒中水的体积是多少？

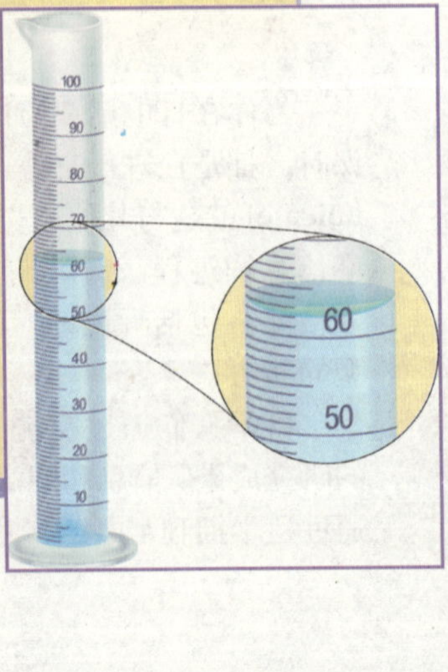

质量 测量质量(一个物体中物质的量)，需要用到的单位是**克(gram，简写 g)**。1克大约是一个回行针的质量。较大的质量要以**千克(kilogram，简写 kg)**为单位。科学家通常用天平来测质量。

常用换算
1kg = 1 000g

活动

图中测量苹果质量的电子天平的单位是千克。请问这个苹果的质量是多少？假设制作一种苹果酱需要一千克苹果，那你大约会需要几只苹果？

温度 测量物体的温度需要用到**摄氏度(Celsius-scale)**。用摄氏温度计来测量物体温度就可以得到以摄氏度(℃)为单位的数值。水在常压下0 ℃结冰，在100℃沸腾。

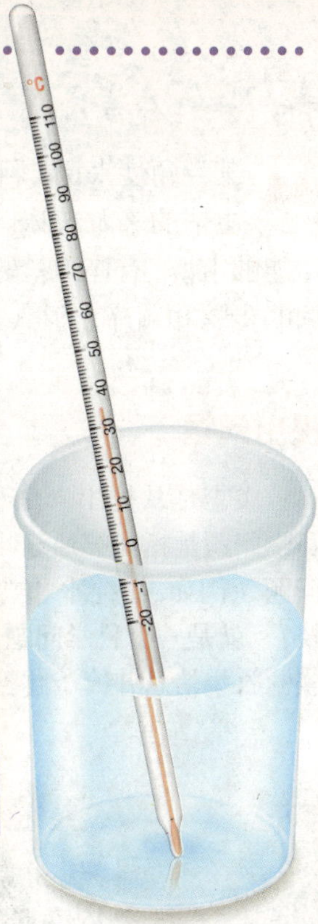

活动

图中液体的温度是几摄氏度？

SI 单位的换算

使用SI单位必须懂得如何进行单位之间的换算，这需要用到**计算(calculating)**的技能。SI单位的换算与人民币元角分之间的换算是相似的，它们都以十进制为基础。

假设你要把80厘米换算成米，可以按照以下步骤进行换算。

1. 先写下要换算的测量数据——在本例中是80厘米。

2. 然后写出换算系数，代表要换算的两个单位之间的关系。在本例中，关系式为1米=100厘米。将换算系数用分式来表示，注意把要转换的单位(在本例中为厘米)写在分母上。

3. 把要换算的测量数据与这个分式相乘。这样，原来数据的单位就与分母上的单位相消。其结果的单位就变成你想要换算成的单位了(本例中为米)。

例:

80 厘米 = __?__ 米

$$80\ \cancel{厘米} \times \frac{1\ 米}{100\ \cancel{厘米}} = \frac{80\ 米}{100} = 0.8\ 米$$

活动

换算下列单位

1. 600 毫米 = __?__ 米
2. 0.35 升 = __?__ 毫升
3. 1 050 克 = __?__ 千克

科学研究

从某种角度来说，科学家们就像侦探一样，把各种线索拼凑起来弄清事情的来龙去脉。他们收集线索的途径之一就是开展科学实验。实验能够审慎、有序地检验科学家的想法。虽然并不是所有的实验都遵循相同的步骤和顺序，但其基本模式大多都与下列所描述的相近。

提出问题

实验是从提出一个科学问题开始的。科学问题是指能够通过收集数据而回答的问题。例如，“纯水和盐水哪一个结冰更快？”就是一个科学问题，因为你可以通过实验收集信息并给予解答。

构想假说

第二步是构想一个假说。假说是对实验结果的预测。和所有的预测一样，假说是建立在观察和以往的知识经验上的。但与许多预测不同的是，假说必须能够被检验。严格的假说应该采用“如果……那么……”的句式。例如，“如果把盐加入纯水中，那么这水会需要更长的时间才能结冰”就是一个假说。这样的假说其实就是对你要进行的实验的一个粗略概括。

实验设计

接下来需要设计一个实验来检验你的假说。在计划中应该写明详细的实验步骤，以及在实验中要进行哪些观察和测量。

设计实验时涉及到两个很重要的步骤，就是控制变量和给出可操作定义。

控制变量 在一个设计良好的实验中，除了要观察的变量以外，其余变量都应始终保持相同。**变量(variable)**是指实验中可以变化的因子。其中人为改变的因子称作**调节变量(manipulated variable)**。在这个实验中，往水里加盐的量就是调节变量。而其他的因子，比如水的量、起始的温度，都应保持不变。

随着调节变量变化而变化的因子称为**应变量(responding variable)**。应变量是为了得到实验结果而需要观察或测量的指标。这个实验中应变量就是水结冰所需要的时间。

除了一个因素以外，其余因素都保持不变的实验叫做**对照实验(controlled experiment)**。绝大多数对照实验都要设立对照，本实验中的容器3就是对照。由于容器3中的水没有加盐，因此就可以拿另外两个容器的结果和它作比较。两者结果之间的差别，都可以归结为是加入了盐的缘故。

自定义 设计实验的另一个重要方面就是要有清楚的实用性的定义。**实用性定义(operational definition)**是指一个说清楚某个变量该如何进行测量，或者某个术语该如何定义的陈述。例如本实验中，如何来确定水是否结冰呢？你可以在实验开始前向每个容器中插入一根搅拌棒。对于“结冰”的实用性定义就是搅拌棒不能再移动的时候。

实验步骤

1. 在三个相同的容器中分别加入300毫升冷自来水。
2. 容器1中加入10克盐，充分搅拌；容器2中加入20克盐，充分搅拌；容器3中不加盐。
3. 把三个容器同时放入冰箱。
4. 每隔15分钟检查一下容器，并记录你的观察结果。

分析数据

实验中得到的观察和测量结果称为数据。实验结束时要对数据进行分析，看看是否存在什么规律或趋势。如果能把数据整理成表格或者图表，常常能更清楚地看出它们的规律。然后要思考这些数据说明了什么。它们能不能支持你的假说？它们是否指出了你实验中存在的缺陷？是否需要收集更多的数据？

得出结论

结论就是对实验研究发现的总结。在下结论的时候，你要确定收集的数据是否支持原先的假说。通常需要重复好几次实验才能得出最后的结论。但得出的结论往往会使你发现新的问题，并设计新的实验来寻求答案。

活动

球反弹的高度是不是会受它落下的高度的影响？请按上述所说的步骤，设计一个对照实验来研究这个问题。

理性思维

你的朋友是否曾经就某个问题来征求你的意见？如果是的话，你也许已经通过逻辑性的方式来帮助他理解问题了。也许你自己并没有意识到，你其实在用理性思维的技能在帮助朋友。理性思维是指在解决问题和做出判断时使用推理和逻辑。下面就来谈谈一些理性思维的技巧。

比较与对比

当你想要寻找两件事物的相同和不同之处时，就需要用到**比较(comparing)**与**对比(contrasting)**的技能。比较是指找出相似性，即共同特征。对比是指找出不同点。用这种方法来分析事物能帮助你发现一些平时容易忽略的细节。

活动 将照片中的两只动物进行比较与对比。先列出你观察到的所有相似之处，再列出所有不同之处。

应用概念

应用概念(applying concepts)技能就是要用有关某一情况的知识来理解另一种相似的情况。如果你能把原来的知识活用到另一种情况，这表明你已经真正理解了这个概念。在考试时，即使题目和原来课堂上讲的不完全一样，你也可以用这个技巧来应对自如。

活动 前面刚刚学过，如果把其他物质掺入水中，结冰就会需要更长的时间。请用这个原理来解释，为什么冬天人们要把一种称为"抗冻剂"的物质加入汽车散热器里。

理解图表

教科书中的图表、照片和地图能帮助你理解课文。这些插图形象地显示了某些过程、位置或者想法。**理解图表(interpreting illustrations)**技能可以帮助你从这些视觉元素中学到知识。要理解一张插图，必须多花一些时间仔细看插图和附带的所有文字信息。插图的说明含有图中的重要概念。图注指出了图中的关键部分。而图例则说明了地图中各种符号的含义。

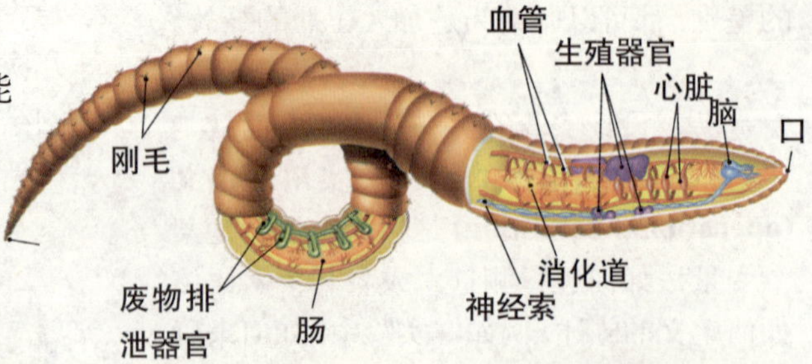

▲ 蚯蚓的内部解剖结构

活动 仔细研究上图，然后写一段话来描述你从图中得到的信息。

因果推断

如果一个事件能导致另一个事件发生，那么就说这两者之间存在因果关系。**因果推断 (relating cause and effect)** 技能就是要判断两个事件之间是否存在因果关系。例如，如果你发现皮肤上起了一个红肿块并且发痒，你就可能推理这是被蚊子叮咬的。蚊子叮咬是因，肿块是果。

但是有一点很重要——不能光凭两个事件一起发生，就判断它们之间存在因果关系。科学家会通过实验或者根据以往的经验，来判断因果关系是否存在。

活动

在野营时，你的手电筒突然不亮了。试列出手电筒失灵可能的原因。你怎样来判断是什么原因导致手电筒不亮的？

归纳

归纳 (making generalization) 是指根据一部分成员的信息来推断总体信息的技能。要做出正确的归纳，从总体中选出的样本就必须足够大而且具有代表性。你在买葡萄时就可以试着使用归纳技能。先拿几颗葡萄来尝一尝，如果都很甜，就能归纳出所有的葡萄都是甜的——这时就可以放心地买上一大串了。

活动

有一组科学家要判断某个大水库里的水是否可以安全饮用。这时可以应用归纳法吗？他们应该做些什么？

做出判断

做出判断(making judgment)就是评估某件事情的好坏对错的技能。例如，在你决定吃健康食品或在公园里捡起一张废纸时，就用到了判断。做出判断前，需要全面地考虑到事情的正面与反面，并明确自己持有什么样的价值观和标准。

活动

你认为儿童或青少年骑自行车时是否应该带头盔？为什么？

解决问题

解决问题 (problem solving) 就是运用各种理性思维的技巧来解决事情或决定行动的技能。有一些问题简单而直接，比如把分数转化为小数。另一些问题更为复杂，比如弄清计算机为什么不能正常运行。解决某些问题可以用尝试法，即先尝试一种解决方案，如果不行，再试另一种。还有一些有用的解决策略，包括建立模型、和同伴一起商讨可行的办法等。

信息处理

在读这本书时，你怎么能够清楚地了解其中包含的全部信息呢？下面就介绍一些处理信息的实用工具。这是一些图表，它们能使你对某个主题产生一个形象的概念，并明了其中一些重要概念之间的关系。

概念图

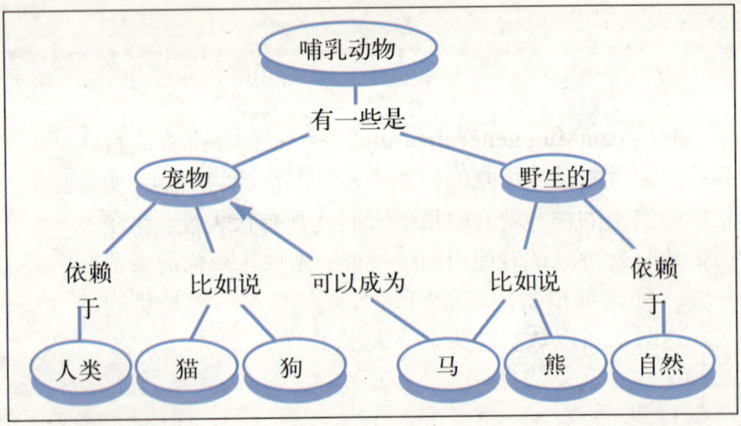

概念图在对一些概念较多的主题进行整理时是十分有用的。它从总的概念出发，逐步展开，显示出大概念是如何被分解成一个个小概念的。这样整理之后，各个概念之间的关系就更清晰易懂了。

概念图是由写在圆圈中的概念(通常是名词)和连接它们的联系词构成的。最具概括性的概念常常位于图的顶端，越往下，概念的范围就越小。写在两个圆圈连线上的连接词通常用来描述两者之间的关系。一般要求在从上向下把概念——连接词——概念连起来时，读上去应该就像一句句子。

有些概念图还会用连接词来连接位于不同分支上的两个概念。这称为交叉连接。交叉连接显示了概念之间更为复杂的内在联系。

比较／对比表

比较／对比表是比较两种以上事物的异同点时很有用的工具。它能提供一个有序的框架，根据你所需要了解的特性对事物进行比较。

建立比较／对比表时，首先把要比较的事物列在表格的顶端。然后，把作比较所依据的特性列在左侧的一栏中。最后，把每件事物关于各个特性的信息填入相应的格子里。

特　性	棒　球	篮　球
队员人数	9	5
场地	棒球场(正方形)	篮球场(长方形)
设施装备	球棒，棒球，棒球手套	篮球架，篮球

维恩图

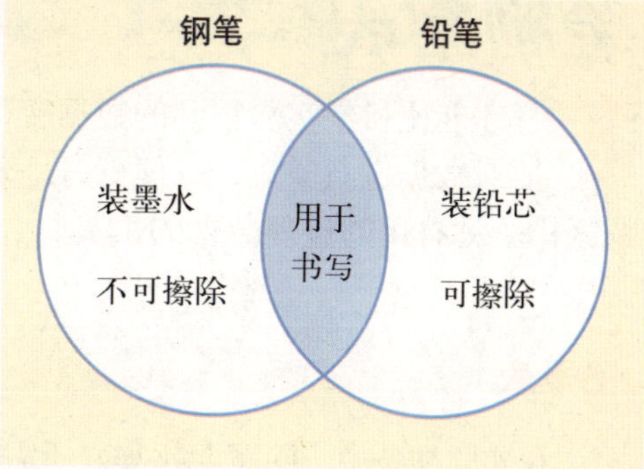

维恩图是另一种用于显示事物异同点的方法。它由两个或两个以上互相部分重合的圆组成。每一个圆代表一个特定的概念或观点。概念之间的共同特征(相似点)写在两个圆重叠的区域内，独有的特征(不同点)则写在相应圆中重叠区域以外的部分。

建立维恩图时，首先画两个部分重合的圆。在每一个圆的上方注明它代表的事物。独有的特征写在重叠区以外，而共同的特征写在重叠区内。

流程图

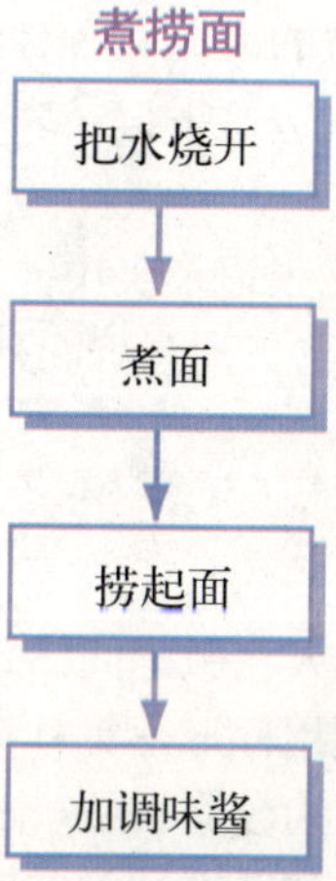

流程图能够帮助你理解某组事件是按照怎样的顺序发生的。它能有效地概括出某一过程的各个阶段，或某一程序的各个步骤。

建立流程图时，首先把每个事件简要地写在方框中。然后把最先发生的事件排在最上方，第二发生的事件排在其次，依此类推。最后，把各个事件依次用箭头连接起来。

循环图

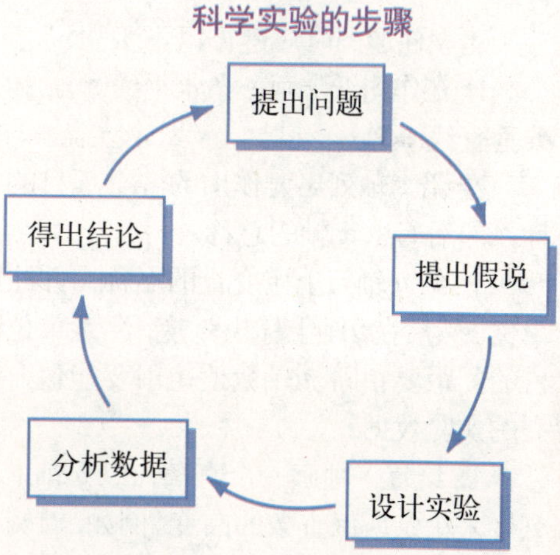

循环图用来表示一系列连续循环发生的事件。连续就是指没有终点，因为当最后一个事件结束时，第一个事件又重新开始了。就像流程图一样，循环图也能帮你理解事件的先后顺序。

建立循环图时，首先把每个事件简要地写在方框中。把一个事件排在纸顶部的中间。然后，沿着一个假想圆圈的顺时针方向，按时间顺序依次排列各个事件。最后，把事件依次用箭头连起来形成一个连续的圆圈。

绘制图表

怎样才能使科学实验得到的数据变得有用？恐怕第一步就是要对数据进行整理，以便更好地理解它们的含义。图表就是这样一种有用的整理数据的工具。

记录表

在实验准备中，除了要收集好所需的材料以外，还必须设计好用什么方式来记录实验中将会发生的事情。创建一张记录表能帮助你有序地记录观察和测量结果。

例如，某个科学家要进行一项实验，来了解不同体重的人在做各种活动时会消耗多少热量。右边这张记录表就记录了他的结果。

30 分钟活动所消耗的热量(单位：焦)

体重(千克)	实验 1: 骑自行车	实验 2: 打篮球	实验 3: 看电视
30	252	504	88
40	323	689	113
50	399	865	139
60	479	1 042	160

注意在这张记录表中，第一列是调节变量(体重)，第二列至第四列分别是实验1到实验3的应变量(对于实验1，就是骑自行车时消耗的热量)。

柱形图

比较一个人在做不同活动时所消耗的热量差异可以用柱形图。柱形图用于显示一组不同项目的数据。在这个例子中，骑自行车、打篮球和看电视就是三个独立的项目。

30 千克体重的人做不同活动时所消耗的热量

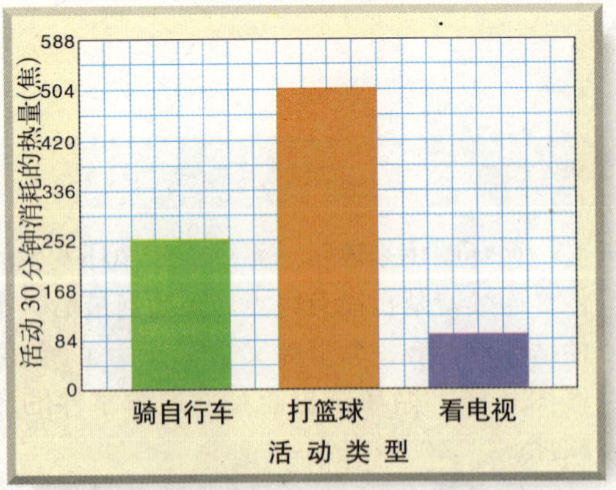

建立柱形图时应遵循以下步骤:

1. 在作图纸上画一条水平线(x轴)和一条垂直线(y轴)。

2. 沿x轴列出要作图的各个项目的名称。然后写上x轴的总称。

3. 给y轴写上应变量的名称，并注明单位。然后在y轴上标出刻度，注意单位数值的间距要相同，y轴数值范围要能包含所有的实验数据。

4. 给每一项画一个直条，以y轴上的刻度来决定所画直条的高度。例如，对骑自行车这项而言，就画一个和y轴上标有252焦刻度等高的直条。所有的直条宽度要相同，间距也要相等。

5. 最后给柱形图加上标题。

折线图

你可以用折线图来分析骑车时体重和消耗热量之间是否存在着联系。折线图能用来显示某一变量(应变量)是如何随着另一变量(调节变量)而变化的。当调节变量是连续性数据时，才能用折线图。所谓连续性数据，就是除了你所测量的点以外还存在其他的点。比如体重就是连续性数据，因为在30千克和40千克之间还有其他的体重值(如31千克)。还有时间也是连续性数据。

体重对骑自行车时热量消耗的影响

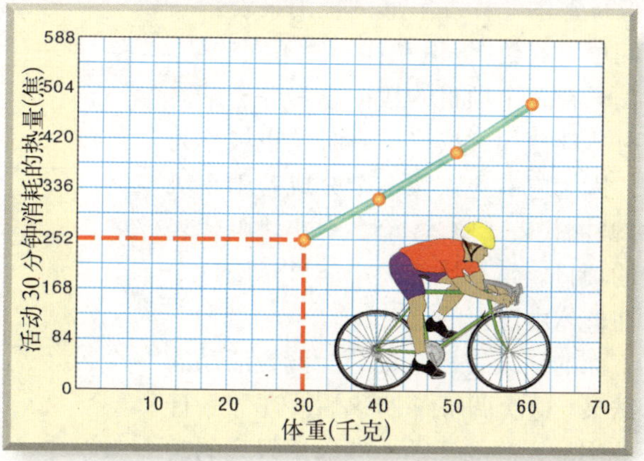

折线图是一种十分有用的工具，因为它还能用来预测一些实验中没有测量的数值。例如，可以用这张折线图来估计出，35千克重的人骑车时会消耗286焦的热量。

建立折线图时应该遵循以下步骤：

1. 在方格纸上画一条水平线(x轴)和一条垂直线(y轴)。

2. 给x轴标上调节变量的名称，给y轴标上应变量的名称，并分别注明单位。

3. 然后在两条轴上分别标出刻度，注意单位数值的间距要相同，数值范围要能包含所有的实验数据。

4. 把每一个数据在图中所对应的点标出来。上图中的虚线显示出第一个数据点(30千克和252焦)的定位方法。首先经过水平轴上30千克那一点画一条假想的垂直线，再经过垂直轴上252焦那一点画一条假想的水平线。两条线的交点就是要找的数据点。

5. 用实线连结各个数据点。(在某些情况下，可能需要画一条能反映数据的总趋势的直线。这时，可能会有一些点落在线的上方或下方。)

6. 最后给折线图加一个合适的标题，说明图中的变量及其关系。

活动

根据记录表中实验2、3的结果各画一张折线图。

活动

报纸上有这样的消息：本地区6月份的总降水量为4厘米，7月份为2.5厘米，8月份为1.5厘米。你认为该用哪种图表来显示这些数据？自己动手在作图纸上把它画出来。

扇形图

像柱形图一样，扇形图也用来表示一组不同项目的数据。但和柱形图不同的是，扇形图只在各个项目的数据总和等于某一整体时才能使用。扇形图有时候也被称为饼图，因为它看上去像一个分成若干小块的饼。圆圈代表了整体，而各个小块则代表不同的项目。每一块的大小能显示出这个项目在整体中所占的百分比。

下面的记录表显示了一次调查活动的统计结果。这次调研向24名青少年了解什么是他们最喜欢的运动。然后用得到的数据创建了右边的扇形图。

最喜爱的运动

运动	人数
足球	8
篮球	6
骑自行车	6
游泳	4

青少年喜爱的运动

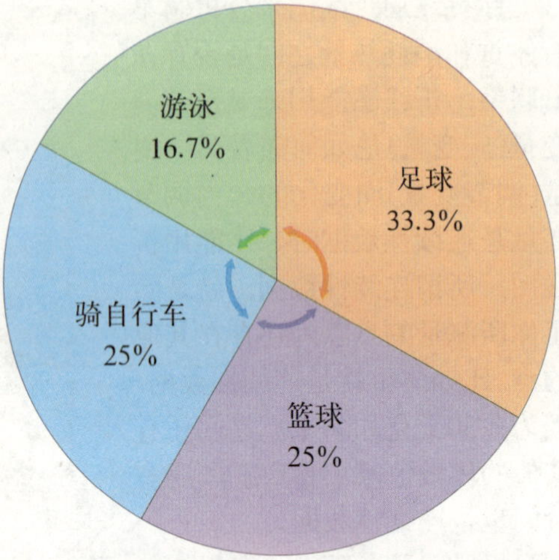

制作扇形图时应该遵循以下步骤：

1. 用圆规画一个圆，并标出圆心。然后从圆心竖直向上到圆周画一条直线。

2. 用下面公式来计算每一块"饼"的圆心角度数x(注：一个圆的圆心角度数是360)。例如，要算出"足球"这一块的圆心角可以用以下公式：

$$\frac{\text{喜欢足球的学生数}}{\text{学生总数}} = \frac{x}{\text{整个圆的圆心角度数}}$$

$$\frac{8}{24} = \frac{x}{360}$$

用交叉相乘法解出x。

$$24x = 8 \times 360$$
$$x = 120$$

所以"足球"这一块的圆心角度数是120度。

3. 以刚才画的线为角的一边，以圆心为角的顶点，用量角器量出第一块"饼"的角度。然后画出角的另一边。

4. 按照这一方法继续画出其他的几块饼，测量角度时都从上一块的边开始，这样可以避免各个小块互相重叠。最后完成扇形图时，整个圆都应该被填满。

5. 然后计算每一块占整体的百分比。计算时，把每一块的圆心角度数除以整个圆的圆心角度数(360)，再乘以100%，就得到你所要的百分数。例如"足球"这一块可以这样计算：

$$\frac{120}{360} \times 100\% = 33.3\%$$

6. 再给每一块涂上不同的颜色，并标出它所代表项目的名称和所占的百分比。

7. 最后给扇形图加上标题。

活 动

假设一个班级有28个人，12人乘车上学，10人步行，另6人骑自行车。试创建一张扇形图来显示这些数据。

实验室安全守则

警示性符号

下面这些符号会向你警示实验室中的潜在危险，并提醒你要小心操作。

护目镜 在使用化学药品、燃烧或加热，或在一些有可能打碎玻璃器皿的实验中应该戴好护目镜来保护眼睛。

实验服 应该穿好实验服，以避免你的皮肤和衣物受到损伤。

易碎 表示你要用到某些易碎的物品，比如玻璃容器、试管、温度计或漏斗等。使用易碎物品时要格外小心，不要碰玻璃碎片。

隔热手套 表示要使用隔热手套或其他护手用具来拿取很烫的物体。热电炉、热玻璃器皿或者热水会导致烫伤。切勿直接用手触摸烫的物体。

加热 表示可以用夹子或钳子拿取烫的玻璃器皿，切勿用手直接触摸。

锐器 尖头剪刀、解剖刀、小刀、针、别针以及大头针都属于尖锐物体，容易割破或刺伤皮肤。不要把它们的尖端或者刀刃朝向自己和他人。严格按照实验要求来使用锐器。

电击 表示要避免可能遭到电击的情况。不要在水旁使用电器，也不要在电器或者手潮湿时使用。确定电线已经正确连接，并且不会绊倒别人。电器不用时要断开它的电源。

腐蚀性化学药品 表示你将会用到酸或其他腐蚀性的化学药品。尽量避免让它溅到皮肤、衣服上，或者眼睛里。不要吸入挥发出的气体。实验完毕后要洗手。

有毒物品 不要让任何有毒的化学品接触到皮肤，也不要吸入它所挥发出的气体。实验完毕后要洗手。

身体安全 如果有些实验需要你做一些运动，注意避免伤害自己和他人。所有活动都要在老师的指导下进行。如果有任何理由使你无法参加此项活动，一定要向老师提出。

动物安全 在对活动物进行操作时，要尽量当心，避免伤害到动物或你自己。处理动物标本或动物脏器时也要小心。实验结束后要洗手。

植物安全 在实验室或野外处理植物时，要遵从老师的指导。如果你对某种植物过敏，那么在做相应的实验之前要告诉老师。避免接触那些有害的植物，如毒常春藤、毒橡树、毒漆树，以及带荆棘的植物。实验结束后要洗手。

燃烧 表示你可能会通过煤气灯、蜡烛或火柴来使用火。把头发束紧，整理好衣服，避免被烧到。听从老师的指导来点燃或熄灭火。

禁火 表示周围可能存在易燃物品，注意不要有任何明火以及敞开的加热源。

气体 当实验中有可能产生有毒或者不良气体时，一定要在通风的环境下操作。避免直接吸入气体。只有当老师要求你闻某种气味时，才用招气入鼻法(用手把气体朝鼻子的方向扇)去闻。

废弃物处理 实验中用到的化学品和其他实验材料在废弃前要经过安全处理。根据老师的要求把它们放到指定位置。

洗手 结束实验后，要用抗菌肥皂彻底洗手，包括手背和手指间，最后用温水冲洗干净。

常用安全提醒 你以前可能看到过这个符号，它的意思是提醒注意，应该按符号后面的要求去做。

在本书中，当要求你设计实验时，也常出现这个符号，这是要你必须先征得老师同意后，才能进行实验。

实验室安全守则

为了帮助你了解如何在实验室中安全地进行实验操作，请阅读下列安全规定。要反复仔细地阅读这些规定，直到确信自己已完全理解并能遵守为止。如果有不懂的地方，可以请教老师。

穿着规定

1. 当使用化学物品、煤气灯、玻璃器皿或者其他可能伤害眼睛的物体时，一定要戴上护目镜保护眼睛。如果你戴了隐性眼镜，要向老师说明。
2. 当使用腐蚀性化学药品或者会染色的试剂时，要穿上实验用围裙或外套。
3. 把长发扎在脑后，避免碰到化学品、火焰或仪器。
4. 如果衣服的饰件或者首饰太长，垂下来时会碰到化学品、火焰或者仪器，请系紧或者摘除。把过长的衣袖卷起来，或用袖带固定。
5. 不能穿凉鞋或者拖鞋。

一般注意事项

6. 在开始实验以前，把步骤反复阅读几遍。注意遵守所有书面的和口头的提示。如果对实验的任何部分还有疑问，要向老师寻求帮助。
7. 不能未经老师分配任务或许可就开始进行实验。做自己设计的实验也要经过同意，在没有获得允许之前不准随意使用任何仪器。
8. 没有老师监督时不准进行任何实验。
9. 不准在实验室里吃东西或喝饮料。
10. 随时保持工作台的干净整洁。只能把笔记本、实验手册、实验记录本带进工作区。其他物品如钱包、背包都要放在指定地点。
11. 不得在实验室中喧闹。

急救

12. 在实验室中发生的事故或者伤害，不论多么小，都要向老师报告。如果发现着火要立即告诉老师。
13. 应学会处理发生的特殊意外。例如，酸溅入眼睛或弄到皮肤上时，应该立即用大量的水冲洗。
14. 要知道急救箱放置的地点，但是不要擅自使用。发生伤害时应该由老师来实施急救。老师也可以把你送到学校医务室，或者叫医生来。
15. 了解急救设施(如灭火器、灭火毯)的位置，并知道如何使用。
16. 熟悉最近的电话位置，并知道发生意外时该与谁联系。

加热及用火安全

17. 不要在未佩戴护目镜前使用蜡烛、酒精灯、电炉等热源。
18. 不要随便加热物体，因为常温下无害的化学品可能会在加热时造成危险(除老师要求)。
19. 所有易燃物品都应该远离火源。在易燃的化学药品旁切勿使用明火。
20. 不要把手伸入火中。
21. 使用酒精灯前，确信你已经知道如何像老师示范的那样正确点燃和调节火焰。不要用手直接碰煤气灯，因为它可能很烫。在无人看管时必须熄灭酒精灯。
22. 加热时化学药品可能会从试管中溅出，所以用试管加热物质时，试管口切勿朝向自己或他人。
23. 不要给密闭容器内的液体加热。因为急速膨胀的气体可能会使容器爆炸。
24. 取下一个加热过的容器前，可以先用手背凑近它，试试温度。如果手背感到灼热，说明容器还太烫，因此不能直接用手拿。这时可以戴隔热手套来拿。

化学药品的使用安全

25. 千万不可因为“好玩”而随意把化学药品混合。这样做可能容易产生引起爆炸的危险物质。

26. 不要把脸凑近装有化学药品的容器开口。不要摸、尝、闻某种化学品，除非老师要求你这样做。因为许多化学物质是有毒的。

27. 只使用实验所需的化学药品。取药品时要核对试剂瓶上的标签。要按所需的药品量来称取。用完后盖好瓶塞或瓶盖。

28. 根据老师的指导处理用过的化学药品。为防止污染，不要把取出药品放入原来的瓶中。不要随意把化学品倒进水槽或废物箱里。

29. 处理酸和碱时尤其要小心。把它们倒在水槽或指定的容器中，注意不要溅到实验台上。

30. 如果要求你辨别气味，要用招气入鼻法，切勿凑到容器开口上方直接闻。

31. 当把酸和水混和时，注意要先把水倒入容器，然后再缓慢地把酸加入水中。千万不要把水倒入酸里。

32. 在实验室中要特别注意，不要把物品洒到外面。如果有化学试剂溅出来要立即用大量的水冲洗。如果酸溅到皮肤或者衣服上必须马上用大量的水冲洗，同时向老师报告是否还有其他的地方被溅到。

玻璃器皿的使用安全

33. 不要将玻璃管或温度计强行塞入橡皮塞或者橡皮管中。如果实验需要，可以让老师帮助把玻璃管或者温度计塞好。

34. 在用煤气灯加热时，使用石棉网来避免玻璃器皿与火焰直接接触。不要加热外表还不完全干燥的玻璃器皿。

35. 要记住，烫的玻璃器皿看上去就和冷的一样。千万不要在没有试过温度之前贸然用手去拿。必要时使用隔热手套。参见第 24 条规定。

36. 不要使用已经破裂或有缺口的玻璃器皿。如果发现玻璃器皿有损坏，要向老师报告，然后把它扔到指定的回收箱中。

37. 不要用实验室的玻璃器皿装食物。

38. 归还玻璃器皿之前要彻底洗干净器皿。

锐器的使用

39. 使用解剖刀或其他尖锐物品时要特别小心。切东西的时候刀口不要朝向自己。

40. 如果在实验室里划破了皮肤要马上向老师汇报。

动植物安全

41. 不准进行会引起哺乳动物、鸟类、爬行动物、鱼类和两栖动物痛苦、不适或伤害的实验。这个原则在家里和在学校都同样适用。

42. 只有绝对必要时才使用动物进行实验。老师会指导你如何处理带入实验室的每一种动物。

43. 如果你知道自己对某种植物、霉菌或动物过敏，那么在相应的实验开始之前就要向老师说明。

44. 在野外工作时，要穿好长袖衣服、长裤、袜子和鞋子，以保护自己的皮肤少受伤害。要学会辨认当地有毒的植物、真菌以及带刺的植物，尽量避免接触它们。

45. 不要吃任何不认识的植物和真菌。

46. 接触过动物或者饲养动物的笼子之后要彻底洗手。如果实验涉及动物脏器、植物、泥土，结束后也要洗手。

实验结束规定

47. 实验完成后，把工作台整理干净，所有仪器归还到指定位置。

48. 按老师的要求处理废物。

49. 每一次实验结束都要洗手。

50. 所有的加热器和电炉不用时都应关上。拔掉电炉等电器的插头；如果使用的是煤气灯，要检查煤气管道的开关是否关闭。

显微镜使用指南

显微镜是生命科学研究中的重要工具。它能帮助人们观察用肉眼看不见的微小物体。现在使用得最多的显微镜是如下图所示的复式显微镜。它至少用两块透镜来放大要观察的物体。

通常，复式显微镜在目镜中有一块透镜，它的放大率通常是 10 ×，即放大 10 倍。通过这块透镜看到的物体是实际大小的 10 倍。

复式显微镜可以有一到两块物镜。如果有两块，则一块称为低倍物镜，另一块称为高倍物镜。低倍物镜的放大率通常是 10 ×。高倍物镜通常为 40 ×。

要计算所观察物体的总放大率，只需将目镜的放大率与正在使用的物镜的放大率相乘。例如，目镜的放大率是 10 ×，低倍物镜的放大率是 10 ×，把两者相乘，就得到总放大率为 100 ×。

仔细观察照片中的显微镜，熟悉它的各部分结构和功能。

复式显微镜的结构

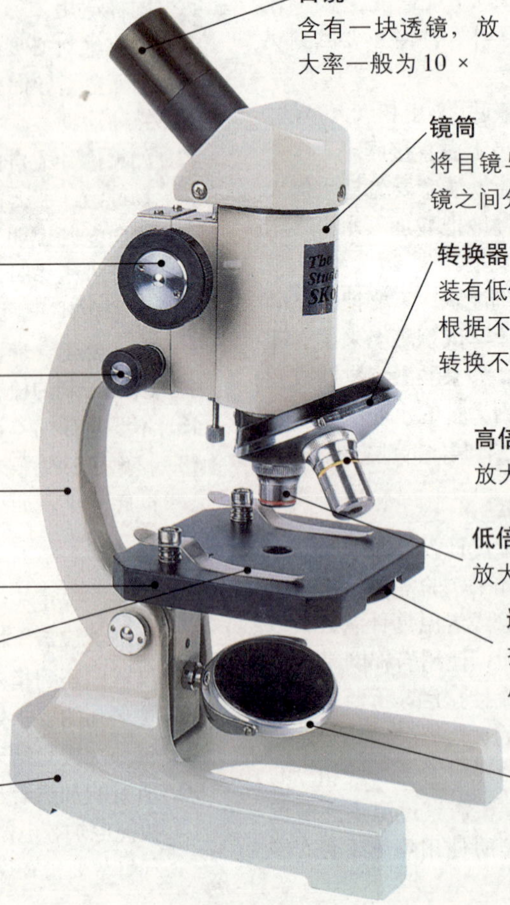

显微镜的使用

使用显微镜时要遵循以下步骤:

1. 搬动显微镜时，应一手持镜臂，一手托镜座。
2. 把显微镜放在桌上时，镜臂要朝向自己。
3. 转动粗准焦螺旋使镜筒上升。
4. 转动转盘，使低倍物镜正对通光孔。
5. 调节遮光器。然后一边调节反光镜，一边用目镜观察，直到视野中出现一个明亮的白色圆圈为止。提醒：切勿将直射的日光作为光源。
6. 将玻片放到载物台上，使标本正对载物台通光孔的中央。然后用压片夹固定。提醒：玻片容易碎裂。
7. 从侧面看载物台。小心地转动粗准焦螺旋使镜筒徐徐下降，直到低倍镜快要接触到玻片时停止。
8. 通过目镜观察，慢慢调节粗准焦螺旋，使镜筒缓缓上升，直到看清标本。
9. 要转到高倍物镜时，先从侧面看显微镜，然后小心转动转换器，调到高倍物镜。注意不要使物镜接触到玻片。
10. 通过目镜观察，用细准焦螺旋聚焦，直到看清标本。

制作湿制片

遵循以下步骤来制作一张湿制片标本:

1. 取一块干净的载玻片和一块盖玻片。提醒：玻片易碎，须当心。
2. 把标本放在载玻片中央。标本要薄，以便光线透过。
3. 用塑料滴管在标本上滴一滴清水。
4. 轻轻地把盖玻片的一边先接触载玻片，并使它与水滴边缘接触，载玻片与盖玻片之间约成45度角。然后缓缓地将盖玻片放下，盖住标本。如果盖玻片下面有气泡，就用铅笔的橡皮头轻轻敲击盖玻片，把气泡赶走。
5. 用吸水纸把溢出盖玻片的多余水分吸掉。

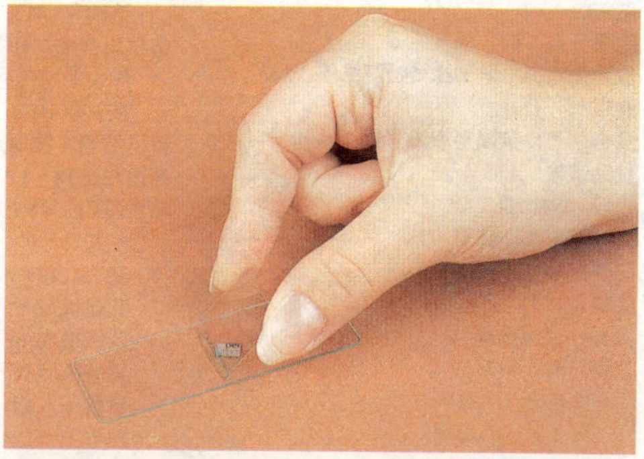

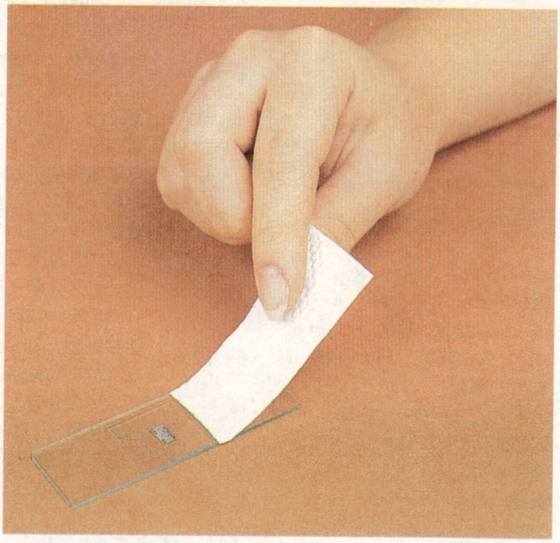

索引

A

B

C

D

E

F

G

致 谢

Illustration

Robert Fuller: 140–141
GeoSystems Global Corporation: 149, 170–171
Keith Kasnot: 26, 27, 28, 29, 63
Martucci Design: 66, 184, 185, 186
Matt Mayerchak: 46, 76, 136, 166, 182, 183,
Morgan Cain & Associates: 12–13, 20, 21, 33, 41, 43, 57, 64–65, 67, 68, 99, 102–103, 104–105, 154, 176, 177
J/B Woolsey Associates: 47, 53, 72–73, 87, 91, 93, 98, 113, 115, 118, 129, 156–157, 158, 160, 163, 180

Photography

Photo Research by Sharon Donahue
Cover image Tom Pantages/Phototake

Nature of Science
Page 10,11, Courtesy of Lydia Villa-Komaroff; **12t**, Biophoto Associates/ Science Source/Photo Researchers; **12b**, Howard Sochurek/The Stock Market; **13**, Will & Deni McIntyre/Photo Researchers.

Chapter 1
Pages 14–15, Julie Habel/Westlight; **16t**, Richard Haynes; **16bl**, Joseph Nettis/Photo Researchers; **16br**, John Coletti/Stock Boston; **17**, **18t**The Granger Collection, NY; **18b**, Corbis-Bettmann; **19t**, H.R. Bramaz/Peter Arnold; **19bl**, Corbis-Bettmann; **19br**, Lawrence Migdale/Stock Boston; **20**, Anup Shah/Masterfile; **22**, CNRI/Science Photo Library/Photo Researchers; **23t**, Runk/Schoenberger/Grant Heilman Photography; **23b**, Doug Wilson/Westlight; **24t**, M. Abbey/Visuals Unlimited; **24b**, Runk/Schoenberger/Grant Heilman Photography; **25**, Dr. Dennis Kunkel/ Phototake; **28**, Bill Longcore/Photo Researchers; **29**, K.G. Murtis/Visuals Unlimited; **30**, A.B. Dowsett/Photo Researchers; **31l**, Dr. David Scott/CNRI/Phototake; **31r**, Dr. Dennis Kunkel/Phototake; **32**, Runk/Schoenberger/Grant Heilman Photography; **33**, Russ Lappa; **34**, Okapia-Frankfurt/Photo Researchers; **34 inset**, Andrew Syred/ Science Photo Library/Photo Researchers; **35**, Gary Bell/Masterfile; **36t**, Barry L. Runk/Grant Heilman Photography & Michael Mahovlich/Masterfile; **36l**, Lou Lainey; **36r** Barry L. Runk/Grant Heilman Photography; **36 inset**, Michael Mahovlich/ Masterfile; **37**, Hans Blohm/Masterfile; **38**, James Holmes/Farmer Giles Foods/ Science Photo Library/ Photo Researchers; **40**, NASA; **42l**, Stanley Flegler/Visuals Unlimited; **42m,r**, David M. Phillips/Visuals Unlimited; **44**, M. Abbey/Visuals Unlimited; **45**, CNRI/Science Photo Library/Photo Researchers.

Chapter 2
Pages 48–49, Carr Clifton/Minden Pictures; **50t**, Russ Lappa; **50b**, Paul Barton/The Stock Market; **51r**, Cosmo Condina; **51 inset**, Biophoto Associates/Photo Researchers; **52t**, Russ Lappa; **52bl**, **br** , Dr. Jeremy Burgess/Science Photo Library/Photo Researchers; **54t**, Frans Lanting/Minden Pictures; **54b**, Tom J. Ulrich/Visuals Unlimited; **55**, William Johnson/Stock Boston; **56l**, Stephen Dalton/Photo Researchers; **56r**, Phil Dotson/ Photo Researchers; **58**, Mark Newman/Visuals Unlimited; **59**, Terje Rakke/The Image Bank; **61t**, David Scharf/Peter Arnold; **61b**, Larry Lefever/Grant Heilman Photography; **62**, Art Wolfe/TSI; **63**, Biophoto Associates/Science Source/Photo Researchers; **64–65 all**, M. Abbey/Photo Researchers; **69**, Robert Knauft/Biology Media; **70t**, Richard Haynes; **70b**, Myrleen Ferguson/Photo Edit; **71**, National Cancer Institute/Science Photo Library/Photo Researchers; **74**, Joseph Sohm/Stock Boston; **75**, Frans Lanting/Minden Pictures.

Chapter 3
Pages 78–79, Ron Kimball; **80t**, Jane Burton/Bruce Coleman; **80b**, Corbis-Bettmann; **81**, Barry Runk/Grant Heilman Photography; **84 both**, Meinrad Faltner/The Stock Market; **85**, Inga Spence/The Picture Cube; **88-89**, Image Stop/Phototake; **92**, Hans Reinhard/Bruce Coleman; **95**, Richard Haynes; **96l**, David M. Phillips/Photo Researchers; **96r**, University "La Sapienza," Rome/Science Photo Library/Photo Researchers; **97l**, Jonathan D. Speer/Visuals Unlimited; **97r**, M. Abbey/Photo Researchers; **101**, AP/Wide World Photos; **106**, William E. Ferguson; **107t**, Jane Burton/Bruce Coleman; **107b**, Hans Reinhard/Bruce Coleman.

Chapter 4
Pages 110–111, Herb Snitzer/Stock Boston; **112**, Richard Haynes; **114**, Camille Tokerud/TSI; **115t**,**b**, Biophoto Associates/Science Source/Photo Researchers; **116**, Andrew McClenaghan/Science Photo Library/Photo Researchers; **118**, Superstock; **119t**, CNRI/Science Photo Library/Photo Researchers; **119b**, Lawrence Migdale/TSI; **120t**, Simon Fraser/RVI, Newcastle-upon-TYNE/Science Photo Library/Photo Researchers; **120b**, Stanley Flegler/Visuals Unlimited; **121**, Corbis-Bettmann; **122l**, CNRI/Science Photo Library/Photo Researchers; **122r**, Mugshots/The Stock Market; **123**, Will and Deni McIntyre/Photo Researchers Inc.; **124**, Richard Haynes; **126**, AP/Wide World Photos; **127**, Tim Barnwell/Stock Boston; **128**, Patricia J. Bruno/ Positive Images; **129**, LeLand Bobbe/TSI; **130**, Gary Wagner/Stock Boston; **131**, AP/Wide World Photos; **132**, U.S. Department of Energy/Human Genome Management Information System, Oak Ridge National Laboratory; **133**, David Parker/Science Photo Library/Photo Researchers; **134**, Michael Newman/PhotoEdit; **135**, Lawrence Migdale/TSI.

Chapter 5
Pages 138–139, Bill Varie/Westlight; **140t**, Portrait by George Richmond/Down House, Downe/The Bridgeman Art Library; **140b**, Corbis-Bettmann; **141t**,**b**, Tui De Roy/Minden Pictures; **141m**, Frans Lanting/Minden Pictures; **142l**, Zig Leszczynski/ Animals Animals; **142r**, Tui De Roy/Minden Pictures; **143**, Dr. Jeremy Burgess/ Science Photo Library/Photo Researchers; **144**, Mitsuaki Iwago/Minden Pictures; **145**, Jeff Gnass Photography/The Stock Market; **147**, Richard Haynes; **148l**,**r**, Breck P. Kent; **149l**,**r**, Pat & Tom Leeson/Photo Researchers; **150t**, John Cancalosi/Tom Stack & Associates; **150b**, Tom McHugh/Photo Researchers; **151t**, James L. Amos/Photo Researchers; **151b** Sinclair Stammers/Science Photo Library/Photo Researchers; **155**, Robert Landau/Westlight; **159**, Richard Haynes; **161l**, Keith Gillett/Animals Animals; **161m**, George Whiteley/Photo Researchers; **161r**, David Spears Ltd./ Science Photo Library/Photo Researchers; **162l**, Gary Milburn/Tom Stack & Associates; **162r**, Daryl Balfour/TSI; **165**, Tui De Roy/Minden Pictures.

Interdisciplinary Exploration
Page 168t, Tim Fitzharris/Minden Pictures; **168b**, Bridgeman Art Library; **169**, Ron Kimball; **170tr**, Charles Philip/Westlight; **170b**, Jack Daniels/TSI; **170tl**, **ml**, **mr**, Corel Corp.; **170ml**, C. Jeanne White/Photo Researchers; **171 all others**, Corel Corp.; **172t**, Peter Cade/TSI; **172b**, AP/ Wide World Photos; **172–173**, Nick Meers/ Panoramic Images.

Skills Handbook
Page 174, Mike Moreland/Photo Network; **175t**, Foodpix; **175m**, Richard Haynes; **175b**, Russ Lappa; **178**, Richard Haynes; **180**, Ron Kimball; **181**, Renee Lynn/Photo Researchers.

Appendix B
Page 190, Russ Lappa; **191 both**, Russ Lappa.

浙江省版权局著作权合同登记号：图字 11-2002-78 号

图书在版编目(CIP)数据

科学探索者．细胞与遗传 /(美)帕迪利亚(Padilla,M.J.)主编；曾立，朱雯华译．—杭州：浙江教育出版社，2002.10 (2009. 3 重印)
书名原文：Science Explorer Cells and Heredity
美国最权威的研究性学习教材
ISBN 978-7-5338-4576-6

Ⅰ．科… Ⅱ．①帕… ②曾… ③朱… Ⅲ．①细胞遗传学－初中－课外读物 Ⅳ．G634.73

中国版本图书馆 CIP 数据核字(2003)第 014487 号

科学
探索者
细胞与遗传

- 出版发行　浙江教育出版社(杭州天目山路 40 号　邮编 310013)
- 原 著 名　Science Explorer Cells and Heredity
- 原 出 版　PRENTICE HALL
- 翻　　译　曾　立　朱雯华
- 责任编辑　蒋　婷
- 装帧设计　曾国兴　韩　波
- 责任校对　雷　坚
- 责任印务　温劲风
- 图文制作　杭州万方图书有限公司

- 印　　刷　杭州杭新印务有限公司
- 开　　本　710 × 1000　1/16
- 印　　张　12.5
- 字　　数　250 000
- 版　　次　2007 年 1 月第 2 版
- 印　　次　2009 年 3 月第 13 次
- 印　　数　84 001 ~ 94 000
- 标准书号　ISBN 978-7-5338-4576-6
- 定　　价　22.00 元

联系电话：0571-85170300-80928
e-mail：zjjy@zjcb.com
网址：www.zjeph.com

本书封底贴有 Pearson Education（培生教育出版集团）激光防伪标签，无标签者不得销售。